U0434934

现代传播学精品教材

当代新闻采访写作

DANGDAI XINWEN CAIFANG XIEZUO

徐国源 著

第4版

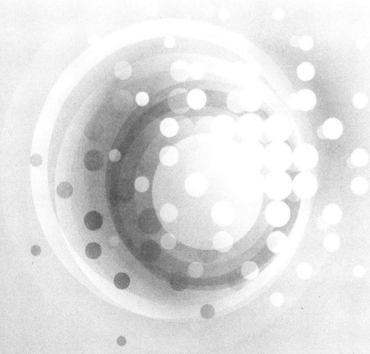

苏州大学出版社
Soochow University Press

图书在版编目(CIP)数据

当代新闻采访写作 / 徐国源著. —4 版. —苏州：
苏州大学出版社，2013.5(2017.4重印)
现代传播学精品教材
ISBN 978-7-5672-0502-4

Ⅰ.①当… Ⅱ.①徐… Ⅲ.①新闻采访－高等学校－教材②新闻写作－高等学校－教材 Ⅳ.①G212

中国版本图书馆 CIP 数据核字(2013)第 091242 号

当代新闻采访写作 第4版

著　　者	徐国源
责任编辑	张　凝
装帧设计	刘　俊
出版发行	苏州大学出版社
地　　址	苏州市十梓街1号
邮　　编	215006
电　　话	0512-65225020　67258815(传真)
网　　址	http://www.sudapress.com
印　　刷	宜兴市盛世文化印刷有限公司
开　　本	787 mm×960 mm　1/16　印张 21.5　字数 396 千
版　　次	2013 年 5 月第 4 版 2017 年 4 月第 2 次印刷
书　　号	ISBN 978-7-5672-0502-4
定　　价	45.00 元

现代传播学精品教材

前 言

16年前,苏州大学中文系(新闻传播系)为了教学的需要,组织编写了《现代新闻学与传播学丛书》。考虑到教材多层次的适用性,我们一方面根据全日制普通高等学校新闻传播专业教学大纲的要求进行编写,另一方面有条理、清晰地编排知识点,尽量让读者"无师自通",从而方便自学者使用。教材出版后,不仅在江苏省普通高校全日制专业和自考专业中使用,而且得到了江苏省以外的许多高等学校的认可,国内一些高校甚至将它指定为新闻传播学专业考研的参考书。这套教材受到了普遍好评,16年来除增补的两种外已修订重版三次。

新闻传播学是与社会的发展紧密相连且实用性很强的学科。随着中国新闻传播事业的快速发展、改革开放力度的不断加大以及新媒体技术的突飞猛进,新闻传播学的知识在不断更新,学科也在不断完善。为了避免教材内容的"老化"和理论建设与社会发展相脱离的现象,我们决定再一次对丛书进行大规模的修订,并重新命名为《现代传播学精品教材》。本次修订主要根据以下原则进行:

- 尽量吸收国内外新闻传播学的新成果,结合新媒体技术的发展,引领学生了解学科发展的最新动态。
- 保持原教材便于自学的特点,厘清概念,指出知识点。
- 进一步强调教材的系统性,做到内容充实,资料丰富。
- 根据实际需要和本学科的发展,对内容和结构适当加以增删。

在初版教材的前言中我们曾说:"学科的发展是无止境的,教材的编写也只是阶段性成果,我们希望听到各方面的意见,在以后的修改中使之更加完善。"在新版丛书出版之时,我们仍坚持这样的愿望,让我们的教材在逐步完善的过程中更具有时代的特性和社会的适应性。

本丛书适用于全日制普通高校新闻传播学专业学生、新闻传播学专业自考学员以及新闻传播系统从业人员。

伴随着科学技术的高速发展,创新是这一学科永恒的主题,因此,关注这一学科理论与实践的发展将是我们长期的课题。同时,我们也期待着专家和同行的批评指正,以便我们在再次修订时补正。

《现代传播学精品教材》编委会
2013年4月

目录

第一章 绪论
- 第一节 新闻:多义的命题 / 2
- 第二节 新闻媒介 / 5
- 第三节 记者职业解析 / 9

第二章 新闻报道的基本理念
- 第一节 真实性理念 / 20
- 第二节 客观性理念 / 25
- 第三节 时效性理念 / 33
- 第四节 其他社会理念 / 37

第三章 新闻采访概说
- 第一节 "采访"的涵义 / 44
- 第二节 采访方式举要 / 46
- 第三节 对采写关系的多维理解 / 47

第四章 记者与采访对象
- 第一节 权威的"消息源" / 52
- 第二节 采访关系的把握 / 54
- 第三节 采访对象的心理透视 / 58

第五章 新闻采访程序(上)

第一节　新闻敏感与新闻思维 / 64
第二节　多渠道捕捉新闻线索 / 68
第三节　新闻价值分析 / 72
第四节　访前准备:记者"家庭作业" / 77

第六章 新闻采访程序(下)

第一节　采访中的"接近"原理 / 86
第二节　现场观察与全感采访 / 90
第三节　访谈:用话语呈现事实 / 94

第七章 新闻采访方式

第一节　书面采访:把问题交给对方 / 102
第二节　电话采访:耳目的延伸 / 104
第三节　隐性采访:手段及其限制 / 105
第四节　网络采访:新媒介,新操作 / 112
第五节　电视采访:把观众带到现场 / 117
第六节　广播采访:从声音听出人来 / 120

第八章 新闻写作概说

第一节　新闻:面向大众的文本 / 124
第二节　新闻写作的基本要求 / 129

第九章 新闻写作的要件

第一节　新闻主题的建构 / 138
第二节　新闻素材的选择 / 145
第三节　新闻笔法的运用 / 151
第四节　新闻语言的表述 / 160

第十章 新闻的基本结构

- 第一节　标题:点睛之笔／170
- 第二节　消息头:标明发布单位／173
- 第三节　导语:最神圣的第一句／174
- 第四节　主体和结尾:事实的逻辑展开／181
- 第五节　背景:延伸读者视界／191

第十一章 各类消息写作

- 第一节　消息:最精粹的文体／198
- 第二节　人物新闻:把人物写"活"／203
- 第三节　经济新闻:为公众服务／208
- 第四节　社会新闻:记录平民生活／215
- 第五节　文艺新闻:"可读性"召唤人／223
- 第六节　体育新闻:把读者带进赛场／233

第十二章 各类通讯写作

- 第一节　通讯:详尽的新闻／244
- 第二节　人物通讯:标示人物的"精神高度"／252
- 第三节　事件通讯:有意义的故事性文本／256
- 第四节　工作通讯:直面问题,示范社会／260
- 第五节　风貌通讯:打开见闻窗／263
- 第六节　人物专访:专题性访谈实录／268
- 第七节　特写:记录精彩瞬间／271

第十三章 深度报道写作

- 第一节　深度报道:新一代主流新闻／278
- 第二节　"深度"是怎样形成的／281
- 第三节　深度报道的叙事结构／287
- 第四节　独立文体的深度报道写作／290
- 第五节　组合文体的深度报道写作／296

第十四章 记者与编辑

第一节 编辑也是新闻生产者 / 302
第二节 "没有好编辑,就没有好记者" / 303
第三节 采、编是一个整体 / 306

附录 案例评析 / 309
主要参考书目 / 330
后记 / 333

第一章

绪 论

要点提示：

本章是全书的引言部分,阐释新闻、新闻媒介、新闻记者等基本概念。记者是新闻报道的主体。记者的职业素养、人格和能力,直接影响新闻报道的质量。

高度发达的传播媒介,堪称现代社会的一大奇迹。如今,国内媒体数量庞大,言论表达空前活跃,可谓"墙内刚刚开花,墙外已闻味道"。鉴于这一社会状况,有识之士呼吁:提高公民的媒介素养应被列入国民教育议程。

作为媒介素养教育最基础的部分,就是要让人们懂得:什么是新闻,衡量新闻价值的标准是什么,如何采写、制作新闻。由此为开端,进而对媒体的生产、运作程序有所了解,对媒体机构特性以及媒介对现实再建构的本质有所认识。作为一名新闻专业的学生,更应熟悉媒体的传播特性,正确地使用媒介资源,并具备独立采写、制作媒体作品的能力。

第一节 新闻:多义的命题

"新闻"一词,在新闻学中有两种基本理解。广义的新闻,乃是报刊、广播、电视和网络中各种新闻体裁和报道形式的总称,包括消息、通讯、深度报道、评论、调查报告、新闻图片、新闻资料等;狭义的新闻,专指"消息"这一体裁,如短讯、快讯等动态消息,它是各种新闻媒体中使用频率最高的一种新闻体裁。我们所讨论的新闻,则是指广义的新闻。

新闻学研究已走过了一百多年的历程。这期间,许多中外学者和新闻从业人员对什么是新闻、如何界定新闻,不断进行深入研究和探讨。但在这个最基本的问题上,有关定义如此不一,众说纷纭,在社会科学各学科中实属罕见。据童兵教授《新闻传播学原理》一书所言:"国人有好事者,曾经收集到300多个'新闻定义'。国外更有人扬言,'新闻定义'在千种之上。"[1]

19世纪60年代,主管纽约《太阳报》的查尔斯·达纳(Charles Dana)曾提出,新闻是"使社会上大部分人感兴趣并且从未引起注意过的任何事情"。约翰·博加特(John Bogat)则为这一新闻理念作了注脚,提出了人们至今耳熟能详的一个通俗定义——"狗咬人不是新闻,人咬狗才是新闻"。不难看出,在大众报纸时期,反常性、趣味性是西方报刊界定新闻的主要标准,以至20世纪30年代初《纽约先驱论坛报》城市版主编斯坦利·沃尔克(Stanley Walker)仍然认为,新闻建立在三个"W"的基础上,即 Women(女人),Wampum(钱财),

---

[1] 童兵,展江,郭青春.新闻传播学原理.北京:中国广播电视出版社,1999:50.

Wrong-doing(坏事)。报道"性"、"金钱"和"丑行"反映了西方早期新闻定义的显著特色。

在美国大众报纸和黄色新闻时期形成的新闻定义,虽在一定程度上触及了新闻的某些特征,但在表述上不够严谨、规范,更不够全面,过分突出了构成新闻的某些因素,而不能揭示新闻的本质。这类新闻定义在实践中也有相当大的危害:一是追求感官刺激。在趣味至上、煽情主义支配下,报纸上充满了凶杀、色情和丑闻,美国新闻名家赫斯特的办报哲学便是:"让读者一打开报纸,就'啊!'地惊叫一声。"[1]二是不尊重事实。在报道中,记者任意歪曲和捏造事实,让事实为煽情服务,这种新闻被称为是"一种没有灵魂的新式新闻"[2]。

随着客观报道的确立,特别是新闻专业主义的崛起,西方新闻界对"新闻"的概念有了比较完整的理解,并提出了比较接近"新闻"本质的定义,其中具有代表性的观点如下:

(1) 克蒂斯·丹尼尔·麦道格尔(Curtis Daniel MacDougall):新闻是"对事件的报道,而不是事件本身固有的什么东西"。这一定义明确了新闻(第二性)和事件(第一性)的相互关系。

(2) 麦尔文·曼切尔(Melvin Mencher):"新闻是事件正常发生过程中出现的突变信息,是正常状况的突变。""新闻是人们对其生活作出合理决策所需的信息。"这两条定义强调了新闻的突变性和决策功能性。

(3) 盖伊·塔奇曼(Gaye Tuchman):"新闻是人们了解世界的窗口。对于已经和正在走向城市化的国家来说,新闻就像一种替代品,它替代了旧时走街串巷向公众通告消息的人,其功能就是告诉我们想知道、需要知道以及应该知道的消息。"这个定义着眼于新闻与社会的内在联系,指明了新闻的社会功用。

(4) 艾弗雷特·丹尼斯(Everette Dennis)和梅尔文·德弗勒(Melvin DeFleur):"新闻是就某个具体问题、事件或进程提出现实看法的报道。它通常监测对于个人或社会来说都很重要的变化,并将这一变化置于共同的或独特的背景中。""它是新闻机构内部每天进行权衡斟酌的结果……新闻是在压力下作出仓促决策的不完美成果。"这个定义虽嫌冗长,但概括了新闻的基本属性、社会功能、形成机制等要素,特别是将深度报道纳入考察范围,说明西方新闻界对"新闻"有了更深入、全面的认知。

西方学者提出的定义,在不同程度上揭示了有关"新闻"的规律性因素,对

---

[1] 刘明华.西方新闻采访与写作.北京:中国人民大学出版社,1993:37.
[2] [美]埃德温·埃默里.美国新闻史.北京:新华出版社,1982:323.

人们认识新闻的本质涵义具有重要的参考价值。

我国的新闻学研究起步较晚,但在借鉴和学习西方新闻理论的基础上,对"新闻"也提出了具有本国特色的定义,概括起来大约有七种主要观点:

(1) 新闻是一种现实现象,是"最近时间内所发现与人类生存有关联的事实与现象"(徐宝璜:《新闻学》),可以称之为"现象论"。

(2) 新闻是一种记事或记录,认为"新闻是一种记事"(程之行:《新闻写作》),可以称之为"记录论"。

(3) 强调新闻是一种事实,认为新闻是"一种新的、重要的事实"(胡乔木:《人人要学会写新闻》),不妨称之为"事实论"。

(4) 既强调事实,又强调报道,认为"新闻是新近发生的事实的报道"(陆定一:《我们对于新闻学的基本观点》),称之为"报道论"。

(5) 强调新闻是一种特殊手段,认为"新闻是报道或评述最新的重要事实以影响舆论的特殊手段"(甘惜分:《新闻理论基础》),称之为"手段论"。

(6) 强调新闻是一种传播,认为"新闻是最近变动的事实的传播"(王中:《论新闻》),称之为"传播论"。

(7) 强调新闻是一种信息,认为"它是传播(报道)新近变动事实的信息"(刘卫东:《信息论与新闻》),可称之为"信息论"。[1]

以上诸种说法,各有千秋。目前学界较普遍接受的是陆定一的观点,即"新闻是新近发生的事实的报道",认为这个定义较为科学、准确,具有普适性。其理由是:

首先,这个定义强调了新闻是对事实的报道,坚持了唯物主义的新闻本源观。无疑,新闻是人的意识对客观世界的一种反映,它只能来源于客观世界所发生的事实。事实第一性,新闻第二性;先有事实,后有新闻。这样,就把新闻报道置于客观事实的基础之上,强调了新闻必须如实反映客观存在的事实。

其次,这个定义准确地指明了新闻的本质属性和特性。所谓定义,是指对事物的本质属性和概念的内涵、界限所作出的逻辑规定,概念 = 属 + 种差。"新闻是新近发生的事实的报道"这个定义,其"属"是"报道"。新闻的本源是事实,但新闻不等于就是事实。事实成为新闻,必须经过报道这个环节。新闻是报道事实、反映事实,不是机械地记录事实,而是带有一定的主观色彩,是报道者对事实的选择、加工、处理的结果。该定义的"种差"是"新近发生的事实",这揭示了新闻的三个最基本的特性:一是真实性,对事实报道,要求真实准确,不容半点虚构

---

[1] 徐国源,江涌.新闻采访与写作.苏州:苏州大学出版社,2002:4-6.

和臆测,这就和文学艺术创作划清了界限;二是即时性,对新近发生的事实进行报道,要求报道者的反应迅速及时,要求被报道的事实"新"而"活",这无疑不同于历史故事;三是公开性,报道是指经过大众传播媒介的公开传播,而不是通过人际传播等途径的传播,这又与私人通讯、机密情报等泾渭分明。

最后,由于这个定义将新闻的本质属性进行了高度概括,因而避免了以偏概全的缺陷。对"新闻"的准确定义,应能适用于不同历史时代、不同社会体制下的新闻现象,而这个定义也具有一定的普适性。[1]

但许多学者也指出,陆定一的"新闻"定义在揭示"时效性"上存在不足。"新近发生"的事实的报道,对于传统报纸来说也许是恰当的,但在当前广播、电视等电子传播和网络传播手段被广泛运用于新闻传播后,同步地进行实时报道已成为现实,因此,我们不妨把新闻定义为——"新闻是新近或正在发生的事实的报道",这样似乎更为确切。

第二节 新闻媒介

毋庸置疑,新闻媒介在今天的社会中扮演着重要角色。我们已置身于一个媒介社会,在这个社会中,没有什么事物不是和媒介发生联系的。[2]新闻媒介的重要性,正是来自其无远弗届的传布、广泛的流行性及公共性等特质。

新闻媒介也称大众传播媒介,简称媒介、传媒。新闻媒介与近代社会相伴而生,经过数百年演化、发展,特别是20世纪以来的突飞猛进的发展,已形成印刷媒介、电子媒介两大体系,并且以国际互联网(因特网)为代表的新媒介体系正在崛起。目前,新闻媒介主要有四种:报纸、广播、电视和网络。这四种新闻媒介有共通的地方,也有各自的特点;它们对现代新闻采写既有共同的要求,也有各自的特殊要求。我们应根据各种新闻媒介的特点,展开富有特色的新闻报道,以求在新闻媒体的"生存"竞争中确立优势。

一、报纸新闻

报纸是最早出现的新闻传播工具,是一种以刊登新闻为主、面向公众发行的

---

[1] 雷跃捷.新闻理论.北京:北京广播学院出版社,1999:72.
[2] [德]维尔弗雷德·布莱多.媒介与社会.北京:科学出版社,1990:15.

定期连续出版物。

现代报纸有四项基本职能：① 刊登新闻，提供信息；② 评论社会生活，引导公众舆论；③ 反映经济活动，服务社会实践；④ 传播各种知识，丰富文化生活。从新闻传播角度看，报纸具有以下特点：

（1）报纸主要以文字符号作为新闻的传播媒介。报社记者通常只需要一支笔、一个笔记本，至多一部采访机，就足以采写新闻，不像电视、广播那样需要足够的设备才能制作新闻。

（2）报纸具有较强的储存性和可记录性。人们可以将报纸存放起来，以便日后查阅。读者看报，也不受时间、地点的限制，有较多的自由。

（3）报纸新闻对受众的依赖性较大。读者需要有一定的阅读能力和文化水平，才能读懂、理解新闻。读者对报纸新闻的选择性也较强。

（4）报纸新闻具有很强的组合效应。编辑的参与在报纸新闻传播中具有很大的作用，例如，编辑可以通过版面语言（版位、标题、字体、字号、铅线）、版面空间和稿件位置，对稿件的意义作出评价，并给读者以暗示和启示。

报纸传播的上述特点，也带来它的一个弱点。由于报纸的工作程序多，要经过采写、编辑、排印、发行，才能发出新闻，因此报纸新闻的传播速度较慢，时效性较差；另外，文字媒介也不及声音、图像媒介那样形象、生动。

二、广播新闻

广播，指通过无线电波或电缆导线向广大地区播送声音的大众传播工具。广播是具有现代性的传播媒介。它诞生于1906年，而正式播音始于1920年。目前，它已经成为传播消息的重要媒介。根据美国广电年鉴统计，目前在美国境内，有4932家电台在AM调幅网发音，5529家电台在FM调频网发音；最近十多年内美国电台在AM调幅网上发音的增加了878家，在FM调频网发音的增加了1335个。

广播最显著的特点是，把新闻与其他节目转化为声音，通过无线电发射装置，发射无线电波传送这种声音，供人们用收音机收听。作为新闻传播工具，它具有与报纸一样的社会功用，但在传播方面，则有自己鲜明的特点：

（1）广播新闻以语言、声音和各种音响为传播媒介，以"声"取胜。它对新闻受众的影响和感染，主要凭借听觉语言。

（2）广播新闻的传播具有很强的传真性与及时性，其时效性与现场感明显优于报纸。

（3）广播新闻具有很大的覆盖面和很强的渗透性，其接受面的广泛性，也是报纸所无法比拟的。

与报纸相比，广播新闻也有其弱点：一是受时间限制，转瞬即逝，过耳不留；二是缺少整体组合上的启示，也没有选择收听时间的自由；三是具有较强的排他性，听众在一段时间内只能收听一个电台的节目，其他节目都被排除在外。

三、电视新闻

电视是以无线电波所传送的声音和图像作为媒介的大众传播工具。它由电视工程和电视节目两个部分组成。

电视是一种较具现代性的大众传播媒介。它传播符号多，是一种既作用于观众视觉器官，又作用于观众听觉器官的"双通道"传播媒介。电视以形象为主，融文字、声音、色彩于一体，同时借助电波传送、卫星转播和电子编排技术，逼真地再现新闻现场。电视除了应用于新闻传播、文化娱乐和教育外，也广泛地应用于工业、交通、运输、医疗、公安、科学研究等各个领域。

电视的兴起，在很大程度上改变了人们的生活和思维方式。"电视改变了我们的比例感或者说感觉方式，因而具有比我们所想象的更加普遍的影响。"[1]尽管互联网的发展已经对电视媒体构成巨大冲击，但电视仍然是我们这个时代最强势的媒体。

在高度发达的资讯时代，电视受到了人们的普遍青睐。电视在新闻传播上也具有明显的特点，主要表现为：

（1）电视新闻的表现手段多、感染力强。电视的表现手段，包括图像、文字、图画、图表、语言、音响、配乐等，它"汇天下之精华"，对观众的感染力极强。

（2）电视新闻依靠电波传送声音和图像，能以无可比拟的速率席卷世界。在传播迅速、收看及时、覆盖面广等方面，除了广播可以与它媲美外，其他任何媒介都无法与它相提并论。

（3）电视新闻的收看对象广泛众多，易于普及。同时，它的收看一般不受文化程度等因素的限制，老少咸宜，因而受到观众的极大欢迎。

电视传播新闻也有它自身的弱点：一是电视一般只能报道现实的、外在的、看得见的动态，对复杂性、抽象性题材的新闻较难作深入报道；二是对于已经发生过的事件，电视难以反映；三是电视新闻的采访、制作有较高的物质和技术要

---

[1] [美]伯格.通俗文化、媒介和日常生活中的叙事.南京：南京大学出版社，2000：124.

求,费用较高,这也限制了电视新闻报道的自由度。

四、网络新闻

进入20世纪90年代,互联网技术取得了突飞猛进的发展,计算机网络和无线通讯已成为人们彼此沟通、联系的重要手段。互联网作为一种崭新的信息传播手段,正在发挥着越来越重要的作用。1998年5月,在联合国举行的一次学术研讨会上,有些学者正式提出了"第四媒体"这一概念,并得到了广泛认可。

以计算机和互联网为基础的现代通信技术,在很大程度上改变着人们的生活和工作方式。随着网上人口飞速递增,许多报纸和其他媒体感到有能力和信心开发"新媒介"的潜力,纷纷上网。

什么是网络新闻?目前学术界还没有一个明确的定义。我们立足于网络新闻的最主要特征,定义如下:网络新闻是在互联网上传授的新闻信息。具体来说,它是新闻传播者通过互联网发布或再发布,而接受者通过互联网视听、下载、交互或传播的新闻信息。

从媒介特征来看,活跃在互联网上的新闻信息具有:① 海量性,② 多媒介性(通过网络阅读新闻,不仅可以看到文字、图片,而且可以看到影像、听到声音),③ 及时性和全时性,④ 超空间性,⑤ 自由,⑥ 交互等众多技术特征。与其他传统新闻媒介相比较,无论是广播、电视、杂志还是报纸,还没有哪一种媒介具有如此众多的优势,并把它们完整地组合在一起。[1]

目前,中国的网民人数已达4.85亿,为世界第一,且大部分为年轻人。网络的传播形式,帮助很多人自己制作新闻图片、视频、评论和分析,利用微博、博客发表见闻、观点、看法等。网络已具备议题设置能力,传统媒体的电视、报纸等也通过网上有多少人关注某事件来判断其重要性。随着网络传播的发展,新闻生产的模式也发生了改变,网民成了新闻的生产者。网络新闻传播的多媒体性,以及鲜明的话语风格和快速、互动传播的特征已见端倪,给人逐渐与传统新闻拉开距离、企图另辟新路的整体印象。

"好风凭借力,送我上青天。"借助网络这一高科技手段,网络新闻在促使大众平民时代加速到来的同时,其即时性、集束性、互动性、参与性和个性化的信息传授方式,已使受众不再"屈从"于传统媒体的"话语霸权"。换言之,我们注目世界、探索新知、表达言论的途径将越来越趋于多样化。但我们也看到,网络新

---

[1] 杜骏飞.网络新闻学.北京:中国广播电视出版社,2001:94.

闻也因其明显的技术痕迹而构成了某种阅读困难,而且它因量大而显得纷纭复杂,使读者有无所适从之感。

伴随着"新媒介"的出现和发展,并没有充分证据足以显示传统的大众媒介正在式微。为了应对正在崛起的新媒介,传统媒介也正积极进行"充电"、扩展并接受各种挑战。当今社会,报纸、广播、电视、网络四种主要的新闻传播媒介日益发展,相辅相成,同时又都面临着激烈的竞争。这就需要我们新闻从业人员扬长避短,调动发挥它们各自的优势。报纸新闻要扬文字之长,以"读"取胜;广播新闻要扬"听"之长,以"声"取胜;电视新闻要扬"视"之长,以"图"取胜;而网络新闻则要发挥即时性、互动性和多媒体化等优势,树立新媒体时代的传播观念,引领时代潮流。对于同一新闻事件,广播、电视、网络新闻要在速度上争先,使新闻快些、短些、新些,让受众快速、直观地把握时事的动态;报纸新闻则应在"深度"和"评论"上开拓,把新闻事实的前因后果、意义、影响等告知新闻读者。新闻媒体的"生存"竞争,或许正是推动新闻发展的一种动力。

第三节 记者职业解析

新闻主要由记者采写。记者乃是新闻报道活动的主体。记者的人格、智慧、活动力及其他职业道德素养,直接制约着新闻报道的质量。

"记者"这一专用名词,也有广义和狭义两种理解。广义的记者,泛指一切新闻从业人员,历史上曾称之为"报人",它包括采写人员、编辑人员、评论员、节目主持人、资料人员、翻译人员、通联人员,以及总编辑、主编、主笔、社长、台长等。狭义的记者,是指直接从事新闻采写的专职人员,他们的主要工作职能就是从事新闻采集和专访报道,进行语言、文字、摄影、摄像等新闻采访活动,并将报道在报纸上发表或在电台、电视台、新闻网站播发,为受众提供每日新闻。在西方,此种记者被称为 Reporter(报道者)。本书所讲的记者,专指狭义的记者。

一、记者的角色

"没有任何职业比记者更具焕发生命的兴奋感,这是没有地图的旅行,前进的动力是激情。"人们选择了记者职业,便会去拥抱这种多少显得"浪漫"的新闻理想。

优秀的记者应该为他们所从事的工作感到骄傲和满足。美国一项"职业自豪感"调查显示，92%的记者（美国国会议员为75%、政府高级官员为81%）在向别人谈论自己的职业时，有一种自豪感。新闻记者可能不会像其他职业那样拥有高报酬，但正如美国早期的小说家霍桑曾说的，他不愿意当律师，因为那要靠别人的悲哀生存；他也不愿意当医生，因为那要靠别人的病痛生存；他也不愿意当牧师，因为那要靠倾听别人的罪恶生存。对于霍桑来说，剩下的唯一职业就是写作。"如果你要向社会各个阶层传播你的文章、如果你要做社会发展的推动者、如果你要想抑制一个滥用职权的政府，新闻记者是这一切的开始。"[1]

那么，记者究竟肩负着怎样的社会使命？是怎样一种职业角色？我们可以通过解析记者的"工作链"来回答这个问题。

1. 采访新闻

新闻采访是一名记者的日常工作，也是新闻传播的起点。人们认为记者工作"神秘"而有吸引力，也主要是因为记者所拥有的"话筒"（采访权），如广泛接触各种新闻人物、近距离触摸新闻事件、为追寻事实真相而进行暗访调查等。

新闻采访的要义，即紧抓事实的核心，深入调查，发现真相，让真相与读者相遇。为探寻真相，记者总是不停地寻找那些有见解和掌握事实材料的人。记者是新闻的见证人、历史的第一稿的陈述者。正如CNN《亚洲谈话》节目的主持人对清华大学学生所讲的，记者是新闻的观察者（Observer），而不是当事人和玩家（Player）。记者的基本职责是"让公众知情"。

美国著名记者卡尔·华伦则说：记者的全部生涯，就是做一个提问者、聆听者和记录者。因此在采访中，记者应成功扮演这样一些角色：到处窥探的侦探、出色的推销员、刺探心灵的精神病专家、老练的外交家、诚挚的朋友、审慎的律师和善提问题的节目主持人。[2]显然，这种担当"千面人"角色的特殊性，需要记者有卓异的人格、智慧、广泛的阅历知识作背景。我们看到，一些老练的记者既能和普通百姓拉家常，也能和官员、专家谈问题，还能在新闻现场随机采访，从容应变，反映出较全面的综合素质。

2. 写作新闻

记者是一个特定时代的忠实记录者。他客观而真实、严谨而朴实，体现秉笔直书的"写史"传统。记者的写作，既对"事实"负责，也对"历史"负责。

训练有素的记者应该是在采访中认真做采访笔记、认真听取被采访者的谈

---

[1] 李希光．新闻学核心．广州：南方日报出版社，2002：14．
[2] 复旦大学新闻系．新闻采访学资料汇编（内部资料）：361．

话、精确地记录事实的人。记者的天职是清晰无误地报道新闻事件,在一般情形下,读者关注的是新闻事实本身,人们并不太在乎记者对新闻事件的个人观点和看法。

媒体记者写作的特殊性在于,不仅要求行文有深度、能出彩,而且必须以最快的速度完成。它要求记者深谙媒体传播的特性,擅长各种新闻文体,撰写为社会所关注的新闻稿件。记者的笔力常常是惊人的,可以振聋发聩,也可以催人泪下,散发出强烈的感染力和震撼力。写出好新闻是记者的使命,也是造就名记者的最好途径。

3. 联络编辑与社会

记者一面联结编辑部,一面联结采访对象与社会公众。记者在新闻传播过程中,是主动而敏感的信息"转换器"。在新闻传播活动中,记者受编辑部的指令积极从事采访和报道,同时又"自主"面向具体的采访对象,最终向新闻受众和社会负责。

由此可见,记者实际上体现为编辑(媒体)和社会的沟通环节。《人民日报》记者黄文根据自己做伊拉克战争报道的体会,指出:前方记者对战争状态有较直观和感性的体验,后方编辑部则对整体形势有更宏观的把握。我们在报道全过程中一直与总社编辑部门保持热线联系。总社给出当前形势反馈和采访报道的总体思想,同时让前方记者保持充分的自主性。他的描述,揭示了记者与编辑之间客观存在的相互依存关系。因此当两者发生矛盾时,记者应及时将实际情况向编辑部反馈,促进不断变化的双方的沟通。著名记者艾丰给一位地方记者的"八字秘诀"——"两极分化,早打电话",可以形象地说明这一点。

4. 推动问题的解决

记者必须具备较强的公众服务意识和社会责任感。当他面对一些社会问题和错综复杂的矛盾时,不会做一个袖手旁观者,而会以新闻人应有的价值观念、职业伦理和社会责任心作出自己的评价,并通过多种途径积极参与到问题的进程中(如调查报道、写内参等),推动问题的最终解决。

但必须指出的是,记者或新闻媒体推动问题的解决不等于直接参与办案或纠正冤假错案,而只能起到曝光、揭露和推动的作用。对于这个问题,中央电视台节目主持人白岩松的认识很到位:"一段时间以来,有人觉得记者是法官,电视台、报纸、电台是法院,这本身就是一个错误的看法。我认为记者就是记者,新闻就是新闻,舆论监督就是舆论监督,它只是这个社会上空永远去拉响的警报。新闻不能觉得自己权大,甚至要大于法,这是严重的越位……在社会还不太健康、法制还不太健全的情况下,会有各式各样偏离了事实原则、违背了法律精神的做法和看法,但是新闻不能因此就做太多越位的事情。"[1]所以,记者应该明确自己的职责所在,在法律、政策允许的范围内承担起新闻媒介应有的社会责任。

5. 撰写新闻评论

当记者面对某些现实问题,有话想说、有感而发时,他可以着眼于社会、公众利益,通过在采访中所获得的丰厚材料,发表见解,提出呼吁,向全社会发出中肯的、符合实际的意见。

记者在署名文章中发表议论,不能看作是单纯地表达个人意见,而是一种带有社会性的、负责任的行为。他必须客观而冷静地看待事实,从中找到真相,使公众更直接、清晰地把握事实的本质。还应强调的是,记者撰写评论不能凌驾于事实之上,不能歪曲事实、虚构事实。事实和公众总是对应的,对事实的不尊重,就是对公众的蔑视。同时,作为评论者,他对事实的挖掘和提炼必须高人一等,具有职业水准和权威性。例如人们熟悉的中央电视台《新闻1+1》节目的评论,主持人和专家的言论总能源于事实而高于事实,"是在事实之上,也在事实之外的东西。是许多观众看完事实感觉到又没有表述出来的感想,可谓言其心声;可能也说出了有的观众没有意识到的内容,使观众有一种茅塞顿开的感受"[2]。这才是真正意义上的新闻评论。

6. 引导社会舆论

随着现代报纸的诞生,特别是20世纪电子媒介和网络媒介的出现和普及,大众媒介激发了具有民主性质的"公共领域"的诞生,也使大规模舆论的产生成为现实。在此进程中,作为站在社会最前线的观察员和社会活动家,记者通过报道新闻事实和公众的言论,表达民众的意见和社会舆情,同时又通过传播带有自身倾向性的言论,解释、分析新闻事件,评析社会各种意见,进而影响舆论发展的方向。

从哲学角度讲,新闻传播是主体,社会舆论是客体。在日常报道中,不论大千世界中有多少事、多少种舆论,新闻传播的主动性就表现在"选择"上。因此,选择的标准就成了一个不可回避的核心问题。在诸多影响选择标准的因素中,政治立场、公共利益以及舆论中所包含的新闻价值,是其中最重要的三个因素。中央电视台《焦点访谈》的成功经验中的根本一条,就是在选择标准中将这些重要因素完美地结合起来。其选题标准是:政府重视、群众关心、普遍存在。找到

---

[1] 袁正明,梁建增.用事实说话——中国电视焦点透视.上海:上海人民出版社,2000:216-217.
[2] 袁正明,梁建增.用事实说话——中国电视焦点透视.上海:上海人民出版社,2000:158.

了这个"结合点",便能从根本上确保舆论导向的正确性。

二、记者的职业要求

随着社会的飞速发展,新闻事业对记者的职业素质有了越来越高的要求。这里,我们从传媒业内发生深刻变革的角度,来透视记者的职业素质要求。

为探讨未来新闻业的深刻变革,瑞士弗利堡大学新闻与传播学院邀请世界各国新闻界名流举办了一次研讨会,主题是:21世纪的新闻业将呈何趋势?现代型记者应具备哪些业务素质?新华社记者报道说:

(1) 21世纪,世界新闻事业将日益发达,人们的消息会更加灵通,新闻竞争也将变得更加激烈。

(2) 为赶上时代的节奏,把握未来新闻事业的特点,记者首先必须学会用更快的速度来完成采编任务,以最快的时效来赢得争夺受众的激烈竞争。记者借助电脑可以争取一点时间,但供其思考的时间将大大缩短。

(3) 记者必须学会用更加简洁、明了的词句报道事实,使读者一目了然。

(4) 理想的记者候选人应具有广博的基础文化知识和相当高的职业水准,应具备大学毕业文凭,并受过专业培训。其年龄最好在30岁左右。

(5) 现代型记者还应该是一位专家,是一位名副其实的专业人员。他必须具有较高的分析能力,善于分析从经济、政治和其他各界人士手中得到的各种消息。

(6) 未来的时代要求新闻记者作深入细致的调查研究,因此,新闻资料员和研究员将应运而生,而且其作用会与日俱增。

除此以外,《中国新闻出版报》记者也对国内知名媒体人进行过问卷调查,重点探讨在微博用户过"亿"、似乎人人都能"采访"的今天,记者这一职业究竟有什么特殊要求?综合各种观点如下:

(1) 记者作为一种职业,具有相当的专业性;他们不仅仅是记录和传播消息的人,记者的肩头还承担着社会责任,用良心去记录和传播消息的人才是记者。

(2) 记者的职责在于通过采访,还原事件真相,挖掘事件背后所反映的社会运行规律。这不仅需要一定的观察、文字、思维能力,更需要专业的训练和经验积累。

(3) 在重大活动、重大事件、突发事件,以及日常生活工作当中,记者应鲜明地彰显自己的灵魂价值和主流价值。

(4) 记者与媒体绝对是唇齿相依的;如果没有了记者,人们将不得不将精力大量耗费于收集信息,以及在繁杂无序的信息中进行筛选、整理和求证,社会文明的演进也会放缓节奏,因为缺少了记者这个"侦察兵"。

(5) 网络传播打破了各种不同媒介的界限,促进了融合媒介和融合新闻的诞生,形成"印刷的、音频的、视频的、互动性数字媒体组织之间的战略的、操作的、文化的联盟"。记者将不再有传统媒体文字记者、摄影记者、电台记者、电视记者等明确分工,而将成为通过文本、视频、音频以及与读者互动来传递信息的人。

(6) 所谓人人都是麦克风的说法,只是对新媒体产生以后人们的沟通和信息的传播更为便捷的一种夸张说法而已。记者作为一种职业,具有相当的专业性。[1]

概言之,一个现代型记者唯有具备崇高的职业理想、多方面的专业素养和在现代传媒环境中较强的适应能力,才能立足于新闻传播行业。

三、记者的职业素养

唐朝时候,有人问著名史学家、《史通》作者刘知几:为什么自古以来文士多而史才少?刘知几回答说:史有三长,识、才、学,缺一不可,"世罕兼之,故史才少"。刘知几的"三才说",同样适合于对记者的职业素养的认识。

1. 记者的"识"

记者的"识",就是卓识、眼光,就是力透纸背的思想。记者的"识",首先表现为独立思考的能力,而其前提是必须具备独立的人格。在各种"权力"面前,设若记者不能做到"不偏不倚,为民喉舌",便很难激活主体能量,体现自我价值和社会责任。报业巨子史量才说过:报纸是民众的喉舌,除了特别势力的压迫以外,总要为人民说些话,才站得住脚。[2]记者应该铭记这句箴言。

令人忧虑的是,由于长期以来新闻媒体注重"正面宣传",通行所谓"好消息是新闻,坏消息不是新闻",而且"要使坏消息看上去像好消息"的报道模式,目前记者思想的"稀缺"仍然是不容忽视的问题。正如《南方周末》的一篇专栏文章所指出的:

我常常读到这样的新闻:某地发生了地震、洪水或火灾等自然灾害,当地政府不遗余力地组织救援工作并安排受灾群众的生活,那些虽然遭受了灾害但活

---

[1] 关于记者的职业考问.中国新闻出版报,2010-11-09.
[2] 中国人民大学新闻系.中国新闻事业史文选.北京:中国人民大学出版社,1999:406.

下来的老百姓感动地说:"是党和政府救了我们。社会主义就是好。"这样的新闻报道,其实是没有意义的。

许多年来,新闻报道形成了一种模式,在这种模式的报道中几乎不报道灾害的原因,不描述发生灾难的场景,也不报道伤亡的人数以及财产的损失。这些报道中的所有消息来源、引语和重点都似乎在不断地印证"社会主义好"这样的事实。其他新闻报道也如法炮制这种模式,比如在公安部门解救被拐卖的妇女的时候、社会福利部门对特困家庭表示关心的时候、政府官员向下岗职工发放救济金的时候……

日复一日,我们的媒体不厌其烦地使用浅薄的例子来证明一个深刻的真理,难道不做作吗?现在消息灵通和知识广博的大众完全有可能对这样的新闻报道逻辑提出疑问:难道资本主义国家的政府对这样的事会根本不管吗?[1]

记者是时代"航船"上的瞭望者,是社会舆论的引领者。如果记者只会"舆论一律"地传播领导意图,而缺少自己的独立观察,那么充其量只是器官意义上的"喉舌",而若要赋予"喉舌"器官以社会道义,没有足够的理想、没有不凡的见解、没有充分的理性是无法实现的。

新闻媒体是社会道义的体现,是公共权力的代表,它应该给人以一定的"敬畏感"。这种"敬畏感"不只在于它手握尚方宝剑,更在于它还拥有一大批优秀记者、评论员,能为公众提供精确的事件定位、有力度的思想。独立的"思想"显然比盲从舆论更有建设性意义,这样的文字也更让人有敬畏感。

2. 记者的"才"

记者的"才",就是从事新闻职业所应具的特殊"才华"。对此,著名记者邵飘萍在《实际应用新闻学》一书中认为,优秀记者除了应具备"品性"(包括人格、操守、侠义、勇敢、诚实、忍耐等)、"身体健康"等前提"要素"外,还应有几种"独特的智能",也即从事新闻职业的特殊才华,包括"知新闻之价值"、"观察力、推理力、联想力"、"细密与注意"、"机警与敏捷"等。这些见解,显然是具有丰富阅历的记者的经验之谈,至今仍不失其启示意义。

首先,记者的才华表现为一种敏锐的发现力。记者对于任何事物都要有敏锐的观察力,要关注、留意现实生活中的一切"变动",通过分析、判断等智能活动,最终发现有价值的新闻。有一个例子很能说明问题:一名美联社记者到中国后,对点滴小事也不放过,这位记者从哈尔滨到北京那天,飞机刚降落到跑道滑

---

[1] 徐国源.当代新闻采访写作.苏州:苏州大学出版社,2006:18.

行,他就对陪同的中国记者说:"美国有个要人在北京,请你帮我打听一下是谁?"陪同人员莫名其妙,因为他们一起坐飞机来,飞机上也没有无线广播,之前也没有人告诉他们任何消息,怎么知道美国有要人在北京呢?这位美联社记者眼望窗外,指着一架停在跑道边的飞机对他说:"你看,那是一架白宫的飞机,没有要人来怎么会坐白宫的专机呢?"陪同人员一看,果真是一架画着美国国旗的波音飞机。到北京饭店问过后才知道,原来确实有美国总统的科技顾问在北京访问。记者对生活的敏锐观察力,由此可见一斑。

其次,记者的才华表现为迅疾的行动力。新闻工作的特点,决定了记者对所获信息必须迅速作出判断、选择、取舍,不可迟缓;尤其对重大、突发事件,更要迅即反应,快速行动。这种特点,必然要求记者的智能"高速运转",而行动则敏捷有力,同时还要求记者在实践中不断摸索,找到规律性的东西,逐渐形成一种"职业本能"。

随着新闻竞争日趋激烈,记者采写新闻范围的扩大,信息传播速度的加快,这必然要求记者熟练地掌握现代通讯技术(如电脑、无线话机、卫星通讯设备等),不断提高新闻报道的效率,并力争成为"快抢手"、"多面手",在多家媒体的竞争中立于不败之地。

再次,记者的才华表现为必要的推理力。记者的思维是一种复杂的、综合性的智能活动,其中探寻、联想、推理、求证等思维方式必起作用。举例来说,1936年"西安事变"的消息,是当时任路透社记者的赵敏恒首先报道出去的:

那天上午9时半,某要人忽然打电话给南京的赵敏恒,问:"西安有无电报来?"赵答:"没有。"又问:"路透社在西安有无记者?是否有电台?"赵答:"没有。"对方就把电话挂了。

赵敏恒愈想愈觉得奇怪,决定向各方寻找线索。11时,探得蒋介石不在西安;又多方联系,获可靠消息,说蒋介石不在西安城内而在华清池,前一天还有电报到南京。又从交通当局得到消息:说陇海线只通华荫,他们判断是兵变。

于是赵敏恒向路透社发出电报——"西安兵变"。当时人们众说纷纭,还在猜疑。直到收到西安广播,才证实路透社消息的准确。[1]

一条重大消息的报道,可能得之于偶然之间。关键在于记者是否有足够的新闻敏感和由此及彼的联想力,在偶然的线索中探寻必然性,并运用推理、求证以揭开事实的真相。这如同警察办案,必要的逻辑推理和联想力是不可或缺的。

---

[1] 白庆祥等.新闻采访写作编辑案例教程.北京:新华出版社,2003:67.

最后，记者的才华还表现为较强的表达能力。一方面，记者的表达能力的提高，有赖于平时的基本功训练，如语法、修辞、逻辑等基础，应该在中学时代就打扎实；另一方面，也难以离开记者的综合素养，如哲学、政治、科学、审美和语言等多方面的修养。

3. 记者的"学"

学，就是学问，就是文化修养。现代新闻传播要求记者的思想、学识始终处于开放、发展的状态，善于汲取人类文明的精华，掌握现代科学技术最新动态，在博学的基础上，形成宽广的视野，成为对自己所报道的事物非常了解的人。在知识的传播方面，记者在读者的心里应树立一定的"权威性"。

记者工作面对的是无限广阔而又瞬息万变的社会生活。这必然要求记者应尽可能拥有更多的社会、科技和人文等方面的知识，准确、迅速地运用文字或影像媒介，将这个社会"逼真"地呈现出来。今天，当新闻媒介在中国迅速扩张的时候，记者的社会阅历、知识积累、文化修养更显得重要。中央电视台副台长、前新闻评论部主任孙玉胜是这样理解"文化修养"的重要性的："一个电视人对社会生活是否有特别的观察和感悟，能否把所观察和感悟的结果通过语言叙述出来，以及叙述的是否准确，是衡量一个电视从业人员文化修养的重要标准。我不认为一个出色的电视人一夜之间就能制作出好的电视节目，有力度的电视作品是制作者长期文化积累的再现，而这种积累也许就体现在我们平常对社会观察与体验、分析与思考中，也许就体现在由此形成的文章中。"[1]他的话表明，优秀记者、编辑与主持人的文化修养在新闻工作中具有无可替代的作用。

记者究竟应该做"杂家"还是"专家"？其实并不需要争论。《美联社新闻报道手册——如何成为顶级记者》认为，理想的情况是："文学艺术的教育背景与某一领域的专业知识集于一身的记者人选。"也就是说，要把"专"与"杂"统一起来认识。因为：

> 干记者这一行最大的特点之一就是你每天来上班，但却不真正清楚会去干什么。你可能会被派去采访一名诗人，可能会被派到一个犯罪现场，可能会被派去报道一家银行的绑架人质的现场或财政官员所做的为何减税势在必行的报告。我不能确定只有受过专业教育的人才可以自由地应对这诸多情况……我想之所以有人在新闻这一行当中找到了乐趣，原因之一就是对于任何事情他们都能不间断地谈上四分钟。也许这真是一份难得的财富。[2]

---

[1] 孙克文.焦点外的时空·序言.北京：三联书店，1997：4.
[2] 杰里·施瓦茨.美联社新闻报道手册——如何成为顶级记者.北京：中央编译出版社 2003：80.

记者和常人、专家的"知识储备"稍有不同,它既要"博览",又需"精深",两者必须结合起来。记者应在具有广博社会常识、科技人文修养的基础上,形成分析的立场、观点和方法,对社会问题能作出系统的思考;同时,在分工范围内又有丰富的知识储备,在政治、经济、法律等方面能有较深厚的积累,以便于展开有深度的调查报道。

　　应该说,记者的识、才、学三者相辅相成,合力构成其素质体系。对于一名记者,缺乏思想,就不会有真知灼见;没有学问,便必然肤浅乏味;不精通业务,识和学也难以体现。一名优秀的新闻记者,必定是识、才、学兼备,对新闻怀有"敬仰之心"的人。

第二章 新闻报道的基本理念

要点提示：

新闻报道的基本理念是指真实性理念、客观性理念、时效性理念和其他社会理念。新闻报道的理念包含着丰富的理论内涵，并贯穿于整个新闻传播过程。

新闻报道的理念,也就是贯穿于新闻报道中的主导性原则。它与一般的采写规则和具体技巧相比,具有几个方面的特点:首先,它是新闻报道的指导性观念,制衡着新闻报道活动的各个方面;其次,新闻报道的理念不是孤立的理论,而是一种体系结构;再次,新闻报道的理念是一种深层次观念,是新闻专业主义的集中体现,因而是相对稳定和持久的。本书认为,真实性、客观性、时效性等新闻理念和其他社会理念,都将对整个新闻报道活动产生深远的影响。

第一节 真实性理念

新闻的真实性问题,既属于客观范畴,也是主观范畴。在新闻报道中,个别记者不顾事实本源存在与否,刻意追求轰动效应,故意编造惊人的情节或杜撰耸人听闻的故事,这类虚假报道在媒体上时有出现。请看 2010 年 6 月 1 日《新京报》的报道:

炒蒜高手掷千万买走百斤金条

黄金市场近期的耀眼表现不仅招来了炒房客,现在又引来了"炒蒜人"。中国黄金旗舰店昨天再现单笔购买 56 公斤投资金条的大单,而这笔大单的资金就"来源"于炒蒜。

据该店张经理透露,这位客户自 2006 年起开始定期投资实物黄金,每个季度入手一批,基本上每次都是 5 公斤,还为此特意购买了保险柜用来储金。但此后好长一段时间这位客户竟"消失"了。昨日,这位客户突然现身,刷卡 1501 万购入 56 公斤金条。原来这位大客户消失的这段时间,是去炒农产品了。他之前炒过大豆、绿豆,近期炒蒜又小赚了一笔,现在又转而购金。

"炒蒜高手"说,高回报伴随的是高风险,所以还是想通过黄金来平衡资产配置、分散风险,"把鸡蛋放在不同的篮子里更保险"。

2010 年 6 月 1 日前后,北京多家媒体纷纷刊发此报道。国家发改委立即责成北京市发改委调查核实此事。经核实,虽然各报记者署名各不相同,其实原作者仅一个——中国黄金集团营销有限公司某工作人员,正是此人编撰了该报道的原稿,并以电子邮件形式发送给了北京各报。6 月 11 日,新华社发通稿《"炒蒜高手掷千万买走百斤金条" 发改委称其为不实报道》:"现已查明,《新京报》关于'炒蒜高手掷千万买走百斤金条'的报道没有任何事实基础,完全是凭空编造出来的";"有关媒体记者没有经过采访核实,仅凭有关人员编撰的材料,就以记者采访的形式发布消息,见诸报端,造成了一定的负面影响。"

值得一提的是,对新华社的批评,《新京报》没有鸣冤叫屈,更没有自我辩解,而是认真反思。《新京报》首席编辑、评论员曹保印为此撰文《真实是新闻的生命——从〈新京报〉一则失实报道谈起》,其中一段话可以共勉:"这则报道失实的原因,就是相关采编人员对'真实是新闻的生命'这个常识,没有做到足够的敬畏,质疑的意识不强,核实的力度不够,新闻源过于单一,缺乏多方面的实证,以及记者'不在新闻现场'等。什么时候将'真实是新闻的生命'视为最低的也是最高的标准,并且恪守这个标准,什么时候才能最大限度避免失实报道,什么时候才能做到最大限度地还原事实真相,什么时候才能具备'百年大报'的品质和风范。"[1]

一、新闻本源的真实

我们通常说,真实是新闻的生命。这里的"真实",首先是新闻本源的真实。新闻的本源是指社会生活中实际存在的事实以及事实的变动,包括真实存在的事件、社会现象、问题和各种社会意见等。新闻一旦离开本源,便成为虚构杜撰,顷刻化为"假闻"或谎言。所以,"真实"要用记者的名誉担保,一旦作假,信誉全失。

刘建民教授认为,新闻的本质是依据事实本源,建构现实的思想图式,所以新闻中的"事实"是指:① 它是实在的而不是想象出来的现象、事件,是实际有过或发生过的事情;② 事实必须有发生和发展的过程,新闻对事实作出记录和描述,而不是非图式化的思想空洞的叙述;③ 在新闻报道的开头,要清楚交代新闻的来源,标明是记者亲眼所见(现场采访),还是转述他人的介绍(事后采访),或转载其他媒体的报道;④ 深度报道、通讯或报告文学都以真实的事实为主体,记者的分析仅仅依附于事实、紧贴事实的意义,不能脱离事实放肆地议论。[2]

新闻的真实首先是本源真实,不能无中生有地编造它,也不能轻易改变它。这里,除了上例中因"动机不纯"而出现"假新闻"以外,记者对待事实的态度,也会影响到新闻的真实性。譬如,新闻发生后,记者采用别人的转述以获得材料,或亲临新闻现场"亲密接触"本源事实,其效果是大不一样的,前者是间接了解情况,而后者是直接地触摸事件。许多经验表明,记者要获得真实可靠的新闻,

---

[1] 贾亦凡,陈斌.2010年十大假新闻.新闻记者,2011(1).
[2] 刘建民.当代新闻学原理.北京:清华大学出版社,2003:55.

必须追踪到事实的本源,摄录原生态的事实,才可能再现它的真实情景,杜绝假新闻的发生。

评判新闻的真实度,一个基本要求就是看事实要素的真实情况。事实要素由事件、当事人、时间、地点、原因和进程(What、Who、When、Where、Why、How)这六个要素构成。上述要素,特别是前四个要素,是一则新闻赖以存在的必要条件,也是记者报道新闻不能不明确交代的。在这些要素上,记者来不得丝毫虚构和想象,也不能为传播"效果"而夸大、扭曲和篡改。例如上海《新闻记者》评出的2010年十大假新闻:中国每年有220万青少年死于室内污染、70%举报人遭打击报复、西安市已被确定为国家第五个直辖市、一女生世博排队被强奸怀孕、传我军数百战机青岛上空军演、金庸去世等。这些假新闻的出笼,当然有多种人为"炒作"因素,但如果用新闻要素特别是人物、事件、地点、时间四个最基本要素较真的话,都经不起推敲。设若新闻要素都可以凭空想象、捏造的话,长此以往,新闻也就不再为新闻,传媒的公信力也将丧失殆尽。

二、新闻陈述的真实

探讨新闻的真实性,既要分析前提(新闻本源是否真实),也要衡量方法,即陈述事实是否准确、可靠。因此,能否运用恰当的叙事框架、陈述方式,也会对新闻的真实性产生影响。

一般来说,新闻的陈述主要是通过建构真实的情节或情景来实现的。真实的情节来自于记者的直观观察,也来自于深入调查采访,再现真实的情景画面。可见,新闻陈述的真实,前提是采访中获得的材料必须真实可靠。同时,事件情节的陈述是否精确,也直接关系到新闻的真实度。情节往往是由一系列真实、确凿的细节构成的,设若关键细节出现差错,人们就会对新闻提出质疑,影响新闻的真实感。2010年,玉树地震,央视4月22日报道《一只救了32条人命的搜救犬牺牲了》:"20号下午,一只军用的搜救犬在玉树震墟当中发现了一位大爷,便立刻钻了进去。可是,没想到废墟坍塌了。战友们把它挖出来的时候,这只搜救犬的内脏已经被压烂了。负责那只搜救犬的战士一直抱着它,就像抱着自己的孩子一样。虽然他没有哭出声音,但是泪水早就已经流了出来。当地的志愿者说,这只搜救犬几天来搜救出了32名被压的群众。"经四川媒体查证,玉树地震抢险中并无搜救犬牺牲,新闻报道中牺牲的搜救犬及其"动人事迹",其实是发生在2008年汶川地震映秀灾区的旧闻。当然,也有人为之辩解,称之为"善意的错误"。2010年4月26日《新民晚报》刊发的白峰的评论,可谓一针见血:"或许

第二章 新闻报道的基本理念

报道此新闻的记者是想进一步提升玉树抗震救灾的信心,是一个善意的错误,但错误毕竟是错误,谎言终究是谎言。谎言用在新闻报道上,就是毒药,会伤害媒体的公信力。在抗震救灾报道中出现假新闻,更会伤害公众关注玉树、援助玉树的善良之心,让人对相关报道心存怀疑,最终伤害的无疑是玉树的受灾同胞。震后的玉树需要信心,需要救援的力量,更需要事实的真相。在第一时间将真相及时传递给公众,也是将温暖和信心传递给受灾的玉树群众,玉树会因此增添信心和力量。玉树要让虚假新闻走开,不能让臆测和谎言取代事实。"[1]

西方许多新闻学著作强调,记者应当在采访阶段就把错误消灭掉,把可能引起读者"疑惑"的地方说清楚。这就要求记者在采访中,对关键的情节、人名、地名、机构名称、数字等,都要仔细询问和记录,并与被访者当场核实。有例为证,《陕西日报》曾刊登一条社会新闻,报道商县牛槽乡西联村一个67岁的老妇,在山上挖药时打死一只豹子,读者很感兴趣。消息传到美国,纽约的一家报纸想转发《陕西日报》这条新闻,却发现读者最想知道的细节上不够清晰,有"瞒天过海"的嫌疑,于是这家报纸委派美籍华人胡文升为特派记者,找到采写该新闻的记者卢维岩当面核对。胡文升直指关键问题:新闻中写道,这位老农妇67岁,身高1米4多,一只眼,体重90多斤,在一般情况下她是不可能打死豹子的,事实却是打死了。请将这一事实的必然性,特别是它的偶然性作一说明。卢维岩解释说:必然性是这位老妇确实勇敢,如果她临危怯懦,肯定不能战斗,会被豹子咬死的。偶然性是,当时这位老妇人正在山上挖药,同她一起的有她的一个50多岁的侄媳,两个十三四岁的孙女,一个12岁、一个17岁的孙子。当豹子从灌木丛中冲出扑向她孙子时,老妇为了救护孙子大声呐喊,这凶豹便冲过来扑倒老妇人,并咬住她的左臂。这勇敢的山里人翻身抱住了豹子,在生死搏斗中,抱在一起的豹子和人滚坡坠崖。当老妇和豹子落地时,凑巧人在上,而且地面有锐石。这样,人与豹子合计200余斤的重量,加上自由落体的速度,造成了豹子的致命伤,而老妇没有大伤。她当时还抓住豹子的两耳,豹子却无力弹跳。神志清醒的老妇人此时大喊:"快来呀,我捉住豹子啦,别叫它跑了!"侄媳赶来,便一顿乱镢将它打死……介绍到这里,美国记者点头了:可以了,可以了! 这些都写出来,美国读者便会相信了。[2] 由此不难看出,新闻叙事中对具体细节不作深究,造成疏漏,不仅会给读者带来阅读疑虑,而且给人以不真实感。

---

[1] 贾亦凡,陈斌.2010年十大假新闻.新闻记者,2011(1).
[2] 白庆祥,刘乃仲,郑保章.新闻采访写作编辑案例教程.北京:新华出版社,2003:257.

三、新闻阐释的真实

现实生活有自身的逻辑,记者能否正确认识、阐释它,和记者的认识动机与认识能力有关。"在新闻中,记者对事实趋向的说明符合实际,称作阐释性真实。"[1]

对于受众来说,事实的真相很大程度上是由记者的阐释性语言提供的,因此记者的认识能否和事实真相统一,是至关重要的。许多新闻之所以给人不真实感,是因为记者的认识和阐释有"偏向",主观和客观相背离,从而掩盖、远离了真实。

就记者的活动特性来看,阐释是对新闻事实的属性作出真实的判断,对事实的客观状态和可能趋向进行真实的说明。如果这种表述符合事物、对象、事件或事态的实际情况,读者就认为新闻的阐释反映了客观事实的内核,达到了"真实"的层次。反之,即便局部事实可能是真实的,但由于记者的阐释不够真实,那么这条新闻也是不真实的。如2010年7月20日《新疆日报》等刊登新闻"喀什房价两个月就翻倍",报道新疆喀什"特区"效应催热房地产,"喀什的房子一天一个价,两个多月,房价就快翻倍了"。该文记者也曾到实地采访,"站在喀什市的高点向四下望,只见脚手架林立,街道上车来人往,整个城市都沉浸在一场大建设的热潮之中",算是认真了。但在上述报道中,只报道了消费者个人对房价的感受,而没有采用政府部门的统计数据;只看到特定地区房价的上涨,而没有顾及到整个地区的平均房价。因此,记者四处转转,便草率地得出房价两个月就翻倍的结论,很可能是以偏概全,难以客观、全面、准确地反映喀什市的房价。要知道,即使请专业的评估机构来评估一座城市的房价,也不是三五天就能搞定的,何况走马观花的记者呢?由于记者对事实的认定和解读不准确,这样的新闻也是不真实的。这一案例提醒人们,如果所有的记者在下结论(阐释)前,能多问几个为什么,恐怕假新闻就会少很多。

新闻的陈述总是按照一定的"框架"展开的。框架是编辑、记者在新闻生产中必不可少并坚持运用的东西,"新闻框架不仅组织新闻生产,而且实际还起着组织生活现实,并赋予其秩序的作用"[2]。换言之,新闻报道是否真实,除了与记者的采访是否精确有关之外,还与解释中使用的叙事框架有关。例如,电视新闻为宣传需要,往往喜欢"贴标签",说市民踊跃献血是爱国行动,表现出很高的

---

[1] 刘建民.当代新闻学原理.北京:清华大学出版社,2003:97.
[2] [美]盖伊·塔奇曼.做新闻.北京:华夏出版社,2008:2.

觉悟。献血诚然是好事,但不必硬跟爱国攀扯上关系,许多人献血可能是出于人道主义,也可能是以血换钱,与爱国毫不相干,如果是外国人献血又如何解释?新闻中的阐释性框架,如果失去了真实的前提,只会使人们对新闻的真假产生怀疑。

当然,新闻真实性属于宏观的范畴。它不仅涉及现象真实和本质真实、微观真实和宏观真实、局部真实和整体真实等关系,还涉及新闻管理体制、媒体利益竞争和记者职业道德素养等。盘点近年来"假新闻"频出的状况,呈现出以下特点:涉假者多为职业记者;编辑核实不严、草率转发;微博参与造假;"标题党"[1]大行其道;等等。这都在呼唤新闻职业精神的回归和对虚假新闻的零容忍、零宽恕。只有新闻生产的每个环节都确保真实,才能最大程度避免新闻失实。

对于新闻报道的"真实性"问题,马克思还强调过报刊的"有机运动"原理。马克思深刻地认识到:个别报道可能因各种原因而出现"失实",但是各种媒体作为一个整体,其全面、完整地披露信息,最终形成的仍然是比较接近于真实的报道,或者是以越来越准确的事实纠正差错,最终达到舆论的平衡。马克思还论证说,一个事实发生的时候,记者一开始的报道往往是从某一个角度、某一个侧面报道,报道中可能会存在误差,但是后续的报道应该不断地纠正以前报道的偏差,最终使事实完整地、真实地展现在受众面前。因此,现代新闻传播应树立的观念是:真实是一个过程,但要保证这个过程有一个完美的最终结果。但是,当下的很多报道往往有头无尾,报道了事情开头,却没有了结局和下文,这就很难保证充分展现事实,或纠正片面性。[2]

第二节 客观性理念

新闻报道的客观性原则,在西方新闻界保持着"新闻专业理念"的地位。美国新闻学经典著作、据称被三百多所大学采用的教科书《新闻报道与写作》中有

---

〔1〕 百度百科解释为:所谓"标题党",即互联网上利用各种颇具创意的标题吸引网友眼球,以达到各种目的的一小撮网站管理者和网民的总称。其主要行为简而言之即发帖的标题严重夸张,帖子标题通常与内容完全无关或联系不大。
〔2〕 陈力丹.关于电视新闻频道和舆论监督的网上对话.新闻与信息传播研究,2003(夏季号).

两句经典的话,有助于我们理解新闻"客观性":一是"客观的新闻是对看得见的东西及人们的言行进行的报道";二是"当记者谈到客观性时,他们的意思是新闻报道不含有记者的观点或感情,它包含的是事实,报道是以一种不偏不倚的、独立自主的观察者的视角写的,如果报道可以经得起某些记录——言说原文、会议记录、警察局报告、购物凭证、薪水册、失业率数据、或重要数字的核实,那么它就是客观的。如果材料有证据作为支撑,那么报道就是客观的"[1]。上述观点表明"客观的新闻"有几个特征:首先,是对"看得见的东西"和"人们的言行"进行报道;其次,记者拥有不被别人左右的立场;再次,材料必须有根据,经得起验证。

在新闻发展史上,作为客观性原则的具体体现,相对应的是所谓"客观报道"形式。它有三大基本特征:① 注重事实,尽量真实地呈现事实与摹写现实;② 事实和观点分开,忌讳将带有强烈主观色彩的观点充作基本事实,误导受众;③ 避免个人化的主观倾向,作为报道者的记者不应以任何方式在报道中表现自己。[2]

客观报道传承至今,已有一百多年历史。这种客观报道要求新闻记者尽量客观、真实、朴素地叙述所见所闻,要求新闻不受记者本人观点的约束,而主要根据事实来"说话"。西方教科书上通常援用下面一则例子,以说明什么叫"客观报道":

三岁娃娃将被征入伍

合众国际社纽约电　谁也搞不清楚这是怎么一回事儿——本星期五,居住在纽约市约克城高地的三岁小女孩皮丽·夏普洛收到了入伍通知书。

昨天,她像平时那样吃早餐,她边吃边看一张华盛顿征兵处寄来的通知单。根据这张通知单,她得在"从十八岁生日那天起三十日内报到入伍"。

尽管小皮丽仍有许多时间考虑这件事,但她已明确表示:"我不去!"

显然,这则报道是用鲜活生动的事实"说话"的,记者不发表任何观点和议论,这符合"客观报道"所强调的 KISS(Keep It Simple, Stupid)原则。新闻的力量在于事实,身为新闻稿的作者,一定要遵循这个原则。一篇新闻稿是一篇迷你的新闻论文,要以最平实的语言、在最短的时间内说完。[3]"客观报道"的形式从一个侧面反映了新闻报道的客观性要求。

---

[1] [美]麦尔文·曼切尔.新闻报道与写作.北京:广播出版社,1981:87.
[2] 李良荣.西方新闻事业概论.上海:复旦大学出版社,2003:84-87.
[3] 巴克赫斯特.打开知名度.福州:海峡文艺出版社,1989:23.

客观报道理论作为世界新闻发展史上的一次重要思潮,首次正式把"客观性"定为新闻传播原则,它标志着"客观性"作为一个重要新闻理念的问世。其意义在于,它不仅解决了采写方法上的问题,而且实际地塑造了新闻的品质。不难设想,如果没有客观报道的提出,新闻就始终难以与评论分开。报纸客观反映现实世界的功能就不能充分发挥,也难以形成有别于一般"宣传报道"的特殊个性。1923年,客观报道原则在美国《新闻规约》第5条中得到确认,该条规定:"不偏——健全的工作可以使新闻报道和意见表达清楚地区别开来。新闻报道不应该参加意见或任何偏见。"[1]

一、"用事实说话"的原则

在中国新闻界,普遍提倡"用事实说话"的观点。这种观点,是对新闻的客观性、客观报道的朴素理解,具有中国特色。它强调通过对事实的选择和对事实的客观报道,巧妙地表达报道者的立场和看法。

从理论上说,所谓"用事实说话",就是承认事实是新闻的本源,新闻必须忠实地报道事实、如实地反映实际,并依靠事实的逻辑力量实现新闻传播的目的。当然,"用事实说话"总包含着记者对新闻事实的认识和评价,因此记者又必须发挥全部认识能力和实践能力,在复杂的现象中正确认识事实,恰如其分地报道事实;记者在新闻报道中表达自己的态度,也要遵循客观性原则。

第一,客观地陈述观点。"用事实说话"的客观性原则,要求记者直接说明事实或观点的来源,用自己的亲眼所见、亲耳所闻反映事实,而不是轻易发表记者自己的意见。对于一些复杂的、尚不明朗的事件和问题,记者更应保持客观、公正,并力求倾听来自各方面的陈述和意见,特别要引用对立双方的观点来报道事实。记者的倾向性,即对事实的情感、态度、意见和愿望等,一般应渗透在他所采制的新闻中,体现在他对事实的理解中。

第二,客观地陈述事象。"用事实说话"的理念,是贯穿于我国整个新闻传播活动的基本理念,但首先具体地体现在记者对事实的态度上和对事实的采集中。记者应认识到,真理总是客观的,而不是强加的;绝大多数新闻只需真实地反映事象,受众是能够从事实中领悟意义的。例如,获第八届中国优秀新闻奖的广播新闻《亏损企业入住高级度假村开扭亏会议》就很好地遵循了客观报道的原则:

---

[1] 童兵.比较新闻传播学.北京:中国人民大学出版社,2002:94-95.

本台记者报道　连年亏损的广州冶金集团在号称"五星级的家"的顺德市碧桂园高级度假村召开的扭亏解困会议今天(19日)结束。这个会议为期三天,有60人参加,平均每人花费的会议费2500元,相当于这个企业一个职工半年的收入。

度假村的两位服务员接受了记者的采访。

(出录音)

记者:他们住的别墅一晚多少钱?

服务员A:每人每晚667元。

记者:住了多少天?

服务员A:住了3天2晚。

记者:他们吃什么菜呢?

服务员B:蛇煲老鸡、炒水鱼(甲鱼)裙、豉油皇乳鸽……

(收录音)

记者在服务员手上的菜单上看到的菜式还有冬虫夏草炖水鸭、焖大鳝等。

据知情者透露:广州冶金集团近四年共亏损两亿七千多万元,这次在碧桂园度假村召开的扭亏解困会议并没有拿出解困的新办法。

度假村一位姓刘的公关经理说:

(出录音)

企业都亏损了,还来这里开什么扭亏会议,真是没见过。

显然,这篇报道中记者没有轻易站出来"说话",而是用客观的事实说话的,仅借度假村的一位经理的口发表了一句议论,即"企业都亏损了,还来这里开什么扭亏会议,真是没见过"。这种充分尊重事实,记者隐藏在事实背后说话的方式,符合新闻报道的规律,也更能体现新闻报道的客观性。

第三,客观地"说话"。我们强调报道的客观性,提倡"用事实说话",但绝不是把客观性强调到绝对的程度。在报道实践中,记者不可能消弭自我,超然地进行所谓"零度写作",而总是带着一定的思想倾向、价值立场,在新闻报道中渗透主观倾向。

记者借助"事实"表达态度("说话"),也要运用客观法则。这种客观报道的主体化,被认为是"最高超的新闻报道技巧",其方法有:① 引用双方陈述,把冲突双方的观点摆出来,同时让旁观者(如百姓、专家等)发表评论;② 在报道中记者不发表意见,但可以通过提供背景、解释,巧妙地加入记者的意见和态度;③ 通过征引专家、学者的话语,说出记者想说的话;④ 尽量使用中性、平衡的词汇,避免使用情感激烈的修饰语等。

二、公正原则

什么是新闻的公正性?这是一个见仁见智的问题。美国"自由论坛"主席Charles L. Overby曾提出"新闻公正性公式":

A(准确)+B(平衡)+C(全面)+D(客观)+E(伦理)=F(公正)
(Accuracy + Balance + Completeness + Detachment + Ethics = Fairness)

由美国"自由论坛"出版的《公正新闻学》一书,指出了报纸容易出现的"九大不公正现象":① 报纸把事实搞错;② 报纸拒绝认错;③ 报纸拒绝透露新闻源;④ 报纸雇用了无知、浅薄或不合格的记者;⑤ 报纸喜欢墙倒众人推,以攻击弱者为乐;⑥ 报纸集中报道负面新闻;⑦ 报纸缺乏多元的、多样化的报道和言论;⑧ 报纸把编辑、记者个人的意见掺杂在新闻报道中;⑨ 报纸不愿承认:重大新闻并不是每天都发生。[1]

西方新闻界相信,为了保障新闻自由,新闻媒体必须是政治上保持中立的专业化机构,并独立于商业价值。同时,作为一个承担社会责任的新闻媒体,为无权无势的群体寻求公正也是自身的核心任务,一个有社会责任感的记者必须是社会的镜鉴、批评者和弱势成员的保护者。

许多学者也指出,新闻报道的"公正性"其实是一种美好理想。新闻"公正"既取决于媒体立场的公正,也受制于社会各范畴的公正,因而"公正性"必定是充满悖论的命题。但是,"公正性"原则有利于维护新闻的"纯洁性",应最大限度地在新闻报道中得到遵循。

1. 新闻报道必须秉持公正立场

新闻报道的公正,首先取决于记者立场的公正,而记者的立场则往往取决于特定的价值观和意识形态。请看2008年5月17日《光明日报》的报道:

"我不许你这么说!"——联合国新闻发言人玛丽·厄泽女士今天打断了某西方记者以所谓"新闻自由"抨击中国抗震救灾的言论。

在今天上午的新闻发布会上,联合国各组织首先介绍了中国抗震救灾的进展情况和联合国与中国在抗震救灾过程中团结协作的详情。就在新闻发布会即将结束之际,一名西方媒体记者提问称,中国政府不许西方记者进入灾区报道,有悖"新闻自由"。此言一出,当即引起强烈的反应。

---

[1] 李希光.新闻学核心.广州:南方日报出版社,2002:28.

联合国新闻发言人厄泽女士一反惯常的沉稳温和态度，严厉地抢先回应道："我不许你这么说！"随后，她详细地解释了汶川发生地震灾害后联合国与中国的合作情况。她强调，抗震救灾是抢救生命，是人道主义紧急救援行动，绝不能与其他不相干的事情联系在一起。

联合国人道主义救援署发言人伊莎贝拉·比尔斯女士眼圈红了，她声音颤抖地说，抗震救灾是在与时间赛跑，救援人员早进入灾区一秒钟，就能多救出一条生命。灾情发生后的前几天最重要的任务是抢救被埋在废墟下的生命。中国救援人员是在道路交通严重堵塞，重型机械无法进入救援现场的情况下，徒步前进，用双手抢救受灾群众，可歌可泣。她强调，联合国人道主义救援署与中国的合作从地震发生伊始就非常顺畅，救灾的原则是首先保证让中国自己的救援人员迅速进入灾区开展紧急抢救，中国也并没有拒绝国际援助。其他联合国组织发言人也纷纷表示，媒体应该客观公正，不能将人道主义救援与其他问题牵扯在一起，表示将尽一切努力帮助中国抗震救灾，重建家园。

听到这些声音，坐在台下记者席中的我再也按捺不住，立刻举手要求发言。得到发言许可后，面对现场百余名记者，我强忍心中的激动，努力维持平稳的语速："我要给这位无知提问者上一堂'地理和道德课'！中国的面积比欧洲还大，而且地震灾区位于中国西南部的偏远山区。地震造成的破坏巨大，加之气候条件恶劣，即便是中国救援人员都很难在第一时间进入灾区中心地带。怎么能在交通通讯资源已经非常匮乏的情况下，置危在旦夕的生命于不顾，而让不了解当地环境和语言的外国记者首先进入？西方媒体不是一向标榜'最珍惜生命'的吗？怎么能以所谓的'新闻自由'来干扰我们抢救生命的努力？！"全场静默。

上面一则案例表明，西方媒体记者以所谓"新闻自由"指责中国抗震救灾的努力，有失客观公正，而其把记者的采访权与中国人的生命权对立，把人道主义救援与其他问题牵扯在一起，其实更是一种意识形态的体现。可以想象，如果由那位西方记者写报道，其角度必然是扭曲的，有失公正的。

今天的中国，社会利益日趋复杂、多元，新闻媒体就更要注重以客观、公正的态度，以符合社会整体利益的眼光来报道事件。在任何情形下，对事件进行客观公正的报道应是记者追求的目标，记者要尽量避免成为"新闻事件中人"，偏听偏信或被各种力量左右。比如，在报道有争议的社会事件时，记者应秉持公正立场，甄别决定采访谁、选用什么事实、如何解释事实，目的则是全面完整地报道新闻，反映事件真相，而不只是获得轰动效应。

2. 新闻报道必须坚持公正表达

公正报道的核心是不偏不倚,忠实地秉持"用事实说话"的原则。其目的是尽量避免因记者对事实的认知错误、情感偏差,放大情绪负面效应,损害公正表达。新闻的特质要求记者全面、公正、平衡地报道有争议的问题,让人们了解各方面的意见,以便公众作出全面的判断。反之,设若媒体自身出现认识偏向、情绪异常,新闻报道就有可能违背公正原则。

在当今的媒体报道中,记者似乎变得容易激动,过多地带着感情色彩,已不再是一个客观的事件叙述者,更像一个"愤怒青年"。在2001年公审张君特大持枪抢劫杀人团伙案的报道中,上海某报4月16日刊登的《重庆满街声讨魔头》即是一篇情感失常、违背法律精神与公正原则的报道。它在法律判决之前就将张君作为"早就该枪毙"的罪犯来报道,对张君的量刑作了过多的渲染,如"不杀,天理、国法不容"、"杀一儆百"等,这是违背了"未经法院判决,任何人不得认为有罪"的无罪推定原则的。同时,它违背法定的刑罚种类,宣传"张君该千刀万剐",并且用在小标题上。至于报道"亲手杀了张君"、"用张君人头祭奠亡灵"等说法,更是毫无法理依据。此外,报道中"张君犯罪事实已经这么清楚,哪里还要审三天"的说法直接同进行中的审判唱反调。张君所犯罪行令人发指,受害者家属的悲伤及公众的义愤心情可以理解。在这样一种状态下,采编人员也出现了偏激情绪,搞"媒体审判",使报道偏离了法律的轨道。

3. 新闻报道必须展开公正评论

在新闻报道中,记者或多或少会表明态度,发表意见。但评论的出发点,应该基于独立的"第三种立场",而不是对立双方的利益立场。同时,媒体该在何时评论、该怎样评论,也应考虑到新闻评论在通过大众传媒扩散之后产生的影响力,以使自己的评论保持谨慎,避免"话语霸权"的产生。以案件报道为例,法律规定,媒体不得妨碍侦查、起诉和审判,因此通常的做法是,在一审宣判之前,记者一般只作客观性的事实报道,不作定性判断。对于正在诉讼程序中的司法活动,首先应当摒弃夹叙夹议的倾向式报道,实现对案件公正平衡的报道,基本不发表评论;对正在进行的司法活动的批评性报道,应谨慎限制在程序违法和审判作风上,不对实体问题说三道四。那么,正处于司法程序中的案件报道可以评论吗?1994年1月通过的《关于新闻媒体与司法独立的关系的基本原则》(即"马德里原则")确立了在不违背无罪推定原则的前提下,对司法活动可以进行评论,而且对评论的权利不应予以任何特别限制的基本精神。换言之,只要评论在理,也可以渗透在案件报道之中。这里的关键是,记者应把握好评论的公正性,即出发点是善意的,调子是与人为善的,问题是切中要害的,后果是不损害公平审理的。[1]

三、平衡原则

"平衡报道"源自西方新闻学,是西方新闻报道普遍遵循的基本原则之一。美国密苏里新闻学院1980年出版的《新闻报道与写作》一书中就指出:"新闻报道应当求得平衡、公正和客观。"美国报业发行人协会为"具有特殊成就的报纸"所定的四项标准中有一项就是"这一报纸的新闻报道,必须顾及各种性质新闻的平衡"。

在我国新闻学界,孙旭培教授在研究了国外报道经验的基础上,早在20世纪80年代就提出了"平衡报道"的概念,他认为:"平衡就是在突出报道一种主要因素时,还要顾及其他因素,特别是相反的因素;在突出报道一种主要意见时,还要注意点出其他意见,特别是相反的意见。"同时,他还认为:"平衡手法不是讲多种因素、多种意见均衡地、中庸地报道,仍然是把某种因素、意见作主要的因素、意见突出进行报道,这主要因素、意见就是倾向性,只是要'顾及'或'注意点出'其他的因素、意见。"[2]平衡报道在性质上属于客观报道的范畴。平衡报道所追求的目标,是更准确地反映事物及其内外联系,呈现事态发展中的各种复杂因素,有利于增强新闻的客观性。"平衡"作为一种具体策略和手段,在当今的新闻传媒中已有广泛的运用。

1. 平衡手法作为报道手段

在新闻报道中,记者经常会遇到包含着矛盾对立的复杂事件,如当事人之间存在利益冲突、观点相左,或社会上对某事物存在截然相反的看法和意见,或事物本身就包含是与非、利与弊的相反因素。为了使报道公正准确,记者必须兼顾矛盾双方,从不同的消息源获取信息,并将对立面的事实和观点同时摆出来,体现平衡报道。如2005年1月,北京有政协委员提出对外地人员进京实行"准入"制度,认为外来人口的大量无序进入,使北京市的可持续发展难以为继,建议政府摸清北京市实际需要的人才类别,用准入制度进行合理的引进,规范人口流动。但这个观点遭到了其他法律专家的批评,据相关人士分析,它实质上就是"人口甄别制",准许一些外地人定居北京,而不准另一些外地人进入北京,这是一种制度上的倒退,且有违宪之嫌。宪法第三十三条第二款规定"中华人民共和国公民在法律面前一律平等",这理当包括身份上的平等。《新京报》对此的

---

[1] 王松苗.案件报道的时机与跟进.新闻战线,2004(3).
[2] 孙旭培.当代中国新闻改革.北京:人民出版社,2004:307.

报道没有简单地否定,既有与提出"人口准入制度"的政协委员的对话,也采访了其他委员以及发改委、卫生局、警方、劳动部、教委等有关部门;同时结合社论,传达出这样的信号:人口总数要控制,但其解决方案只应在宪法与法律的框架内寻求;否则看起来奏效的办法,反而会制造出更大的问题。

2. 平衡手法作为编辑手段

新闻报道要本着全面反映事实全貌的原则,注意从不同的角度、不同的层面展开,报道不同的观点和声音,而不是以偏概全,甚至出现"一面倒"现象。在这方面,我们应该借鉴西方媒介平衡报道的做法,当新闻报道包含尖锐矛盾或者观点严重对立的争论时,可以在新闻版面的编排上体现出一种平衡,即把代表对立双方利益、观点的报道或图片以对称的形式组合到一起。

3. 平衡手法作为媒体手段

一个负责任的公正的媒体,更多的是要承担社会责任,要考虑到所报道的内容可能产生的社会影响,因而必须坚持客观、平衡的报道立场。在舆论监督过程中,由于大众传播所具有的强大影响力,媒体更应防止报道可能对当事人造成的过度伤害,并且应让被批评者有机会申辩,提供版面刊登他们的辩解或反驳意见,以维护他们的正当权益。这种平衡方式既可以避免不必要的新闻侵权纠纷,又能让公众了解事实发展的全貌和动向,对树立媒体客观公正的形象有重要意义。

对媒体前期报道中出现的失误或偏差,媒体可以提供后续报道,或者登载反映不同观点的报道或文章,以达到一种对称平衡。例如中央电视台对伊拉克战争的报道,开始阶段较多采用美国电视媒体的信号,但很快意识到要进行平衡报道,于是也采用半岛电视台等阿拉伯世界电视媒体的信号。有专家指出,新闻频道开播后,可以更广泛地采用多种新闻源,对新闻事件进行平衡报道。对于重大的新闻事件,不管是正面的还是负面的,新闻频道都应该直播,关键是我们要通过自己的评论去进行平衡,也可以用后续报道去进行平衡。

第三节 时效性理念

新闻报道的"时效"理念,是现代媒体竞争的必然要求,也是衡量新闻价值的重要指数。在更广阔的意义上,时效性理念还体现了对公众知情权的尊重,是媒体树立权威形象的必要前提。但是,"新闻的时效性并不是一个单一的时间概念,而是一个以时间为轴,复合着准确、质量、效率、深度等素质要求的结构性概念"[1]。因此,"时效性"概念也呈现出多义理解。

一、"抢新闻"的现代时效观

新闻消费是一种"一次性消费"。当公众"知晓"某种新闻信息后,新闻作品的使用价值也就消耗殆尽,不可能再被持续消费了。因此,新闻界普遍以为,新闻是"高度易腐的商品","'陈腐'的新闻缺乏吸引力"。[2]

正因为如此,"抢新闻"已成为当今媒体记者的职业本能。为了"抢采"、"抢写"、"抢发"新闻,一线工作的记者都会使出浑身解数,做到"眼快"、"脚快"、"手快"和"头脑反应快",于"第一时间"在事件现场拼抢新闻。为了"抢发"新闻,不同时代的记者又采用信鸽、电报、电话、传真、网络、手机等手段传发稿件,以求得新闻信息在送达公众时具有最高的"新鲜度"。

"抢新闻"实质上"抢"的是新闻的"时间差",即事实发生与报道之间的最短距离。"时间差"越小,则新闻的时效性越强。"在事件刚一发生,人们对事件还来不及作出判断,就立即给予报道,称作新闻报道的第一时间,新闻的第一时间是新闻时效最高的标志。"[3]新闻报道"抢新闻"突出的是新闻时效性,为提高"抢新闻"的整体质量,必须注意几个方面的问题:

第一,必须快速反应。在当今传媒环境下,公众的积极参与、信息传播的快速需求和记者报道过程中社会动员的需要,都促使新闻报道的生产由记者主导、组织把关变成公众参与、协同传播,由一次刊发、单次传播变成接力赛跑、循环报道。在报道突发性事件时,移动记者的作用最为显著。一般来说,记者到达新闻现场后,首先要用移动终端拍摄现场照片,传到网上或编辑部的后台系统;之后,再用摄像机拍摄现场画面,放到移动电脑中传回总部,或现场编辑后立即在线发布;如果报纸需要报道这条新闻,则让记者在视频采访的基础上继续补充采访、调整文字;如果新闻事件特别重大,则会在网站上建立专题进行直播、滚动报道和不断更新,这需要多名移动记者在现场快速、熟练地运用文字、摄影、摄像等多媒体技术进行报道。

第二,讲究整体配合。新闻报道的快速反应,当然离不开记者个人的新闻敏锐与积极主动,但在报道一些重大、突发性事件时,还必须依赖新闻传媒整体实

---

[1] 方延明.新闻写作教程.北京:高等教育出版社,2005:35.
[2] 徐耀魁.西方新闻理论评析.北京:新华出版社,1998:138.
[3] 刘建民.当代新闻学原理.北京:清华大学出版社,2003:147.

力的密切配合和协同作战。"9·11"恐怖事件是新世纪国际上发生的最重大的突发性事件。在关于这次恐怖袭击的报道中,世界著名的财经类报纸《华尔街日报》与世界贸易大楼仅一街之隔,数十米之遥,在袭击发生后,其总部也遭到严重破坏,所有办公人员紧急撤离现场,万分危急中,该报主编保罗·斯泰格尔作出明智决定,命令编辑人员在另一办公地点集合,记者回家继续办公,所有记者保持电话畅通,由编辑遥控策划,指挥记者的采写。该报在极艰难的情况下保证了报纸的正常出版,并发表了大量深入现场的独家新闻,因此获得当年普利策突发事件报道新闻奖。

第三,实现全天候报道。现代媒体每天24小时不间断地播发新闻作品,这种传播效率非常符合信息时代人们对于最新新闻的期盼,同时也在实践中实现了巨大的价值和效益。以电视媒介为例,每当重大事件发生时,电视传播通常会以新闻滚动播出、随时刷新、及时传递的方式争取最快时效,而多视窗连线、字幕飞播则跨越了时空限制,实现了现代传播技术条件下"天涯共此时"的效果。现场直播作为争夺时效的最高境界,消除了"发生"与"报道"之间的时间差,真正体现了电视人"第一时间我们在"(央视)的理念。

现代传播的特点,要求媒体必须有一个强大、高效的工作阵容,包括记者、编辑和技术力量。它要求在需要提供新闻时,记者能够在任何事件发生的同时,迅速有所反应并完成自己的报道任务。同时,也要求记者之间富有组织协调性,能够以接力的协作方式完成全天候追踪报道的任务。

二、全时态报道的动态时效观

传统新闻价值理论中,新闻被看作是"新近发生的事实的报道",一般只有一种时态,而如今的媒体报道却是全时态的:不仅有发生时态,还有过去时态和未来时态。它突破了以往"一时一报"、"一事一报"的时间概念,而将多种时态集于一体,既有事件发生的因果关系,又有事件发展的变化走向。

20世纪90年代以来,由于高科技与新闻传播联袂,现代传媒对于世界上发生的重大事件或突发事件,往往都会不惜投入巨大的人力、物力,予以强力关注。许多传媒对事态进行全天候实况转播,并且摸索出一套快速反应的运作机制。专家认为,伊拉克战争报道堪称是世界新闻史上第一次"实况转播的战争"。从美国第一颗精确制导导弹发射起,全球媒体就投入到一场激烈的信息大战之中,小小的卡塔尔聚集了大约600多名世界各地的记者。各家媒体纷纷加大投资,能量大的用数字化的电子系统布下"天罗地网",能量小的也尽力派出特派记者,或随军潜行,或单兵作战,深入战场。对于公众来说,坐在家里,就可以看到即时的战争实况。在中东各国,许多观众"目不转睛"地盯着半岛电视台的实况报道,当美国一架阿帕奇直升机坠落后,他们甚至比美国军方更早看到当时的场面。在如此快速转变的战争环境中,随时传来的资讯,令人兴奋和扼腕,也使人真假难辨。这场战争对媒体带来的冲击,无疑将在现代新闻史上留下极其壮观的一页。

从未来发展看,新闻的全时态化将在三个层面上继续开拓:其一,以进行式快速反应当前事态;其二,以追溯式回放昨日起因;其三,以预测式揭示未来走向。这种全时态报道模式,使现代新闻在新的层次上体现出"新闻"的本义。从2011年利比亚战乱报道中,我们已明显可以感受到这种多维形态。人们发现,与多国打击利比亚逼卡扎菲下台同步进行的,是一场同样激烈的道义战、外交战、宣传战、心理战。人们完全可以从随时变动的战争"软层面"分析战况,并且可以从中获得对"战争与和平"的更丰富的认识。

三、对"时效性"的多维理解

在实践中,新闻的"时效性"并不是静态概念,而是动态性的、多参照系的概念。换言之,对于新闻的时效性,必须作多维理解。

第一,时效性与时代感。新闻报道的"新鲜度",不仅以"快"保"新",还以一种强烈的"时代感"来"保鲜"。新闻报道越同当前的社会关注、生活状态相吻合,便越具有时代特征,给人以"时代感"。一般来说,社会重大事件、舆论焦点问题具有较强的抢夺"眼球"的力量,是新闻容易集合人群的"亮点"之一;而后现代社会中,由于社会形态变化,一些消费形态、生活方式和特殊人群的生活状态,也是引发和延伸公众关注的议题,成为视线交织的"热点",也成为新闻积聚"人气"的重要内容。近年来,无论是传统的报纸、电视,或者新媒体的网络、手机等,都越来越重视报道"新生活"题材,包括新的生活水平、新的生活环境、新的生活品位、新的生活方式和新的生活秩序。这些话题已成为当代心声的话语表达,同样受到人们的关注。

第二,时效性与时机性。古诗说:"好雨知时节。"新闻报道也要像"及时雨",善于选择好的报道时机。新闻报道在特定的时间、条件下播发,其社会反响便会在相应的条件下发生作用。新闻报道只有在受众殷切关注的节骨眼上传播开来,才会取得最佳的效果。因此,选择最佳的报道时机,以"四两拨千斤"之功借力发力,也是记者在进行新闻报道时必须树立的"新闻意识"。

第三,时效性与"化旧为新"。在新闻报道的实例中,不可避免地会遇到一些重要的新闻事件发生时,记者恰恰不在第一现场,无法进行"第一时间"报道,可是又必须进行报道的情况。在这种情形下,记者一般要寻找一个"新闻根据"、"新闻由头"或"新闻视点",以新带旧,化旧为新,使事实再度获得新鲜感。例如,山西电视台播出的节目《半个世纪的重合》,贯穿其中的是一个相当典型的"老材料"——八路军总部旧址砖壁村先后获得扶贫款500万元,而村民至今仍然过着50年前的贫困生活。这一明显的反差,给观众以全新的心理冲击力,一下子抓住了观众的注意力。立足于此,节目以古论今,为"老材料"提供新的立足点、新的依据和新的展开空间,让观众对"扶贫重在扶志"的论点产生如此深刻的共鸣。[1]

第四节　其他社会理念

记者的职责是双重的:一方面,记者要真实、客观地报道事实,通过新闻传播使人们更全面、深刻地认识世界;另一方面,记者还要站在时代前沿,借助报道或评论反映舆论,传递文明的社会理念。

一、引导社会舆论

舆论导向是社会传播阐释意向的核心,其内涵是:大众传播媒介通过传播带有自身倾向性的言论,解释、分析新闻事件,评析人们的意见,进而影响舆论发展的方向。[2]新闻报道的舆论导向,就是在各种报道中借助具有倾向性的话语、文字、图像等,渗透反映国家和政党意志的权威意识形态,对社会公众给予影响和引导。

传媒对于培育一个社会的思想观念具有潜在影响。媒体对公众的影响,有时是显性的,但许多时候是潜在的。它可以通过渗透一定意义的传播"符码"和结构化的新闻处理等方式,如选择性的新闻、诉诸情感的图片和含有启示性的话语等,逐渐引领和培育一种特定的政治意识,并使之最终成为比较稳定的政治观

---

[1] 李一军.评无新意休轻作.中国记者,2001(11).
[2] 张国良.新闻媒介与社会.上海:上海人民出版社,2001:209.

念。例如自 2003 年以来,传媒报道了国家为保障人权所做的一系列卓有成效的工作,从全民动员预防非典、禽流感,到废除收容遣送制度;从简化婚姻登记手续,到基层普遍推行直接选举,公民的权利和自由不断扩大,人权保障水平持续提高。由此,2004 年 3 月,全国人大通过的宪法修正案,将"国家尊重和保障人权"等内容载入了宪法。人权保障入宪、完善对合法私有财产的保护、建立健全社会保障制度、完善土地征用制度等,充分体现了"修宪为民"的政治理念。媒体普遍认为,2004 年的"修宪",是中国民主宪政和政治文明建设的一件大事,是中国人权发展的一个重要里程碑,标志着当代中国民主宪政和政治文明的最新发展。

传播研究表明,传媒往往通过提供符合一般社会规范的参照系,以改变公众已有的参照系,从而影响社会成员的观念。在提高公众知情权的前提下,传媒通过设置最重要的"议题",将公众的注意力集中到某些与全社会命运攸关的问题上,构成舆论"焦点"或"热点",由此促成社会观念转变的契机。这便是媒介的一项重要功能——议程设置。

所谓议程设置,是指媒介决定公众谈什么、想什么,为人们安排议事日程。大众媒介促使公众将注意力转向某些特定的话题,为政党和政府树立公共形象,并通过不断报道某些人与事,暗示公众应当去想它、了解它、感受它。另一个对议程设置的表述,是伯纳德·科恩关于报业威力的一段名言:"在多数时间,报界在告诉人们该怎样想时可能并不成功;但它在告诉它的读者该想些什么时,却是惊人地成功。"[1]

一般而言,新闻媒介总是借助报道特定的人或事,而不是进行明显主观性的评说,来影响议程方向的。它可以有选择地取舍材料,渗透一种情感,展现崭新的视角,以潜移默化的方式影响人们的观念和意识。例如,《南方周末》是一份较具公信力和影响力的时政综合周报,它有强烈的监督与启蒙的色彩。为了解决中国转型期的社会问题,它尝试在媒体上设置公民社会的议程,把学界对公民社会的理论探讨推广到媒体上,引起了其他媒体和公众的关注,传播了公民社会的理念,得到了公众的认同,推动了中国公民社会的发展。它所坚持的"润物细无声"的舆论引导方式,或许可以被看作是现代政治文明意识的良好开端,而其影响却是十分久远的。

---

[1] 沃纳·赛佛林,小詹姆斯·坦卡德著.传播理论:起源、方法与应用.北京:华夏出版社,2000:248.

二、实行舆论监督

"舆论监督"是一个主谓结构词组,本意是公众从某种途径了解情况后,通过一定的组织形式或传播媒介,行使法律赋予的监督权利,表达舆论,影响公共决策的一种社会现象。现代社会中表达舆论有多种形式,其中最主要的是大众传播媒介;表达的内容可以是赞扬、建议和批评等,其中最重要的是批评。因为传媒的经验表明,批评比赞扬更容易引起社会关注,从而能够使社会病症迅速地得到诊疗。

舆论监督的前提是公民享有知情权、参与权和批评权(言论权)。其基本特征为:公众知情是前提条件,信息透明才能保证监督有效;曝光是关键手段,即通过对事件和问题的聚焦,使病症得以暴露;监督则通过曝光后形成公众意见,最终对监督对象造成精神与道德压力,从而规范人们的行为和品质。[1] 舆论监督虽不是行政手段,但对监督对象具有明显的约束力,它明确告诉人们该做什么,不该做什么,古语中的"众意成林"、"千夫所指,无疾而亡"、"众怒难犯"等,生动地反映了舆论监督的威力。

在我国,舆论监督主要指公众利用新闻传媒或新闻从业人员通过新闻报道或言论等形式对政府、政府的行政行为与公务员的个人品质所进行的监督。"监督"除了批评以外,还包括"参加"、"影响"、"威慑"、"制衡"等手段,其目的是对监督对象进行察看,通过议论形成一种督促,使之在法治的轨道里活动,从而有益于社会和人民。舆论监督的特点与党和国家机关各个系统的"内参"、"要报"等不同,是以公开的、自然形成的公众意见的形态,对具体对象进行监督、批评。

随着"政治民主"、"以法治国"观念的深入人心,尤其是媒体的多元化和网络言论的崛起,近年我国的舆论监督获得了较为宽广的发展空间,公众有了比过去更多的表达意见的机会。那么,新闻传媒的舆论监督该如何与法律监督、政党监督、行政监督和社会群众监督一起,合力地形成有效的监督体系,从而保证我国的政治文明建设的健康发展呢?

首先,要正确认识我国舆论监督的根本性质,找到传媒在监督体系中的位置。我国的媒体监督是作为党和政府领导、管理职能的一种延伸和补充发挥作用的,这是我国与西方的舆论监督的主要不同点。理论上,舆论监督或媒体监督

---

[1] 陈力丹.论我国舆论监督的性质和存在的问题.郑州大学学报,2003(4).

的职责是：保证公共权力的正确行使，促成并维护以法治国的社会机制，遏制腐败的滋生和蔓延。

其次，舆论监督必须走向制度化和法治化。媒介监督能够正常运作的前提，是向公众全面、客观地提供各方面的消息，特别是政务信息。只有在公众及时地"知情"、客观地"知情"、充分地"知情"的条件下，才谈得上舆论监督。但目前"不愿受监督，不欢迎媒体报道成了所谓的常态，因为我们体制上没有规定必须得这么做，没有规定信息披露应该达到什么样的标准、什么样的程度，没有规定在什么情况下必须把情况向老百姓说清楚。……这个问题的解决之道在于制度建设"[1]。

再次，作为舆论监督的一种重要形式，媒体监督应走向职业化。媒体监督来自人的表达自由的权利，这种权利内含于我国宪法，新闻自由是它的必然延伸，因而媒介的监督具有正当性。但是媒介监督不应成为一种特殊权力，不应成为以媒介面目出现的另一种国家权力。从长远看，媒介的地位将趋向平民化而非政治化、职业化而非权力化。[2]

三、彰显人文精神

哥伦比亚大学新闻学院教授卡莱在短文《新闻教育错在何处》中提出三个原则：① 新闻或新闻教育不能和广告、传媒、公关或广播视为一体；② 作为一种独特的社会实践，新闻不能与媒体和传播混淆；③ 新闻是民主的另一个名字——没有民主就没有新闻。卡莱教授认为，这三项原则是新闻学的金科玉律。卡莱的论点，指明了新闻的人文主义基础，确是振聋发聩、发人猛省之言。

什么是人文主义？什么是人文精神？学术界的意见不尽一致。文艺批评家钱中文先生认为："所谓人文精神，就是在人与社会、人与自然、人与人之间、人与科技之间的相互关系中，一种对人的生存、命运的叩问与关怀，就是使人何以成为人，要成为什么样的人，确立哪种生存方式更符合人的需求的那种理想、关系和准则的探求，就是对民族、对人的生存意义、价值、精神的追求与确认，人文精神是人的生存家园的支撑，最终追求人的全面自由与人的解放。"这个观点着眼于人本主义的视野，高扬以"新人文精神"充实人的精神，以批判的态度对抗消费主义的侵蚀与精神的堕落。[3]

---

[1] 喻国明.保障人民的知情权是建构国家信息安全体制的根本原则.新闻与传播,2003(9).
[2] 陈力丹.论我国舆论监督的性质和存在的问题.郑州大学学报,2003(4).
[3] 钱中文.新理性精神与文学理论.东南学术,2002(2).

新闻学本应该属于人文学科或有人文味的社会科学,因为新闻的诉求对象是人和其社会环境。传媒至多不过是一种传达意义的工具、科技、组织结构,如果把新闻当作传媒或技术,就等于"把鱼的故事和鱼混为一谈"。事实上,新闻变成传媒技术后,已经失去了它原有的存在理由;它已经不再是探讨人的社会实践,而变成了另一种哗众取宠的商品。[1]因此,新闻的本质必须重新界定,重新回归它的人文主义基础。

新闻传媒,尤其是新闻能不能赋予自身一种深切的人文精神?能不能为重建和弘扬人文精神承担自己的责任?回答应该是肯定的。美国名记者、普利策新闻奖得主杰克·富勒就他的经验之谈写道:"仅把报纸看作是数据的传递者是错误的。至关重要的是,一家报纸必须有一种个性,一种精神,一种情感和一种声音,正像与它搭档的'人'一样。如果它以这种方式表达读者的需要,就能与他们建立一种真正的、显示'人'的特点的联系。如果不是这样,它就会变得与他们的生活毫不相干。"他还指出:"如果我们的报纸能在它服务的人民中找到支持,这样的新闻价值观将是非常耐久的。"[2]这里十分清楚地表明:在传媒与受众的关系中,一种"个性"、"精神"、"情感"和"声音"既是对公众的感召,更重要的是体现了传媒的品格——"人文精神",并且由此形成的"新闻价值观将是非常耐久的"。

新闻的人文精神并非是一种口号,主要是一种社会实践。在新闻领域内,它的表现是多方面的:它可以是一种深切的人文关怀,也可以是一种理性的人文思考,还可以是对破坏人类精神家园的一种人文批判。其新闻视域也是多侧面的,如社会问题评析、生存状态报道、特困群体关怀、女性文化视角、生态环境监视等。在2008年四川汶川大地震报道中,中新社记者写了一篇报道——《那一夜,我们没有采访》:5月12日,中新社报道灾情的第一梯队在行至绵竹汉旺镇时,第一时间目击到东方汽轮机厂中学垮塌校舍的惨状。面对那一张张泪脸,面对他们哀求的目光,记者们一时不知所措。采访还是救人?这个新闻课堂上的道德问题来得如此突然。于是,他们放下了手中的相机,开始用手机向外界求援。那一夜,他们几乎没有完成一个采访。记者写道:"我觉得,在这片受伤的土地上,我们要传递的不仅仅是信息,还有温暖和信心。如果我们做不到这一点,至少,让我们不要因为自己的工作打扰他们,哪怕少一篇催人泪下的稿件。"这是一个记者发自内心的感悟,体现了高度的人文素养和高尚的职业精神。

---

[1] 李欧梵.新闻不等于传媒.亚洲周刊,2002-03-10.
[2] [美]杰克·富勒.信息时代的新闻价值观.北京:新华出版社,1999:105.

第三章

新闻采访概说

要点提示：

新闻采访是整个新闻传播的重要组成部分，也是自成体系的一门学问。它的突出特点是实践性强，偏重于应用与操作。采访的本质是调查研究活动。采访决定写作。记者应掌握多种采访形式，为新闻写作打好基础。

所谓新闻采访,是全部新闻工作的基础和前提,简言之,即记者为了报道新闻而进行的各种采集和挖掘事实材料的职业性活动。没有采访,新闻写作和新闻传播将成为无源之水、无米之炊。

在整个新闻生产的工序中,新闻工作者从发现新闻线索到最后把新闻传播出去,需经过许多环节,而新闻采访处于新闻工作的最前沿,也是最基础、最重要的一个环节。新闻采访以写作和传播新闻为目的,其成果则表现为各种形式的新闻作品。

第一节 "采访"的涵义

"采访"一词,始见于东晋史学家干宝《搜神记序》。《晋书·干宝传》记载:"宝撰《搜神记》,因作序曰:若使采访近世之事,苟有虚错,欲与先贤前儒分其讥谤。"[1]在古代,我国从事邸报、小报等工作的人,通常把采访称为"探访",且有内探、省探、衙探之分,可看作是今天所谓"采访"的雏形。作为现代新闻工作的专门术语,"采访"一词则是在近代新闻事业发展的基础上才予以确立,并被赋予了充实、完整的内涵。[2]1923年,著名记者邵飘萍所著《实际应用新闻学》由北京京报馆出版,该书是我国第一本有关新闻采访学的专门著作,也是我国新闻采访学的奠基之作。经过数十年的实践探索和理论总结,现代新闻采访学已经构成了理论构架完整、对新闻采访活动具有重要指导意义的理论体系。

有的著作认为,采访学的涵义,就是采集新闻的方法总称。这种理解,偏重于新闻采访的实践特征,忽视了采访与整个新闻传播活动之间的联系,因而是不全面和不准确的。我们则认为,新闻采访学不仅指"采集新闻"的方法和技巧,还牵涉新闻专业范畴的其他问题,如职业道德和伦理、媒体的专业属性等;换言之,新闻采访还必须从宏观上加以认识和把握。

新闻采访,究其本质来说,具有明显的调查研究的性质。按照认识论的观点,新闻采访的主体是记者,客体(对象)是有新闻价值的人和事。采访从性质而言,就是记者遵循认识事物的规律,对有新闻价值的客观事实所进行的调查研究性活动。任何新闻采访,都是对客观事物进行的调查研究。不同形式的新闻

---

[1] 晋书·七.北京:中华书局,1974:2150-2151.
[2] 刘海贵,尹德刚.新闻采访写作(修订版).上海:复旦大学出版社,1997:1.

采访,区别只在于调查研究所用的时间有多有少、所下的工夫有大有小;也就是说,它们之间只有量的区别,而没有质的不同。

新闻记者的采访过程,就是调查研究的过程。调查是占有事实,研究是消化事实;调查是研究的基础,研究能指导调查。我们强调把新闻采访看作调查研究活动,这不仅从正面意义上肯定了新闻必须关注现实问题,提倡有深度的调查和报道,而且能最大限度地减少媒体中经常出现的假新闻和肤浅报道。

记者采访中的调查研究,由于其工作目的和活动方式的差异,也显示了它的特殊性。《人民日报》记者田流认为:

专题调查是我们大量采用的一种调查方法。但专题调查要讲究时效,达到预期的目的,又必须以系统的全面的调查研究为基础。所以,一方面,专题的短时间的调查研究,是新闻工作应该大量采用的调查研究形式;另一方面,也不能放松对基本情况的全面系统的调查。正确的做法是把两者结合起来。[1]

由此可见,新闻记者的调查研究,是长、短线调查的结合,但重点则应该放在当前最新的事件、最新的变动、最新的问题上面。也就是说,记者的调查研究具有自身的"质"的规定性,它归根到底是以报道和传播新闻为目的的,主要是为新闻媒介提供每日每时的稿件。

另外,新闻采访中的调查研究也不同于其他部门的调查研究,有自己的特殊性。具体表现为:

(1) 新闻性。记者只调查有新闻价值的事,目的是记录事件、弄清真相、传播信息,而其他形式的调查研究也各司其职,目的各异。

(2) 公共性。新闻报道的内容极为广阔,包罗万象,因而记者的调查研究不受行业、地域的限制;只要有新闻价值,又不违纪违法,记者都有权利去调查。

(3) 时效性。新闻要在快速传播中实现其价值,因此其调查必须在最短的时间内展开;对于公共突发性事件,更要求记者立即赶赴新闻事件现场,迅速作出判断和反应,予以采访报道。

(4) 可感性。新闻具有可读、可听、可视性,因此记者的调查研究不仅要摸清事实,还要撷取生动、形象、典型的事例和细节。

(5) 公开性。记者的调查成果要传播到公众群体中,这就使记者的每次调查都要受到社会的检验。

---

[1] 艾丰.新闻采访方法论.北京:人民日报出版社,1989:19.

第二节 采访方式举要

新闻采访是一种特殊的调查研究活动,这个性质决定了它具有自身的实践形式和操作方式。一般来说,新闻采访的主要形式有:查找信源、个别访问、现场采访、专题调查、参加会议等。

1. 寻找信源

记者报道的事实主要来自于信源,即确凿可靠的消息来源。信源的存在形态多种多样,如被社会承认的权威形式和知识形态(包括新闻发言人、官方权威部门等提供的消息和专家学者的分析判断)、事件目击者的叙述、记者在社会生活中采集到的各种观点和意见、其他媒体(包括网络媒体)发表的新闻等。对于记者来说,重要的是找到可靠的信源。记者应凭借自己的职业敏感和价值判断,通过向当事人、知情者、官方部门、权威人士等有选择地提出问题,征引其话语,来建构事实和现实画面。

近年来,通过网络寻找信源,已成为记者"找新闻"的常态。2011年6月20日,新浪微博上一个名叫"郭美美baby"的女孩引起了众人瞩目,她经常在微博上展示自己的生活照,从照片中可以看出,她开玛莎拉蒂跑车,在别墅开生日会,皮包、手机、手表都是昂贵的奢侈品。这位生活富裕的年轻女孩的微博身份认证是"中国红十字会商业总经理"。这一点,引起了网友的广泛质疑,人们纷纷猜测,这位年轻女孩的财产来源是否和红十字会有关?网友们开始了人肉搜索,各种与红十字会相关的说法真假难辨。很快,央视《东方时空》介入了事件调查,"郭美美事件调查"节目的所有新闻线索都来自于互联网,记者们将这些错综复杂的线索进行梳理,找到其中的关联,并找到相关当事人进行采访,厘清了商业系统红十字会的运作模式,红十字会种种以"慈善"为标签的商业行为被披露,中国红十字会陷入了前所未有的信任危机。

2. 个别访问

个别访问是指记者通过与采访对象相互交谈获得新闻素材的方式。被访者或者是新闻人物,或者是某方面的专家学者。个别访问形式多样,可以在不同的地点展开,也可以以多种方式进行,如聊天、问答、讨论等。个别访问的好处是无人干扰,能敞开心扉,谈得深入;如能获得对方信任,还可能获得独家新闻。个别访问是采访的最基本形式,记者应掌握不同情景中的提问技巧,把握主动权,注意互动和交流。

3. 现场采访

现场采访是指新闻记者亲自到事件发生的现场去调查、踏看、体验的采访方式。它主要有两种情形：一是与事件同步进行就地采访，如突发性重大事件、大型文体活动的现场采访；二是事件发生后，记者到现场去踏看、验证，进行补充采访。

记者的经验表明，现场采访具有其他采访方式不可替代的好处：它可以直接触摸事件，获得最真实、准确的材料；可以感受现场气氛，调动记者情绪，进行体验式报道；可以辨别真伪，避免被人愚弄或造成误听；等等。现场采访是一种值得提倡的采访方式，有助于培养记者严谨、扎实、深入的采访作风。

4. 专题调查

专题调查也称"蹲点调查"，指对某个问题作细致深入的调查研究。这种形式适合于时间不太紧迫但问题重大、涉及面广的典型报道、调查报告、工作通讯和报告文学等体裁。它要求记者对所选择的"点"进行有深度的全面的调查研究，解剖麻雀，从中发掘具有普遍价值和启示性的意义，对"面"上的工作提供指导意见。

5. 参加会议

记者有机会参加各种会议，应积极进行采访报道。记者在会场采访，要善于利用会场活动的条件和活动空间，创造一切机会在"动"中采访，口头采访和视觉采访并用，及时搜集材料，必要时还可约定在会场外作专门采访。采访重要的会议，要注意会议的主题、参加会议的重要人物和重要的会场活动。参加重要的研讨会，则要注意采集会上发表的各种意见、最新的研究成果、最后的倾向和结论等。同时，还要注意从会上延伸到会外，会场之外也有记者可以采访的重要新闻。

采访的形式还有很多，但以上几种是最常见的。记者应学会根据不同的报道内容，选择相应的采访方式，并在实践中灵活、机动地使用。

第三节　对采写关系的多维理解

从记者的报道活动看，一篇新闻稿的完成通常要经过两个阶段，即采访阶段和写作阶段。采访在先，写作在后；采访为写作搜集材料，写作则把在采访中搜集来的材料加以表现,着重解决如何更好地传播的问题。由此不难看出,两者的基本关系是:采访是写作的前提和基础,写作是采访的结果和归宿。

人们常说"七分采,三分写",采访时间多于写作时间,符合新闻生产本身的规律。反之,"重写轻采"则是本末倒置的做法,在一般情况下是不正常的。唯有重"采",才能搜集到准确、全面、生动、深入的第一手材料,才具备写出好新闻的条件。一流的记者必定是一流的采访人员。在历史上,许多记者都很重视采访。著名记者邵飘萍认为,报纸有三项业务:采访、编辑、经营,而以采访最为重要。因为构成一张报纸的最重要原料是新闻,而新闻之取得乃在采访。他在采访上也肯下功夫,"每遇内政外交之大事,感觉最早,而采访必工"[1]。邹韬奋对新闻采访也极为重视,他在《新闻记者活动的正确动机》一文中高度赞扬了几位中外著名记者,其中包括埃德加·斯诺。文中这样写道:你如看他所著的几本名著,看到他赴陕北途中吃苦的趣事,也足可看出他的活动力。[2]进一步分析,采访与写作的关系可以从三个层面予以认知:

首先,采访决定写作。在记者的作业状态中,采访一般都占据着他们工作的大部分时间,是新闻生产链条中最艰苦、最生动、最活跃,也最引人入胜的环节;采访也被看作是"撰写报道成败的关键因素"[3]。毋庸置疑,采访与写作相比,它最接近事实的本源,应该是第一位的工作。没有出彩的新闻采访,就没有精彩的新闻报道。以《长江日报》刊出的《记者贩菜记》报道为例,该报经济部三位记者有感于武汉市蔬菜流通中存在的问题,他们先集中采访三镇集贸市场现状,在掌握大量第一手材料、大略构思了几篇采访札记的基础上,又别出心裁地采用亲历模拟的采访方式。他们装扮成菜贩子,选择一个雨天的夜晚上路,按照每个菜摊日均销售约100千克的经营数量,模拟、体验菜贩一天劳动的全过程,据此写就的《记者贩菜记》以无可争辩的事实,活生生地展示出鲜菜从菜田到城市居民菜篮等环节中加价过高的现实,在武汉三镇各阶层读者中引起强烈反响。可以想象,没有《长江日报》三位记者特殊而艰辛的采访行动,就不会有这篇可读性极强的新闻。

其次,采访制约报道。采访对于写作的主导性,几乎是全方位的。或者说,以多大的精力投入采访、以什么方式采访、采访的质量如何等,最终都会在写作中得到呈现:① 采访中追求"快"或"深",在很大程度上会决定报道的最终形

---

[1] 蓝鸿文.新闻采访学.北京:中国人民大学出版社,2003:103.
[2] 蓝鸿文,展亮.中外记者经验谈.北京:中国人民大学出版社,1983:2.
[3] 密苏里新闻学院.当代新闻采访与写作.台北:周知文化出版社,1995:75.

态。有的采访快速而单一,通常仅可作资讯报道(短消息),而有的采访却全面而深入,则可能会写出通讯或深度报道。② 以何种方式采访,则能决定新闻的文本样式,如以现场观察为主,通常会以"视觉新闻"或"特写"表现,如以访谈为主,则可能选择"专访"文体。③ 采访的质量则会直接决定新闻报道的效果和品位。

再次,采访与写作互动。我们强调采访的重要性,以及对写作的制约作用,当然不是说写作不重要或完全处于被动位置。在新闻报道中,采、写应被看作是一个有机整体,相互牵掣、呼应。在两者的关系中,当采访获得了优质的材料和内容时,仍需要用相应的写作形式和恰当的表达技巧来展现;并且,写作尽管在流程中处于采访之后,但并不意味着在动笔时才开始考虑,而应在采访过程中就不断地酝酿。比如,记者在采访过程中,就应根据新闻事实的性质和情态构想恰当的文本形式,是消息还是通讯、是征引话语还是现场特写;需要哪些素材、如何安排结构;从版面来看,该新闻报道的重要性如何;等等。诸如此类的问题在采访过程中就要想到。惟有作通盘考虑,采访才更有主动性和目的性;也惟有对写作和报道效果作预想、设计,采访才可能进一步深化,更不至于在某一方面有所遗漏。从这个意义上说,写作对于采访又有能动作用。

第四章

记者与采访对象

要点提示：

新闻采访是一种社会交往性活动。记者与采访对象的交流，最具有新闻本质意义。记者应拥有广泛的"消息源"，并在实践中根据不同对象的采访心理，采用相应的采访方式。

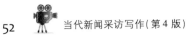

新闻采访总是在社会交往活动中展开的。在社会各类职业中,恐怕没有哪一种职业像记者那样,必须频繁而深入地进行各种社会交往活动。

在记者的职业性社会交往中,最主要、最经常、最具有决定意义的,还是记者与采访对象的交往。那么,何谓"采访对象"?我们认为,记者为了采集新闻素材而访问的对象,都是采访对象。采访对象可以是一个人、一个群体,也可以是一个单位、一个现场,还可以是任何有价值的"物"的对象,如文件、网络数据资料、档案、记录等。在各种采访对象中,"人"是记者最主要的采访对象,因为无论采访人物、事件还是问题,都需要有关人士提供有价值的新闻信息,并且由他们作出陈述和解释。

根据不同的采访情景,采访对象大致可分两类:一类采访对象即报道对象,如新闻人物或事件主角;另一类采访对象则并非报道对象,而只是提供消息者(消息源),如新闻发言人、新闻线人、知情者或目击者等。在采访活动中,记者须区别对待不同的采访对象。

第一节 权威的"消息源"

记者无疑应成为"消息灵通人士"。消息闭塞、信息不畅,对于记者来说几乎是致命的。要做到消息灵通,最重要的前提是必须拥有众多有质量保证的消息源。因此,建立尽可能广泛并保持高效运转的信息网络,乃是记者的基本建设之一。"消息源"对记者来说,不仅有战术意义,而且有战略意义。

在西方的新闻学论著中,较少使用"采访对象"这个概念,而是用"source"(中文译为"消息来源"或"消息源")这个名词指代。美国学者梅尔文·门彻认为,消息源是记者生命的血液,没有消息源提供的情况,记者就无法活动。[1]新闻记者其实无力单独制作新闻,多半是由于消息源的引入,记者才注意到那些特殊话题。因此,寻找最可靠的消息源成了记者的日常工作。

消息源的情况是各不相同的。有些人成为消息源是经常的、必然的,如我国外交部新闻发言人,他的职责就是向中外媒体提供有关国际问题的消息、意见和态度,因此他就成了记者的经常性"消息来源";而有些人成为"消息来源"则是

---

[1] [美]梅尔文·门彻.新闻报道与写作.北京:华夏出版社,2003:342.

临时的、偶然的,因而他们仅是临时性的"消息来源",如某位老太太偶然目击了一个案件的过程,并向记者提供情况,这个老太太就是记者的临时性消息来源。一般来说,经常性的消息源是以社会承认的权威形式和知识形态呈现的,因而具有较高的可信度。而临时性的消息源,由于其非专业性和"偶然性",所以相对缺乏采信度,有待记者核实、查证。

消息源是新闻真实的首要界定者。在新闻实践中,从事新闻生产的媒体从业人员由于受到来自时间、空间、文化、制度等方面的压力与制约,不可能深入了解每一消息源以独立确认事实,因而记者通常会引用权威的消息源来建立报道中的"事实"。所谓权威的消息源(也称"信源"),是指对记者来说,无需经过进一步调查核实就可以认定为事实的消息。权威消息源主要有两个判断标准:一是与事件的距离近,与事实的关联度高,如当事人、目击者等;一是社会上的权威人士,如某些机构的官员、专家、社会名人等。记者应根据"可信度"原则,积极利用社会体制中的消息网络,征引权威的消息源以提高采访的质量和效率。

(1)官方机构的新闻发言人、政府官员、专家学者向新闻界提供的消息或意见等,有较高的采信度。例如,2011年6月,渤海蓬莱油田发生溢油事故,记者除了在媒体沟通会上采访康菲公司、中海油以外,还向国家海洋局官员、钻井技术和海洋生态专家、"渤海湾漏油事件"官方律师团了解"事实",把这些人士当作权威消息源。

(2)权威机构的文献、会议简报等作为已被核实过的信源也可采用,并被作为报道的依据。新华社《中国加紧研制太空机器人》这篇消息,其信源来自于会议中捕捉到的新闻信息。新华社记者喻菲在2000年北京举行的一次国际会议上,发现了关于中国空间技术的一个大"秘密"。说是"秘密",其实它就刊登在国际工程科技大会公开发表的学术论文中,题目是《空间机器人的遥操作以及在中国的发展》。当时大会的9本论文集摞起来有半人高,再加上都是英文的,其他媒体基本放弃索取论文集,而喻菲是唯一拼命向会务组打电话询问论文作者联系方法的记者。几经周折,喻菲终于找到了中国空间机器人专家组组长、清华大学孙教授,并进行了深入采访。之后,又采访了中国空间机器人专门研究机构的负责人,并征得他们的同意,对中国空间机器人研究进行了独家报道。这篇消息简短而又信源充实,首次披露了"中国太空机器人研究在许多关键技术方面已取得突破性进展,一旦需要太空机器人上天,会很快实施"这一消息。该消息有很高的新闻价值,美联社评价:"新华社的这篇报道提供了中国航天事业接近突破时的最新信息。"[1]

（3）新闻事件的当事人、目击者或知情人提供的"消息"，始终被当作"第一手材料"看待。由于这些人最接近事实的本源，因此他们的叙述也具有较高的采信度；即使其提供的事实与实际情形有出入，"真相"也将会在追踪报道中被进一步澄清。

消息源的精确呈现，有助于形成报道的可信度。在"消息源"的引用上，《广州日报采编业务准则》明确规定：① 应当向读者清楚说明消息的来源，对于被采访的个人或单位，要写清出处，写全个人姓名或机构名称（但在说明被采访者身份会使其面临严重人身威胁的情况下例外）。② 每一个事实来源都必须做到有根有据，避免使用模糊的说法。最好的消息来源是记者的亲眼所见，有名有姓的消息来源次之，最差的是匿名消息来源（如"广大群众说"）。③《广州日报》将尽量避免使用匿名消息来源。如果我们不得不尊重那些不愿透露自己身份的掌握重要新闻信息的消息人士时，也应避免使其成为任何报道的唯一依据。

（4）已被其他媒体刊播的新闻，可以作为已被核实过的消息源加以引用。这里也有前提，一是应考虑提供该报道的新闻机构是否可信；二是必须核实该新闻稿的信息，并用其他来源的信息补充它，然后写成自己的报道；三是对于其他媒体的报道，无论是报纸、网站、电视或通讯社，都必须注明准确的消息来源。

（5）记者对"消息源"要提出最高要求，遵循"多源核实"原则。《南都人物周刊》曾刊登特稿《少年杀母事件》，该报道力图将一个杀死了母亲的少年置于一个真实的社会环境中，以此来揭示一个恶性事件的来龙去脉，并梳理当事人的悲剧性人生脉络。报道的记者说，他们前后花费了5个多月的时间，多次采访其父、一起做小生意的好朋友等，还采访了72位在网络上与少年犯有接触的网友。最后报道团队确信"除了这小孩本人，我们是世界上最了解他的人"时，才将报道呈现在读者面前，获得了业界的好评。[2]

第二节　采访关系的把握

在新闻采访的关系中，记者是主体，采访对象是客体。鉴于这种性质，记者

---

[1] 刘雨.国际会议上捕获的大"秘密".中国记者.2001(2).
[2] 叶向群.消息源与媒体公信力.新闻实践.2009(12).

须较好地认识和把握双方的关系,使新闻采访顺利地展开。记者和采访对象的关系是一种特殊的社会关系。它是新闻领域内,记者为完成新闻报道任务而建立的社会关系。这种关系的基本特点表现在以下几个方面:

一、繁杂性

新闻采访工作的繁杂性,其表现为:一是采访对象"繁多",二是采访关系"复杂"。对于记者而言,这既是新闻工作的"魅力"所在,也意味着某种挑战性。

首先,采访对象异常"繁多"。新闻记者所接触的社会面、所涉猎的采访对象,是异常繁杂的。新闻无所不在,这决定了记者的"活动面"相当广阔,采访的对象遍及各色人等。记者无所选择,只要有新闻,就必须面对社会上各行各业、形形色色的人,并且一日之内倏忽变化,此时去政府访问官员,彼时又到法院采访犯罪嫌疑人,等等。

采访对象的繁杂性,要求记者在处理与不同采访对象的关系时,决不能按照一个固定的模式进行,而必须根据对象的年龄、职业、心态、时间、地点等情况,具体问题具体分析。例如,记者去农村采访,最好用农民的语言进行交谈;但是采访政府官员,就须比较正式地展开访问。

其次,采访关系异常"复杂"。采访关系因报道的对象、性质不同而不同,或轻松或紧张,或以礼相待或充满张力,因人因事而异。这要求记者在采访前就根据已知情况,对采访对象作出预判;在采访过程中,要针对新发现或新出现的情况,随机应变,采取适当的采访方式。

许多记者认为,在调查类的新闻采访中,采访关系的控制是个难题。有的记者经过乔装打扮,以取得"作案"者(采访对象)的信任,于是斗智斗勇的记者常常能使"作案"者在无意中将自己的劣迹和盘托出,这时,早有准备的记者将通过隐形摄像机将"作案"者的原形拍个正着。但应注意,这种采访面临非常高的"危险系数",稍有不慎,就可能使自身受到伤害和攻击。2001年8月17日,央视《经济半小时》节目曾播放一位记者扮作文物收购商,在取得盗墓贼的充分信任后,提着隐形摄像机,亲眼目睹盗墓贼从策划到筹备,再到破土盗墓的全过程的视频。在记者跟盗墓贼爬进墓穴的一刹那,记者装摄像机的提包却引起了盗贼的怀疑,幸亏这位记者沉着应付,才使自己化险为夷,并使13件西汉珍贵文物完好地回到了文物部门手中。这是一次精彩的"体验"式调查报道。

新闻采访的繁杂性,要求记者必须具备处理各种复杂问题的能力,谙熟各种社会交往的知识,通晓人情世故,善于与各式各样的人打交道。记者还应掌握从心理上接近采访对象的技巧,遇见各种"障碍"都能有效化解。比如日本影片《望乡》中那个女新闻记者三谷圭子,就非常善于接近采访对象。为了揭开"南洋姐"(慰安妇)不幸遭遇的内幕,她深入到"南洋姐"阿崎婆家里,和她吃在一起、睡在一起。因记者在生活上与阿崎婆已打成一片,终于以真情感动了对方,打消了阿崎婆的重重疑虑,使她最终获得了"南洋姐"辛酸悲惨生活的真实材料。

二、双向性

记者和采访对象之间的关系,并非单向的索取"消息",而是双向的互动和交流。这种双向性,主要表现在以下几个方面:

(1) 记者需要采访对象,采访对象也常常需要记者。记者需要采访对象,是为了采写新闻;采访对象需要记者,是有话要说,有情况要反映,有信息要传递。例如,在政府举行的新闻发布会上,记者和新闻发言人各有所求,记者要了解政府的新政策、新态度、新举措,新闻发言人则期待通过媒体渠道发布政府信息,引导社会舆论。

(2) 记者须观察和了解采访对象,采访对象也在观察和了解记者。记者对采访对象的观察、了解不言自明;采访对象对记者的观察和了解,通常表现为内心发出的一连串疑问:记者有什么采访意图?他会怎样报道?他的学识和能力如何?

(3) 记者要挑选采访对象,采访对象也会挑选记者。在采访关系中,记者对采访对象的挑选是主动的,采访对象对记者的挑选则表现为在被动中求主动。例如,采访对象对不中意的记者,会采取应付态度,对中意的记者,则会采取积极合作的姿态。在我国新闻界,客观上存在着权威媒体和一般媒体之别、主流媒体和商业媒体之别、名记者和普通记者之别,采访对象对记者的选择,可能使一些地方记者和无名记者尤感"郁闷"。

记者和采访对象之间的双向关系,决定了采访关系的基本性质。显然,采访关系不是"公事公办"的关系,也不是一个拼命挤、一个张嘴吐的"挤吐关系",而是相互影响、相互启示的"互动关系"。两者的"互动",使采访关系越来越紧密,由此推动采访向纵深发展。记者应重视这种互动关系,一方面要通过自己的言谈打动对方,使对方愿意提供消息、发表意见,这是"互动"的前提;另一方面又要准确地把握这种"互动",注重思想、情感上的沟通与交流,而不是强人所难。如央视《面对面》节目中柴静采访一位来自德国的支教志愿者卢安克,他已经在中国广西农村待了十年……节目中有个小细节,柴静带着摄制组去一个学生家采访,那个学生的父母都外出打工了,只有未成年的姐弟两人住在一起。采访时间在晚上,孩子们劈柴烧了堆篝火为大家照明取暖,但那种亮度仍无法满足摄影的需要,于是柴静故意说"冷",以此鼓励孩子们劈更多的柴,将火烧得更亮。当然,这个小伎俩被孩子们看穿了,孩子们后来就不太配合柴静。柴静敏感地觉察到了这种变化,翌日问卢安克,孩子是不是不高兴了?柴静博客中记录:

> 卢安克说,"那时候正烧火,你说你冷了,他很认真的,他一定要把那个木柴劈开来给你取暖,后来他发现,你是有目的的,你想采访有一个好的气氛,有做事情的镜头,有火的光,有等等的这样的目的,他发现的时候,他就觉得你没有百分之百地把自己交给他,他就不愿意接受你,而你要他带你去菜地看,他不愿意。"
> 我当时连害臊的感觉都顾不上有,只觉得头脑里有一个硬东西轰一下碎了。[1]

柴静说这段采访令她追悔莫及,反映了一位职业记者的反思精神;如从采访角度讲,以自我为中心的"互动"应该成为采访的"禁忌",真诚"面对面"才是采访关系的有力支点。

三、对等性

对等性多表现在较专业的采访情景中,是指记者和采访对象必须在同等的层次和平台上,展开具有专业性的对话和访谈,以提高采访的质量。选合格的对话者,做合格的对话者,是采访具有对等性的基本前提。

记者在选择、确定采访对象时,首先就应考虑采访对象是否合格。这包括:他是否了解某问题的全面情况?他是否能真实地反映情况?他的意见是否具有代表性?他的评论是否有权威性?等等。设若记者不重视"掂量"采访对象,随便指定一些人进行访问,那么报道必然失去"权威性"。

采访对象在接受记者采访时,也希望记者是一名"合格"的对话者。如果记者职业素养差、专业水平低,那么采访对象即使勉强接受采访,也不会有深谈的兴趣。所谓"合格",从对方角度看主要有两条:其一,记者能理解他的话;其二,记者能在较高层次上进行对话,并将谈话内容作准确、客观的报道。以名人报道为例,近年来不断有"对簿公堂"的情况出现。分析其中原因,有些是因为记者在报道中没有准确表达公众人物的陈述或意见,引起不满;有些则是记者为了吸引公众眼球,不惜断章取义或歪曲原意,从而引起纠纷。这也从一个侧面说明,

---

[1] 柴静.面对卢安克,我土崩瓦解. http://blog.sina.com.cn/chjguancha.

做"合格"的对话者,不仅要求记者有良好的职业素养作保证,还要有人格意义上的保障。

西方新闻界有种说法:"名记者采访名人。"它从一个侧面表明:当记者采访政府官员、科学家、艺术家等社会名流时,能否体现谈话的"对等性"显得非常重要。由于社会名流通常是某个专业、某个领域的行家、专家,他肯定希望在比较高的层次上进行交谈。那么对于记者来说,如何通过主观努力,以超越自身的局限呢?许多记者的采访经验告诉我们:一方面,记者应尽量在某个方面成为学识丰富的专家,有相当多的知识积累;另一方面,做人要成熟,有较丰富的社会阅历和各种见识。这两方面有了基础,接近名人时就比较坦然,就会超越自己的本能所造成的局限。

在名人采访中,"对等性"对于普通记者来说,最实际地反映在心态的把握上。由于记者与名人在社会地位上具有落差,加上"名人效应"带来的微妙影响,记者(特别是年轻记者)在心态上有时难以把持是可以理解的。但记者应意识到,必须打破对名人的"神秘感",把自己的心态放平,才能使采访顺利展开。央视记者、主持人白岩松在谈到如何平衡与"东方之子"这些精英人物对话的心态时,表达了这样一种看法,他认为:对于"名人"的概念可以这样诠释,"名人"一方面是由于他的知名度、由于社会公众对他的认知,另一方面也是因为他的成就、言论和思想。"理解了这一点,我觉得这种心态就不用平衡,我们这一代里,可能是骨子里就不再是心中有神的一代了。另一方面,我们这个节目本来一个宗旨就是访谈,访谈一开始就要求平等智商的对话,必须认为对方只是一个人,那些光环有多重要呢?他身上的职位或其他东西,不过只是一个路标而已,我找到他这个路标了,敲开他的门的时候,他就只是一个人和路标的事情。"[1]所以在名人采访中,如果记者把名人当"偶像"看待,采访就很难进行下去;反之,你做得越轻松,采访也就越放松。

第三节 采访对象的心理透视

新闻采访属于社会交往的范畴。由于采访对象有着不同的出身、年龄、性

---

[1] 白岩松.一定要和别人不同//叶子.中国电视名记者谈采访.北京:长城出版社,1999:20.

别、职业、经历、性格、气质和文化修养,在接受记者采访时往往会出现不同的心理状态。记者如果不能把握好采访对象的心理,就会遇到采访对象不愿合作、交流不畅等情况。相反,如果能够把握好不同类型的采访对象的心理特点,就能增强应变能力,变被动为主动,提高采访效率。大体地看,采访对象可以分为以下几种类型:

一、外向型采访对象

据研究发现,人们交往中的信息表达 = 7%的语言 + 38%的声音 + 55%的面部表情。可见,面部表情在非语言交流中具有重要作用。记者接触一个外向型的人,第一印象往往来自于对方的第一表情,或喜、或怒、或悔、或嗔……都表露在他(或她)的脸上,观其表情就可以猜出对方的人品、心理等。在接受记者采访时,外向型采访对象一般性格外向,思维活跃,说话口若悬河,滔滔不绝。对待这类采访对象,记者应善于引导,防止"豁边"跑题,避免浪费时间。

二、内向型采访对象

这种心理类型的采访对象,大多沉默寡言,接受采访时常常发怵,问一句,答一句,有时弄得记者束手无策。对于这类采访对象,记者要注意启发和引导,消除他们的紧张心理。要推心置腹地与他们交朋友,寻找心灵的共鸣点;或先不作正式采访,待对方心情放松后再进行。

心理学认为,人由于对某人某事的认识和态度,会引起不同的情绪。情绪在一定的条件下会扩散开去,其扩散的范围被称为一个人的"情绪扩散网"。这提示记者,对内向型采访对象,要了解其"心结"和情感特征,深入到他们的"情绪扩散网"中去采访。比如,美国记者利布林访问一位著名的赛马骑师,此人性格内向,一向不愿同记者交谈。许多记者都认为,让这位骑师开口,比让哑巴说话还难。但是,利布林却让这位骑师滔滔不绝地同他谈了一个小时,利布林使了什么"招",让这位"哑巴"骑师说话的呢?见到骑师,利布林劈头提出的一个问题是:"您赛马时左镫皮带比右镫皮带多放几个眼?"骑师一听这个问题很内行,就兴高采烈地从马镫谈起他的驭马术。他还对利布林说,"我看得出来,你同骑师们一定混得很熟。"其实,这位记者并不精通骑术,对骑师这一行也很少打交道。他只是在采访前作了比较充分的准备,请教了一些行家,知道赛马的骑手在跑马场风驰电掣般策马飞奔时,为了克服在圆形跑道上产生的离心力,两个脚镫的皮带不能一样长,必须使左镫皮带比右镫皮带长一些,以便使身体重心稍稍内侧。

对于这个细节,一般人不注意,而行家必定了解。利布林第一个问题就从这里开始,使那位骑手既惊讶又高兴,谈话的兴趣也就被激发起来了。利布林能够这样轻而易举地打开被采访者的心扉,并不是他特别聪明,而是因为他是事先作了仔细的研究,找到了心灵的共鸣点,这才打开了这位骑师紧闭的"哑巴嘴"。

三、热情型采访对象

也有些采访对象,见记者来采访,格外热情,拼命讨好记者。为了在媒体上宣传本单位或个人,察言观色,揣摩记者的报道意图。为迎合需要,你要什么材料,他就提供什么材料。碰到这种情况,记者应持警惕和怀疑态度,不可盲从、轻信。对那些工作做得并不怎么好,却故意吹得天花乱坠、打"小算盘"的人,一方面要核对其提供的事实,明确指出新闻报道的严肃性;另一方面,对有破绽的地方要当场质询,防止成为免费广告的宣传员。

四、傲慢型采访对象

这类采访对象,或是地方官员、企业老板,或是小有名气的人,他们一般自视较高、待人傲慢。有的见到记者时喜欢摆架子、打官腔;有的对新闻媒体有成见或敌意,对记者来访表示反感,并采取傲慢、冷淡的不合作态度。有经验的记者面对这类采访对象,总能体察其"心态",采取不同的对策。譬如,可以抓住对方的弱点提问,先给他一个"下马威",然后再提出几个有一定水平而他又必须回答的问题;也可以提出一些他十分关心且正在设法解决的问题,使对方端正态度,平等地与自己交换意见;等等。在这类采访中,记者的心态是最重要的,心态会反映在"脸上"。

意大利女记者奥琳埃娜·法拉奇是采访国际政要、风云人物的高手,其采访以犀利、紧逼著称,她使用的"逼迫"性访问显示出独特的采访技巧。她说:

我在采访这些政治人物时,不是把自己当作对所见所闻毫无感情的一部录音机。我在每次采访中都留下了心血,并深入到环境中去,就好像是关系到我自己的事情一样,同时感到自己应该有个立场,事实上我总是根据具体的是非标准选择自己的立场。因此,我去采访这14位人物时,不是以解剖者或一个客观的记者去进行剖析。我是怀着极其强烈的感情,在向他们提出无数问题之前,先向自己提出所有这些问题……

采访他们常常是一场消耗精力的战斗。我想采访他们的请求几乎总是受到冷遇,或者干脆被拒绝。如果他们终于同意了,我也得等待几个月,才能得到一个小时或半小时的接见。当我终于见到他们时,我又不得不使尽一切心计使他们能给我比半小时、一小时更多一点的时间。然而,一旦见到他们时,采访活动就成为一场探讨事实真相的战斗……[1]

许多人认为,法拉奇的采访是个"特例"。她的采访不乏可圈可点之处,但她往往夸大记者和采访对象之间的对立,有时过分蔑视她所采访的人物,确非人人可学;令人玩味的倒是,她为"探讨事实真相"而呈现出的"新闻精神",则是任何一个记者都足以引为楷模的。

五、躲避型采访对象

这类采访对象对于记者的采访持有戒备心理,往往一开始就揣摩你是不是来捅娄子的,怕记者调查他们的问题,影响自己的利益,因而他们总是躲避记者或拒绝采访。对于这样的采访对象,记者的一个"招数"是先了解情况,对他们所干的各种事情了如指掌,铁证如山,那么他们即便躲避、搪塞,也会在记者步步紧逼的采访中显得苍白无力,自现原形。

对于调查性、揭丑式的题材,面对被曝光的对象,记者应耐心地做好工作,打消对方的顾虑,尽量避免对峙的"火药味",因为——

在问题性调查的题材中,采访时的"威逼"可能是最没有办法的一种办法……你要采访想要的内容,首先还是要和对方平等交谈,哪怕他是个死囚犯。我所做的揭露问题的《新闻调查》大多数属于工作中的失职和失误,如《透视运城渗灌工程》等,当然这里也有个人的私心、权欲等原因,但我们要揭露、要曝光,决不是针对某个人,要出哪个人的丑,而要针对事件。如果这件事经过报道,能够为社会提供教训,这才是我们的目的。站在这样一个高度看问题,就不会过分斥责一个人的错误,节目就会显得大气,有人性。事先与采访对象作好这些沟通与解释,多数人都感到没有必要抵制或辩解,是什么样就是什么样,那么我和他们的谈话就比较心平气和,甚至达到一定的默契。[2]

记者应意识到,在我们社会中,由于法制不健全、监督不力,不按科学规律办事的现象不在少数,如果新闻调查或所谓"曝光"仅是针对一两个人的话,即使惩治了他们,对社会也不会带来多少有价值的思考。因此,记者所从事调查采访的"着力点",应是透过某些现象以揭示社会普遍意义,从而使人们在制度建设

---

[1] [意]奥琳埃娜·法拉奇.采访历史人物.转引自:编译参考.1980(2).
[2] 叶子.中国电视名记者谈采访.北京:长城出版社,1999:149.

的层面上引起反思。

除了上述五种类型的采访对象外,还有其他一些特殊采访对象,如卖淫人员、吸毒人员、罪犯等。记者在采访这类对象时,既要消除他们的恐惧、戒备心理,采取与众不同的采访方法,还要体察他们的"隐秘"心态,使其"畅所欲言",把内心深处的想法和盘托出,为社会提供反面教材。有关这类新闻采访,目前的研究还不充分,有待实践中探索和理论上总结。

第五章

新闻采访程序(上)

要点提示:

新闻采访有大致的程序。在采访前期,运用新闻敏感、捕捉新闻线索、判别新闻价值、作好访前准备,是记者必须做的"功课"。它们各有自己的要求,也是正式采访前的基础工作。

正如物质产品的生产要经过若干道工序一样,新闻这种精神产品的生产也有若干环节。生产工序受到生产规律制约,不能随意变动;采访过程也有先后次序,必须大致遵循。不过,新闻采访比物质生产更为复杂,它的各个环节不仅相互联系,而且相互交叉、渗透。这里,我们仅从大体上叙述采访的一般过程。

第一节 新闻敏感与新闻思维

美国著名新闻学家卡斯柏·约斯特在他的《新闻学原理》一书中指出:一个不善于辨别色彩的人,不能成为一个画家。一个不懂得和谐的人,不能成为一个音乐家。一个没有"新闻敏感"的人,也不能成为优秀的新闻记者。这从一个侧面说明,新闻敏感对于从事新闻工作有多么重要。

一、新闻敏感是一种职业素质

新闻敏感,西方新闻学又称"新闻嗅觉",直译名是"新闻鼻"。所谓新闻敏感,就是记者对社会生活中新的事实、新的意义的发现和辨别能力。它是一种职业敏感。这种敏感使记者在纷纭繁杂的社会现象中,迅速发现新闻线索,发掘新闻素材。它是记者在长期的新闻实践中培养出来的特殊素质。

新闻敏感在记者的素质内涵方面体现为四种能力:① 判断某个事件能否引起受众兴趣的能力;② 判断同一个新闻事件的许多事实中,哪个为最重要的能力;③ 判断通过某些看来无关紧要的线索,是否可能发现新闻的能力;④ 判断在已发表的新闻中,有哪些重要线索和信息被遗漏了,从而发现更重要新闻的能力。我们认为,一个成熟的记者,应善于穿过杂乱的灌木丛,迅即发现最有价值的"材质"。这是一种迷人的境界。

新闻敏感在整个新闻报道学中的作用是显而易见的。它不仅体现在采访过程中,而且还贯穿在写作、编辑等全过程。它是鉴别记者是否形成系统的新闻思维、有无新闻意识的重要考核标准。具体来说,新闻敏感的作用有三:① 可以更加敏锐地发现新闻线索;② 可以迅速判断某个新闻事实的"价值点";③ 可以迅速辨明新闻事实或线索的真伪与疑点,并且对某些敏感新闻作出正确而冷静的判断。所以,新闻敏感可以说是新闻活动中的一种全方位的"警觉"心理。

二、新闻敏感须调动的思维方式

西方新闻学把新闻敏感视为"第六天性",以为"这种嗅觉对于某些有天才的人几乎是天生的"。[1]这显然是把它神秘化了。新闻敏感作为一种感悟能力,尽管在每个人身上有先天的差异,但通过后天的培养和训练,是可以在实践过程中不断提高的。我们认为,提高新闻敏感素质,关键是要培养敏锐的新闻眼光,形成高效的新闻思维。一般来说,新闻敏感须调动的思维方法有以下五种:

1. 联想思维法:在重要时段中发现"即时"新闻

社会生活的运动都有自身的规律。新闻报道作为对应于现实的意识活动,也可以探寻出契合于社会运动规律的认知模式。我们认为,新闻的发生与发现,通常与社会生活的重要"时段"联系在一起。这些"时段"包括:

(1) 季节性时段:因特定季节衍生的新闻时段,如节日黄金周、高考、学校寒暑假等;

(2) 政策性时段:国家或本地新出台政策引发的新闻时段,如政府官员引咎辞职规定、高考取消对考生年龄和婚姻状况的限制等;

(3) 事件性时段:重大事件引发相关报道的时段,如渤海蓬莱油田发生溢油事故引出的连续报道;

(4) 灾难性时段:天灾人祸引出的新闻时段,如重大矿难、地震灾害等;

(5) 链接时段:外地、国外新闻与本地具有联动性质的新闻时段,如国外"红牛"导致瑞典人死亡事件,引出功能性饮料是否安全以及市场对此的反应等报道;

(6) 活动性时段:与受众生活密切相关的活动式新闻时段,如奥运会、房屋交易会等;

(7) 热线时段:新闻热线等引出的新闻时段,如热线中反映学校暑期违规补课现象突出等;

(8) 显著性人物时段:知名人物动态或平常人物反常举动引发的新闻时段,如郎咸平专访郭美美事件、幼儿园出现男阿姨等。

如果认识到"新闻"与"时段"的依存关系,记者就应调动"联想思维法",把"事实"放在"时段"的背景上厘定报道价值。譬如以"政策性时段"为例,2010年12月14日晚,北京北二环拥堵不堪,车灯形成了一道长虹。12月23日,北京

---
[1] 徐国源,江涌.新闻采访与写作.苏州:苏州大学出版社,2002.82.

市政府公布了《北京市治理交通拥堵综合措施》,引起社会公众和全国媒体的普遍关注。中新社记者随即采访北京市政府、北京市交通委等有关单位领导,发表《北京治堵措施今天有望出台限购细则等受关注》,从"北京市拟采取六大措施'治堵'"、"'史上最严治堵方案'三大焦点受关注"、"缓解购车潮政策待明确"等角度,深入报道有望正式出台的北京"治堵"措施,同时记者还表明,将继续关注这套治堵"组合拳"带来的效果。

2. 答疑思维法:从公众疑问中探寻"焦点"新闻

一家好的媒体,可看作是对公众各种疑问作出迅速回应的平台。一名优秀记者也应是敏锐把握社会心态,及时解答公众疑问的"时事顾问"和"答疑专家"。他们必须带着为社会所关切的各种问题,迅速提供能满足公众"知情权"的新闻。2005年下半年,禽流感开始在全球蔓延,公众出现焦虑和担忧:禽流感到底怎么了?它现在已经蔓延到何种地步?10月31日美国《新闻周刊》迅速作出解答:"上周,欧洲禽只被发现携带致命的H5N1病毒。现在,某些病例已经显现出禽流感可以在人类传播的迹象,却似乎无法治愈。全球卫生官员正在为最坏的情况作打算。流感年年有,正因为如此,大部分人在这个环境中,已经多少有了些免疫技能。但是经过专家的重新解读,H5N1病毒和1918年的流感病毒极其相似,并且具备跨物种传播的能力。"答案似乎并不乐观,但明确无误地告知社会,必须警惕和防范禽流感蔓延。又如2005年10月31日的美国《时代》周刊,其封面就针对公众"美国梦"的破碎发问:难道所谓的"美国梦"今天朝不保夕了吗?直指目前在全美不断蔓延的"退休大骗局"。报道说,"老板对员工的很多承诺曾经也被视作'美国梦'的一部分:在你操劳了数十年之后,会有丰厚的退休金和医疗保障。但是,越来越多的公司开始放弃这种承诺,数百万美国人即将面对穷困潦倒的退休生活——这,合法吗?"《时代》周刊带着公众的普遍疑虑,用翔实的报道告诉读者,国会是如何通过相关议案,并且造成种种社会不安定因素的。应该看到,在当今社会转型期,公众对媒体的期待异常强烈,如果传媒能承担为公众解惑的"天职",无疑有助于建立自身的"权威性"和"公信力"。

3. 超常思维法:在日常生活中发掘"热点"新闻

记者要确立这样一种理念,即并不是只有重大题材、重大事件、重要人物才构成新闻,大量的新闻报道其实就存在于平凡人、平凡事中,如一些普通人的喜怒哀乐、一些"小人物"的命运故事、一种"司空见惯"的生活方式等。尽管这些题材不太受人关注,但如果记者能深入发掘、观察和思考,运用超常思维法发掘新闻价值,见人所未见,就能从"冷点"中发现新闻"亮点",并使之成为百姓关注的"热点"。

对此,《中国青年报》《冰点》专版负责人的理解是:新闻要关注普通人群的命运和生存状态,这种命运和生存状态决非因为它"普通"而应当关注,而是因为它在特定时空中呈现的"不普通"才引起我们的关注。换句话说,只有普通人的不普通之处方能构成新闻,才会引发读者的阅读兴趣。[1]多年来,《冰点》所刊发的关于普通人的报道,引起重大反响的并不罕见。仔细分析起来,其中多数还是因为从这些普通人的命运中,折射出了社会的变迁。换言之,是普通人身上反映出的行为方式、信念和品格,在当今社会的流行趋势中,成了值得关注的"稀缺"品种。

4. 逆向思维法:在常规活动中发现"非常"新闻

所谓逆向思维,就是突破惯性思维,从相反的方向或角度思考问题,从而找到新的价值定位。要进行逆向思维,必须改变在一个方向上作思维滑行的"定势",突破"萧规曹随"式的分析、认识和评价事物的思维框架,从而找到发现新闻的崭新"路标"。

多年来,形形色色的"仪式"、"活动"几乎每天都在不同的地方以不同的形式上演,加之记者仅满足于作"常规报道",所谓的"新闻"早让人"充耳不闻"了。但一些有进取心的记者却不止步于此,而是凭借敏锐的新闻眼,在"常规"的仪式活动中发现"非常"的价值点。例如,新华社陕西分社记者在采访活动中意外地发现一个奇怪现象:几十亩尚未成熟的小麦,在陕西省农机局主办的一个"小麦机械化'东进西征'收获活动开机仪式"上,被数台联合收割机"收获"。于是记者在"好奇心"的驱使下,继续采访,终于捕捉到了更大的"活鱼",向社会公众揭露了在冠冕堂皇的仪式背后所隐藏的形式主义歪风。试想,按照常规思维,仪式结束了,记者回去写篇报道也可以应付,这才是缺乏新闻敏感的表现;但这两位记者却没有孤立地看事物,他们在"收获仪式"的背后,敏锐地注意到主办单位和个别领导的某些隐蔽心态。因此,《夏收何必搞仪式 小麦未熟遭"剃头"》这篇获奖新闻看似得之偶然,却体现了记者的新闻敏感和对报道角度的求新心理。

5. 求异思维法:在社会热点中寻求"独家"新闻

一般来说,对于社会注意力比较关注的"热点",多家媒体都会予以积极报道。如果报道内容千篇一律,也就必然出现"同质化",从而使"新闻"不"新"。鉴于此,作为当今媒体竞争的制胜策略,记者在此类"热点"报道中就应善于运用"求异思维法",从同一事物中发现差异性和特殊性,言人所未言,以寻求报道

---

[1] 李大同.冰点98——寻回心灵深处的感动.北京:中国林业出版社,1998.后记.

的"独家性"。例如,小学生课业负担过重是我国基础教育领域长期存在的问题。教育部出台文件,明令禁止学校许多不适当增加学生负担的做法,一时间全国各种媒体对减负一片喝彩之声。面对一片赞扬声,新华社一位记者却发现了需要探讨的另一个问题:学校不办班了,家长又没有时间管孩子,这段时间"真空"该怎么填补?于是记者采访后写出了《记者来信:"减负"后小学生到哪儿去?》,客观分析了家长的喜和忧,谈到了如何填补素质教育的空白等问题,从"人人眼中有"的现象中抓到了"个个笔下无"的独家报道。

第二节 多渠道捕捉新闻线索

在当今日益激烈的新闻竞争中,几乎所有媒体都不遗余力地追求"独家新闻"、"原创信息",企望以此作为突破口扩大自己的影响。《未来学家》杂志认为,在传媒信息如此迅速扩散的今天,公众"注意力"已成为世界上最宝贵的资源。为争夺这种资源,传统媒体和新兴媒体必将展开激烈的竞争,有人甚至称之为一场"争夺眼球的战争"。在这一背景下,能否快速发现和捕捉新闻线索,无疑是对记者的一大考验。

一、新闻线索是对采访的提示

什么叫新闻线索?新闻线索是指已经发生或正在发生的新闻事实的简要信息。新闻线索通常比较简单、概括、模糊,没有细节、没有头尾、没有过程,唯有零碎的片断,有待记者去证实或否定。

新闻线索通常是由消息源(如目击者、媒体热线等)提供,或是由记者在采访中主动发现的。但由于它处在认识事物的开端,信息不完整,多数情形下只能看作是对采访的提示。对此,新华社老记者李峰有一番经验之谈:"新闻线索,是表明那里有新闻或者可能有新闻的那种片段的情况。这种线索,有时只是一句话,一件东西,一个数字,一种行动,一种症候。这种片段的情况,常常淹没在长篇讲话或闲谈之中,淹没在许多事物或者许多数字之中,淹没在错综复杂的生活现象之中。"[1]

---

[1] 徐国源,江涌.新闻采访与写作.苏州:苏州大学出版社,2002:82.

一般来说,新闻线索的存在形式有两个显著特点:一是它具有不完整性,大多无头无尾,也没有细节,只有事实的片段或某种症候、迹象。二是它只是表明新闻有可能存在,是否真实可靠,仍待记者进一步采访后去判断和证实。请看媒体记者如何为一条"线索"能否成为"新闻"而绞尽脑汁:

小平逝世新闻如何传遍世界

之前并非毫无预兆。2月17日那个周一,一位朋友约路透社驻中国记者马珍见面,"必须要出来见"。

这位朋友的丈夫当时每天出现在301医院(中国人民解放军总医院)。她告诉马珍,邓公身体不行了,另一方面,马珍得到消息,几个中央领导人提前回京,据此,路透社于当天发出邓小平病危的消息。

然而,在之前的10年间,国外媒体多次误报邓小平去世的消息,典型的一次是1995年,有国外媒体报道,邓小平已经去世了,无疑,是假新闻。

可是这次,马珍相信是真的。周二,在马珍的要求下,香港、东南亚、美国,在世界任何角落,会说中文的路透社记者都被调到北京。

新闻记者们还没有倒过时差,周三晚上就投入新闻大战,就连摄像记者都上了街,"无论如何,去拍点什么回来。"马珍要求他们。

并不是只有马珍们知悉这一消息,当时,已有外国记者靠近中南海西门观察到领导人车队的出入。当天晚上,有点冒失的《华尔街日报》记者还跑到了邓家。

外国记者们的求证只能通过隐秘方式进行。林光耀发现,中央电视台15层灯火通明,这证明央视的领导们一反常态,仍在办公。另一路去《人民日报》的同事也带回了信息。此外,天安门广场的警察也多了起来。

一切都能交叉印证类似。作为路透社首席记者,马珍拥有独立发稿权,但邓小平去世的消息实在太重大,路透社事先早有要求:这位20世纪最后一位伟大人物的去世消息,必须在新华社确认之后才能发。

发,还是不发?马珍打电话给她的领导。领导一番踌躇之后给了一个很有中国特色的答复:自己看着办。

事后回想起来,马珍觉得当时已经有99%的把握,可是还有1%不能肯定。"如果你是小报可以赌一赌,如果你是大报,赌错了,你就完蛋了。"林光耀说。

位于三里屯的路透社北京编辑部都在等待。整个世界都在等待。专收新华社消息的电传机仍然保持沉默。早已写好的消息静静地躺在待发稿库中。

在2个小时的焦灼几乎到崩溃边缘时,马珍说话了,她只说了一句:算了吧,发了。

红色标识的头条也只有一句:邓小平逝世。

那一刻,是2月20日凌晨2点42分。2分钟后,电传机响了。

于是待发稿库中另一条也同时发出:"邓小平逝世。"新华社说。

天亮之后,来自路透社英国总部的消息说,在所有世界级通讯社中,路透是第一家发布邓小平逝世消息的。路透打败了美联、法新、彭勃……闻讯之后,北京编辑部的一个男记者放声大哭。

这些细节表明一个客观事实,邓小平是具有世界影响的中国政治家。[1]

应该反思,当今媒体时常出现的失实报道,追究其根源,或许就在于报道线索"失真",而记者又偏听偏信,不作深入采访,最终便出现公众痛恶的"假新闻"了。

二、捕捉新闻线索的主要途径

年轻记者经常抱怨:不知道从何入手,去寻找新闻线索。其实,获取新闻线索也有一定的规律可循,一些有经验的记者往往能借助多种渠道,获得线索,发现新闻。通常来说,获取新闻线索主要有以下几种途径:

1. 来自国家新出台的政策、决议等

记者应随时掌握国家新出台的宏观政策,联系自身对实际情况的了解,打开思路,把"宏观"与"微观"联系起来,发现有新闻价值的内容。譬如,"扩大内需"将是我国长期坚持的一项战略,这是由中国的基本国情所决定的。作为记者,就必须深化对"扩大内需"这一基本方略的认识,敏锐地发现各地的新探索、新举措和新问题。在这些"新"的表象背后,必然有许多新闻可以报道。

2. 来自行政机关和有关部门的消息透露、信息简报

行政机关向新闻界透露的消息,或内部刊行的信息简报,都具有体制内承认的权威性,也是媒体可以征引的"消息源"。例如,《扬子晚报》的一位记者从体育总局负责人口中偶然获悉,我国乒坛长期以来由国家队教练决定国家队队员的机制,将被公平竞争的机制所替代。这位记者当时就感到,这一举措是体育界的一个大动作,意义深远。于是,他深入采访,终于捕捉到了连国家级新闻媒体都漏发的重要新闻。

---

[1] 张悦,赵蕾.小平逝世如何传遍世界.南方周末,2007-02-8.

3. 从参加的会议中发现新闻线索

在我国现行体制内,召开会议通常是政令发布的重要途径。重要的会议,必定是出新闻的地方。媒体记者有机会参加各种重要会议,对此,除了应按照报道计划进行采访外,还要随时发现、捕捉新的新闻线索。记者的眼睛,不仅要盯着会上、会内的"讲话",还要环顾会下、会外的"议论"。目前,会议报道已不止于政府召开的会议,还有各种学术会议、大型商品贸易推介会等,它们都已是记者采访的重要领域。

4. 来自编辑部的报道提示或指令性任务

这通常适用于重大题材的报道活动。对于一些预先可知的重大事件,如2010上海世博会、三峡发电等,这些事件一般都有大致的日程安排,记者就应在"事件"发生之前,提早形成一整套报道预案,并收集材料、预先采访。以上海世博会报道为例,自2009年4月南方报业传媒集团与上海世博局签约成为上海世博会的全球媒体合作伙伴后,《南方日报》即谋定而动,围绕"城市,让生活更美好"的主题,策划大型跨国采访活动"世博城市行"。《南方日报》在全集团范围内海选出8位骨干记者,分赴曾经举办过世博会的伦敦、巴黎、芝加哥、旧金山、大阪等11座城市,探索它们转型升级的城市密码。在一个多月的时间里,《南方日报》派往世界各地的记者陆续发回了当地见闻、高端访谈等滚动报道,并于2010年3月底至4月初集结推出了一组深度系列报道"世博城市启示录",该系列报道在世博会举办之前率先推出。之后,《南方日报》先后开设"世博倒计时"、"盛世博览"等新闻专栏,随报发行特刊3个,图书1册,稿件超千篇,文字近百万。

5. 来自新闻线人、媒体热线、读者来信的通报

公众是媒体最大的新闻宝藏,也是记者最广阔的耳目延伸。一个电话、一条微博、一封群众来信,都可能蕴藏着巨大的新闻能量。鉴于此,记者须高度重视来自"民间"、基层的消息源,从民情、民意中获取新闻线索。例如,中央电视台《焦点访谈》节目极其重视观众的来信和热线电话。群众向他们反映自己切身遇到的问题,寻求媒体的关注。而栏目组也从中获得大量的新闻线索,许多和人民群众利益相关的选题就这样被发现。

6. 来自其他新闻媒体包括网络媒体的报道

由于信息社会的开放性和新闻媒体无孔不入的渗透性,一家新闻媒体靠独占事实(尤其是一些重大事件)来求得独家报道越来越难。几家乃至数十、数百家媒体云集报道同一事件已经司空见惯。在这种情况下,记者更要独具"慧眼",善于发掘和利用其他媒体资源,从已报道的事实中发现新的价值,就像点

燃一支蜡烛,重新照出它的意义。

从已报道过的新闻题材中挖掘新的线索,要求记者作更深入的采访,向纵深开掘,把那些深藏在事实背后的意义、那些受众欲知而未知的事实充分呈现出来。2005年《南方都市报》记者傅剑锋在一篇普通的政法报道中找到一个线索,该报道中的嫌疑人称,他出来砍手抢劫是因为学历太低找不到好工作,工厂报酬低得不合理,另外,他称整个村庄的年轻人差不多都在广东抢劫。根据这个线索,记者顺藤摸瓜,一篇日后引起强烈反响的深度报道出炉了——《砍手党调查》。

最关键的一条,新闻线索还是客观存在于实际生活之中。所以我们提倡,记者做新闻的起点,还在于深入生活,亲临现场,从各种斑斓的社会事件和现象中发现重大新闻,然后带着思考,去求证和解答"问题"。在媒体竞争异常激烈的当下,那些苦于找不到有价值的新闻,或习惯于伸手向编辑部要线索、要题目的记者,因脱离了现实生活这个广阔新闻"本源",其实已不适应当今媒体的工作环境。

第三节 新闻价值分析

记者获得新闻线索之后,就必须根据已知信息作出判别,考虑是否值得报道。这个高效运转的大脑思维活动,就是记者判别新闻价值的过程,也称新闻价值分析。理论新闻学中,所谓新闻价值是指"新闻事实自身具有的满足社会(受众)需要的特殊素质的总和"[1]。

媒体被称为社会的信息中心,每天汇聚的新闻线索不下数百上千条,但并不是任何新闻线索都有报道价值。新闻媒体从来不会"有事即报",而总是有选择地进行报道。这种选择,对于记者而言就是按照一定的标准进行新闻价值分析。在新闻实践中,记者所认定的新闻价值主要包括以下一些"要素":

一、重要性

重要性,西方新闻学重点关注的是"事件影响力的大小",认为重大的事件,必然对历史与未来造成影响,因而具有较高的新闻价值。一般地看,那些对于公

---

[1] 童兵.比较新闻传播学.北京:中国人民大学出版社,2002:111.

众的政治、经济生活影响越大,越震动人心、产生全局性影响的事实,就越具有重要性。

我国对新闻"重要性"的理解,除了关注事件本身的重大性以外,还特别注重事实所包含的"社会意义",即是否触及社会重大问题,是否反映了时代重大主题等。有些新闻事实表面看虽不重大、显赫,却具有很高的"典范"价值和思想意义,也能引起社会公众的普遍关注,成为舆论"热点"和"焦点",同样是重要的报道内容。

二、显著性

显著性,强调的是报道对象或新闻事件应具有引人瞩目、个性鲜明的特点。新闻事实的个性越突出醒目,报道对象的知名度越高,那么它的显著性就越明显。西方新闻教科书通常引用一个"新闻数学公式"以说明这一问题:

(1) 平常人 + 平常事 = 0。

这个公式的意思为,普通人所做的平常事没有任何新闻价值。因为"普通"和"平淡",恰好与新闻价值背道而驰。

(2) 不平常人 + 平常事 = 新闻。

"不平常人",特指公众人物、知名人士。名人对于大众而言,从来都有很强的感召力和吸引力。社会心理学表明,人们关注甚至仰慕一些著名人物、成功人士等,是因为他们在主观上有着向上迈进的愿望。当这种需求在日常生活中难以满足时,人们便会转而通过接近媒介、接近有关这些人物的新闻,间接地满足这种愿望。譬如,许多"娱乐新闻"报道的内容,也无非是一些明星的生活习惯、趣闻逸事等,明显属"平常事",但因为是名人,因为在公众中会产生"光环效应",所以也成为各种媒体的"报料"。

(3) 平常人 + 不平常事 = 新闻。

这个公式说明"小人物"也可以构成新闻,其前提是他们做出与众不同、非同寻常的事情。所以各种新闻报道中,除了关注"名人"外,还会不断发掘"小人物"身上的"有意思的事情","讲述老百姓自己的故事"。这类新闻因与公众有某种"亲近性",并且能使人们在媒体中"看到自己",也备受关注和青睐。当然,一些为媒体竭力推崇、渲染离经叛道的所谓"个性"之举(如"蝙蝠侠"攀登金茂大厦),则有可能误导青少年。

三、时新性

时新性,是新闻价值必不可少的标准之一。新闻传媒有义务让公众随时掌握事态的变动。新闻报道愈及时愈好,新闻内容愈新鲜愈好。新闻价值是随着时间流逝而递减的。

另一方面,任何事物都有一体两面,时效性虽然重要,但它并不是一切。新闻中历来有"快新闻"和"慢新闻"之分,"快新闻"打新闻的第一落脚点,以"时效"(速度)占先;"慢新闻"打新闻的第二落脚点,以"质量"(深度)制胜。

还须注意,没有"时效性"的报道主题,也并不一定没有新闻价值。因为"许多重要的事情恰恰是经常性的主题",例如"探索人们的生活方式,揭示一个不同于寻常的人物的内心世界,描绘人或大自然的有意义但不变的特性——这些都是没有时间的好主题"[1]。因此,所谓"时新性"也应辩证地理解。

四、切身性

切身性,也称"接近性",主要是指切合受众的心理需求,从而使新闻报道在受众中产生共鸣。西方新闻界普遍认为:"一千万人死亡是统计数字,一个人怎么死却可以写成悲剧。""许多人对失业率6.7%毫无感受,如果报道一位失业工人的叙述,读者可能想知道。"[2]新闻事实要引起受众的普遍兴趣,就必须体现切身性、有用性,触及人的"痛痒"。西方著名社会学家马斯洛认为,人类的需求可分五个层次,即生理需求、安全需求、社交需求、自尊需求、自我价值实现需求,新闻报道从根本上说就须直接或间接地反映人们的这些需求。

应该指出,受众的心理需求和普遍兴趣,在每个时代和各个时期的表现内容是会发生变化的。社会生活日新月异,受众的关注点也会发生转移和变化。记者应该随时注意人们的兴趣转移,敏感捕捉每一时期公众的"关切点"和"兴奋点",以满足受众的新闻兴趣。

五、趣味性

西方对新闻价值诸要素的考察中,往往突出其中的"趣味性"和"人情味"。约斯特在《新闻学原理》一书中强调:"在选择新闻时,第一个基本原则就是估量

---

[1] 密苏里新闻学院写作组.新闻写作教程.北京:新华出版社,1986:7.
[2] 密苏里新闻学院写作组.新闻写作教程.北京:新华出版社,1986:258-259.

它的公共兴趣。我们在出版新闻时,须以趣味为大部分新闻的主体,理由是:唯有有趣味,才能使报纸富有吸引力,因而很容易卖出去。"[1]西方新闻界进而把"趣味性"的报道描述为以下几个方面:

(1) 同情。在新闻报道中注意报道具体人物的生老病死、悲欢离合,都能激起受众的同情,从而增加人情味;对不幸的人物或群体的悲惨命运给予关注,揭示他们不幸的根源,能够增加报道的新闻价值。

(2) 幽默。日常生活事件所表现的喜剧化特征能够为新闻作品带来较多的趣味;动物的智慧、勇敢、忠诚、舐犊之情,也能引起受众的兴趣和会心一笑。

(3) 故事性或悬念。戏剧感是新闻报道的一个重要的吸引力因素,因为它迎合了人性中好奇的一面。因此,有关抗洪救灾、抢救危病、斗智斗勇、比赛胜败、诉讼输赢等报道,都是具有人情味的报道。

(4) 对妇女和儿童的关注。妇女和儿童的处境总是能够被置于一种特殊的观察视角。这是由人之常情——人性中最根本的善意所带来的。[2]

西方新闻价值观历来突出"趣味性",一开始就隐伏着猎奇、迎合低级趣味的倾向。但不必否认,"趣味性"能较好地调动读者的阅读兴趣,是新闻报道中的"看点"之一。我国新闻界同样讲"趣味性",也提倡报道须生动活泼、富有情趣。趣味性因素的恰到好处的运用,无疑可以增加报道的可读性,强化报道的亲和力和感染力。请看下面一则新闻:

假药积德 农妇死里逃生

江西临川县某乡所在地的一位农妇,前不久花了65元钱在自由市场买了50公斤尿素,谁知拆袋一看,口袋里只有五六公斤尿素,其余全是食盐。夫妻两人气得目瞪口呆。

气头上,丈夫打了妻子一巴掌,骂妻子不该花钱买假货。妻子本来就很难过,又遭丈夫殴打谩骂,更是满腹委屈,一狠心,抱起丈夫当天买回的"甲胺磷"农药,喝了小半瓶。幸亏丈夫发现得早,很快将妻子送往医院。经过抢救,那青年农妇居然自己走回家中。

据医生化验,那甲胺磷农药几乎全是假的,只不过颜色有点像,毒性虽有但含量极少。

事后,那位青年农民庆幸妻子"死里逃生",还特地买了一块玻璃匾赠给卖

---

[1] 转引自童兵.比较新闻传播学.北京:中国人民大学出版社,2002:109.
[2] 徐耀魁.西方新闻理论评析.北京:新华出版社,1998:145.

假药的门市部,上写"假药救人,永世不忘"。[1]

  这是一篇极其精粹的短新闻,全文不到 300 字,但读起来却是趣味良多。标题中"假药积德"看似矛盾,却成了吸引读者的一个"悬念"。正文四个自然段,犹如相声埋下的"包袱",一段一转折:大量掺假的化肥导致了夫妻的不和,夫妻不和导致了妻子喝下农药,然而农药是假的,这可帮了大忙。最后,这对夫妻要送匾给售假者,读到这里,恐怕谁都要喷饭不禁了。本文虽然没有一句评论性语言,但那种讽刺、调侃的语气却分明提醒我们:假货大行其道,最后损害的还是所有消费者的权益。以前听说过"商业部长买到伪劣商品"的报道,让人匪夷所思;那么读完本文,我们在苦笑之余,可能会思考:还能为捍卫自己的权益做些什么呢?

  近年来,趣味新闻成为国内晚报、都市报新闻中比较常见的一种形式。记者往往选取新近发生或发现的有趣、可笑而意味深长的事实,注入娱乐、智慧的成分,并适度夸张新闻的幽默素质,使人读后会心一笑。无疑,趣味新闻是适应现代读者在信息消费中求快乐、求欢笑的心理,逐渐将社会生活中可笑、可爱的一面凸显出来,满足娱乐性的社会心理需求。

  除了上述五个新闻价值分析的基本要素之外,还有两个"动态要素"必须特别关注:

  (1)编辑部所确定的方针。在许多情形下,记者的报道是根据编辑部的意图展开的,尽管编辑部也要结合事实本身的新闻价值进行分析,但它还会着眼于宏观策略,确定一个时期内的报道方针和报道重点,以此指挥记者的报道活动。

  (2)公众的关注度。编辑部确定的报道重点,通常与公众的"关注度"有关。公众看电视、买报纸或订期刊,总是想了解自己所关注的新闻。如果媒体对公众的阅听心态不敏感,不能及时报道公众所关注的事件及事态,那么媒体所认定的新闻价值,便只是"纸上谈兵",是没有新闻市场的。

  当记者进行上述要素考察的时候,实质上就是新闻价值分析的过程。一般来说,记者捕捉到新闻线索后,都会根据获知的事实的片段信息,结合多年来积累的报道经验,运用新闻价值分析的方法展开高效思维,迅速掂量报道对象的分量。如果经大脑的综合思考之后,认定某个事实含有上述新闻价值的某个要素,该事实即成为有价值的新闻,如具有两个以上新闻价值的要素,则更是货真价实的新闻。一旦认定有报道价值,记者便会着手筹划采访过程。

---

[1] 徐国源.当代新闻采访写作.苏州:苏州大学出版社,2006:87.

第四节 访前准备：记者"家庭作业"

访前准备是指记者对采访工作的预先安排和筹划。它是记者了解和认识报道对象，做到对采访心中有数，并对采访过程作出具体部署，从而有条不紊地展开采访的过程。访前准备是新闻采访过程中不可或缺的重要部分。

一、认识访前准备的重要性

访前准备，有的记者把它形象地比喻为记者的"家庭作业"。一些有经验的记者认为：采访中每一分钟的内容，至少要用十分钟来准备。认真准备之后进行的采访，差不多总是会有收获的。访前准备在任何采访中都很重要，下述一些采访情形中，记者更需要在采访前做充分准备：

（1）采访政府官员、知名人士和外宾等。这些人工作繁忙，日程安排紧凑，即便接受媒体记者采访，也通常会限定记者的采访时间，如只能谈十分钟、半小时、一小时等，而记者的心理则不同，总期待有足够的访问时间。如何解决这个矛盾？只有一个解决办法，即事先作好充分准备，以提高采访的效率。

对国内外高层领导人和知名人士进行的"短暂采访"，如新闻发布会中记者的采访，通常只有几分钟时间或只有一次提问机会，就更需要记者作预先准备，精心设计想提的问题。许多实例表明，记者的准备工作充分，掌握了采访对象的背景材料，吃透了问题，即使采访时间有所限制，采访也会取得成功。

（2）采访重大会议、活动和典型。采访重大会议、活动等，记者须做一系列的准备工作，包括确定报道重点、进行会前采访、搜集背景资料等。准备工作做好了，一旦会议开幕，报道就可以一个接一个地发出去。一些时间跨度长又比较重要的报道（如每年的"两会"报道），如果事先毫无准备，等到会议开幕后才开始采写，记者往往会感到捉襟见肘。重大典型报道的社会影响大、质量要求高，因而采访的准备工作也要加倍做好。

（3）采访预知性事件新闻。这类采访的准备时间比较充裕，有些情况和背景资料可以预先搜集，记者到现场便可集中精力抓最重要的"活"的情况，这样自然提高了发稿的效率。但应注意，记者在事先准备中获得的情况、日程和发言稿等，只能作为报道的参考资料，切不可作为新闻发布的依据。发稿必须以现场发生的真实情况为准。

（4）采访社会重大问题。社会重大问题往往最能反映社会生活中的主要矛盾，是社会舆论的"聚焦点"。因此，记者对这类重大问题展开报道，就必须在采访前对社会问题进行深入调查研究，包括分析社会形势和公众舆论，熟悉政府的政策和有关法律，研究所报道问题的实质、引出的经验和教训等，在此基础上，相应地制订出一个完整的报道计划。

（5）赴国外或陌生的地方采访。在国外采访，不可能像在国内那样，一次采访不行，再进行补充采访，因此非得作充分准备。另外，赴陌生的地方采访，人地两生，情况不熟，出发前的准备工作更要求做到周详、细致。

二、访前准备的主要内容

访前准备包括平时准备和临时准备。平时准备主要有理论、政策、背景、知识的准备四个方面。这方面的准备，记者不仅要掌握国家的政策、法令，而且要对所报道的地区或行业的基本情况做到心中有数，注意平时积累。临时准备是指为某项特定的新闻采访任务所做的准备工作，即有针对性的具体准备。它包括以下一些内容：

1. 明确采访目的

报道目的受制于报道思想，没有对事实的深入思考，必然会使采访活动失去"灵魂"，而显得盲目随意。所以，记者进行每一次采访，首先要明确采访的目的，即为什么要进行这次采访，通过这次采访，要报道什么、反映什么、解决什么。

中央电视台《新闻调查》播出的节目《恢复高考二十年》[1]，曾在社会上引起强烈反响。它有一个完整的策划案，其中"调查理由"即清晰地表达了采访和报道的目的："恢复高考，发生在中国面临全新命运的1977年，它历史地成为'拨乱反正'的突破与发端，正是'恢复高考'这一次'艰难的破冰'，突破了亿万人早已习惯的'政治宿命'的沉重心理（出身论）。清扫着'文革'十年笼罩在中国上空的浓重阴霾。可以说，这一举措是教育工作、经济工作、政治领域一系列重大改革之前的'试运行'，尤其是观念的革命，它可视为在全国范围内的第一次'强劲出击'。恢复高考，是国家'人才战略'的重要步骤，而作为'人才战略'走向深入的'跨世纪人才工程'又在实施，这一调查正有回顾与前瞻的意义……"这里，记者的调查目的非常明确，为一系列采访提供了指向性的蓝图，

---

[1] 叶子. 中国电视名记者谈采访. 北京：长城出版社，1999：130－138.

也同时体现了"正在发生的历史,新闻背后的新闻"的栏目特色。

2. 熟悉采访对象

当记者认定报道价值后,就应该对报道对象进行系统研究,掌握材料越全面越好,分析人物越透彻越好。这是因为,记者认识采访对象有一个过程,如果在访问前对人物心中没底,那么在有限的采访时间内便很难获得满意效果。著名剧作家曹禺曾以自己的体会向记者提出以下要求:

前年我在美国的那些日子,几乎天天要接待新闻记者来访,多的时候一天来五六批记者。他们的采访,都要受到有关方面规定的时间限制,很严格,一般一次采访不得超过半小时至四十分钟。这就使记者不可能什么都问,不可能搞"马拉松"式的谈话。给我印象比较深的,是《纽约时报》一个记者的一次来访。他只很有目的地提了几个问题。过后,他在报纸上先后发表了三篇文章。文章里谈了许多我意想不到的事,而且与事实没有出入,材料准确无误。不难看出,他在采访之前是做了许多研究工作,看了不少书籍和资料的。我们有的记者写一个人物,往往寄全部希望于同采访对象作无休止的谈话,然后把谈话的内容一股脑儿写进文章里去,等于是一篇谈话资料的堆积,我看这不是个好的方法。[1]

曹禺的话发人深省,它告诫记者在与采访对象接触之前,应尽可能熟悉采访对象的情况,而不要纠缠于"无休止的谈话"。真正深入的采访,不是建立在时间的长短上的,而是依赖于记者对采访对象的"熟悉"程度。这个"熟悉",要求记者应真正对被访者"真相知",而不是"假相识"。

3. 搜集背景资料

背景资料是用来说明新闻事实发生的具体原因、条件、环境、价值及其意义的材料。它可以帮助记者对事实形成更深刻的理解,拓展记者的联想,从而进一步明确报道思想、选择报道角度、揭示深刻内涵。

采集背景资料的途径有很多种。与事件有关的人物的政治背景、经历背景和职业背景,事件发生地点的历史、环境等,这些资料应在现场向当事人、知情人采集;现场无法采集到的,还需要另找采访对象。知识性背景资料一般不需要在现场采集或向采访对象采集,记者只需利用图书馆资料就行了。如今,利用互联网收集相关背景资料,为记者提供了很多便利。

美国新闻学者约翰·布雷迪在《采访技巧》一书中写道:"在图书馆里做采

---

[1] 丁彬萱.曹禺谈记者要有基本功.新闻战线,1982(10).

访准备有时比采访更为重要……任何图书馆里都有大多数记者想象不到的许多材料,而所有这些公共财富只是躺在那里。我认为,记者应该把图书馆作为增加个人收入的公共财源。"[1]现代记者的工作情形也表明,在已公开发表的最新论文、报纸、读物和著作中,便有记者意想不到的新闻信息,稍经核实、串联和整理,便可能成为引人关注的新闻。请看2003年11月14日《北京晚报》的消息:

新书曝 CIA 与拉丹"媾和"丑闻

著名作家里查德·拉贝维雷在其13日出版的新书《恐怖走廊》中披露了一个惊人内幕:就在2001年的"9·11"恐怖袭击前几个月,美国中央情报局特使和"基地"组织头目本·拉丹在阿联酋举行秘密会晤,希望拉丹能和美国达成互不侵犯的秘密协议,但是谈判最后宣告破裂。

据路透社报道,美国中央情报局发言人马克·曼斯菲尔德13日发表声明,声称拉贝维雷的说法纯属"无稽之谈",这样的会面"根本没有发生过",但是拉贝维雷却信誓旦旦表示,自己在书中引用了多处可靠的消息来源,中情局显然不希望这段丑闻曝光。

根据书中的描述,"恐怖大亨"拉丹因为肾脏出现问题而于2001年6月4日至14日住进了位于阿联酋迪拜的"美国医院",接受肾病专家的治疗。当时距离震惊世界的"9·11"恐怖袭击仅有8周左右的时间,"基地"组织策划的袭击行动已进入倒计时,但美国情报部门却对此一无所知,而且还在幻想和拉丹达成秘密协议。

中央情报局驻迪拜工作站的负责人拉里·米切尔接到了一项秘密任务,要求他前往医院和拉丹进行秘密会谈。这次秘密会晤于6月12日在医院中举行,美国当局要求拉丹让"基地"组织放弃任何针对美国的敌对行动;作为交换条件,美国和沙特将允许原本是沙特富翁的拉丹返回自己的国家,尽管他已经在1994年6月被剥夺了沙特国籍。

会谈最终宣告失败,拉丹拒绝和美国达成妥协。米切尔在2001年6月15日突然离开了阿联酋。据拉贝维雷的推测,米切尔是返回美国向中情局汇报会面的情况。拉贝维雷曾经向中情局总部提出采访米切尔的请求,但是遭到婉拒。中情局官员称,米切尔正在度蜜月,所以无法接受采访。

拉贝维雷说,向他提供这个惊人消息的第一个来源是这家医院的一名工作人员,第二个消息来源是海湾地区某国的一位亲王,他自称是巴林埃米尔的高级

---

[1] 徐国源,江涌.新闻采访与写作.苏州:苏州大学出版社,2002.93.

顾问。2001年11月,拉贝维雷在纽约的曼哈顿旅馆对这位亲王进行了采访。这名来自海湾地区的政要显然知道中情局和拉丹之间的这段秘密会晤。

这位亲王说,这次秘密会晤实际上是由当时沙特情报部门负责人图尔基·费萨尔亲王一手安排的。沙特情报机构认为,如果促成拉丹和美国达成秘密协议,也将有利于沙特的利益。

但是谈判最终却没有取得任何成果,而且在两个多月后就发生了"9·11"恐怖袭击事件,由于被指责打击恐怖活动不力,图尔基·费萨尔亲王后来离开了沙特情报部门领导人的位置。

这篇报道,记者基本上是利用最新出版的新书《恐怖走廊》内容,并引用路透社消息作为补充(相反消息源的"平衡"),便将"CIA与拉丹媾和"的丑闻公之于世,引起世界的广泛关注。报道中,记者冯俊扬充分利用已公开的信息资源,以客观、有力的"引述",串联书中提供的详实细节,使公众知悉了闻所未闻的"爆炸新闻"。

4. 拟订采访计划

采访计划即指记者根据报道思想和采访对象的特点,策划大体的活动步骤和方式,确定采访的部门、人员名单,列出提问的大纲等。一个完整的采访计划应包括以下内容:① 报道的背景;② 本次采访的目的、要求;③ 确定采访的地区、范围、部门、重点对象名单及先后顺序;④ 设计采访实施方案(或个别访问,或开座谈会,或到现场观察);⑤ 确定报道形式、角度和初步选题;⑥ 拟订具体的访问提纲。

采访之前有周密的计划,能使采访形成合乎逻辑的结构:选择什么作为突破口、如何往纵深拓展、怎样结束采访,都应有明确的"预案",同时要考虑到可能出现的情况,以便随机应变。这里,以央视《新闻调查》播出的《天价住院费》为例,说明采访计划包括的内容:① 报道背景——聚焦医院"看病贵"问题,引发人们对看病贵背后体制根源的深入思考。② 采访的目的、要求——去医院看病对很多家庭来说都很让人发愁,因为现在昂贵的医药费已经成为沉重的负担。这么高额的费用,是不是真的?如果是,钱又是怎么花掉的?③ 确定采访名单及先后顺序——(略)。④ 采访实施方案——个别访问。⑤ 确定报道形式、角度和初步选题——形式:调查式采访;角度:看病贵;选题:《天价住院费》。⑥ 具体的访问提纲:首先,对病人家属展开采访,提出概述性的问题,即"每天几万块钱的花费对于中国的绝大多数家属估计都是无法承受的,为什么你们要如此花费?你们对医院账单的疑问在哪里?"等等。其次,针对医院当事人提问,提问应集中在以下四个方面：病人去世两天后，还要检查化验？患者严重过敏的药物为什么会出现在出院账单上？一天之内怎么能输入106瓶盐水、94次血？400多万元自购药多少用在了患者身上？最后，针对此类现象采访专家，比如，"我们看到7月30号这一天在病人身上用的液体量有80000多毫升，这个从专业角度应该怎么样来解释？""以您的经验分析问题在哪里呢？"

5. 展开"破题"思维

记者在拟订采访计划时，必然伴随"破题"思维。所谓破题，是指记者对一个有新闻价值的问题予以分解，将其分解为若干个紧密相连且能引导采访步步深入的小题目。从实践看，破题能使记者突破"概况"、"概述"式的介绍，问细、问清某个笼统、模糊的新闻线索，把已逝去的事物变成可以触摸、呼之欲出的"新闻"。

从新闻思维角度看，破题符合人的正常思维规律。因为记者的思维活动，是一个在表象、概念的基础上进行分析、推理、判断的认识活动的过程。记者依据已知的概貌或笼统的印象推衍、生发，把模糊的问题落实到具体细节，有助于记者的思维活动更深入、更清晰地发展，最终获得真实可信的材料，甚至把已逝去的事物按当时的位置、形状、色彩、声响、气味等"复原"出来。

破题可以分为两类：一类是把抽象的问题分解成具体的问题。如服务贸易即第三产业的经济活动，许多记者在报道中感到不熟悉，但追溯一下经济学家给出的定义：服务即能够改善其他一些经济单位状况的生产者的活动，包括物质形态和精神生活的改善；服务生产的显著特点是对其他经济单位的商品或个人增添附加值。那么我们就清楚了，与人们日常生活有关的许多行业都属于服务贸易或与之相关的经济范畴，像打一个电话，看一场电影，住一次宾馆，乘一次飞机、火车，买一次保险、股票，受一次教育培训等。如果把抽象问题具体化，不仅可以打开采访渠道和思维空间，而且会使访问更有现实感和深度。

另一类破题，是指对采访的过程和范围进行分解，以利于记者的采访深入展开。这里，首先要把采访的过程分解成若干个"时期"，抓住事件延展的"节点"进行采访，如对药家鑫案件的报道就可以分为以下几个关键"时期"——发生时期、审讯时期、审理时期、宣判时期、执行死刑时期等。其次要根据事件的进展，确定采访的"范围"，包括记者分跑的"口岸"、单位和具体的人。如药家鑫案件的报道范围就包括：警方——警方发布消息、看守所动态、警方知情者；目击——现场目击者（直接目击者、间接目击者）；相关对象——药家鑫父母、被害者家属、校方；等等。总之，记者脑子里越是能分解出较多的采访"线"、"点"，就越有可能挖掘出多方面的资讯内容。

6. 设计访问问题

在关键采访前,必须按照总体思路设计具体的提问问题。在一般情况下,要尽可能把问题准备得多一些;准备的问题少了,就会出现"随心所欲"或冷场的局面,以致采访有头无尾,难以为继。

7. 必要的物质和心理准备

物质准备包括拍摄器械、录音设备、照相器材等的准备。采访出发之前,应检查所有的设备,这虽是普通常识,但粗心大意也会误事。除此之外,记者的心理准备也是关系到采访全局的很重要的准备。总之,采访前的准备作得越充分,在采访中就越主动。反之,在毫无准备的情况下仓促上阵,采访就会处于被动状态,必然影响到采访效率和质量。

第六章

新闻采访程序(下)

要点提示:

记者进入正式的采访程序后,须处理几个环节,包括接近采访对象、深入现场观察、讲究访问艺术等内容。每个环节都有各自的原则和技巧,在采访中应灵活掌握和运用。

第一节 采访中的"接近"原理

进入采访阶段后,记者遇到的第一个难点就是:如何迅速接近采访对象,并使之敞开心扉,畅所欲言?许多初入行的记者都曾经有过这种忧虑。在新闻采访中,记者不仅要实现与采访对象形表上的"接近",更重要的是要有心理上的"贴近"。这样,采访对象才会配合记者采访,更会推心置腹地说出心里话。这就从采访关系角度对记者提出了较高的要求。

一、"接近"的原则

记者的"接近"是技巧问题,更是"意识"、"心理"问题。为了更好地接近各种各样的采访对象,记者必须确立以下几种意识:

1. 平等意识

从记者的修养角度讲,任何人在记者工作领域内都是同等的采访对象,这就要求记者平等待人、平易近人,不能有高人一等的优越感或低人一等的自卑感。记者接触的对象既有官员、明星,也有普通工人、农民以及社会各色人群,形形色色。对这些不同身份、地位、职业的人,记者应该一视同仁,切忌对政府官员阿谀奉承,对普通百姓盛气凌人。这是记者"接近"采访对象的职业素养问题。

与此相关,记者应具备尊重采访对象的意识。不管记者面对的是什么人,如政府官员、普通百姓,甚至囚犯,眼光始终要平视,因为在人格上所有人都是平等的。例如对罪犯这种特殊类型的人的采访,记者就不宜像审判员那样高高在上,咄咄逼人。记者有自己的职业角色,他不是法官,没有权利去审判、呵斥某个人。记者提高声音在镜头里喊,只会使自身处于"弱势",无形中"矮化"了自己。

2. 平民意识

所谓记者,在某种意义上就是专门与人交流、沟通的人,是一个从事特殊职业的普通人。一些有经验的记者认为,在采访中记者如过于注重自己的"采访"地位,无形中就把自己置于俯视、审视对象的位置上。面对这种不平等,多数人会失去说心里话的兴趣,也会失掉自如的常态。所以在某些情形下,记者不妨淡化采访的"强势"色彩,身心放松地进入人与人之间的沟通。以中央电视台《生活空间》记者拍摄关于大学毕业生的片子为例,当记者走进学生宿舍时,几位大学生正光着膀子打麻将,见记者进来,他们显得很不好意思。这时要想进入工作状态肯定不行,于是记者干脆往那儿一坐,说:"我也来跟你们打一圈。"现场气氛顿时好转。从拍回来的素材看,摄像机拍下了大学生日常活动的真实部分,没有人不自在。[1]这次采访的成功,取决于在场记者为自己找到了一个恰当的位置,而从整个新闻传播过程看,记者追求的其实不是采访本身,而是一个在沟通中获得信息的过程和效果。

3. 人性化

媒体要体现"人文关怀",首先要做到"人性化"。这种现代文明意识,要求记者平视和贴近"人",尤其是最普通的老百姓。越是"小人物",越要给予更多的关注、关切和关怀,这也应该体现于采访的意识和行动中。

一般而言,普通人与媒体直接接触的机会较少,他们与报纸、电台和电视台之间总存在一道天然的"屏障",对于采访机、摄像机前的特殊环境,他们往往会有很多不适应。这时记者应善解人意,主动为对方着想。敬一丹以自己的亲身经历说道:

> 我曾经碰到过一个采访时非常紧张的厂长,我对厂长说:"您用手拿着一支笔吧。"手紧张得没地儿放的时候,拿着笔就放下了,你说这是"接近"的技巧呢,还是一种对人的理解和体贴呢? 其实,采访从两个人打第一个照面时就开始了。记者的任何一个表情、姿态,任何一句话都在起作用,或接近对方,或使双方拉开距离。我和最普通的老百姓说话的时候是希望"拉近","拉近"的一个方法就是"见什么人说什么话"。[2]

因而,当记者首次和采访对象见面时,使他们感受到浓浓的人情味,可以说是使采访对象克服"媒体恐惧"的最佳药方,也便于他们找到平时的"心理原点"。即便是"揭丑式"报道,"人性化"采访也足以解除许多人对媒体的恐惧和敌意,从而为更深入的采访创造良好条件。

4. 礼仪原则

人与人的"接近",往往是从第一个照面便开始了,并贯穿于交往的始终。一些交际礼仪专家认为,为了更好地"接近"对象,必须遵循以下几条礼仪原则:

(1)守时守信。这一条原则要求我们既要遵守时间,信守诺言,同时要注意不能轻易许诺。

---

[1] 孙克文.焦点外的时空.北京:三联书店,1997:259.
[2] 叶子.中国电视名记者谈采访.北京:长城出版社,1999:5.

(2) 以礼相待。礼仪是一种文化的表现。在一些礼仪场合要充分尊重职位、资历等所代表的荣誉与优先权。

(3) 尊重隐私。所谓隐私是指属于私人的信息，比如是否结婚、年龄大小、财产多少等。尊重隐私实际上就是尊重生活方式的选择权。尊重隐私在交往初期要遵守，但在交往过程中，交往的当事人应该主动把自己的一些私人信息告知对方，这样才会有助于建立起双方之间的信任关系。

(4) 尊老爱幼。尊老爱幼一直是人类社会各民族的共同道德要求。但在具体的实践中，这一条要巧妙地运用。最好将其体现为一种理念，将其反映在各种细节安排上。比如，与其称呼"老爷爷、老太太"，不如在安排活动时，注意保证老人们的行动便利、安全和舒适，不如在老人们需要时，无声地把手伸过去、搭一把，让他们感到这种尊重和爱护确实体现在了每一个细节。

(5) 尊重妇女。尽管越来越多的妇女在世界各国的政治、经济、文化舞台上扮演着越来越重要的角色，但对妇女的尊重和帮助一直没有改变。这种尊重既是对女性的尊重，也是充分意识到男女之间的体力差别，是一种人文关怀的体现。

(6) 入乡随俗。这一条所表达的是尊重他人的安排，尊重其他文化的一种精神。同时这样做也是为了维护自己的形象。因此，了解当地的习俗，并按照当地的习俗行事是非常重要的。[1]

上述几条原则具有普遍的适用性。记者在新闻采访活动中，也应遵循这些人际交往的基本礼仪。

二、"接近"的技巧

一般来说，记者首次与采访对象的接近，应让人感到热情大方、和蔼可亲，这样人家才愿意讲，甚至把心里话说出来。反之，他们就可能产生逆反心理，甚至会用官话、套话、瞎话应付记者。

可是在许多情况下，即便记者热情待人，被采访者往往也会因各自不同的原因，不愿与记者合作，以致双方感情无法沟通，妨碍采访顺利进行。怎样解决这个问题呢？这要求记者学点"接近"的技巧。

1. 寻找心理上的接近点

从表面上看，记者与采访对象之间是"有求"与"被求"的关系——记者有求

---

[1] 吴建民. 交流学十四讲. 杭州：浙江人民出版社，2004：106 – 107.

于被采访者提供报道的内容。但深入地看,这种关系在许多情况下是相互的,有的被采访者也希望通过报纸或电视荧屏,发表自己的观点和意见,表达情感和愿望。这就容易找到采访者与被采访者在心理上的天然"接近点"。如记者水均益采访以色列前总理拉宾,这位军人出身的总理一般不愿意接受记者的采访,即使接受采访也从不多说一句话,回答问题时面无表情,喜用短句,说完就走。水均益采访时,从容地请拉宾坐下,然后问:"总理先生,一千多年前,许多犹太商人带着商品和写在羊皮纸上的《圣经》来到中国的黄河岸边,犹太人民和中华民族有了第一次良好的交往。今天,您作为第一位犹太人国家的领导人又一次来到中国,您给我们带来了什么?"这番饱含民族感情的话触动了拉宾,他即刻露出惊喜的神色,变得和蔼、慈祥,此时,他已从"被动"变为"主动",用少见的认真和热情回答了包括这个问题在内的每一个提问,并且在采访最后,面对摄像机说出了"犹太人和中国人,我们是朋友"这样的话。

2. 寻找地理上的接近点

俗话说:"美不美,故乡水;亲不亲,故乡人。"异邦同乡相见,异地谈起故里,几句乡音,往往会使素不相识的两个人很快亲近起来。同样以水均益采访为例,他在采访前任联合国秘书长加利时,刚见面,就利用在埃及当驻外记者时学过的阿拉伯语向加利打招呼,然后对加利说,自己在开罗当记者时,加利为埃及外交国务部长,还说明当时自己住在哪个街区,使加利倍感亲切,两个人拉起了家常,加利还不时帮助水均益纠正某个发音。然后,水均益又向加利提出了采集到的中国小朋友想对加利提的问题,这使加利尤感兴趣,话题也就敞开了。"老乡见老乡,两眼泪汪汪。"这种作用对人们心理的微妙影响,能大大缩短记者与采访对象在心灵上的距离。

3. 寻求志趣上的接近点

生活中,每个人都有自己的爱好或志趣,这些志趣甚至会成为许多人的精神支柱。记者如能准确地捕捉到这一敏感神经,并能以自己的相同志趣引起被访者的共鸣,形成志趣相投的最佳氛围,被采访者便会最大限度地向记者敞开心扉。

4. 寻求见解上的接近点

在社会交往中,人们往往会因为对某一事物有共同的见解而一见如故。在采访中,设若记者能从采访对象那里找到"英雄所见略同"的话题,必然能激发对方的谈话兴致。这种采访情形,能使本来不愿谈的,而变得愿意谈;使本来只想泛泛而谈的,而变得愿意畅谈、深谈;使本来不擅言谈的,而产生谈话的冲动。这样就等于找到了一条通向被采访者心灵深处的捷径。《南方周末》记者戴敦峰采访地产商任志强,刚开始预约非常困难,任志强似乎总是在忙,于是记者先找到一些房地产媒体的记者,包括和任志强过从甚密的一家房地产杂志老总,听他们从侧面评价任志强。另外是设法接近任志强的秘书,搞到了她的MSN,追着她要求安排采访。后来熟稔到了这位秘书还帮他出主意,告诉他什么样的采访提纲任志强感兴趣。采访当天,任志强一开始非常冷淡,双眉紧蹙,低头写文章,偶尔看看电脑,既不抬头,也不握手。边写边聊。为了进入好的谈话状态,记者首先跟他谈与潘石屹的论战,这时他的话多起来,引经据典,但说话的时候依然歪着头,眼光射向别处。当谈起插队生活时,任的表情立刻变得生动起来,完全陷入对往事的沉思中。开始正视记者,配以表情。

当然,接近的方法还有很多,如巧借媒介"物"、媒介"事"等,也可以建立起采访对象与记者之间的联系。但要说明的是,探寻记者与被采访者之间的"接近点",并不是为了归纳出一种固定的、刻板的"公式"。有经验表明,在一些采访中,记者切不可为了找"接近点",而没话找话地投其所好(所谓"顺杆爬"),否则采访对象会认为记者无主见或庸俗,反而不利于沟通感情。

第二节　现场观察与全感采访

眼睛,是人身上最灵敏的器官。它像一架精密的自动摄像机,随时随地摄取瞬息万变的生活场景。据生理学研究,一个正常人从外界所接受到的信息,90%以上是从视觉通道输入的。这表明,所谓"百闻不如一见"并非虚言。

观者看,察者思索。观察也就是记者的眼功。采访中的观察,不是一般人的看热闹,它是记者善于"看门道"的职业活动。记者在采访中的观察有两种:一种是采集性的,看一个会场、一个市场、一个战场,看人、看事、看物、看形象、看色彩、看活动、看特色、看气氛,看被采访者的眼神、表情、风度等;另一种是核实性的,如听了介绍、拿了文字资料,或得知某个传闻,再到现场去看一看,以判别真伪。

一、离"真相"更近的现场观察

李希光认为:"优秀的新闻作品诉求的是读者的五种感觉:视觉、听觉、嗅觉、味觉和触觉,读者能够随记者的文字看到现场的画面、感受到记者的感觉。"[1]正因如此,记者的采访必须深入到事件的第一现场,尽力调动视觉、听觉、嗅觉等器官,进行"全感采访"。

"我喜欢在第一现场做历史的见证人。"这是美国合众国际社驻白宫大牌女记者海伦·汤姆斯的口头禅。许多经验也表明,记者到现场采访,进入事件中心,有采用其他方式不可替代的好处:

首先,深入现场可以直接获取有价值的新信息。原新华社总编南振中认为:对消息接受者来说,预先不知道的新闻才能称作"信息"。按照信息加工层次,可以分为"零次信息"、"一次信息"、"二次信息"。"零次信息"是通过直接调查的方法,向调查目标、调查对象等客体采集到的原始信息,是新鲜的、直接添加到人类的信息资源总库中去的有效信息。"一次信息"和"二次信息"是在零次信息的基础上加工整理而成的,取自报纸、电台、电视台、信息网络等各种载体。从信息搜集层次的划分来看,现场采访虽然不是发现、捕捉新闻的唯一途径,至少可以说是发现、捕捉"零次信息"的重要途径。深入事件发生现场,可以捕捉到稍纵即逝的、事后无法了解的重要情况,是获取"零次信息"的主要采集方法。[2]这个见解从原创信息角度提出了现场采访的重要意义,很有启示性。

其次,记者置身现场,可采访到真实的场面、精彩的语言,也可摄取有特点、有动感的稍纵即逝的细节或珍贵镜头,从而使报道产生如临其境、如感其情、如见其人、如闻其声的效果。例如,有位美国记者在报道一起谋杀案件时,她不是简单地询问目击者,而是亲临事发现场作采访,她希望了解受害者在中枪倒下之前,看什么电影,穿什么衣服,口袋里装着什么,炉子上正烧着什么菜,唱片机上正播放哪个歌曲,"我总是问狗的名字是什么,猫的名字是什么?"通过如此细致的现场采访,终于向读者提供了关于事件和人物的许多细节,使新闻报道显得具体、真实、丰满,"还原"了一个真实可感的现场原貌。[3]

再次,到现场观察,可以弄清客观事实的真相。我国墨家把人的知识来源分为三类:第一类是"亲知",即亲身感觉到的;第二类是"闻知",即靠传授直接得到的;第三类是"说知",即根据别人的转述,通过推理得到的。"闻知"和"说知"对于采访很重要,但是光靠耳朵去听,有时难免会有片面性,而唯有到现场采访得到的第一手材料写成的新闻,对公众来讲才最有说服力。如新华社的两名记者了解到,河南省产粮大县新野县"私商交易"很活跃,但只是"闻知"。他们不

---

[1] 李希光.新闻学核心.广州:南方日报出版社,2002:206.
[2] 南振中.信息时代现场采访的价值与功能.中国记者,1999(2).
[3] 周克冰.中外经典采访个案解读.北京:北京广播学院出版社,2003:58.

满足于此,还直接来到当地采访,发现一种怪现象:粮管所的大门紧闭,而与之相距不到500米的地方——一个小麦私商交易市场却异常火爆。为了摸清情况,这两名记者两赴新野,乔装采访,以购粮者的身份对这个粮食市场进行暗访。他们了解到,这些收购点都是以家庭为单位经营的,大部分都有工商局发的营业执照。记者终于摸清了这个粮食市场的吞吐量、购销方式,还弄清了粮贩子明目张胆收粮的原因和工商局打击不力的内幕。此例表明,记者到现场进行实际调查暗访,显然更能反映真相。

最后,对于拒绝回答记者问题或无法回答记者问题的采访对象,除了采访知情人以外,也只能靠记者的"非语言采访",即通过现场观察进行报道。如著名学者、作家钱钟书先生生前留有遗愿:"遗体由二三人送别,不举行任何悼念仪式,不保留骨灰,并恳辞花篮、花圈。"他去世后,出席遗体告别仪式的仅有20人,虽然40多家新闻单位要求采访,但除了个别记者因其所属媒体的关系得以进入以外,绝大多数被拒之门外。在告别仪式现场,一位记者试图采访钱钟书夫人杨绛,未能获准接近,采访钱钟书的主治医生时,还差点被赶出场外。对于这类报道,记者恐怕只能靠"非语言采访",到现场仔细观察,以实录代替访问了。

二、现场观察的方法

现场观察是现场采访的基本构成要素。从一个完整的现场看,它往往诉诸人的视觉、听觉、嗅觉、触觉、味觉五大感官,而其中最重要的则是视觉和听觉。因此,记者到现场采访,必须把观察与访问、观察与体验结合起来,从而有效地记录、捕捉、挖掘新闻的全部内涵。

1. 抓住新闻受众关切的问题和兴奋点进行观察,是现场观察的第一要义

现场采访之所以必要,是因为世界上有许多不能到达事件现场的读者和观众,迫切希望记者代替他们到事发现场去观看,并予以报道。例如2011年利比亚战争发生以后,全世界的目光都集中到了这场战争的进程上,各国记者都想方设法赶赴现场,及时、详尽地把有关这场战争的每一进展向公众报道。人们正是通过记者的眼睛,掌握了战争的动态情况。

2. 准确捕捉有意义的细节和现场气氛,延伸视觉以外的情感和知性信息

细节是表现人物性格、事件发展、社会环境和自然景物的最小组成单位,又往往是最能生动反映人物(事物)特征的典型因素。记者要通过对现场的准确观察,撷取有意义的细节;同时还要用心感受现场气氛,将"眼功"与"体验"结合起来,以延伸视觉之外的情感及知性信息。以下是《文汇报》记者记录的一个现场特写:

温家宝:我只要10万群众脱险　这是命令

在被掩埋的小学废墟旁,温总理用嘶哑、哽咽的话语,向废墟中的孩子喊话。一位在现场的记者通过QQ(360327959)发出即时报道称:"年过花甲的总理已经哭得不成样子了。"

这位网名为绮梦的记者透露,被压在废墟下的300多名学生很危险,在一次营救失败后,总理冒雨攀上瓦砾堆,组织再次营救。10时20分,即时报道突然显示,"啊!总理摔倒了","老爷子的手臂受伤出血了,他把要给他包扎的医务人员推开了。"

10时28分,当发现一名学生时,总理攀到塌方点,动手帮忙。当他看到抢险人员正在解救两名被困在废墟下的孩子时,感动得流下了热泪。他表示,"房子裂了、塌了,我们还可以再修。只要人在,我们就一定能够渡过难关,战胜这场重大自然灾害。"

现场记者还目睹了救人心切的温总理罕有地发怒:当温总理接到电话,听说由于桥梁倒塌,彭州市10万群众被堵在山中,救灾人员和物资无法运入时,总理在电话里大喊,"我不管你们怎么样,我只要10万群众脱险,这是命令!"之后他把电话挂了。

总理向前往汶川的登机部队领导发出指示,"我就一句话,是人民在养你们,你们自己看着办。"[1]

通过记者的观察,人们真切感受到了一个大国总理的亲民爱民形象。记者以客观的视觉语言,把强烈的现场感展现出来;同时,记者还很善于捕捉生动的细节,传递出丰富、鲜活的情感信息,给紧张展开的事实增添了情韵和活力。

3. 现场观察必须与现场访问相结合,以补充画面之外的各种情况

记者到一个事件发生的现场后,除了仔细、精微地观察情景之外,还要设法找到现场目击者、知情人,详细了解事件发生的全过程(如有关情节、人名、数字),以及全貌与局部、外表近景与隐蔽因素、正面与反面、上下左右的联系等。

深入现场的文字记者,则要尽可能地把目光投向摄像机扫描不到的地方,在镜头的"盲区"、现场的"背后"捕捉有价值的新闻。以体育比赛为例,电视媒体即使出动6台摄像机,镜头覆盖的区域也总是有限的;再说无论出动多少台摄像机,在同一瞬间,也只能有一台摄像机拍摄的影像在电视屏幕上呈现。许多场景在屏幕上是"空白"的。摄像机的"漏拍"为进入事件现场的文字记者留下了挥

---

[1] 姚大伟.温家宝:我只要这10万群众脱险,这是命令.中国网 china.com.cn.2008-05-15.

洒余地。在文字报道中,假如记者能讲述那些屏幕背后的看不见的事实,显然比重复屏幕上已经播映的画面有价值得多。

4. 现场采访必须与理性思考相结合,作出有价值的评说

记者获得大量第一手材料之后,要经历一个整理加工的过程,在此应做到透过表象看道理、透过局部看全局、透过现在看将来。如2005年8月广东"兴宁矿难"后,香港媒体凤凰台迅即派出杨锦麟等人参加的现场报道小组,他们在发回大量最新动态的基础上,还根据现场采访获得的材料作出自己的思考:"我这次到现场,跟他们有很详细的交谈,多数的矿工都是失去土地,或者是不依靠土地没有办法存活的农村的青壮年劳动力,他们基本上是缺乏文化,缺少最基本的采矿技术培训,缺少最基本的安全生产的知识,不管有没有这样的上岗的训练,我觉得对他们来讲都是不够的。我们知道他们虽然比在老家干活的钱要多,但是每个月那么辛苦的钱也就一千多元钱,这个对他们来讲就是很大的数字,这足以反映中国社会转型中的'三农问题'带来的贫穷综合征……我的第一个感触是,地方的贫穷、矿工兄弟的穷,导致了矿主和非法利益的集团能借煤矿的开采来牟取暴利,我想这个问题很严重;第二个感伤是,对那些矿工兄弟,我是'哀其不幸、怒其不争',他们缺乏最基本、最起码的维权意识,宪法给予他们的公民的基本权益他们没有办法去享受,没有办法去争取,所以事发之后、事发之前他们基本上是边缘中的边缘,弱势中的弱势,虽然他们也挣了一些辛苦钱。总之,这是中国农村剩余劳动力群体中一个最边缘的群体,他们赚的是卖命的血汗钱。"[1]

第三节 访谈:用话语呈现事实

访问,是记者在采访中最通常、最普遍采用的方式,它适用于新闻发布会、座谈会、专访、现场采访等各种不同场合。有经验的记者认为:"记者应多问少讲。"说明记者的采访功力的主要表现是"问",而不在"讲"。

一、访问的原则

不同的记者都可能在采访实践中形成自己的访问风格,也可能会有独特的

---

[1] 2005年8月15日凤凰卫视中文台《时事开讲》节目《"兴宁矿难"现场采访的观察与思考》。

访问方式,但以下几方面的问题值得注意:

1. 记者身份的把握

访问中一个首要问题,就是如何把握记者的身份。从新闻采访的本义来说,记者只是客观、真实地反映事实,因此记者在访问中切忌用"强势"作风对待任何采访对象,反之,以过分"柔弱"的姿态进入采访也是不适当的。另外,记者的采访是媒体行为,而不代表个人,所以应避免"私人化"的情感宣泄。无论面对什么对象,记者都应保持客观公正的立场、平和自然的态度。

2. 访问要讲究"整体性"

任何采访归根到底是为报道服务的,因此在采访中就必须围绕特定的"主题"展开。也就是说,记者在访谈前必须有一个整体构思,提出的问题之间也应具有较强的"逻辑性",使采访环环相扣,这样才可能获得较为完整的报道素材。一般来说,缺乏"专题"的访问必然盲目随意,如一盘散沙,即便访谈中气氛热闹,最终的文本或节目也很难产生整体性的效果。

3. 访问要注重"细节"

在访问中,记者待人的礼貌不可忽视,而礼貌又较多地表现在"细节"方面。这些"细节"的累积,或许会决定访问的整体效果。这些"细节"要素包括:① 记者不可轻易打断对方的谈话,或在听到自己不需要的内容时就不耐烦。② 不能带着个人的某种偏见,把自己的意见强加在采访对象身上。③ 谈话中发现对方不了解情况,要给人台阶下,以体面的方式退出采访。对方拒绝谈下去,记者应保持冷静,有耐心、有礼貌地留出余地,以便有机会再次采访。④ 不问别人的个人隐私,不搬弄是非,不介入对方谈话中涉及的人际纠纷,除非这些"隐私"或"纠纷"恰恰是记者要采访的内容,但也应坚持客观、公正和道德的原则。⑤ 在一些特殊的采访场合,不宜记笔记,记者要用心、用脑记住关键的数字、人名和主要情节,以免影响采访对象的情绪和谈话兴致。

4. "倾听"是更有力的询问

综观媒体的记者、主持人,似乎普遍缺乏一种倾听的耐性,总爱自觉不自觉地抢过对方的话头,急不可待地发表自己的看法。其实这是一种"越位"的做法。在正式采访中,记者提出话题之后,就应该倾听别人的谈话,并且深入到别人的谈话中去,这非常重要。原《实话实说》主持人崔永元就认为:"你只有听懂对方的谈话,你才会有新的问题,包括你想引申、升华、反问、责难他,都在听懂他说话的前提下,这是我做记者时养成的一个很好的习惯。现在,我有时候看别人的节目,觉得他们处处比我强,就是这一点他们不如我,他们不是很好地去听别人谈话,总是在想下一个问题。我觉得他们的采访叫物理采访,很机械的,我的采访叫化学采访,也许只有一个问题,当他回答以后,我的问和他的答就融合在一起。"成功的采访一再表明:唯有学会倾听,才能把握住稍纵即逝的问题和线索,也才能敏感地体会到人物言谈中非常重要的言外之意、弦外之音。"化学采访"给记者的有益启示是:从"事实"的呈现角度看,"听"是比"说"更为有力的询问。

二、记者的提问方式

提问是记者的"天职"。一名优秀记者必是善于提问的人。概言之,提问的作用有以下几个方面:① 起投石问路的作用。记者通过试探性提问,可以了解采访对象的性格、脾气,也可以大致弄清对方能谈什么、忌讳什么。② 起引导思路的作用。新闻采访是一个互动过程,需要双方的配合。为了使采访协调到采访的要求上来,记者应通过巧妙提问来引导采访对象的思路。③ 起发掘信息的作用。提问的最终目的是为了发掘新闻素材,使采访对象吐露真情、提出见解。记者应该从采访哲学的高度上认识访问的本质,注重提问的效果,为新闻写作提供最佳材料。

面对不同的采访对象,老练的记者总能凭借巧妙的提问,在最短的时间内获得最重要的材料。总结记者丰富多彩、灵活多样的采访案例,其通常采用的提问方式主要有以下几种:

1. 开门见山式提问

开门见山式提问,即直接提出问题,使双方的谈话在很短的时间内就进入正题,无须拐弯抹角。例如,"请你谈谈工厂着火的经过?""今年的粮食收成怎样?"开门见山地提出问题,能节省谈话时间,采访对象也容易了解记者的意图,便于配合。这种方法一般适用于新闻发布会、现场采访中,也适合习惯于见记者的对象。

这种提问方式,有时在批评性采访中也会收到奇特的效果。在中央电视台《透视运城渗灌工程》调查性节目中,对那些拒不合作的官员,记者就摆出所有关于运城渗灌的文件,随时引用、对证。记者还直截了当地说:"现在在运城没有一个官员手上的文件,有我这么齐全,你信吗?"这位官员无法狡辩,只能说:"我信。"有了预先的准备,掌握了事实,开门见山的提问便能收到奇效。

2. 启发式提问

当记者提出的问题,采访对象一下子弄不清楚,即使直截了当地提问,他也难以回答时,就可以用启发式。在启发式提问中,记者应颇有耐心,从多方面启发采访对象,一个问题接一个问题地发问,启发被采访者回答,从而达到采访的目的。福建电视台记者曾就产品质量问题采访福州华南服装厂,当记者问一个工人"为什么产品出了这么多问题"时,工人回答不出来。于是记者化整为零,把问题分解开来,启发他回答。记者问:"厂里的新工人多吗?""产品的每道工序有没有交接手续?""有没有检验?""是不是任务太重?"结果,那位工人回答了记者的所有问题,说出了许多情况。

3. 闲谈式提问

当有些问题不便直截了当提出时,记者可采取迂回策略,引导采访对象回答。例如,有些采访对象不擅言谈,或不习惯接近记者;也有些采访对象三言两语就想把记者打发走。遇到这种情况,记者可先与采访对象扯些题外话,或聊一些对方熟悉的人和事及他关心的问题,等对方心态放松、转变后,消除了隔阂和戒心再转入正题。

记者在隐性采访中也多采用这种方式。这种采访有时在餐桌上,有时在商场里,有时在某个现场,无固定场所,也无固定形式,可以轻松随意地问答。多数采访对象在这种"闲聊"中不设防,记者可能会了解到许多真情、隐情。

4. 讨论式提问

讨论式提问是指记者和采访对象平等地交流思想,用亲切的聊天方式探讨某一问题。在融洽的闲谈中,对于那些一闪而过的有价值的思想和语言,记者应及时抓住不放,使之成为更深入采访的"起点"。在交谈中,记者要善于把话题化大为小、化整为零,探讨问题的实质,并始终掌握谈话的主题脉络。例如,杨澜采访女导演李少红的时候,采用的就是讨论式提问,当谈到电影《恋爱中的宝贝》中一个女性怀孕的片断时,话题转向李少红如何对她女儿解释孕育这件事上来,从而进入她个人生活的层面:

杨:你女儿多大的时候给你提出这个问题:妈妈,我是从哪儿来的?你怎么回答她呢?

李:我觉得她挺小的,没有让她提,我就给她说了。

杨:你怎么说的呢?

李:我就把我整个怀孕的过程告诉她,包括分娩的感受。我也说过我曾经……第一个念头是这个孩子是不能要的,因为我那时候正在给别人当副导演,我觉得好像不能放弃工作。后来我发现这句话对她印象很深。

杨:她就觉得,我的母亲曾经想不要我。

李:她就觉得原来是这样,原来我差点没来!

杨：那造成的结果可能有两种,一种是觉得非常感谢你终于还是让她来了,另外一种就可能是,原来我妈妈觉得我没那么重要。

李：对,她会有这种感觉。而且她会在受挫折的时候,突然就可能会说:"你当时还不如不要我!"你知道吗,其实你在成长过程中,很多因素对你的世界观是发生作用的。这个作用不能说是唯一的作用,但是它是一个作用,而且是最浅层的作用。

杨：这次拍《恋爱中的宝贝》,前前后后拍了3年,这中间最大的周折是什么?你说跟生孩子一样难,我觉得比生孩子可能还难。

李：对,实际上最大的周折是你自己,你想的那个新体验怎么能够表现出来,比方说年轻的时候,你有一种冲动,你拍第一部片子的时候,你会觉得很原创,那种热情,那种冲动是不可重复的。有了第一次以后,你所有的事情都变成经验了。经验越多,实际上有时候是你的长处,也会是你的障碍……（再次回到了电影话题）[1]

另外,如果是召开座谈会,则要注意创造轻松、活泼的气氛,用漫谈的方式使大家互相启发、补充,从而获取多方面的信息。

5. 逼迫式提问

有些采访,记者与采访对象之间互有敌意或观点相左,就要在充分掌握事实的基础上,提出有一定分量的问题,巧妙地与对方"分析"事实,使对方在分析的过程中,自然而然地承认事实,从而改变对方错误的心态。如中央电视台记者赵薇在采访原湛江海关关长曹秀康受贿200万人民币的事实时,曹开始还在抵赖:"当时人也就能糊涂到这种情况,没意识到这是一个很大的犯罪行为。"记者问:"200万!你明明知道他是走私成功后送你的,这会意识不到吗?"曹继续抵赖:"真的没有想到那么一个界限上去。"记者又强调事实:"收了200万元都没想到这有多么严重啊!"曹干脆装糊涂:"就这么一个卡（指受贿200万元的存折）,唉,现在我就回忆不起来,当时这个脑子,这个脑子到底怎么去想这些问题。"于是,记者追问:"那在你眼里200万元不算什么大钱?"这剂"猛药"投出,曹已经明显招架不住了:"200万,应该是很大的数字了,现在想,应该是很大的数字了。200万呐,应该是很大的。"事实经这么一"分析",曹的抵赖和诡辩不攻自破,于是记者顺势问道:"你和走私的这些人平常接触的时候,你把那个海关关长的职责放在什么地方?"显然,对手的精明没有逃脱记者的心理洞察。

---

[1]《杨澜访谈录》视频。

6. 演播室模式中的提问

在演播室模式的访谈类节目中,记者(主持人)的提问是一门艺术。在这类节目中,"谈话"是观众关注的中心,人们会沉浸在双方对谈的内容和过程之中,并将此作为戏剧性的"对白"看待和欣赏。在这种模式中,记者应把握谈话节奏,注重提问质量,使整个节目成为展现真实故事、真实心声、真实细节的过程,同时也是张弛适度、情理兼胜、调动情绪的过程。电视新闻有自身的规律:从感性出发,在感性的表达中结束,对电视来说,只有我们自己把人和事讲深入了,观众才会觉得我们深刻了。所以访谈类节目的深刻,是来自于谈话者"讲述"和记者"论证"真实的深入。

除了上述提问方式之外,当然还可以总结出许多。记者完全可以发挥自己的聪明才智,不断地在实践中总结经验,寻找适当的访谈方式。

三、记者的访谈技巧

记者在各种访问中所提出的问题,总体上分为两种:

一种是开放式问题,即笼统的、没有限制的大问题,如:"圣诞节即将来临,学生会有什么打算?"一般来说,当记者开始进入采访,采访对象尚不明确采访意图,心理上也没有做好准备时,记者应采用有"弹性"的开放式问题提问,以便把被采访者带入到正式的采访情景中。

另一种是闭合式问题,即具体的、有所限制的小问题,如:"圣诞晚会在什么地点举行?有哪些人参加?"当进入正式的采访后,记者应多提闭合式问题。多提闭合式问题,能最大限度地摸清新闻要素和具体细节,并能提高采访效率,节省采访时间。

根据许多记者的经验,采访少年儿童或文化水平较低的人,用开放式问题提问,他们难以把握,适宜用具体的闭合式问题提问。譬如问儿童:"你勤快吗?"他可能不懂怎样才是"勤快",改用闭合式问题:"你能为爸妈做些小事吗?"根据他的回答,记者自己可以作出判断。

采访对手型或批评性对象,若用开放式问题切入、进入访谈对记者是不利的,也应该用闭合式问题提问,使之正面回答记者的问题。例如水均益采访基辛格,他研究了采访对象的特点,采取的就是"反其道而行之"的策略,第一个问题就很有分量:"现在冷战已经过去了,冷战前中美可算是一种冷战状态,那么冷战后到现在,您认为中国和美国到底是朋友还是敌人?"这里,记者使用的是闭合式提问,将对方限制在对事实的判断上,没有绕圈子的余地;如改用开放式提问:"您认为中美关系如何?"采访对象可能会采用拖延回避、拉拉扯扯、答非所问的外交辞令,这样反而加大了采访的难度。

除此之外,记者与一个或数个对象进行访谈,还必须掌握一些其他技巧:

(1) 访谈前,记者必须心中有数,明确采访的要点是什么、关键问题有哪些、讨论的议题是什么。采访中记者应尽量将最重要的问题放在最前面,还必须问清人名、地点、数据等。争取最大限度地缩短采访时间,避免与被访者畅谈(访谈类节目注重过程,稍有不同)。

(2) 记者提出的问题应有逻辑性,使采访环环相扣。在电视访谈类节目中,记者还应善于把握谈话节奏,话题的穿插、谈话的停顿、人物的神情等,都能构成节目的"看点"。

(3) 养成追问的习惯。例如"你的意思是……"或"为什么会那样?"追问是一种能让采访对象不断说下去的简单方法。对于采访对象不肯回答的"秘密",应巧妙地诱导他回答。若提出尖锐问题,在此之前应有两三个问题作铺垫,给人以不经意提出的感觉。

(4) 采访是全身心地投入,不仅仅是用嘴,还要用眼观察。记者要反应灵敏,及时察觉谈话中新出现的话题,将谈话引向深入。

(5) 不要害怕提"幼稚"的问题。记者并非无所不知,多向被采访者请教问题:"比如——"、"您能举个例子吗——"、"这是不是像——",他通常会很乐意回答,而且也能将谈话内容引向记者相对熟悉的领域。

(6) 如果是采访几个对象,要提问最适于回答某个问题的人。记者还必须学会滚动式采访,即把第一个被采访者所谈到的内容,变成对下一个被采访者的提问。

(7) 录音机应与笔记本一起使用,录音机记录关键的话和数据、观点等,笔记本记录被采访者的表述逻辑和人物表情。两者分工合作才可能提高采访效率。

第七章

新闻采访方式

要点提示:

采访的方式很多,除了现场采访、开座谈会等搜集材料的方法外,还有书面采访、电话采访、隐性采访、网络采访、电视采访和录音报道的采访等。这里择其要者,介绍几种采访方式及技巧。

新闻采访是一个动态的进程,每一次采访都是新的未知数,每一个采访对象都为记者打开了新的窗户。由于事件性质的不同,采访也因人、因事、因条件而异,不能按固定的模式进行。这里仅结合若干采访情景,探讨记者采访的各种方法和技巧。

第一节 书面采访:把问题交给对方

书面采访,是指记者将所提的问题发给特定的采访对象,请对方围绕所列问题有针对性地发表看法。书面采访的对象通常是某方面的专家,或是对该方面问题能做出权威解答的对象。

书面采访的最大优势在于它能够突破时空限制,获得不同地区、不同对象的相关材料。在一些特殊情形下,记者获取消息的唯一途径,就是认真拟好问题邮发给被访者。如美国记者约翰·根舍在采写《美国内幕》时,给当时美国各州的州长去信说明写作意图,并提了三个问题:您所在州与其他各州有何不同?您所在州对国家有过什么贡献?您从政的动因何在,自认为有何主要成就?结果,各州州长几乎都作了认真的答复。这样,记者仅通过邮件往来,就为一本畅销书的著作搜集到了有用的素材。

在新闻现场,记者有时无法接近采访对象,或因采访对象工作繁忙,一时无暇接受记者采访,而书面采访就可以弥补这些遗憾,成为传递信息的特殊手段。2005年9月12日,在没有任何征兆的前提下,凤凰卫视控股有限公司董事局主席、行政总裁刘长乐和李敖通过两岸三地的连线,给全球华人传递了这样一个确切的信息:9月19日,56年来从未离开过宝岛台湾的著名作家——李敖将启程赴大陆和香港访问。中央电视台记者闻讯后,随即以书面的方式采访曾在《海峡两岸》节目中开讲的李敖先生,并委托台湾真相电视台代为拍摄李敖回答中央电视台书面采访的录像。这些问题包括:

记者:你为什么要在中央电视台《海峡两岸》节目中开讲?

李敖:甲午战争之后,台湾被日本占了50年;后来又被国民党占了50年。这样,使得台湾同祖国内地分开了一百多年,而且许多政客在挑拨着台湾与祖国内地的关系。现在,海峡两岸在不断地进行接触,进行三通,但这往往是物质层面的,我很想在精神层面对两岸关系进行沟通,通过它交流思想,我觉得有这个机会很好。

记者:你怎样看台湾的发展?

李敖:祖国内地的发展也需要台湾,内地与台湾应该相互补充,密不可分。所谓"台湾独立",实际上完全没有可行性,完全没有应该实现的条件。我反对也是这个意思。我认为台湾如果没有祖国内地作为它的腹地,台湾根本没有发展的条件。它必须要靠祖国内地。我讲的话还是纯粹从台湾的利益来讲。

记者:你离开故土这么多年了,难道不想去哈尔滨和北京看看吗?

李敖:我想起一句名言,我自己认为名言就是:重温旧梦,就是破坏旧梦。这个旧梦最好不要重温。旧时的朋友、环境都不是当年了,你那些美好的回忆还在过去。可身上的过去已经不是那个过去了。近乡情怯,你会觉得有必要吗?

记者:你在《李敖快意恩仇录》一书的最后一页写道:最后附告:我已跟台大医学院骨科主任韩毅雄医师、法医学科主任陈耀昌医师初步谈好,我死以后,将捐出遗体,做成完整骨骼标本,永远悬挂于台大骨科。请问,你定了吗?为什么这样做?

李敖:没有改变。主要目的就是给大家一个示范。能表现我观念新嘛,我不要全尸的观念。因为中国全尸观念很严重,所以,很多古代人被砍头后,还花钱让头跟尸体连在一起。

记者:你对台湾有感情吗?

李敖:那个孤岛吗?我曾经住过50年,从青春到老年,我都在那儿。那儿是一个奇怪的岛,不论我住多久,不论我有多少快意恩仇,总觉得只有我一个人在那儿。虽然如此孤寂,我还是忘不了它。

......

在这次书面采访中,李敖认真地回答了央视记者提出的所有问题,记者据实报道,便成为真实、生动的独家新闻。

近年来,随着通讯手段的不断进步,书面采访也有以录音、E-mail、QQ或MSN等方式传递信息的情况,但其采访性质并没有根本改变。我们认为,记者作书面采访时应该注意下面几点:

(1)书面采访前,记者首先应说明新闻单位、采访意图和要求(包括是否需要照片和资料等),并列出详细的问题发给采访对象。

(2)如果记者想把同样的问题寄给多位采访对象(一些综合报道就可通过这种方式采写),务必分别附上针对不同个人的便函。

(3)拟定的问题要考虑周全,表达言简意赅,意向明确,避免对方因误解而作出记者所不需要的回答。

（4）可以给采访对象一个答复的期限，但要适当宽松些。另外，还应注明回复的方式和地址。

第二节　电话采访：耳目的延伸

电话采访是记者常用的采访形式之一。当记者必须作一次关键性的采访，而采访对象又相距太远，无法当面交流时，或者电视图像传播不能实现时，电话采访就发挥出它的作用。在固定电话、手机十分普及的今天，记者使用电话采访已变得越来越寻常了。

电话采访具有迅速和便捷的特点。现代通讯技术高度发达，只要记者能与被访者取得电话联系，采访就可以即刻进行，甚至可以很容易地实现直播采访。央视新闻频道许多直播节目中，就经常采用电话采访，演播室直接电话连线前方记者，再配以现场画面，使观众在第一时间比较直观地了解到事件发生的最新情况。近年来，中央台曾多次成功地进行了电话采访，在天宫 1 号发射升空报道、英国伦敦地铁爆炸案报道、台湾省地震现场报道、南极大陆考察、珠穆朗玛峰测量等报道中，前方记者通过电话成功地发回了大量最新动态，弥补了图像传输难以实现的不足。

除电视直播室的电话采访稍显特殊以外，一般记者通过电话进行采访，通常有三种情况：一种是时间紧迫，记者离采访对象较远，便只能通过电话交谈，将受访者的谈话内容笔录下来或使用录音电话记录下来；第二种是记者需要核实、补充某些情况，电话采访就成为辅助性的采访形式；第三种是突发性事件需要快速报道，而记者又不能及时赶到现场，这样，通过电话采访有关人士便是实现快速报道的最佳选择。

作为间接采访的一种手段，电话采访也有明显的局限性。由于电话连线的双方都无法验证对方身份，难免会产生心理上的不适感；而且，有些社会名流对电话采访也常持怀疑态度，甚至不予合作。北京作家徐城北曾说，一个和我从未谋面的记者，首次采访我就靠打电话聊，总是觉得不太合适。影视明星宁静说：我轻易不会接受电话采访，许多记者打电话采访我以后，我发现他们写出的文章和我说的差别太大，有时候简直就是胡编乱造。这说明，电话采访尽管为采访提供了便利，但还是应谨慎使用。

一般来说,使用电话采访应注意以下几个问题:

(1)报出本人的姓名和单位名称,如:"您好!我是某某报社(电台/电视台)的某某某。请问某先生在吗?"如果是秘书接的,等本人来接时还需再报一次姓名和单位。为使对方能听清楚,说话节奏应比平时交谈稍慢些。

(2)确定对方是否有合适的通话时间。当记者给他人打电话时,他们也许正忙于自己的某一事情。记者应尊重他们的意愿,并给其适当的时间作准备。记者在开始讲话时,应先询问对方:"您现在接电话方便吗?""您现在忙吗?""您现在有时间与我谈话吗?""这个时候给您打电话合适吗?""您能抽出点儿时间接听我的电话吗?"等等。

(3)表明自己打电话的目的。当记者接通电话时,需向对方讲明自己打电话的目的,然后迅速转入所谈事情的正题。一些有经验的记者认为,采访的机智就在于你能否在30秒内引起对方的注意。最有效率的采访几乎不浪费一分钟的时间。

(4)措辞及语法都要适合对方身份,不可太随便,也不可太生硬。说话方式不妥或意思表达不清,都会使采访对象不愉快。

(5)在电话采访前,务必把纸、笔和必要的参考资料放在近旁,免得在谈话过程中因找资料而手忙脚乱。如果预计电话采访的时间较长,记者应请求对方允许其录音。

第三节 隐性采访:手段及其限制

隐性采访,俗称"暗访"、"秘密采访"、"私访"、"偷拍偷录"等,是相对于显性采访、公开采访而言的。在我国1923年出版的第一部新闻采访学专著《实际应用新闻学》中,著名记者邵飘萍就曾提到采访的"隐显"问题:

> 外交记者显示其资格与否,当视情形不同而临机决定。有若干人不喜彼言者披露于报纸,亦有若干人唯恐报纸不采其所言,苟误用则两失之矣。故探索新闻,问及附近之知其事者,有时直告以我乃某社社员,有时又只能作为私人询问,而勿令知我为新闻记者。凡此亦临机应变之一端,求达探索新闻之目的而已。[1]

---

[1] 余家宏,宁树藩等.新闻文存.北京:中国新闻出版社,1987:436.

这里,邵飘萍所说的"资格",即指记者的身份。在他看来,根据不同的采访对象和情形,记者在采访中是否亮出身份,是应该"临机应变"的,他实际上肯定了隐性采访具有合理性。

在西方新闻史上,隐性采访是经常性采用的方式之一。许多调查性报道往往通过隐性采访收集信息,追踪挖掘新闻内幕。如纽约市的许多医生采取虚报账单的手段,骗取市里的高额医疗补助费,虽然当局有颇多疑问,却没有足够的证据。《纽约每日新闻报》年仅27岁的记者威廉·谢尔曼为了戳穿这种骗局,扮成一名患了感冒的病人去福利医院看病,通过亲眼的观察和亲身的遭遇,获得了大量第一手线索和材料,报道后在社会上产生了强烈的反响,从而使该市追回了被多索取的100多万美元医疗补助费。

隐性采访是新闻媒体实行舆论监督的手段之一,在采访实践中得到了越来越广泛的使用。2008年11月4日《锵锵三人行》中披露了记者戴晓军报道山西封口费事件的经过。2008年9月25日,摄影记者戴晓军在山西矿难现场看到了这样的一幕:一百多名记者从煤矿经营者手上领取"封口费",条件当然是不再报道负面消息。为披露真相,戴晓军隐瞒记者身份和采访目的,快速拍下了现场记者领取"封口费"的场景。戴晓军后来回忆说,这个过程像"军事演习"一般:在拍摄之前,他考察现场的情形,估摸拍下整个过程所需的时间;随后在一分多钟时间内快速拍下"假记者"交易场景,在当事人反应过来前跳上了友人事先准备好的车。此报道一出,震动新闻界,引起全社会对记者职业道德和记者生存状态的关注。从总体上看,在类似的报道活动中,如果新闻记者通过正常采访无法获得新闻真相时,便可以考虑使用隐性采访的手段,以全面、真实地调查事实,满足公众的知情权。

一、隐性采访的主要特征

什么是隐性采访? 现行的新闻学辞书对隐性采访都作了明确的解释。甘惜分主编的《新闻学大词典》将隐性采访定义为:"记者隐瞒记者身份或采访目的而进行的采访。"在冯健等主编的《中国新闻实用大辞典》中隐性采访的定义是:"不公开记者身份,或公开记者身份但不道出真实采访意图的采访。"除此之外,一些从事隐性采访活动的记者也根据自己的实践经验,对隐性采访作出了各自的界定。

尽管新闻学者、记者对隐性采访的界定各有侧重,表述方式也不尽相同,但归纳起来都包含了这样几层意思:① 隐性采访是新闻工作者的重要采访手段之一;② 隐性采访是在特殊情况下为了采集公开采访得不到的真实情况而使用的一种特殊的采访方法;③ 隐性采访具有不同于其他采访的自身特点。从这些定义的共同内涵可以看出,当前新闻界对隐性采访概念的认知已基本达成共识。[1] 从采访实践看,隐性采访主要有三种类型:

1. 隐瞒身份

所谓"隐瞒身份",是指隐瞒"记者"的采访身份,通过模拟某种社会角色或以普通社会成员的身份,进行隐蔽的信息搜集活动。这种隐性采访,也就是"暗访"、"私访"。

随着新闻媒体舆论监督力度的增强,许多"揭丑报道"已不可能通过常态的公开采访实现,有些地方保护主义突出的地区甚至有所谓的"三防"之说:防火、防盗、防记者。这虽然有戏言的成分,却暴露了某些人视记者为"灾星"的防范心理。在许多的情况下,例如调查违法、犯罪性的隐秘活动,记者若公开身份进行采访,已不可能获得真实的第一手材料,甚至都无法保证自己的生命安全,如此,记者就必须隐匿真实身份,使采访在一种不被干扰的状态下进行。

不妨说,记者用"暗访"展开调查,其实是不得已而为之的以"隐"治"隐"的手段。例如,获得中国新闻奖的作品《夜探"虎穴"》,就是记者用隐瞒身份的"暗访"方式进行的调查报道。读者向记者反映:"我市已明令禁止的有奖电子游戏机最近在一些娱乐场所竞相上马",记者决定深入"虎穴",以"消费者"的身份进行暗访。在调查过程中,记者与娱乐场所的经营者"斗智斗勇",机智灵活,如记者在海山宾馆地下层游戏厅的有奖机前,"假装天真,拿出15元请小姐开机",引出小姐一番"教训":"15元想玩1小时?想得美!我们这儿对客人免费送茶水和快餐,假使每小时15元,我们吃啥?这字条是为了应付那些不懂行情的人的检查。"记者的采访不留痕迹,小姐的回答更是"实话实说"。在五四路成龙大酒店,为了验证是否真赌,记者没有使用公开采访中那种直接提问方式:"这儿可以赌吗?"而是换一种问法:"假使游戏赢了,能不能兑换现金?"这样提问,既避免了不必要的麻烦,又获得了确凿的证据。由此可见,隐瞒身份的采访需要很高的技巧,既要问出真相,找到证据,还要随时保护自己,做到不露声色。

2. 隐藏目的

有一类采访,记者的身份虽是公开的,但隐去了真实的采访意图。记者在公开采访的同时,采取"声东击西"和"旁敲侧击"的策略,随时进行另外的观察与调查,从而发掘更重要的新闻事实。中央电视台记者赵薇曾有过这样一次采访

---

[1] 翟跃文.隐性采访的法律共识与分歧.中国记者.2000(3).

经历:

在《管文物还是"吃文物"》中,我对文管主任的采访是事先设计的。某文管主任挪用了文物勘探费,我们采访之后,他倍感轻松,说你们来一趟不容易,我领你们在这个文物景点逛逛,我欣然答应。这时我早已得到一个信息,这个园子里有一幢文物所领导利用创收所建的住宅。在逛的过程当中,我一边与主任闲谈,一边留心观察。我发现角落里有一个掩着的小门,马上意识到这小门里面正是我们需要所在,我一步跨进去,随时准备捕捉典型事实的摄像师心领神会,紧跟进去,随即开机拍摄:我指着这一幢漂亮的小楼问,这是什么?主任回答说是几户人家。我紧跟着问:什么人家?主任想不回答为时已晚,含糊其辞地说是领导,主任,书记住这儿……在我一步步追问下,主任不得不亮出底牌。至此,文物钻(勘——引者)探费的去处向观众有了个清楚交代。[1]

在以上案例中,记者的身份是公开的,但采访的真实目的却隐而不露。记者正是利用采访对象的"轻松"心理,顺藤摸瓜,抓到了关键证据,达到了自己的真正目的。

3. 隐蔽手段

自1992年7月中央电视台历史上第一次使用"偷拍"方式进行调查采访开始,到当今各家媒体对隐蔽拍摄手段的广泛使用,隐性采访的效率和效果有了明显提高。随着科学技术的发展,隐性采访所使用的器材越来越具有隐蔽性,记者已经拥有了十分小巧、可以随身携带的微型摄像机——掌中宝,这无疑给"偷拍"、"偷录"带来了方便,也使一些正常采访无法见到的"阴暗角落",越来越多地"暴露"在社会面前(如107国道乱收费、山西交警乱罚款、广东走私、广东假摩托车市场、山东豆制品掺假等)。

《焦点访谈》节目记者获悉,在上海火车站,一些不法分子贩卖国家刚刚实施出台的增值税发票,而且这些人组织严密,成帮结派,如用公开采访,显然无法采集到真实情况,于是记者决定"偷拍"。一番侦察后,记者陈星红、朱邦录把拍摄地点选定在距车站北广场40米远的一座三层楼房的阳台上,这里视野开阔。此时,另一名记者张勉之在广场上已经和发票贩子交上了火,引出了这样的"对话":

记者:我要纺织的(发票)。

票贩:纺织的有,拿给你,还有百货商场的。

---

[1] 叶子. 中国电视名记者谈采访. 北京:长城出版社,1999:107-108.

记者:你有没有真的?这绝对是假的。
票贩:正宗的,你这老师傅真是的。
(此时,一女票贩子躲在记者背后,偷偷地向同伙打手势,暗示价格。)
记者:都是假的,我一看就能看出来是假的。
票贩:这是正宗的,你把钱付给我算了,我不和你多谈。
记者:多少钱?
票贩:60块。
(一男票贩子走过来,拍着记者的肩膀套近乎。)
票贩:我们的增值税发票到税务局去验过,是真的。
记者:假的我不爱买。你们的增值税发票卖得可以吗?今年刚刚实行的你们就有了?
票贩:可以的,全是整本的。
记者:怎么增值税发票刚刚实行,你们手里就有了增值税发票?
票贩:国家有什么,我们就有什么。

这时,记者"光说不练"和刨根问底的问话,引起了一个头目的警觉,形势顿时紧张起来。记者张勉之沉着冷静,几分钟后脱身而出。"整个'偷拍'时间只有20分钟,但当时的紧张气氛却把时间给凝固、延长了。"[1]事后,记者还不无后怕。

在"揭丑报道"中,记者使用隐蔽手段采访,其效果非常突出,且是无法取代的。尽管偷拍、偷录的画面和音响技术标准赶不上正常拍摄和录音,但这些画面和声音给受众的冲击力却异常突出。

二、隐性采访应把握的原则

在我国目前的国家立法中,对于隐性采访还没有明确的成文规定,或者说我国法律既没有明文禁止,也不保护这种行为。在通常情况下,采访应该公开进行,并且应当征得被访者的同意,但是在保障公众利益和公共价值的前提下,不公开记者身份获取新闻事实,也应当被看作是合法的。但问题的关键在于,如何准确把握隐性采访的报道原则,以审慎的态度有条件、有限制地使用隐蔽手段,防止滥用?又如何在合法的前提下,寻求法律保护?这些恰恰是需要理清的问题。

---

[1] 袁正明,梁建增.用事实说话——中国电视焦点节目透视.上海:上海人民出版社,2000:118.

1. 在法律允许的范围内进行隐性采访

与公开采访相比,隐性采访除了必须遵守一般的法律、法规外,还有一些容易与公民或法人的权利发生冲突的情况值得注意,其中常见的侵权行为有:① 泄露国家机密;② 侵犯商业秘密;③ 侵害公民的人身权利,如人格尊严、名誉权、隐私权、肖像权、信用权等;④ 侵害未成年人和妇女的合法权益;⑤ 使用不法手段获取信息,包括使用有争议的录音、录像、照相器材,从而违背法律的有关规定。

1971 年在美国发生的"迪特曼诉《时代》公司案"非常具有典型性:退伍军人迪特曼在自己家中给人看病,属无照行医。《时代》公司下属《生活》杂志一男一女两名记者乔装进入他家采访。女的自称肺部不适,迪特曼给她检查时,男的用隐蔽方法拍了照片,两位记者与迪特曼的谈话,也通过窃听器传给了门外汽车内的调查人员。几周后,迪特曼因无照行医被捕,《生活》杂志发表了录音内容和照片。迪特曼以侵犯隐私权为由提起诉讼,结果胜诉,获得赔偿。被告《时代》周刊公司辩称,这些图片和录音具有信息价值和新闻价值,应受法律保护。但法庭认为,这些照片确有新闻价值,所以该杂志有权发表,但是隐蔽相机所拍摄的照片是通过侵害隐私的途径得来的,在私人家中秘密使用相机和录音话筒构成对原告隐私权的侵犯。

另一个案例正好相反。美国一名狂热的橄榄球球迷观看比赛的情景被记者摄入镜头并发表,这名球迷状告记者侵犯他的隐私权,因为在照片上他的裤子拉锁没有拉上,这使他很难堪,但法院判决原告败诉,主要因为照片是在公共场合拍摄的,任何人在公共场合都有可能成为被观察、摄像、录像甚至提问的对象,任何人也可以将其在公共场合看到的或听到的记录下来,唯一的要求是采访者不得追逐或骚扰他人。[1]

2. 在道德范畴内使用隐性采访

西方新闻媒介都比较注重隐性采访的伦理问题,认为隐性采访是在采访对象未被告知真相的情况下进行的,被报道者处于被动地位,缺少保护自身权益的能力,因此双方地位是不平等的。在这种情况下,即使记者行为合法,但仍有用"不诚实"手段获取信息的嫌疑,可能引起道德质疑。

2011 年,继《世界新闻报》窃听失踪女孩米莉·道勒电话、干扰警方调查的丑闻曝光之后,7 月 11 日,英国媒体爆出默多克旗下更多报纸涉嫌窃听和盗取个人信息,甚至连老牌严肃媒体《星期日泰晤士报》也难逃干系的新闻。新闻道

---

[1] 李毅.中美隐性采访与隐私权界限比较.中国记者,2000(4).

德失范的背后到底隐藏着什么？对我们有哪些启示？对此，中国人民大学新闻学院教授陈力丹进行了解读："媒体原则上不应该采用暗访的方式，这有悖于新闻职业道德和规范，我国法律也不保护这种行为。相对于《世界新闻报》，中国的偷拍偷录多数针对比较明显的坏人坏事，因此很多人视其为舆论监督。我国不少媒体人认为，主观目的正当，采取什么途径获得信息无关紧要，以小恶对大恶，通常不被认为存在问题。但这恰恰是非法治的民间观念，不是现代法治意识的表现……如果遇到特殊情形，可以采用暗访，但媒体内部要有严格的批准程序，以便事后经受社会的质询。"[1]《世界新闻报》窃听事件突破了道德底线，已成为法律问题，其影响非常大，为世界各国媒体发展敲响了警钟。

除此以外，从事隐性采访还以"不能伤害人"为前提，因为在社会伦理看来，生命权总是高于采访权和报道权的。1997年，在台湾引起巨大轰动的白晓燕遭绑架、杀害案就是隐性采访不顾社会伦理的典型案例。当警方正以秘密方式与绑匪联络并准备营救人质时，一些媒体的记者乔装打扮频繁出入于警方工作现场，甚至在交赎金的地点开来了一辆电视转播车。尽管这些记者掌握了翔实的第一手材料，报道真实、现场感强，但媒体的做法使绑匪感到，躲得过警方躲不过记者，并最终杀害了人质。媒体这种不顾人质安全的做法，引起了许多业内人士的深刻反思，新闻报道的目的究竟何在？[2]

3. 隐性采访受法律保护的抗辩事由

所谓抗辩，是指被告针对原告提出的诉讼请求，提出具体事实使自己免责或减轻责任；抗辩权则是对抗对方请求权或者否认对方权利主张的权利。当一则新闻报道发表后，有人提出该报道构成侵权，那么该新闻媒体如何提出适当的抗辩事由，以寻求法律保护呢？法律界人士从法律角度指出，新闻媒体对抗新闻侵权主张的正当抗辩事由有以下几种：

（1）公众知情权。知情权即知的权利，也称作知悉权、了解权，其基本涵义是公民有权知道他们应当知道的事情，国家应当最大限度地确认和保障公民知悉、获取信息的权利，尤其是知悉、获取政务信息的权利。而新闻媒体的职责就是将社会已经发生和正在发生的真实的事实，告知公众，以满足其知的需要。因此，公众知情权是新闻记者最有力的抗辩事由。在一个侵权纠纷发生之后，如果新闻媒体报道的出发点是满足公众的知情权，并且没有超出正当的报道范围，就不应当认为媒体是侵权。

---

[1] 陈力丹.也谈《世界新闻报》的倒棹.青年记者,2011(15).
[2] 翟跃文.隐性采访的法律共识与分歧.中国记者,2000(3).

（2）社会公共利益需要。为了维护社会公共利益需要，法律准许使用他人的肖像，准许将他人的个人信息和活动公之于众。因为法律上的隐私是指与社会公共利益无关的个人私密，与社会公共利益有关，就不再是法律保护的范围。在新闻报道中，如果涉及肖像的使用，涉及个人私密，只要是出于社会公共利益需要，就可以对抗新闻侵权的诉讼请求。在揭露违法活动的隐性采访中，之所以取得良好社会效果而不被法律追究，就是因为这种采访和报道符合社会公共利益需要，是维护秩序所必需的。

（3）公众人物。被报道者是公众人物，也是对抗保护隐私权、肖像权的正当抗辩理由。但在隐性采访中，对公众人物的报道应慎重对待，公众人物与社会公益无关的隐私，应受法律保护。[1]

第四节　网络采访：新媒介，新操作

当人类迈向21世纪的时候，一种新型的媒介——网络（互联网）已成为全球最大的信息库、交易场以及娱乐中心。犹如在全世界范围内铺天盖地地撒下的一张巨网，网络以不容人拒绝的姿态全方位地编织着人们的日常生活，同时也使全球化传播成为可能。在受众需求的不断刺激下，网络已开始从单纯的信息传播媒介衍生出更多的功能，可以说，人类有多少种生活场景，就可以在网络中模拟出多少种情景画面。

在虚拟的网络上能不能进行采访？学术界曾有过较大的争议。但在新闻界，伴随因特网的发展，一些敏感而富有探索精神的记者，早就利用网络积极展开采访报道。他们在继续运用传统采访方式的同时，不断开发运用网络新媒介从事采访的潜力，探寻全新的采访方式——网上采访。在美国，记者利用因特网了解信息、采访新闻、查阅资料，目前已是相当普遍的情形。在我国，也不乏体验新潮的"弄潮儿"，如《北京青年报》就推出"网上采访"新栏目，不断发表记者网上采访的成果。

一、如何进行网络采访

网络采访无疑是互联网时代媒体记者介入新闻前沿地带的一种崭新方式。

---

[1] 杨立新.隐性采访的合法性及其法律保护.中国记者,2000(2).

它不仅以其传播速率、"全球性",延伸人的耳目、打开人的视窗,而且以即时性、互动性展现了人与人、心与心沟通的新途径,并可能在一个虚拟世界中,将被访者引入不设防、不矫饰的近"真"情境。这里,我们从实践出发,简单介绍网络采访的操作模式。

1. 搜集信息,拓展新闻源

信息对于记者来说,就像水和空气之于生命那么重要。网上的信息可谓丰富、庞杂,如同汪洋大海。这些信息有真实的,也有虚假的;有新鲜的,也有陈旧的;有具有利用价值的,也有信息噪音。优秀的记者应善于鉴别其质量,有效地使用、开发网上的信息资源,并使之成为新闻报道的巨大源泉。

在网络空间,记者在不同场合、频道、空间、作息时段和服务项目上见到的各种信息,其来源和形态是不一样的。根据不同质性的差别,大致可以作这样的分类:

(1) 电子信函和聊天室。由于记者职业的特殊性,其收到的电子信函的量比较大,来自匿名者或陌生者的信件也可能很多,对这类信息,记者一般不能轻信,而应将其作为信息的提示或思考时的启发。聊天室人员复杂,而且绝大多数是匿名聊天者,因而记者对从聊天室获得的信息也应存疑。一般来说,一个相识的或以真实身份参与谈话的人的信息,通常比陌生者或匿名者的聊天信息和电子邮件内容更可信。

(2) BBS(电子公告板)和新闻组。BBS是虚拟社区中的重要交流场所,在运行过程中通常会汇集一批比较稳定的交流对象在某一固定的板块上。新闻组更具有专业性和相对固定的成员格局。他们发布的消息相对具有可信度,但由于其空间大和出于不同的动机,也应作证伪和鉴别。

(3) 微博。微博,即微博客(Microblog)的简称,是一个基于用户关系的信息分享、传播以及获取平台,用户可以通过WEB、WAP以及各种客户端组建个人社区,以140字左右的文字更新信息,并实现即时分享。微博客上,每个人都形成了一个"自媒体",每个人都是信息的生产者和消费者。截至2011年上半年,中国微博用户已从6331万增至1.95亿,增长约2倍。

微博的席卷而来,对传统的信息渠道产生了极大冲击。微博短消息的及时性、多元、海量、草根特点,已经改变了传统的媒体传播格局。鉴于微博巨大的影响力,大量的传统媒体及从业人员纷纷入驻微博,传统媒体与微博在合作中双赢——微博增加了传统媒体的人气,扩大了其影响力;而传统媒体的入驻增加了微博的可信度和权威性,提升了微博在中国媒介格局中的地位。

专家表示,微博事实上已成为一个突发事件的传播舆论中心,在"微博热"

之下也有虚火,要好好地"消火",其中最大的问题,就是如何规范微博发展以确保公信力。例如,在推动众多社会事件良性发展的同时,一些未经核实的事件也会被网民盲目转发,微博上存在大量不实消息、危害国家安全的网站链接,存在对他人进行攻击和侮辱等现象。鉴于微博传播的状况,新浪自2010年下半年开始启动了微博辟谣工作,针对微博中恶意、有害的不实信息及时进行查证和辟谣。

(4) 网站正式发送的消息。正式运营的网站,其发布的信息较之个人化的信息更为可靠,不过,近年来随着网络传播的失实新闻的增多,许多新闻媒体对网络信息都持审慎的态度。例如,《广州日报》"采编行为准则"就明文规定:对网络信息(除新华网、人民网等权威网站外)只能作为新闻线索进行调查采访,核实无误后才能报道。

(5) 各类大型数据库和FTP服务器。它们一般是由政府机构和公益团体建成的站点和数据库,基本上可以保证信息的科学性、真实性和来源的可靠性。

以上五类信息,记者应该善于作系统性的鉴别,确保新闻信息的真实、可靠和权威。

2. 在线调查,受众参与

互联网为记者的调查研究提供了新的沟通方式。在线调查具有简洁、高效、无限制的特点,可以及时询问、及时填写、及时报道调查结果。另外,由于在线调查体现了受众的参与性,其过程还形成了网络传播的一个"看点",给受众以深刻印象。

在线调查的一般方式为记者通过网站主页、主题区、BBS或新闻组等进行。如果是大型多线的BBS站,采访者可以约请采访对象一起上线,彼此通过线上会议讨论问题,当然也可以将调查问卷送到电子公告板刊登。高质量的在线调查,应该在主题设置、问卷设计、表现方式等方面作科学论证、精心策划,做到: ① 调查主题切合网民群体特性;② 问卷内容实在、具体;③ 以创意的设计吸引网民参与、填写;④ 必要时与其他深度调查方法相配合。[1]

3. 在线访谈,互动交流

在线访谈的突出特点,其一是可以在第一时间获得记者想获得的材料,突破了时空上的限制;其二是报道的切入点及采访手段比较新鲜,内容鲜活,它把现代生活中最为"热门"、"刺激"的新领域引入报道中,使读者产生"网上风景无限"的感叹;其三,记者将亲身经历的网上体验融化于事实的报道中,既有客观

---

[1] 杜骏飞.网络新闻学.北京:中国广播电视出版社,2001.224.

的叙述,又有心灵的感受,真正做到了情与景的交融。

数年前,《科技日报》记者于卓首次用在线访谈的形式,写出体验式报道《网上风景无限》,即刻引起了新闻业内人士的广泛关注。据于卓介绍:他在采访网络公司过程中敏锐地发现,网络可以实现"正在进行时"的交谈,就立即构思在网上进行采访,记者身在北京,通过网络分别与北京网民和上海网民各谈了一小时,双方用手交谈,键盘敲得多快就能"说"多快,屏幕上飞快地跳出对话。许多网民具有超前意识,因而在记者一连串问题紧逼下,道出许多新鲜感受。最后记者根据大量访谈素材轻而易举地写出了报道。

4. 通过电子邮件采访

作为新一代的通讯工具,电子邮件(E-mail)的优势在于它打破了时空界限,并让记者主动地接受信息。近年来,国内使用电子邮件采访的记者日趋增多,许多报纸也纷纷在采编人员署名后附加 Email 地址。电子邮件正成为记者采访的新型工具。

使用电子邮件采访也有其局限性,如:缺乏互动交流,也无法深入观察、了解对方;还有电子邮件是非同期传播,记者无法控制采访对象的回应,甚至根本得不到回答。我们认为,使用电子邮件采访在许多情况下有其优点,但不能取代面对面的交流和访问。

应该说,网上采访仍是一个尚待探索的领域。我们应不断加以探讨和总结,从而找到这种新型采访方法的带有普遍性的规律。

二、新媒体时代应树立的新闻观念

近几年来,网络媒体获得飞速发展,网络生存观念也逐渐深入人心。在我国,现在各大门户网站常规的日访问流量以千万计,这种访问数量已直追甚至超过了最畅销的传统媒体。

新媒体正在呼唤一批网络时代的新型记者。在线新闻服务、新闻站点、光盘、电子杂志和桌面出版等各类电子读物相继出现,都不断呼唤着这类记者的涌现,并直接影响到网络媒体和传统媒体的人员招聘。正因为如此,未来新闻从业人员应尽快确立现代新闻传播观念,以接受新媒体时代的各种挑战。

1. "新媒介"观念

当人们思考网络传播时,首先应对"媒介"的本质深入理解。"传播意义上的媒介是指传播活动的中介或中介物,它本质上由物质、技术、人或组织构成,媒介处于传播过程中的每个环节,并与整个传播过程融合在一起。媒介是不断变革进化的,每一种新媒介的产生都会对人类的信息传播方式和社会的信息传播系统产生巨大的影响。"[1] 这个解释富于启发性,事实上,当今尚处于动态进程中的"网络革命",已经对人类生活的各个方面产生了巨大影响,也从多个层面对传播提出了"泛化"要求。"泛传播"观念从技术及方法论层面深刻影响了所有媒介的传播形态。因此,现代记者必须变革传统媒介观念,加强对信息技术的掌握,不断适应网络时代的新变化。

2. 法制观念

网络的出现给信息传播自由化提供了新的机会,但目前对它的管理却不够完善,以致出现了网络传播中的"黄毒"以及随意侵入他人空间、翻版他人文章的负效应。建立有效的网络管理规章制度,需要一批社会、政治和经济专家、媒体专家、管理专家和技术专家根据中国的国情充分论证和讨论后才能实现。1997年5月20日发布的中华人民共和国国务院令第218号《国务院关于修改〈中华人民共和国计算机信息网络国际联网管理暂行规定〉的决定》、1997年12月11日国务院批准《计算机信息网络国际联网安全保护管理办法》(由公安部于1997年12月30日发布实施)等,对于这类规定,任何记者在从事网络新闻采访与进行消息发布时都必须遵守。

3. 网络规范观念

上网意味着什么?有位记者以诗意的笔触写道:"上网意味着你进入了一个全神经系统:报刊杂志、广播电视、个人通讯、教育、娱乐、音乐、艺术、商业。你可以在这个网络里无边无际地飞速流动,上网意味着你能和所有人对话和交流。你还可以在网上找到无穷的乐趣——满世界地找人聊天、下棋、听音乐、看电影。"但是,正如任何一种活动都有自己的"游戏规则"一样,进入网络空间也必须具有网络规范的观念,做到有序操作。例如,记者首先必须掌握网络的传播特性,了解文本表达的形式和语言,才能展开新闻的采写;记者必须谙熟网上交往方式,才能在网民群体中"生存",并更好地与之沟通与交流;等等。另外,作为媒体记者更必须具备道德和法制观念,以自律规范自己的行为。

---

[1] 崔保国.媒介变革与社会发展.南京:南京师范大学出版社,1999.326.

第五节　电视采访：把观众带到现场

电视采访是电视媒体记者的日常工作方式，是在摄像机前进行的采访活动。它常由记者或节目主持人向采访对象提问，而被访者则作出回答，间或记者对新闻事件作补充叙述，向观众报道新闻内容，解释新闻的意义。

电视采访与文字记者的采访相比，具有较大的优越性。首先，参与感明显。记者在新闻现场，不仅用摄像机摄入有实感的镜头，而且向知情人发问，仿佛把观众也带进事件中去了。其次，可信度强。电视采访的对象往往是当事人、目击者、社会名流、权威人士，他们对事件的叙述，对问题的解答，具有较强的真实性、权威性，而且是观众亲眼所见、亲耳所闻的，给人以真实感。再次，电视采访直接挑明"我来采访"、"我问你答"，并且时时照顾到观众，干干脆脆地同被访者交谈，向观众叙述事实，显得非常真切自然。

一、电视采访的主要方式

由于电视具有独特的传播特性，镜头前的电视采访除了应遵循所有采访共同的原则以外，还特别对记者的现场"活动力"和语言艺术提出了更高的要求。电视记者的采访技巧，在不同的报道活动中各有侧重：

（1）在现场报道中，记者应迅速发现有代表性的现场、最具冲击力的瞬间，善于选择典型的新闻形象、情节和细节，向观众及时传递各种语言和非语言的现场信息。记者还应意识到，现场是电视感染力和记者魅力的载体。他（或她）或讲述见闻，或表现事件，或介绍背景，都应准确生动，说到"点子上"。除此之外，还应当考虑到节目的收视效果，话语的停顿、间歇也应符合人们的听觉习惯。

（2）在新闻调查中，记者的采访是为了寻找"铁的证据"，并向观众展现"真实"、"真相"的过程，因此记者的问话贯穿着"质疑"和"求证"精神，提供认识问题本质的"事实链"。在此过程中，探究关键细节是必不可少的一个环节，"追查"便成了调查性采访中的思维活动和询问方式。

（3）在谈话类节目中，善于提出高质量的问题乃是突出的艺术。所谓高质量的问题，是指对了解人物和事件最为关键的、观众欲知而未知的问题。作为中央电视台的一个品牌节目《面对面》，其主持人王志的访谈风格值得借鉴。例如,王志与王岐山的"面对面"是在2003年4月30日。这一天,北京"非典"疫情处在很危险的时刻,确诊病例、疑似病例、隔离人群都出现十分严峻的形势。午夜,王志与王岐山开始"面对面"了。在采访中,王志共问了29个问题:"我们眼中看到了一个镇定的市长,但另一面,我们又看到北京感染人数在不断增加!""您上任时发病人数不到300人,昨天(4月29日)已达到2290人,这似乎与您的措施(指王岐山上任以来的严厉措施)不成正比?"王志的提问直指问题,却也不乏幽默感;在接下来的访谈中,观众想知道的,都可以在王志步步深入的提问中获得答案。有专家评价,王志的主持风格是冷静、尖锐、质疑,特别是质疑,旗帜鲜明的"质疑"给观众留下了深刻的印象,形成被观众认可的质疑风格。王志对此解释说,"质疑是跟我的理念相关联的。我们是谈话节目,是新闻谈话节目,它区别于一般的谈话节目,也区别于娱乐访谈节目,45分钟的时间,要让观众有兴趣看下去。"因此,谈话就要有张力,质疑就是展现张力、制造张力的一个途径。他说:"表面上看,是记者的语气、语调,其实背后是一种思维方式,是一种态度。它的前提应当是怀疑,是'无',进而再一步步去证明,去消除观众的疑虑。"[1]

(4)在评论性节目,或大型的现场直播和连续跟踪报道中,记者在报道事实的基础上,再配以现场点评,通常能起到点石成金的效果。在点评时,记者的语言要少而精、妙、准、狠,直捣问题的核心,如《焦点访谈·推杯换盏话饮酒》在讲到"酗酒"的后果时,记者点评道:

酒杯虽小,却能盛下一个西湖;酒桌不大,却能摆得下亿万钱财。有一句非常流行的民谣是这样说的:"喝坏了风气喝坏了胃,喝得单位没经费。"酒从欢庆喜悦的兴奋剂变成了败坏社会风气的腐蚀剂,这违背了人类发明的初衷。

记者的点评,言语不多,却句句有力,是在事实基础上的评说,又延伸了人们对事实的理解。

二、电视采访的注意要点

电视采访和其他媒介采访很大的不同在于:其他媒介采访的交流是在两者之间进行的,具有"封闭性",而摄像机前的采访则是开放的,有"他者"(观众)直接观看。这种情形给电视采访带来了微妙的变化。

---

[1] 艾宁.质疑,不断地质疑.新闻人物,2004(2).

1."胸中有观众"

电视采访客观上存在着一个"无形主宰者",即记者与采访对象是采访活动的直接参与者,而电视观众则是无形中影响采访活动的"第三者",是无处不在地介入记者采访的"主宰"。记者采访时,直接面对的是采访对象,而其心里总是揣着观众,他们经常会问自己:"这条新闻对观众有没有价值?""观众想知道什么?""这样采访效果如何?"这种无形的支配力量就像影子一样追随着记者。因此,记者与采访对象的谈话不是一种"忘我"的交流,采访必须为看不见的观众着想。中央电视台记者敬一丹就认为,电视记者应把对观众的尊重融进采访过程中:

我在任何一次采访中,在和"对手"谈话的时候,都提醒自己,要意识到另外一个存在,那就是摄像机后面的观众。摄像机前的两个人谈得哪怕再投机,记者也要有一种意识,就是我们的谈话是给第三个人听的,是给观众听的。电视记者在谈话中要始终意识到现场没有而实际存在的观众——胸中有观众,这似乎是一种若有若无的感觉。如果意识不到就无法使观众产生交流感,使他们对于节目无动于衷或厌倦;但如果过于强调,又显得造作和有表演倾向,影响与采访对象的交流。总之,这里也有一个恰到好处的"度"的把握。[1]

这样,记者与采访对象的交流、记者与观众的交流、采访对象与观众的交流,交相呼应,构成了一个彼此包含、渗透的"三角形"关系。这三方相互联结、相互制约,忽视任何一方都会导致沟通的障碍。

2."出镜记者"的现场感

记者在新闻现场进行出镜报道,突出了"我"(采访者)的位置和视角,强调"我在现场",让观众与记者同步获得在现场的真实感受。记者从镜头后走到镜头前,必须把握好对现场的观察、分析、判断,快速组织语言,准确表达现场。记者的现场表达,要把握好以下几点:目光与镜头和谐交流,表情与现场气氛相适应,体态活动自如,手势不宜太多太碎,声音明亮清晰、先声夺人,转向行走与现场和镜头相互配合,情感融入与现场事实吻合,语言注意抓住主题和现场,通俗易懂、简练平实。

另外,出镜记者还要注重与镜头之间的配合,要照顾摄像师和摄像机,给镜头留下足够的施展空间。有的记者出镜时忽视与摄像师配合的可行性,经常行动过于迅速,或走到摄像机拍不到的位置,造成摄像师无法跟上,失去记者出镜

---

〔1〕 叶子.中国电视名记者谈采访.北京:长城出版社,1999.7.

应有的效果。出镜记者与摄像师的配合需要一段时间的磨合,长期固定搭档的出镜记者和摄像师之间的工作更加默契,也更能实现记者出镜采访的优势。

3. "出镜记者"的形象美

电视记者既然要"出镜",自然应该注意屏幕形象。屏幕形象是电视记者综合素质的外在表现,是一种特殊的语言,应力求完美。不过,我们还是经常在屏幕上看到,在现场报道中,有的记者采访时还戴着墨镜,这样的"潇洒"是不足取的。也有记者在问话时,手中的话筒随着手势东挥西指,或者话筒并没有对着正在讲话的采访对象。另外,我们还经常看到记者的话筒被采访对象"缴获"的情况,记者和采访对象共同执掌话筒就更加多见了。这些都是记者在现场报道时应该加以克服的问题。

电视记者应结合自身条件"量体裁衣",并根据节目内容表现适当的仪态。记者仪态、着装方面的准备,应根据报道的具体情况安排得体。比如时政、外事类的报道,就不能一身休闲短打;而穿着西装革履去采访农村三夏大忙,只能让农民兄弟与记者的心理距离越拉越远。如果能让自己融合在新闻的背景中,那恰恰证明记者成功了。

第六节 广播采访:从声音听出人来

与文字报道的采访相比,录音报道的采访显得更复杂一些。它既涉及人物的声音,又涉及新闻音响(实况录音)的采录。运用新闻音响报道新闻事件或人物,这是录音报道与文字报道的本质区别。

录音报道是一门综合性的学问。它的一般采访技巧与其他采访没有质的差异,不必赘述。这里,仅着眼于音响效果,讨论电台记者的采访应注意的事项:

第一,要选好谈话对象。"人物谈话"是广播新闻声音源极其重要的、不可或缺的部分。《实用新闻广播》一书指出:"人的活动是新闻的主体。在录音报道中,新闻人物的谈话,有关当事人的谈话,事实知情者的谈话,常常是表现主题、述说背景、剖析事实的活生生的关键因素。"这一阐述已充分表明广播新闻中"人物谈话"的构成及其重要性。

谈话对象是否合适,直接决定着录音报道的成败。在考虑谈话对象时,首先应选择那些既有权威性、代表性,又善于表达、口齿清楚的对象。这是避免人物谈话录音一般化或不清晰的有效保证。其次要善于选择谈话内容,力求使被采访者谈出真情实感。一般来说,记者要在前期采访的基础上,根据报道需要和访谈对象的实际,确定谈话内容。要旨是:一要让采访对象说出他感受最深、具体翔实的内容,切忌泛泛而谈;二要考虑听众的兴趣和需要,说出听众最为关切和最感兴趣的内容。

第二,要善于采录现场音响。"现场音响"是能将听众带往现场、最能展现广播传播特性的手段之一。这一手段为报纸、通讯社等平面媒体所不具备,广播记者发现、开拓、挖掘、运用新闻"现场音响",已成为重要的业务素质之一。

新闻事件丰富多彩的原生态声音,为广播新闻采集"音响"提供了取之不尽的声音源。从理论上说,只要发生在新闻现场,一切声音都可以用作广播报道的素材。从实践来看,当然不是所有的自然音响都是广播新闻要传递的,广播报道应善于精选有利于展示新闻、表现主题、烘托气氛的"现场音响"。

第三,要调动多种声音元素。广播报道中的声音源,除了传统的播音员播音、被采访对象谈话外,还可以挖掘和采用与新闻有关人物的声音。其中有广播记者、编辑、串联报道的主持人、解读新闻的权威人士或有关专家,也可以由电台评论员、编辑部领导亲自登场。从开拓"音响"资源考虑,目前不少广播电台开始注重听众对新闻的"反馈",其表现形式为设置"听众手机短信平台"、"听众连线"等,有意识地请听众通过电话或手机短信,发表对某一新闻事件的评价和观点。这种手法增加了听众对新闻的参与度,又丰富了"音响"的表现,可谓一举两得。[1]

---

〔1〕 陈淦. 试论"广播体"的创新. 新闻实践,2005(5).

第八章

新闻写作概说

要点提示：

学习新闻写作，必须从认识新闻作品的特点、掌握新闻写作的要求开始。作为传播系统中的文本，新闻作品的特点是传播性、易碎性、机遇性和选择性。新闻作品是供阅读、视听的，这决定了新闻写作必须符合新鲜、简明、深刻、可读性强四个基本要求。

新闻报道历经较长的演进过程,已形成鲜明的文体特色。这些特色构成了受众认知的基础,同时也成为新闻工作者遵循的规范和创新的依据。

第一节 新闻:面向大众的文本

新闻报道是不是自成特色?我国新闻界内外一直存在争议。否定的意见认为,新闻不过是"政治的幻象","新闻报道＝政治的内容＋文学的手法";还有人认为,新闻作品尽管有些特点,但不过是"低级"的文字写作,"新闻无学",不值得深入研究。我们则认为:新闻作品无疑有自身的特色,作为面向大众的文本,其主要职能是传播有价值的新闻信息,我们只能用这个标准来衡量它;用文学或其他的标准来苛求新闻作品,好比用新闻的标准来要求文学或其他作品一样都是不可取的。

一、传播性

新闻是面向大众传播的产品,它由媒介出发,抵达公众,实现社会信息共享。新闻一旦离开传播,其价值就不能实现。因此,新闻必须适于传播,使公众最大限度地分享信息,这构成了新闻传播的显著特征。

在现代社会中,新闻传播的效果不仅取决于新闻内容,而且还取决于公众的接受行为。因此从这两方面看,新闻作品的传播属性就包含着多种内涵:

(1)新闻作品应借助大众媒介传播。大众传媒是新闻作品的物质承担者,受众总是通过特定的媒介,如报纸、广播、电视、网络、电影等,具体接触到新闻的。这些新闻作品已经是"物化"了的精神产品。它们是因为有了物质承担者——传播媒介,才被人们听到、读到和看到的。

(2)新闻作品属于大众传播产品。与公文、论文等在组织系统内传播的文本相比,新闻作品的传播面要广泛得多。一般地说,新闻传播越广泛越好,越普适越好。能否传播,决定着新闻效应的有与无;传播范围的大小,决定着新闻效应的大与小。因此,新闻作品必须更贴近公众兴趣、更适合大众口味,才符合大众传播产品的标准。

(3)新闻作品必须适应传媒特性。受众心理学表明,人们视、听、读新闻,都是在较短的时间内进行的,也就是说受众接触新闻,通常是在"快速交流"的过程中完成的。这就要求,新闻作品必须通俗易懂、简洁明了、易于接受。

因此,从"传播产品"的特征出发,对新闻作品提出了要"适于传播"、"广泛传播"和"快速交流"的本质要求。以电视台、电台的播报方式变革为例,自陈鲁豫在香港凤凰卫视开出《凤凰早班车》后,引发内地刮起了一阵"说新闻"之风,新闻播音由此改变了正襟危坐、字正腔圆的传统播报方式。有人把"说新闻"定义为:以口语化的叙述连贯地讲述新闻,让观众比较轻松地了解国内外大事。这种"口语化"的"讲述"新闻的播报方式,并没有改变新闻内容本身,却更有利于新闻作品的传播。

二、易碎性

易碎性,是指新闻作品具有怕压、不耐压的特点。新闻作品怕压,是指时间上怕压。新闻的时间性极强,必须在第一时间播报才有最高价值。如美国"9·11"恐怖袭击事件发生后,世界各大媒体、通讯社都在第一时间赶赴现场进行报道。观众通过电视画面,看到了第一、第二两架飞机撞向世贸中心塔楼的直播现场,看到了烈火熊熊中两座大厦坍塌的悲惨场景。在香港,第一架飞机撞击世贸大厦后不过10分钟,凤凰卫视在北京时间21:03分的《时事直通车》节目中就抢先报道了这一消息。国内新浪网在事件发生后10分钟,即北京时间20:55率先报道,随后不断更新。为了最大限度地争取时效,许多消息以标题新闻的形式滚动发布。

新闻作品的"易碎性"可以从三个方面加以认知:

(1) 新闻作品是最新发生、发现的事实的报道。"最新",就是对时效性的严格要求,这一点新闻界同仁是有共识的。原《人民日报》社总编辑范敬宜在谈到"快"字时,有一段很精彩的论述,他说:"'快'是新闻的生命,快速反应,是新闻工作者必备的素质。拖拖拉拉,慢慢吞吞,五日一山,十日一水,是新闻工作者的大忌。"[1] 我国新闻界的前辈,如张季鸾、王芸生、范长江、邓拓等,都是倚马可待的快手。对新闻来说,"时效"本身就是一种质量,时效一失,质量再高也大大贬值。

(2) 新闻作品的信息价值,总体上是一瞬间、一次性实现的,而且具有排他性。新闻的价值,就其首要功能来说是解决"未知"的问题;公众都知道了,那么新闻价值也就顷刻消失。这就是新闻价值实现的瞬间性、一次性。所谓"排他

---

[1] 徐国源,江涌.新闻采访与写作.苏州:苏州大学出版社,2002:144.

性"，是指受众在解决了"未知"的问题后，再有同样的消息，就不再有阅读和收视的兴趣了。

鉴于公众的接受心理，当记者获得一个重大事件的线索、一个闻所未闻的消息时，就应做到"抢"字当头，以最快的速度提供"最新报道"；如果作品磨得时间过长，而别的新闻媒体也已闻风而动，抢先一步发表新闻，那么所谓"新闻"对读者来说就是"旧闻"了。在信息渠道多元化的时代，假若记者没有"抢"的意识和行动，是不可能在新闻竞争中取胜的。新闻作品应快速采写、及时见报、抢得先机，这是现代记者必备的新闻意识。

（3）新闻作品的"易碎性"还与公众的"首选效应"有关。公众阅读新闻，通常会首选自己信赖的媒体，而其他媒体即便刊登同样的消息，也会遭到"冷遇"。可见，新闻的有效性还与媒体的公信力有关，而"衡量媒介公信力大小的指标可从媒介新闻的可信度、工作者的素质、名望和具有影响力的新闻与言论出现的频率来考察。"[1] 有些媒体的新闻之所以能快速传播，来自上述三个指标的推动。

新闻强调时效，被喻为"易碎品"，这要求新闻报道必须关注几个因素：① 第一时间报道的效率，即在第一时间报道重大新闻，第一个独家报道重要新闻；② 最小化的传播时差，缩短报道与阅读的相隔时间；③ 重视受众的首选效应。任何显赫性的新闻对受众都会产生首选效应，受众注意力的强弱，取决于新闻的显赫度，抢眼的新闻传播速度最快。

三、机遇性

机遇造就好新闻，也造就名记者。许多记者都有切身体会，一次良好机遇，足以使某篇新闻的身价陡增，产生强烈的社会效果；反之，如记者错失良机，那么"过了这村，就没有这店"，再好的报道也可能被埋没在新闻的海洋里。

与其他文本作比较，新闻作品受机遇的制约要大得多。机遇的制约，既有主观的因素，也有客观的条件，是多方面的综合反映：

（1）受到新闻事实是否发生的制约。一些记者通过读文件、参加会议，找到了好的报道"点子"，于是试图在生活中找新闻事实，但新闻事实的发生有其自身的规律，并不以记者的意志为转移。没有新闻事实作依托，就无法进行报道。所以，求机遇只欠东风，这是机遇的制约之一。

（2）受到新闻事实是否被发现、认识的制约。有新闻价值的事件发生后，对

---

[1] 刘建民. 当代新闻学原理. 北京：清华大学出版社，2003. 237.

记者来说仍然有一些现实问题,比如,记者是否很快就获悉此事,而且凭直觉认识了它的新闻价值?新闻单位是否指派你去完成报道任务?你是否及时去采访报道?《纽约时报》名记者泰勒在回忆录中说:他初当记者时,去采访一位著名女演员演出,到剧场后却发现演出已被取消,就回家睡觉了。半夜里,他突然被电话铃声吵醒,编辑在电话里告诉他,其他各报都在头条位置刊登了这位女演员自杀的消息。这位编辑气呼呼地对泰勒说:"像这样有名的女演员,首场演出被取消,本身就是新闻,背后可能还有更大的新闻。你的新闻嗅觉在哪里?!"可见,新闻事实发生后,还有赖于记者的认识和判别,受到主观能动性的制约。

(3) 受到版面、节目要求的制约。记者通过采访及时将报道采写出来后,还会遇到这样的问题:编辑、主编是否同样认识到了事实的新闻价值?当天的版面,能否及时予以刊发?一般来说,突发性重大事件发生后,报纸、广播、电视都会打破原来的版面、节目编排,迅速以专题报道或插播的形式回馈最新事件的报道,反之则显得过于麻木了。仍以美国纽约遭遇恐怖袭击事件报道为例,事件发生时,香港无线电视台的娱乐节目《一笔 OUT 消》正进行得热火朝天,影星郑裕玲的一句话只讲了两个字,节目突然中断,插播了恐怖袭击事件的报道;而香港亚视虽然在 21:35 停止原来节目安排,全程直播袭击事件,但是在凌晨时分仍然按照原来安排,直播了澳门赛马,对此不少观众批评亚视反应迟钝,在人类悲剧发生之时,竟然"马照跑"。而对于一般性事件或非事件性新闻,记者的报道就会受到明显的制约,编辑、版面等因素在相当程度上起作用。

(4) 新闻作品的机遇性,还可以通过比较作家和记者的创造过程来认识。首先,作家的机遇性,主要表现为某种风格、主题和表现形式是否切合读者趣味,受到社会风尚的制约,而记者的机遇性,不仅与此有关,而且受到每个事件发生的"时间点"的制约;其次,文学的创作规律表明,作家在创作中进行虚构和想象是合理甚至必需的,有权构想故事、细节和人物的内心活动,而新闻是客观、真实的报道,构成事实的每个要素都必须真实、有效,换言之,从"事实"对写作主体的影响来看,记者受到的制约比作家要大得多;再次,作家的创作是"私人写作",机遇对每个作家来说是平等的,而新闻作品则由"个体创造、整体完成",一篇新闻从选题、策划、采访、写作、编辑,乃至报纸印刷、发行、投送等,每个环节的处理过程都会影响新闻报道的效果。记者应充分认识到机遇对新闻作品的意义。记者最大的过失,莫过于获得了机遇却又不去尽力实现。记者最大的遗憾,莫过于坐失机遇,在记者岗位上平庸度过。

四、选择性

任何媒体都有自己的传播准则和选择标准,再发达的媒体也不可能将天下所有发生的新闻"一网打尽",而总会根据自身的要求把认定的新闻事实筛选出来,指派记者进行采访报道。到目前为止,即便在新闻媒介高度发达的西方国家,也没有人明确提出过"有闻必录"的理论。《纽约时报》报头印有这样一句话:"凡适于刊载之新闻皆刊载之"(All News That Fits for Print)。可见,新闻传播总是有前提的,即"适于刊载"。

无选择即无新闻。从新闻写作的角度看,"选择"也是记者最基本的思维活动。所谓新闻的"选择性",就是说记者的思维方式和新闻写作的主要手段即是选择。"选择"贯穿在新闻报道活动的各个方面,包括:

(1) 策划选题离不开选择。记者在采访前,就要从大量的新闻线索中进行筛选,策划报道的选题。这是一个具有全局意义的选择,这就像开采油井,地点选错了,技术再好,工作再努力,也绝不会打出原油来。

(2) 报道角度离不开选择。确立了报道的选题之后,记者就面临选择报道角度的问题。所谓报道角度,即从事物的某一侧面反映主题的最佳方向,它是记者透视新闻事实的一个立足点和表现新闻事实的着眼点。新闻事实是客观的,但记者可以发挥主观能动性,选择不同的角度进行开掘。选择最佳报道角度,可以提炼恰当而深刻的主题,体现记者意图和倾向性,有利于提升新闻作品的"身价"。

(3) 写作素材离不开选择。记者完成采访后,获得了大量的写作材料,这只是为新闻写作打下了基础,而要写出精彩的新闻报道,还必须在选择材料上下工夫。由于新闻报道要求简短、精练、鲜明,所以必须对到手的材料进行分类、鉴别、筛选。凡是有利于突出主题的材料,都要有效地加以利用;一切游离于主题的材料,不管它有多生动,都应毫不犹豫地予以删除。选材是否严格,会直接影响新闻报道的质量。

(4) 提炼主题离不开选择。新闻写作中还有个提炼主题的问题,其主要的思维活动也是"选择"。这个问题在下一章中还会讲述,这里不作展开。

第二节 新闻写作的基本要求

新闻传播中的受众心理研究已经表明,受众在阅读或视听的过程中从不是被动的接受者。他们在观看的同时,也夹杂着种种复杂的心理,如认同、修正、反感、拒绝等。鉴于这种情形,记者在写作过程中必须树立较强的受众意识,从主观上确立"为受众写"的新闻写作的要求。

一、新鲜:突出"卖点"

新鲜,是指在内容和形式两方面呈现新意,给读者以新颖、鲜活的阅读感受。一般来说,由于受众阅读和视听的时间短,又较仓促,在新闻写作中就必须把最有价值、最具"卖点"的要素,用最鲜明的形式摆在受众面前。

首先,在内容上,要突出新闻报道中最新鲜的素质。新闻是"用事实说话"的艺术,新闻作品不仅要向受众报道最新的事实,而且要让受众看到最新鲜的"说话",包括新的发现、新的观点、新的思考。在新闻界,对突出报道新鲜内容有一个通俗的说法:"不要把肉埋在饭里。"这一生动的比喻启示我们,在新闻写作中切忌埋藏"亮点",而应尽量采用"拎出来"的方法,使"新意"更加突出,强化新鲜感。

获第十一届中国新闻奖消息一等奖的《按"智"分配造就亿万富翁》,其基本事实不算很新,但有一个亮点:红桃K集团技术负责人张廷璧作为教授、科学家,以技术获得集团10%以上的股份,拥有个人资产1.13亿元,在湖北以至全国都是少有的。它的意义在于以典型的事实,体现了国家提出的"把按劳分配和按生产要素分配结合起来,允许和鼓励资本、技术等生产要素参与分配"的方针,具象了"知本家"这一概念,对社会充分发挥知识的力量,发展知识经济有着很大的推动作用。[1]

其次,从形式上看,新闻写作要突出新颖的表达形式。对于时间短、较仓促、无准备的受众来说,新异的内容固然重要,但新颖的形式也不可或缺。这可以从两方面来理解:一方面,对于任何作品,人们一开始总是首先接触它的形式,尔后

---

[1] 黄芝晓.还是要在"新"字上做文章.中国记者,2001(9).

才逐步进入作品的内容;另一方面,作品的形式往往给人以"先入之见",也就是说人们总是首先觉得某种形式吸引眼球,才决定进一步了解作品的内容。因此,新闻写作必须讲究形式的"包装",使人们因形式的吸引,而产生观看内容的兴趣。

对于一般性事件或非事件性报道而言,虽然不具备"炒"的前提,但如能注意在报道形式上创新,仍然可以抓住受众注意力。这几年,许多新闻记者在写作实践中尝试用新形式、新体式写新闻,其目的就是为了加强新闻作品的吸引力,如《中国海洋报》曾刊登的一则《海上对话》:

下面是一份真实的海上无线电通讯的副本,记录了1995年10月10日,在加拿大纽芬兰岛附近海域,一艘美国军舰和加拿大人的对话。

美方:为了避免相撞,请将你们的航向向北调整15度。完毕。

加方:为了避免相撞,我们要求你们将航向向南调整15度。完毕。

美方:这是一艘美国战舰的舰长在和你们通话。我再说一遍,请你们调整航向!

加方:重复,请你们调整航向。完毕。

美方:这里是航空母舰"林肯"号,美国大西洋舰队的第二大船只。另有3艘巡洋舰、3艘驱逐舰和若干支援舰艇护航。请你们将航向向北调整15度,重复,是向北调整15度,否则我们将采取必要的手段,以保证"林肯"号的安全!

加方:这里是一座灯塔。完毕。

这篇令人捧腹的新闻,写了加拿大人执意调侃傲慢的美国海军的事情,他们一开始故意不说明自己是一座灯塔,等美国人中了圈套后才予以说明,使那位舰长徒呼奈何。这篇报道似乎纯属实录,文字朴实简明,但仔细玩味这篇"无线电通讯"的韵味,其中大有深意,做到了形式美与内在力量的完美统一。

再次,从表达上看,叙述方式也要出新。近年来,有些记者的文稿写作不再采用传统新闻的经典写作方式,而代之以故事化、情景化和悬念化的新闻叙述,注重所叙述的新闻的故事性、戏剧性和新奇性。在评论性文字方面,不管是新闻本身的解说还是评论,都不再执着于对观众提出指导性意见,而是力求以幽默、反讽的形式进行一家之言式的评论,点到为止,寓庄于谐,努力让读者感觉到这不是一种说教,而是讲述者在说出心中的感慨。这些报道和评说方式的变化,体现了新一代记者正不断探索"以新闻打动人心"的努力。

二、简明:不以长短论价值

简明,是指新闻要用最典型的材料、最精练简短的文字,反映所报道事实的核心,点明新闻的主题,为新闻受众所理解。

许多作家认为:简练是最高级的写作技巧。同样可以说,简练是新闻写作中的最高技巧。"简明"之所以是新闻写作的必然要求,这是由新闻的特点和受众的阅读心理所决定的。

首先从新闻的特点看,新闻的基本职能是提供最有价值的信息,而不是其他。这个特点,决定新闻的事实是精干的,叙述的节奏是明快的,表达的语言是洗练的。例如,苏联卫国战争时期,一位记者曾写过一句话新闻:"强大的苏联红军于×月×日×时饮马第聂伯河。"这篇报道,文字简练到了极致,但主要事实却已经说清楚,它在人们焦急盼望前方消息的阅读期待下,已足以解读者之渴。

其次从受众心理看,人们阅读报刊、收看电视,一般都期望在最短的时间内获得最多的信息,因此为受众考虑,新闻写作也要做到言简意赅。请看美联社2000年5月29日发自北京的消息,题目是《国宝回归激发民族自豪感》:

美联社北京5月29日电 英国和法国部队大约140年前从中国圆明园掠走的3件18世纪的青铜雕塑于今天在北京展出。

从香港的拍卖会上购回的这3件雕塑的回归,受到官方媒体和踊跃前往参观的北京居民的欢迎,他们说这是表明中国国力增强的迹象。

数以百计的市民、学生、士兵和老年人一大早就在保利艺术博物馆外面排队等候,以一睹国宝的风采。

一位姓陈的参观者说:"我们经历了从弱到强的过程。我们根本没有办法把它们弄回来。现在中国公司也能竞争了,它们有财力了。"

中国人认为,圆明园遭受劫掠是民族的耻辱。中国官员们和媒体都说,收回散失国宝的努力是一项神圣的事业。

全文仅270字,说的是我国在香港拍卖会上收回的三件国宝在京展出的事。消息只用了5句话,分成5个段落,却如逐层剥笋般地把我国从官员到媒体、到普通市民,因国宝回归而激发的爱国热情和民族自豪感,表现得有条不紊,从从容容,恰如宋人陈骙在《文则》中所说:"事以简为止,言以简为当。"

最后,针对新闻报道的"简明"要求,我们再次强调:新闻要"短些、再短些"。新闻要短些、再短些,一直是新闻界所倡导的方向。新闻要实现这一目标,首先要求记者必须在头脑里树立简明、简短的意识。"我们的大多数新闻消息,除新闻价值很高的特殊情况外,其长度一般应以500字左右为宜。"[1]这是学者作了大量调查后提出的建议。其次要强化为受众服务的意识。这里着重要强调两个"度"的问题:一个是受众的关切度,一个是受众的理解度。对受众已经清楚、明白的事情应尽量少说,对受众很关切的问题要说透。在新闻写作中,如果我们把握住了这两个"度",便能恰到好处地做到"短些、再短些"。

新闻报道如何真正做到"简明"?还需要我们研究"简明"的技巧。

首先,要吃透事实,概括出事实的几个核心要点、展开叙述,并尽可能用最简练的文字把事情说清楚。反之则必然拖泥带水,冗长不堪。仍以上面一则《国宝回归激发民族自豪感》消息为例,其导语部分就不同凡响:它将百年历史融于一句,世纪风雨凝于一刻,18世纪的中华瑰宝、140年前的掠夺,今天失而复归,大跨度的历史纵横,大容量的昨天与今天对接,统统在这40个字里面。

其次,要善于把握事件、人物的特点,抓住有新闻冲击力的画面,力求"以点带面"、"以小见大"。记者站在一定的高度,分析和体察每一事物的新闻"视点",包括典型的事实、问题和细节,由此展开叙事和表现,必能使新闻深刻、饱满、引人入胜。例如,20世纪90年代上海举行南浦大桥通车典礼,上海电视台记者、范长江新闻奖获得者邬志豪,就没有着重报道敲锣打鼓、剪彩通车的热闹场面,而是用镜头抓拍了新闻事实中三个重要的细节:一位盲人看不见大桥的模样,用脚步丈量桥面,用手摸钢缆;一位老太太激动地讲述她拍照留念、回忆对比的情景;一位已故的主桥设计师的妻子怀着悲喜交加的心情参观大桥、怀念亡夫的镜头。这条电视新闻不足3分钟,淡化看似主要的热闹场面,强化常人看来并不显眼的典型细节,具有非同一般的感染力,从而获得当年中国新闻奖一等奖。

再次,要舍得割爱。对新闻作品进行最后"精加工"时,记者须做的最重要工作就是做"减法"——删除多余文字。新闻作品要求简短精粹,其前提是省去那些不重要的材料、不必要的议论、冗长的发展过程和繁琐的细枝末节,力求使文字经济、简短、精练。有位老记者在谈到"简明"时说:把不重要的去掉,剩下的就是重要的了。说明"简"与"明"有着密不可分的内在联系。

三、深刻:见人所未见

清代著名画家戴醇士谈绘画时说:"令人惊不如令人喜,令人喜不如令人

---

[1] 刘其中.诤语良言.北京:新华出版社,2003:270.

思。"这话也适合于新闻写作。新闻写作中,我们靠新鲜来"令人惊",用简明来"令人喜",那么用什么来"令人思"呢?就是靠深刻。

怎样才叫"深刻",尽管没有客观的衡量指标,却是一种相当重要的阅读感受。概言之,见人所未见,言人所未言,而且有独到、新颖的表达,就能给人以"深刻"的阅读体会。新闻作品的深刻,是指新闻报道不仅使人透过现象看本质,而且能发人深省和给人以启迪。

新闻报道是否"深刻",与挖掘事实的深度有关,也与记者是否具有穿透力的思想有关。北京电视台《第七日》有一期节目的开场白是这样说的:"某小区有一栋老楼,3个单元挨着,中间的2个门每个月都发现水表显示的用水量比每月各户累计的用水量多出200多个字,多出来的这部分水费自然是由这2门18户居民分摊,大家就都没吭气;位于两侧的1门和3门,每月总表水量显示的数字总比每户累计用水量要少许多,因此也就按此交费,大家也不吭气。一晃过了18年,今年的夏天,这个奇怪的现象第一次成为居民们追踪的热点。"追踪的结果很简单,是因为18年前建筑设计上的失误。18年前的事自然不再构成新闻,要想谴责施工单位不负责任,看来也有困难。板子打在谁身上看来是个问题,难道这18年的亏就白吃了吗?到这里,记者通过追踪,已呈现了事实的深度。不仅如此,记者元元的一番评论更让观众感到"意外"而深刻:

18年,是多么长的一段时间,这其间有人发现自己水费少了,不吭气;有人发现自己水费多了,也不吭气。要不是水费涨价,18年的时间就还要延长。从这件事我们可以看出来,有亏大家吃,有便宜大家占,只要一搞平均,一吃大锅饭,大家心里就特平衡,就都不吭气了,也都忘了黑和白、是与非的问题了。生活中有很多这样的事儿。这种不较真、不求甚解让我们的日子过得无比粗糙,久而久之,就成了惰性,后来惰性就成了惯性。等我们猛然警觉,发现自己已经偏离应有的生活轨迹很远很远了!

记者说的是水费、电费这些看似鸡毛蒜皮的小事,但却由小事引申出人们的生活态度和思维方式问题。由于站在一定的高度透视问题,并具有独特的评说视角,新闻就必然令人玩味,引人省思。

应该看到,新闻媒体的根本责任不在于,或主要不在于让人们觉得好看、精彩和过瘾,而在于环境守望,从而真正成为人们的"信息管家"、"时事顾问"和"意见领袖"。新闻受众期盼深刻的新闻报道,从而找到能引领思考的"意见领袖",那么如何才能使新闻作品更深刻呢?

(1)选取更能深刻反映事物内涵的角度。同样一个题材,甚至同样一个题目,记者可以从不同的角度对它进行报道。在众多的写作角度中,记者应善于选取最佳角度,使报道更加深刻。例如,多年来,社会上对于"游客进校园"颇有好评,一些新闻媒体也纷纷发表评论,大赞其"打通了社会与高校之间的围墙"等。然而,2011年7月20日《新京报》发表的报道却表示异议:

暑期参观游客猛增　清华北大疲惫迎客

时间:2011年7月19日

地点:清华大学、北京大学

事件:进入暑期,数量众多的游客让两所高校"不堪重负"

昨日中午12时,清华大学西门,三百多名游客手持身份证排着长队,在保安的检查下缓慢进入校门。校园内,路面上凌乱地扔着广告单、烟头、饮料瓶等垃圾。

清华大学日晷处,多位游客手握日晷盘留影,水木清华荷塘旁,几个游客抱着朱自清塑像摆着各种造型;一位游客喝完一瓶矿泉水,丢进荷塘。

昨日下午1时,北京大学未名湖旁,四位年轻游客在湖畔用湖水洗脚,湖旁的花神庙以及亭子里的古钟上,留着"××到此一游"等上百处游客涂鸦,日期显示还有最近几天刚刚留下的。

清华大学环卫科负责人李全福称,学校70个环卫人员分批次从早4时30分到晚7时一直清扫校园卫生,"但游客依然丢下大量烟头、碎纸和饮料瓶等",环卫工作不堪重负。

北京大学保卫部邢副部长称:"学校不是景区,希望旅游团不要拿清华北大当'景点',还校园一片安宁。"

暑期以来,清华大学每日游客超过万人,北京大学超过6000人。汹涌而至的游客使这两所高校"人满为患"。

对待同一个社会现象,往往会有多种看法,但是记者在实际观察中却看到了"游客进校园"存在的隐忧。这就使报道的角度新颖而又很深刻,令人信服。

(2)提炼深刻的社会主题。新闻写作必须跳出就事论事的误区,切忌孤立地记录事实,而应善于把事实放在一个宏大的社会背景下突出它的新内涵,提炼出能引起全社会广泛关注的主题。例如,中央电视台新闻评论部制作的各类节目,它之所以能引起电视观众的广泛共鸣,主要原因就在于透过事实现象,以"领导重视,群众关心,普遍存在"这三句话作为焦点定位坐标,抓住许多人关注的共同话题,提炼深刻的时代主题,进行犀利剖析,这些记者在提炼主题方面所花的功夫是令人敬佩的。

（3）报道应具有预见性。新闻报道一般是"过去时"，但是深刻的新闻报道应具有"将来时"和预见性。新闻报道的预见性表现在以下三个方面：① 抓住事物的事态和动向，揭示事物发展的趋势和方向；② 从报道的事实中总结出具有指导意义的观点，这种观点可以提示人们作更深远的观察；③ 把握事物发展的规律，对未来进行预见性的描述和展望。这在许多时事报道、财经报道和体育报道中，都有成功的例子。

（4）穿插一点富于哲理的语言。新闻作品的语言是纪实性的，一般排斥夸张、模糊、主观色彩浓厚的语言。但这绝不是说新闻报道就必然四平八稳，而不可以闪烁思想和哲理的火花。穿插一些富有哲理的语言，恰恰能为作为"易碎品"的新闻作品增加发人深省的成分，使受众透过事件领悟某些更深刻的哲理。

四、可读性强：树立受众观念

所谓"可读性"，是指新闻作品适合于阅读的程度，同时也是评判新闻作品是否吸引读者、便于阅读的标准。可读性的实质是吸引公众阅读新闻并顺利接受信息。新闻面对的是不同年龄、性别、职业、文化程度的读者对象，要使最大多数人读懂、爱读，就必须研究读者的阅读习惯与心理、思维方式与接受能力，并在新闻中体现"可读"的要求。

可读性对于新闻传播来说无疑是一个重要的概念，它不仅将受众明确地摆在重要位置，而且把人们常说的"受众意识"具体化了，使其有了可操作性和评估性。从新闻写作角度看，"可读性"的内涵包括：

（1）内容的人性化。新闻作品的情感因素，对于新闻的可读性是不可或缺的。这就要求我们要善于从人情和人性的角度来选择和把握报道内容，突出人情、人性之美，给人以亲和力和亲切感。人都是有感情的。新闻作品与读者之间的沟通，首先是情感的沟通。"感人心者，莫先乎情"。作品在内容上以情染文，就能打动读者，感染读者，把读者的感情调动起来，使读者读文而生情，从而在思想和心灵上产生共鸣，引起阅读的兴趣和愿望。

（2）表达的亲近性。"可读性"要求新闻报道必须适应受众的阅听心理，适应广泛的传播。有一个有趣的例子：《人民日报》一位驻外地记者给编辑部发来一条消息，并附了一封短笺，编辑部的编辑和主任编辑看了以后，认为消息行文太长，读起来很费劲，缺乏可读性，不宜采用，但其短笺却把最主要的新闻事实和事实的意义都说清楚了，抓住了读者的兴奋点，而且行文简练生动，通俗易懂，给人以亲切感和交流感。于是，这位记者所写的消息被"枪毙"了，附笺却被当作通讯稿采用。这一事例告诉我们,记者应掌握受众的阅读兴趣,善于把事件的实质准确无误地写出来,把事件的悲喜变成读者的哀乐。

(3)语言的易读性。新闻的可读性,还直接与记者使用的语言有关。在西方新闻界,罗伯特·根宁提出了3条可读性标准:① 句子的形成。句子越单纯,可读性越强。② 迷雾系数,即词汇抽象和深奥难懂的程度。迷雾系数越大,可读性就越差。③ 人情味成分。新闻语言中含人情味的成分越多,其可读性就越强。由此他们还推导出了计算可读性的复杂公式。其核心内容为:① 词汇的难易程度。难字越少,可读性越强。新闻作品要尽量少用难字、冷字。(可计算每百字中难字的数目。)② 词汇的抽象或具体程度。具体词汇越多,可读性越强;抽象词汇越多,可读性越差。(可计算每百字中抽象词汇与具体词汇的多少。)③ 句子的平均长度。句子越长,可读性越差;句子越短,可读性越强。(总字数除以句数,即为句子平均长度。)④ 分段的长短程度。一般来说,段落越短越好读,段落越长越难读。通篇不分段落,读者有坠入"字海"之感。⑤ 人情味词汇和句子的比例。人情味词汇和句子所占比例越高,可读性越强。所谓人情味词汇、句子,可以理解为贴近生活、富有情趣的词汇和句子,而不是套话、官腔。[1]

---

[1] 艾丰.新闻写作方法论.北京:人民日报出版社,1994:56.

第九章

新闻写作的要件

要点提示:

　　本章概述新闻写作涉及的各要件,包括新闻主题的提炼、材料的选择、笔法的运用和语言的表达等。一篇优秀的新闻作品,总是各构件臻于完善,并在整体上给人以美感的精良之作。

毋庸置疑,新闻写作具有很强的"专业性",具有一些在其他写作中不太强调的特殊规则。对于记者来说,需要很好掌握新闻写作的专业技巧,撰写为大众所喜闻乐见的新闻稿。

第一节 新闻主题的建构

新闻主题,也称新闻报道的主旨或中心思想,是指记者通过报道某些事实所赋予的思想、态度或观念。有人把新闻主题比喻为报道的"灵魂",可见高质量的新闻报道,应尽量通过材料的取舍、结构的安排、标题的制作和导语的构思,为表现主题服务。

一、"新闻主题"的界定

新闻报道的主要目的,不只是告诉受众某个最新的事实,如果可能和需要的话,还要向受众提供记者对事件的理解和态度,赋予新闻以深刻的主题。因此,所谓"新闻主题"便是这种事实的客观性和记者的倾向性的统一。新闻报道既传播事实,又表达倾向。

一般来说,新闻报道通常是有主题的,而且也需要主题。但是,就具体的某篇作品来说,新闻主题又表现出多样性,大致有三种情形:

(1) 无主题新闻。有一些简单的信息性的新闻,确实没有明确的主题指向,或者说没有故意植入主题。比如说,气象信息、商品信息、服务信息,它们不可能也不需要提供什么深刻的主题思想。

(2) 暗主题新闻。这类新闻报道有主题,但它们的主题隐藏在报道中,不需要很明确地"点"出来。所谓"客观报道"就强调这一点。这种报道通常无需记者费很大的精力去提炼和深化主题,而只需如实描述和报道事实,就足以说明问题。新闻事实本身就含有一定的"意态",受众看完、听完后,就能明白隐藏的是非观念。

(3) 明主题新闻。新闻纸也称"观点纸",说明记者在新闻报道中表达立场、点明题旨并非不可行。新闻评论中,记者直接站出来说话,已属常见,即便在客观报道中,记者在"导语"或"结尾"处表明态度、揭示意义,也不罕见,如2000年6月23日《北京青年报》消息《法警背起生病的被告》的结尾处写道:"从罪犯到犯罪嫌疑人称谓的改变以及法警背着行动不便的被告人到庭,反映了我国司法体制改革的进程,更重要的是体现了对人的人格的尊重。"后一句话就是直接点题,指出了事实的积极意义。

在新闻报道中,新闻主题与几个概念容易混淆,有必要在认识上加以澄清和区分:

(1) 主题与问题。主题和问题既有联系,又有区别。主题是新闻表达的语义中心,它并不是报道所涉的问题本身,而是记者对这些问题所持的观点。应当说,问题往往是新闻报道的起因,是产生主题的"向导",而主题则是对问题的认识。

(2) 主题与标题。有一种常见的误解,就是把新闻的标题当作主题。这同样是错误的。尽管好的标题的确能概括新闻事实的实质内涵,反映记者和编辑的立场、观点和态度,但标题毕竟因其精简性和直感性,不足以概括完整的主题,更不能说所有的标题都是主题。例如,标题《警惕另一形式的腐败》,从字面上看,这个标题点到了这篇新闻报道的主题,即反腐败问题,但仔细揣摩一下就会发现,标题并没有把"另一形式的腐败"直接反映出来,也就是说,这个标题还不是这篇作品的主题本身。如果看一下全文,它的主题应该是:"中国圣洁的学位制度,决不允许权力和金钱玷污!"由此看来,这个标题并不是主题。在新闻写作中,切不能把标题与主题等同起来。标题应仔细制作,主题也要精心提炼。

(3) 主题和题材。题材是指记者所报道的新闻事实的类型,是写作素材的总称,如我们常说的国际时事报道、经济报道、文体报道、社会新闻等,就是特指有关某领域题材的报道。主题和题材有联系,但不是一个概念:主题通常依托于某个题材,并通过对题材的恰当处理加以呈现。题材是"类"的总称,是事实的一种存在形式,而主题则是对题材的开掘和认识的结果,有主观的认识在内。所以对于同样一个报道题材,由于记者的立场、认识和趣味的差异,最终的新闻主题可能会各不相同。

总之,要深刻理解主题,就必须弄清主题与问题、主题与标题、主题与题材这些概念的特定涵义,并注意它们之间的联系和区别。

二、新闻主题的表达原则

不同国家、不同性质的新闻媒体,评判新闻主题的标准通常并不一致。"运用一定新闻意识突出新闻主题,是新闻报道的根本法则,也是新闻表达媒介立场的规律。"[1]新闻主题是某种特定的意识形态的反映,同时也受制于媒体所持

---

[1] 刘建民.当代新闻学原理.北京:清华大学出版社,2003:158.

的立场。在我们国家,媒体的根本性质和新闻的政治属性,要求记者在新闻报道中必须秉持一些基本原则,在确定新闻主题时应满足特定的要求。

(1) 符合国家的基本政策,确保新闻主题"讲政治"的原则。中国的新闻记者必须懂政治、"讲政治",这既是社会要求,也是客观需要。"许多具有深远影响的重大新闻事件,无论是经济的、军事的、文化艺术的或是教育的,其新闻价值的根本点就是政治。在一切重大新闻事件的深处,都隐藏着政治的巨大投影。"[1]以例为证,2008年3月,拉萨发生暴力事件,西方媒体不顾事实真相,发表了大量不实报道,使人们看清了西方"客观报道"的本质;新华社记者在事发当天,也向全世界播发《拉萨发生暴力事件》,起到了"以正视听"的作用:

拉萨发生暴力事件

新华社拉萨3月14日电 西藏拉萨14日发生暴力事件,商店遭洗劫,清真寺被烧,人员伤亡严重。

骚乱始于午后,一些人在小昭寺附近与执勤民警发生冲突,并向民警投掷石块。

14时左右,暴徒开始在小昭寺周边集结,纵火焚烧市区两条主要街道和大昭寺、小昭寺以及冲赛康市场附近的店铺。至少五处着火,现场浓烟密布。

目击者看到,一些商店、银行和旅馆被烧毁,电力、通讯中断。大昭寺和小昭寺附近的店铺被迫停业。

暴徒肆意打人

西藏自治区政府官员告诉记者,有足够证据证明,这次破坏活动是达赖集团有组织、有预谋、精心策划和指挥的。这些暴力犯罪活动扰乱了拉萨正常的社会秩序,危及无辜群众的人身和财产安全。

记者在拉萨城区看到许多暴徒身背装满石头的背包和汽油瓶,有些人手持铁棍、木棍和长刀,可见他们是有备而来。

目击者说,暴徒肆意殴打行人,连妇女和儿童也不放过。他们砸毁窗户、自动取款机和交通灯,抢劫服装店、餐馆和手机商店。街上散落着正在燃烧的自行车、摩托车和汽车。

15时左右,暴徒开始焚烧四方超市、蓝盾商场和温州商城,火势不断蔓延。晚上,一家清真寺也被点燃。

目击者还看到有人被暴徒纵火焚烧。许多伤者被送往医院。死亡人数尚不

---

[1] 杜骏飞,胡翼青.深度报道原理.北京:新华出版社,2001:147.

清楚。

政府保持克制

警方说,民警不得对暴徒使用武力,但被迫动用了少量催泪弹,并鸣枪示警。许多民警被暴徒打成重伤。

警方尚未公布是否实施逮捕,但称暴徒乔装成普通居民,增加了追捕难度。

午夜,消防队员和民警仍在清除北京中路上燃烧着的车辆。警方加强了管制和巡逻,以防暴徒再度出击。

自治区政府已采取紧急措施营救被困群众,加强对学校、医院等机构的保护,要求机关和企业保证员工安全。当地政府还决定实施局部交通管制,并通过电视通报情况,提醒居民注意安全。

网民描述"骚乱"

当晚,一名叫韩敬山的当地居民在网上发布贴文《亲历拉萨"骚乱"四小时》,描述他亲眼目睹的暴力场面。

韩敬山下午途经市区时,突然发现小昭寺方向浓烟滚滚,救护车呼啸而过。接近小昭寺时,只见满地都是一两公斤重的石块,一辆出租车烧得仅剩骨架。

"我看见十几个暴徒正在焚烧百益超市前的汽车,两百多人围观。"他写道,"17 时 56 分,特警赶到,暴徒逃散,但前面不远处又有两辆出租车被点燃,随后一个满脸是血的汉族女子从我身边跑过。"

"2008 年 3 月 14 日,西藏乃至中国历史上会永远记住这一天。"他写道。

有专家评价,新华社报道是在关键时刻发出的"中国声音",它遵循客观报道原则,显示了新闻的"专业"效应,产生了巨大的影响力,这是与记者和编辑紧绷"讲政治"这根弦、捍卫国家利益的精神分不开的。

(2)符合新闻报道的事实状况,确保新闻主题的真实、可信。新闻作品的主题和其他文体的主题有所不同,即它的主题是从事实中自然而然地生发出来的。事实(物)是新闻的主体,记者的观点和态度(意)则暗含在叙事之中。一般来说,新闻的主题不是直露的(新闻评论除外),而是隐含的,即使有所"点题",也只是一两句话点到为止。新闻报道的这一特性,要求新闻写作必须做到主题与事实的统一,使"意与物符"、"意能称物"。在我国当前的新闻报道中,却经常出现新闻主题与事实不相符的情形,通常的表现是:

其一,新闻事实不能成为报道主题的依据。这是"关起门来想点子(主题),再到下面找例子"的结果。有些记者为了保证政治上不出差错,惯常采用一种通用的"保险模式",就是:首先从政策文件、领导讲话中去找"思想",形成主题,然后返回到社会生活中找例证。按照这样的思维展开报道,便经常出现主题与事实游离的情况。

其二,新闻主题大大脱离新闻事实的依据。一种情况是随意"拔高"。有些新闻所提炼的主题,读者总觉得与实际情况不沾边,与报道事实对不上号,看起来调门挺高,就是解决不了实际问题,如一些配合宣传的报道就不乏其例。还有一种情况是,不尊重事实真相,强化偏激情绪,意在物先,想以此制造"轰动效应"来增加卖点,这也容易造成"意不称物,文不逮意"。一些学者曾指出,当今有些报刊成了少数记者、编者垄断的阵地,使报刊越来越具有明显的个人化、情绪化、商业化的倾向。如北京某家杂志发表了几篇非议鲁迅的文章,无独有偶,向来以发表优秀作品而驰名的上海某家杂志,也发表诋毁鲁迅的文章,因为这时候网上正起劲地攻击鲁迅是"阁楼上的疯男人",是"疯子、狂人"。记者、编者竟与网上匿名的帖子一唱一和,已完全不顾历史真实的鲁迅了。

其三,新闻事实只是一个,但主题则根据不同报道需求随意变化,不妨称之为"万花筒"式的主题。这种情况,常见之于"典型报道"。例如,某城市经过媒体"宣传",成为"明星城市"后,在各种报道中,该城市不仅成了经济建设中的典型,而且是教育工作、文体工作、环保工作,甚至是新闻报道工作的典型。

(3) 符合社会发展的需要,确保新闻主题的社会"共鸣性"和时代价值。新闻主题的确立,要求记者立足于时代高度,把握住带有社会共鸣性的话题,在社会"热点"、舆论"焦点"、工作"难点"中,寻找具有启示性的新闻主题。新闻主题反映时代本质,前提是记者能敏锐地感知社会发展趋向和公众的共同"关注点"。2005年5月17日《解放日报》发表《中国将把环保与政绩挂钩》,记者根据国家环保总局副局长潘岳在世界财富论坛上的发言,敏锐地认识到其中的新闻价值点——GDP的增长不能以资源和环境过度消耗为代价,当务之急是建立一整套可持续发展的制度框架,要把官员升迁的考核同对环保的考核挂钩。这个"价值点",是报道的核心,也是公众关注的中心。

三、提炼主题的方法

提炼和深化主题,是一个综合性的思维过程。它属于主观认识范畴,但也受到多种客观因素的制约:一是新闻素材的因素。记者对不同性质的事实报道,要根据事实的"意态",即新闻事实本身蕴涵的意义,采用适当的提炼方法。二是媒体性质的因素。站在不同的媒体立场,会有不同的新闻观察,新闻主题也会出现差异。三是记者的思维素质、习惯等因素。记者会根据自身特长和素养,形成独特的提炼主题的方式。

提炼主题也有它大致的操作思路,这里我们主要介绍三种方法:

1. 在新闻素材中找"红线"

这种提炼方法的特点是:研究事实各个侧面之间的内在联系,寻找足以贯穿它们的"红线"。这条"红线",不是片段性的,而是贯穿性的;不是表面的,而是内在的;不是人为的,而是固有的。找"红线"的方法,需要记者对"事实"作仔细的分析和研究,要有综合和归纳的能力,要善于从一些散乱的材料中,找到一根串起它们的"红线"。如何找"红线",大致有两种思路:

第一,善抓"线头"。任何一个新闻事实,其传播价值和社会意义都是客观存在的,它或明或暗地存在于事实中,并且会在事实的某一处或某一点上显露出来。提炼主题就要善于发现这个"线头"。

抓"线头"应该从采访阶段就开始。记者第一次接触新闻事实,有一种新鲜感,头脑往往是敏感的,容易捕捉到真正新鲜的东西。如有新鲜感的谈话和事实,不要轻易放过它,而要紧抓不放,并不断思考它的价值。反之,满足于用常规套路,不去挖掘事实中最有价值的新闻点,那么新闻主题势必提炼不深。例如,有一则新闻就令人扼腕:全国首届高新技术展览会在南京举行,开幕式请在宁的五位院士剪彩,省委书记和国家科委副主任站在一旁鼓掌。剪彩的院士中有四人从来没有剪过彩,现在站在原本是党政领导站的位置上为全国大型科技活动扶绸执剪,心情都很激动。但是,当时参加开幕式报道的所有中央、省、市新闻单位的记者,居然没有一个人想起写一篇院士剪彩的消息或特写。细究一篇好新闻失之交臂的原因,就在于记者未能捕捉住具有新鲜感的事实,即院士代替行政领导剪彩,从而使一个具有深刻内涵的"线头"轻易地滑过了,以致一个本来很好的新闻主题未能表现出来。

第二,分离抽线。一个新闻事实往往可以从多个角度来认识它,因此不止有一条线,而是有两条或数条线贯穿。但新闻报道的主题只能有一个,这就需要我们从若干条线中抽出主线来,其办法是:先把事实中隐含的各条线梳理出来,然后再对它们加以比较,找出其中最重要的线来。这条主线,往往就构成新闻报道的主题。仍以上面这则消息为例。"剪彩"这一事实本来是可以从多个角度来报道的,如"高新技术展览会在南京举行"、"行政领导不当主角甘做配角"、"院士剪彩"等,但是就主题内涵的深刻和新颖讲,还是"院士剪彩"这一角度意义较大,也能抓人。

需要说明的是,运用找"红线"的提炼主题方法,一要眼光敏锐,不能被一大堆材料淹没起来,如坠云里雾里;二要仔细研究采访中获得的材料,凝成一根"红线";三要注意主题与材料的有机结合,将主题与材料和谐地融合起来,防止出现主题与材料游离的现象。

2. 运用策划建构主题

所谓策划,是指以既定目标为起点,根据对有关信息的分析,确定相应路径和具体实施细节,以求目标之实现。策划一般包括策划者、策划对象、策划依据、策划手段等因素。策划性主题的实质是,记者在领会宏观政策的基础上,通过研究有关材料获得启示,并根据以往积累的报道经验提出基本设想,形成新闻主题的雏形。这种孕育过程应当说是正常的,我们经常可以看到,有些记者在展开报道前就有了"概念"和思路,他们的采访就比较深入,形成的新闻主题也比较深刻。其主要的原因,就是他们对一些问题进行过深入思考,并且在头脑中形成了初步的主题。

以中央电视台《焦点访谈》为例,其特别注重"新闻策划"的工作思路值得我们作出理性思考。在他们的策划过程中,经常性使用的思路主要有两种:一种是先有具体的事实,后有采访和主题的提炼;另一种是先确定主题,后寻找事实论证。后者可以特别节目《在路上》为代表:

临近《焦点访谈》开播一周年时,有人提出是不是应该搞个特别节目,但搞什么内容,大家心里没底。经过反复研讨论证,最后形成了一个大胆的设想:穿插几条国道,从北京到深圳走一遭,看看这一路发生了什么……但这次特别行动,有的仅仅是一个"概念"。

"路"的确是一个很好的具有象征意义的符号,它既是一个实实在在的载体,又是可供人们发挥的理念;它能体现出政治的、经济的、文化的内涵。但是,节目所设想的内容会不会发生,会不会在摄制组选定的国道上发生,会不会在摄制组通过这条国道时的某个特定时间内发生,谁也没谱。

为了扩大报道面,大部队在前进时,还不断派出"尖兵"侦察沿途的其他路段。北京也不时按照摄制组的要求,向指定地区"空投"一些伞兵。各路记者最后到达南京会合时,袁正明摆下火锅,犒劳三军。同时,进一步明确节目方向:广义去理解"路",跳出摸关查卡一类的事件,阐述"路"与经济发展的关系。[1]

《在路上》的成功经验告诉我们,有效的策划和正确的"主题先行",有利于提高报道质量。毛泽东说过,感受到了东西,我们不见得能够理解它,但理解了的东西,我们就能够更深刻地感受它。同样,记者在思考以后再去采访,对报道对象就会更加敏感,对材料就会捕捉得更准、反映得更深,先行的主题也会得到更深刻、更准确的开掘和提炼。

---

[1] 袁正明.用事实说话——中国电视焦点节目透视.上海:上海人民出版社,2000:62,69.

3. 对比之中见主题

对比,是人类的一种思维方式,也是提炼主题的有效方法。俗话说:"不怕不识货,就怕货比货。"在新闻写作中,有时只需将事实材料加以对比,新闻主题也就出来了。运用对比提炼主题,可以将事物的矛盾、特点鲜明地揭示出来,显然比单一、孤立地报道事实更具有说服力。

对比,可以分为横向对比(同一时间段内此一事物与彼一事物的比较)和纵向对比(同一事物的现在与过去的比较)。对比之中见主题的方法,要求记者善于从大量的材料之中发现具有对比性的内容,并挖掘出这个对比的实质性涵义。例如,一位江苏驻广东的记者回乡休假,当时正值一项大型赛事进入高潮。可是,南京商家对赛事极为冷淡,相比之下,广东的一些企业却竞相赶至南京,争做赞助商,结果广东企业让南京人由陌生感到亲切。记者从这一事实对比中,很快发现了问题的实质:销售不仅仅是物的推销,更是理念和品牌的推销。这篇反响强烈的作品,其主题就是通过对比江苏企业和广东企业不同的市场观念而提炼出来的。这种提炼主题的方法为我们提供了一种创新思路。

运用对比法提炼主题,关键在于搜集具有可比性的材料,并对材料进行深入的鉴别和思考。借以对比的材料必须特色鲜明、典型,而通过对比得出的结论又必须能够揭示事物的本质意义。目前在我国各种媒体中,用对比法报道新闻已被发展成为一种重要的报道形式,那就是"对比报道"。

第二节 新闻素材的选择

新闻写作就像建造高楼大厦,仅有巧妙的设计理念和方案,没有优质的材料,是难以建成稳固、美观的大厦的。同样,一篇新闻报道即便已酝酿出深刻的主题,没有典型、生动的事实材料,也很难写得血肉丰满。

一、"新闻素材"的界定

所谓新闻素材,是指记者从社会生活中采集到的尚未经过提炼和加工的原始材料。它包括事实、情节、细节、背景以及相关观点和反映等。一般来说,新闻素材越多,记者写作的自由度越大,驰骋的天地也越广阔。

按照材料的"转手"环节,新闻素材有第一手材料和第二、第三手等材料之分。不同材料的真实性和有效性大不一样。

第一手材料是记者通过直接调查的方法,从调查对象、调查目标等客体采集到的原始材料,是亲见、亲闻、亲验得来的直接材料。第一手材料最接近新闻事实的原貌,可靠性最大,因而最有说服力和可信度。由于第一手材料具有很强的实证性,所以它能增强新闻报道的真实性和权威性。

第二手材料是指从当事人、知情者那里得到的口头或书面材料,它虽然十分珍贵,但并不完全可信,需要记者作进一步核实。如当事人提供的录像、录音、照片等,尽管很逼真,但可能已经经过选择、剪裁和加工,甚至可以完全假造。第三手、第四手材料(视中间环节而定)是指经两个以上中间环节转手得到的材料,是在第一手材料基础上加工、整理而成的,可信度更差。

第一手材料和第二、第三手材料各有短长。第一手材料尽管新鲜、生动,但在事件发生时,记者未必都在现场,即使置身现场,也受到主、客观条件限制,所见所闻也会偏离事实真相,因此也不能视为绝对真实可靠,同样需要论证、核实。反之,第二、第三手材料虽然有可能失真,但它集中了众多的观察,而且足以弥补记者单兵作战之不足,所以可以延伸记者的眼、耳、手、腿、脑等。行之有效的做法是,记者需将第一手材料作为新闻报道的主要依据,而使核实过的其他材料作为其补充与旁证。

对于各种新闻素材,记者在写作中一般持两种态度:有的人要求很低,掌握的材料寥寥无几,就急于动手写稿,于是出现报道经不起推敲、缺乏说服力,或因材料不够而只好添加"水分"等问题。一些优秀的记者却不是这种态度,他们在采访中总是尽量多地积累各种素材,并对众多的材料进行筛选,然后再展开写作。总的来说,记者在选择新闻材料时应注意以下几点:

1. 准确地占有材料

新闻报道是靠事实说话的,使用真实、准确的材料是其第一要义,因此在写作中首先必须核实材料的准确性和可靠性。这里,我们不妨对《中国少女改写牛津大学800年历史》新闻稿(后经核实为假新闻)作些分析。该报道写的是黑龙江齐齐哈尔中学生吴杨留学英国的故事。据报道,吴杨天资聪颖,智慧过人,大一期末考试,11门功课全部第一。有鉴于此,牛津大学校长破格授予这位中国少女博士学位,并发给她6万英镑的奖学金,其数额之大,破了该校800年来的纪录。文章还引述吴杨的"导师戴里克教授"的话说:吴是他当15年博士生导师中教过的最好的学生。该文在国内诸多报纸发表后,引起了国内外读者的关注,引发了相关人士的反应。先是牛津大学发表声明,否认破格颁授博士学位和发给吴杨高额奖学金之说;继有吴杨本人发表谈话,说她从未获得过博士学位,有关新闻记者也从未对她作过采访,成稿后也从未与她核对,更没有经过她的同意。最后,有报纸报道说,吴杨的父亲出面澄清:可能是他(吴杨的父亲)在餐馆与朋友一起吃饭谈到此事时,有人误解了他的意思。

至此,真相已经大白。值得反思的是,姑且不论记者是否故意"造假",仅从材料的鉴别来说,媒体和记者至少得找当事人核实消息的真实性,编辑也应做好"把关人"。但是他们失职了,而且不止一人、一次。这里,又一次让人想起马克思对待历史研究的态度,拉法格回忆说:"他所引证的任何一件事实或任何一个数字,都是得到最有威信的权威人士的证实的。他从不满足于间接得来的材料,总要找原著寻根究底,不管这样做有多麻烦。即使是为了证实一个不重要的事实,他也要特意到大英博物馆去一趟。"这种科学精神,永远值得记者仿效。

新闻报道之所以出现材料不准确的情况,究其原因大致有几种:一是轻信,对别人提供的信息材料不加核实;二是求快,为了"抢新闻",加之职业素养不高,不能做到"快、狠、准"的统一;三是轻率,凡抓到的材料只要大致符合报道主题就加以引用,缺少必要的选择和鉴别。《新闻记者》每年评出的"十大假新闻",有的是新闻职业道德问题,有的则是偏听偏信、不核实材料造成的。

2. 全面地占有材料

有记者说:写作选用的材料,不过是记者从生活的海洋里打来的一瓢水。当记者去写这瓢水的时候,不能仅满足于懂这瓢水,还应当了解海洋。这告诉我们,在写作中必须掌握各个方面、多种性质的材料,要全面地拥有材料。材料是新闻的"柱脚",无论何种体裁,新闻主题总是靠客观事实来支撑的。记者要想把新闻主题表现得更深刻,让报道更感人,就必须在采访中尽量多地占有材料,以备优选。

很多事例说明,只有当记者多侧面地、从联系中去掌握和占有材料时,写作才会得心应手,反之新闻报道就可能存在片面性。有些报道的个别材料是真实的,但整体上却有浮夸或失实之嫌,实际上就是在收集材料过程中以偏概全,没有多方面听取意见的缘故。

二、新闻素材的类型

新闻素材为表现新闻主题服务。这里我们从表现主题的角度,介绍新闻素材的几种类型:

1. 骨干材料

骨干材料,就是在报道中对新闻主题起骨干性支撑作用的材料,它是新闻素材中的主要材料。新闻报道的主题是靠有分量的事实来支撑的,没有这种主要事实,新闻主题就缺乏依托,立不起来。《参考消息》刊登的深度报道《让垃圾"聪敏"起来——西方正在寻找电子废品高效回收之法》,立足于人类现有的科技成果,指明人类处理垃圾的新途径。该文的报道核心是"智能材料主动拆卸技术",全文有三个主干材料:一是电子垃圾处理令人担忧;二是智能材料构建"自杀"垃圾;三是英国布鲁内尔大学研发的新成果。全文围绕中心,细致分析智能技术的特殊性能,以及它们对电子垃圾特有的解体作用,使读者对电子废品回收技术有了更为完整、清晰的把握。

在新闻写作中,记者的一个重要工作就是要围绕主题准备充足的骨干材料。如果缺乏关键、典型的主要事实,记者应作补充采访,直至找到骨干材料。如果在二次采访后仍然没有找到好材料,那么就只能改换主题,或不作报道。

2. 细节材料

尽管骨干材料可以表现主题,但因其比较概括,还无法使报道细致入微,丰满感人。因此,在新闻材料服务于主题的总原则下,如能在报道中增加一两个或数个典型细节,往往能使全篇生趣盎然,甚至深化和突出主题。

所谓细节材料,是指新闻报道中生动、有力地表现人物性格、事件发展、社会环境和自然景物的材料,它往往是有特色的一句话、一个动作或一个事物的细部,却能具体、生动地反映事物特征,增强新闻的感染力,深化新闻报道的主题。新闻报道要带读者进入事件中心,用细节建构图像,以言行诉诸人的感官,就成为必不可少的环节。请看 2004 年 6 月 18 日《中国青年报》刊登的特写《行刑前的马加爵说:有信念的人才快乐》(节选):

整个采访过程中,马加爵一直保持同一个姿势,双手肘在椅子档板上,两只手的指甲不停地搓。双腿抖动时,套在脚上的镣铐,会发出脆响。但他会迅速加以克制,让这种声音停止。

马加爵很少与我对视,回答问题时,眼神总是在飘,一会儿看门口,一会儿看窗外。只有在认真想问题时,他会把头沉沉地低下去。

同样,他的语言准确,思维灵敏,但表达有障碍,有些话,埋头憋很久,却找不出恰当的词。如果你与他交流时道出他的心里话,他会显得很兴奋,如释重负。

采访中,最多的场景是沉默。这时,我要做的就是,看着他,等着他慢慢把话说出来。但有些话,他还是说到一半就不说了,会用"不知道"来掩饰。

在上述描写中,记者敏锐地抓住马加爵在采访过程中的几个细节,如双腿抖动、镣铐发出脆响、眼神总是在飘、表达有障碍时"埋头憋很久"等,准确地写出了人物的内心活动和挣扎,尤其是"眼神在飘"一词,似乎更是马加爵精神世界中价值迷失、信念匮乏的真实写照。

3. 背景材料

在新闻写作中,骨干材料往往是一些典型事例,细节材料往往是一些典型细部,如果只有几个事例或一些"点"上的材料,新闻报道仍给人单薄之感。有了背景材料作补充,就会增加作品的纵深感和厚实感。

背景在报道中能够起到解释作用,也可以丰富新闻的内涵,深化新闻主题。例如,2003年《南方周末》刊登的《司法酝酿重大变革》,其中以背景引题,把事件置于历史背景和时代背景之上,其开头为:

7月,北京的正义路除了最高人民法院正在进行修缮施工外,一切看上去还是老样子。

这是一条被赋予特殊内涵的街道,一头连着长安街,一头连着前门。这条路,曾被人称为"屈辱和抗争的脚印落满了每一块砖石"的地方。从1900年八国联军在这里出兵镇压义和团,到1915年北洋政府又在这里签署了屈辱的《二十一条》。

1981年11月26日,以江青为首的"四人帮"在坐落于正义路一号的中国公安部礼堂受审。当时外电称"这是本世纪以来中国最轰动的审判,预示着一个在中国实行法制和现代化新时期的开始"。

正义路上,有最高人民法院、公安部和最高人民检察院群众来访接待处。

在平静的正义路上,看不到改革来临前的蛛丝马迹。而灰墙里面,高法关于司法体制改革的讨论已经静悄悄地进行了两个月。

这段文字使用了环境性背景和历史性背景,其目的是为了引出主要事件——司法酝酿重大改革。这种背景的融入,不仅烘托气氛,给人以凝重和沧桑之感,而且还含有司法改革步履艰难却仍在摸索之意。

三、选择材料的注意事项

1. 要围绕主题选择材料

无论写什么文章,都必须考虑到主题和材料的关系。游离主题而随意地、片面地选择材料,最终必然是一盘散沙。因此,对于在采访中获得的众多材料,记者都应根据主题进行选择。这是选择材料首先应当遵循的原则。

新闻写作中,以观点统帅材料、鉴别材料,是一项重要工作。选材的主要目的,就是为了用最精当的材料将主题表现得更充分、更突出、更深刻,使材料更好地为主题服务,因此决定材料的取舍、主次和详略,其根本目的就是表现主题。一般来说,凡是能够有力地表现、揭示、烘托主题的材料就要选用,而那些与主题无关,或不能表现、揭示、烘托主题的材料就要坚决舍弃。发表于2001年1月18日《南方周末》,记者沈孝宙采写的《基因污染:新世纪的忧患》,在这方面为我们提供了很好的学习经验。由于是深度报道,篇幅较长,记者把全文分为7个部分:"西红柿里有了鱼的基因"、"20年前难以想象的事"、"意义深远的环保新概念"、"人类对后果知之甚少"、"毒蛋白也毒杀益虫"、"无孔不入,防不胜防"、"能守住最后一片'净土'吗"……记者善于围绕主题精选材料,通过强有力的事实和环环论证,指明基因污染的危害性,以及"如果我们不倍加注意维护周围环境中天然生物基因库的纯净,那无异是在自毁家园"(主题)。

2. 要选择典型的材料

新闻报道的基本特征是"以事(人)喻理"、"以点显面"。"事"就是事实,表现为特殊、个性、具体、形象;"理"就是道理,体现了普遍、共性、本质。这两者的结合被认为是"典型"法则。

典型材料是指既有鲜明个性,又能深刻揭示事物本质、具有强大说服力的材料。在新闻报道中,它可能是一个典型事例、一个典型场面、一个典型故事,也可能是人物的典型语言或典型细节。典型材料的运用,对于新闻写作有突出的意义。它有助于深化主题,能起到"窥一斑而知全豹"的作用,读后可给人们留下深刻的印象。相反,如果材料不典型,一种可能是,写出的报道平淡无奇,抓不住读者的"注意力";另一种可能是,以"拔尖"的个别事例去概括全貌,不能反映事物或问题的本质,使受众产生不信任感。这提醒记者在选用材料时,不能"猎奇",不能单纯追求所谓"拔尖"的事例,而应该从主题思想出发,精选有特色而反映共性的材料。

3. 要选择最能打动受众的材料

在新闻写作中,受众始终是一个隐形主宰者。新闻选材也必须为受众着想。记者应不厌其烦,尽量找出最能打动受众的材料,包括一些引人入胜的小故事、有冲击力的视觉画面、有特色的人物话语等,把新闻写得引人入胜。

从可读性角度看,新鲜、活泼、生动、有趣的素材,最能打动人心。记者须把握读者心理,从传播效果出发找材料。有一位记者谈过这样的体会:当他报道今日的"北大荒"时,首先想到的是怎样让曾在那里工作过的"老知青"和外地读者有个身临其境的感觉。这时记者感到,抽象地写北大荒的成就也好,用一系列数字说明它的变化也好,都不会给读者留下深刻的印象,于是记者就精心选用读者"摸得着、看得见"的活生生的现场情景材料来反映变化,报道效果就非常理想。

第三节　新闻笔法的运用

新闻写作除了运用一般写作的通用笔法，如叙事、抒情、议论、描写、悬念、伏笔、穿插、夸张、反复、排比、对照等，还有隶属于自身的一套特殊笔法。新闻笔法是依据新闻文体的特点、记者报道的习惯，在长期的实践中逐渐形成的，具有较强的专业性。

一、简笔

简笔是相对于工笔而言的，在绘画技法中，简笔的特点是线条、色彩都比较简淡，写意重于状物。新闻写作中的简笔，是指在叙述和描写事物的时候，力求用最简约的语言、最精当的文字来勾勒客观事物。

新闻写作不宜多用工笔叙述或描写，原因是：受众阅读或视听新闻，主要是为了获取想知道的信息，而不是为了欣赏文字之美。少数精彩的细节，可以适当描写得细致一些，但这种细致仍然是简笔的细致，而不是工笔的细致。请看美联社记者发自莫斯科的消息：

美联社莫斯科6月5日电　极端民族主义领导人日里诺夫斯基在美国总统克林顿对俄罗斯议会下院发表讲话时高声喊叫，对鼓掌的议员大声咆哮。这是日里诺夫斯基独有的表演，他过去曾有过向议员泼水和在混战中揪女议员头发的举动。

当克林顿结束历时50分钟的演讲走下讲台时，日里诺夫斯基吼道："真不要脸！你们在为谁鼓掌？"克林顿并不认识在他讲话时多次高声谈论的日里诺夫斯基。

日里诺夫斯基抱怨俄罗斯给予美国特工人员出入议会大厦的自由，称"他们看起来像是这里的占领者"。他还说，俄罗斯政府为了保证议会大厦座无虚席，不得不拉来听众充数。

日里诺夫斯基说："实际上大厅里根本没有议员，那些人都是从外交部和联邦安全局花钱雇来的。他们还把清洁女工和其他技术人员带进来充数。而克林顿竟然以为他在对俄罗斯议员讲话!"[1]

这篇消息,译成中文仅330多字,但言简而传神。记者在报道中,以日里诺夫斯基惯常的表演和台词,寥寥数笔,便漫画了一位一贯反西方的俄罗斯议员形象。不仅如此,报道的寓意可谓意趣深长,如消息的最后日里诺夫斯基说的一番话,表面看来是他在调侃和奚落克林顿,实质上却陷入了一个荒诞的怪圈:如果肯定日氏的说法,那么俄方是如何组织安排这样的讲演的? 这让俄罗斯难堪。如果否定日氏的说法,那么日氏就是在信口开河。而且,日氏说"实际上大厅里根本没有议员",而他自己正是一位议员,看来日氏的巴掌打到了自己脸上。

新闻报道常用简笔,其目的是使受众直奔事实、领悟主题,并且可以在有限的篇幅内增加新闻的有效信息量。如一篇消息的开头可谓简洁:"5月26日的深夜,一辆急救车在上海的马路上疾驰而过。"一共用了23个字,真是简笔,但紧张气氛却极其浓烈。

那么,如何才能做到笔"简"而传神呢?

(1) 精心挑选客观事物的特点。它要求作者抓住那些最典型、最有特征的事实来写,抛开那些不典型、次要的内容。在上例中,日氏的动作和语言可能还很多,但记者只选择了最典型的、最有代表性的、涵义最深的几次"表演",如"高声喊叫"、"大声咆哮"和个性化的语言,就把一个没有修养、不讲道理、不顾身份的"另类"议员的形象勾画出来,显得极为简要、精当。

(2) 抓住自己的深刻感受集中地表达。记者有了强烈、深刻的感受,才会从中提炼出一幅写意画的"意"来。例如,《纽约时报》记者埃·姆·罗森塔尔采写的《"奥斯威辛没有什么新闻"》,在报道"二战"中德国法西斯在波兰布热金卡建立的集中营时,这样写道:

> 许多参观者目瞪口呆地注视着毒气室和焚尸炉,开头的表情茫然,因为他们不晓得这是干什么的。然而当他们一看到玻璃窗后堆积得像小山似的的头发,看到一堆堆婴儿的小鞋,看到一排排堆放着被窒息而死的人的尸体的砖房时,他们不由自主地停下脚步,毛骨悚然,浑身发抖。

在这一小段描写中,记者只是抓住了参观者和自己的最深感受,写出使心灵震颤的那些"成堆的头发和婴儿的鞋子",以及"毛骨悚然,浑身发抖"的体验,一种强烈的感染力已形成了。这就是简笔的精彩妙用。

(3) 简笔还要选择相应的简言。新闻作品要用简笔写,自然就要用简言来

---

[1] 徐国源,江涌.新闻采访与写作.苏州:苏州大学出版社,2002:181.

表达。读者读报是"站着读"的,所以记者出身的美国作家海明威说,记者写新闻也该"站着写"。简言,就是要把可有可无的字句去掉,尽量不用累赘的表述。

二、粗笔

粗笔,也称白描、白画、素描,也是中国画的传统技法之一。它指的是不着颜色,不加藻饰,只以黑线勾勒轮廓的一种画法。新闻笔法中的"粗笔",不设喻、少修饰,是一种以"取其大而略其小"、富有概括力的笔触表述事实的手法。

粗笔的运用,在新闻写作中非常普遍。请看美联社记者迈克·科恩的报道《莫桑比克发生洪水》的开头部分:

在离洪水只有几英尺高摇摇欲坠的临时搭起的树屋上待了四天之后,索菲亚·佩德罗星期三生下了女儿罗·西莎,一个小时后,直升机将这对母女救出了险境。

这场发生在世界上最贫困国家的肆虐洪水恐怕已使数以千计的人丧生。另外,成千上万的人仍然滞留在树上、房顶上和正在缩小的陆地上,甚至有时待在齐腰深的洪水中。

这个开头,记者仅仅用100字左右,跨越性地记录了一个生命降临和一场人间灾难。记者在这里运用了粗笔,没有任何赘语、修饰,干脆利落地报道事件。

粗笔的突出特点是大跨度、大组合、大概括,它一般着眼于宏观,把看似不相干的事实"焊接"起来,呈现出思维上的高度跨越性。从思维跨越角度看,这类粗笔又可以分为时间跨笔、空间跨笔和意义跨笔。

(1)时间跨笔表现为时间上的跨越性,如《国宝回归激发民族自豪感》的导语:

英国和法国部队大约140年前从中国圆明园掠走的3件18世纪的青铜雕塑于今天在北京展出。

这个导语,把140年前的"掠夺"与今天的"展出"并置一语,风雨沧桑不作细述,却把重要的事实直接概括出来了。

(2)空间跨笔是在空间上的广阔驰骋,如著名记者黄钢采写的《亚洲大陆的新崛起》:

1949年底的一个夜晚,英吉利海峡的扑次茅斯港口,有一个身材高大的中国人,快步踏上了一艘开往法国的渡海轮船。当他穿过英伦海峡的迷雾,迎着海风走上甲板的时候,可以看见他的脚步稳重、矫健……

这里，记者用驰骋之笔，快速地掠过多个地点，大有杜甫"即从巴峡穿巫峡，便下襄阳向洛阳"的潇洒，把人物切切思归、急不可待之情跃于读者眼前。

（3）意义跨笔着眼于意脉联想，开拓视境。如美联社记者在报道美国副总统访华的消息中，有这样一段叙述：

他下榻在西子湖畔，一片葱翠的山脚下的一所僻静的别墅里。中国领导人有时也住在这所别墅里。

西湖对岸有12世纪的中国将领岳飞的坟墓。那里镌刻的一处碑文写着："还我河山。"这是中国目前对台湾的态度。

这段文字有时空的跨越，更有意义上的纵横联想。由岳飞墓前的碑文，联想到"这是中国目前对台湾的态度"，真是"思接千载，视通万里"，堪称绝妙粗笔！

在新闻写作中，运用粗笔应注意以下几点：

（1）粗笔产生于概括性的叙述。粗笔之"粗"，其要旨是把新闻事实中最主要的数个侧面概括出来，然后"焊接"，生成新的意义。这样才有粗笔的功效。

（2）要善于选取有概括性的细节，构成特定的画面，如美联社记者采写的《"人畜不宜"——寒流袭击美国东北部》的开头：

人们鼻涕稀啦。汽车不能发动。狗狂叫着不肯出门。在纽约州的一个地方，天冷得连冰都冻不成。

这是新闻作品中比较典型的粗笔段落。每个句子是一个细节，也是一个画面。记者将这样三组写意画巧妙地拼接起来，给人以"天寒地冻"的阅读感受，还使人读起来有一种动感之美。

（3）粗笔还可以与一些概括性的议论结合起来，这可以增强粗笔的气势和行文的深度。例如，2003年5月10日《中国青年报》发表的《民勤会不会成为第二个罗布泊》，记者在粗笔勾勒了民勤恶劣的、令人震惊的荒漠画面之后，还有这样一段议论：

民勤以治沙闻名于世。一代代国人从中学课本里认识了民勤这个西北小县，感佩民勤人创造的"人进沙退"的壮举。可如今，因为缺水，民勤绿洲沙漠化加剧，不少沙丘重新复活，"沙进人退"的悲剧又在上演。

这是一种粗笔的议论，点出荒漠组画背后的意义。通过这一议论，深化了新闻主题，也拨动着读者的心弦。

三、跳笔

所谓"跳笔",是指新闻在不违背事实逻辑的前提下,句子与句子之间、段落与段落之间表现出来的跳跃性。跳笔作为新闻写作中的一种常用笔法,提示记者在写稿时,可以省去不必要的过渡,尽量简练、明快地报道新闻事实。

新闻写作中运用跳笔,看似一种思维跳跃,而实质是为了更直接、流畅地陈述事实。跳笔对于读者来说并不构成阅读障碍,而对新闻写作却有多种好处:

(1)跳笔可以使新闻写作更快捷、简便。有经验的记者都有体会:设若在写作中将大量时间和精力耗费在上下文的起承转合或语句、段落之间的联结上,必然会影响写作的速度。跳笔手法恰恰可以绕开不必要的过渡,直陈事实,而不致损害读者思维的逻辑性。

(2)跳笔可以力避铺陈,使新闻更简短、集约,同时可以增添新闻的灵动感,使作品更突兀、新鲜而富有韵致。请看消息《朝鲜民众怒了:你怎么能这样谈论我的家人?》:

美国《洛杉矶时报》网站9月23日报道 (记者芭芭拉·德米克发自平壤)关于金正日健康状况的一个简单问题,竟引起朝鲜人勃然大怒,用很不流利的英语高声指责一通。

26岁的朝鲜导游小吴从咖啡屋的椅子上猛然站起来,大发雷霆地说:"这纯属一派胡言。"接着,他转身责骂刚才那位斗胆打听朝鲜领导人金正日中风情况的外国人。

他喊道:"金正日是我父亲,是我爷爷,是我的家人。你怎么能那样谈论我的家人?"

在朝鲜,朝鲜女翻译拒绝把有关金正日健康状况的问题翻译成朝语。她听到这个问题后,气愤地睁大眼睛,紧闭着嘴巴。

朝鲜对外文化关系委员会的崔先生摆摆手说:"根本没问题。他身体非常健康,一直在兢兢业业地工作。"

朝鲜执政的劳动党的官方说法是,有关金正日中风的报道是西方的一个阴谋,正如朝鲜外务省官员玄鹤峰上周对记者所说,是邪恶势力企图破坏朝鲜稳定而散布的谣言。

出席了朝鲜建国60年庆典活动的外国人说,当时似乎作了金正日出场的准备,显然是到了最后时刻才临时宣布他不出席。这表明他可能出事了。

一位驻北京的西方外交官说,朝鲜人"不谈论这件事,但他们肯定很担心"。

金日成1994年去世后,金正日从父亲手里继承了统治权。我们的导游小吴说:"如果没有金正日委员长,我无法想象我们的国家会怎样。"

他说:"金正日元帅是人类的太阳神,他比乔治·华盛顿、亚伯拉罕·林肯、托马斯·杰斐逊加在一起还要伟大。"

他还说:"你会比我更清楚?和金正日元帅一样,我生活在平壤。我很清楚。"

讨论金正日接班人问题也是一个禁忌。若谈论金正日去世后朝鲜会怎样,那简直是不可想象的。

金日成去世前,金正日早已被指定为接班人。这一次,朝鲜人面对的未来是不可预知和不可言表的。

有时候,朝鲜人的担心似乎很明显,但他们只会婉转表达出来。

一个女孩怯生生地小声问:"你听说过我们出了问题吗?"

这篇消息极其精彩传神!在叙述中,层次与层次、事实与事实之间基本没有过渡句和连接词,内容之简洁、生动是不容争辩的。实际上,这正是跳笔的妙用。

四、变笔

像文学一样,新闻也有审美的诉求。优秀的新闻作品,不仅事实本身能给人以情感冲击,而且记者所运用的灵动多姿的笔法,也能赋予新闻感染力和耐读性。

变笔,顾名思义就是笔法的灵活多变。新闻写作切忌平铺直叙,不兴波澜,而要变换笔法,使行文奇崛多彩。变笔的类型很多,这里仅举三种加以说明。

(1) 粗、细笔的交替变换。刘大櫆《论文偶记》云:"变笔"为"忽起忽落,其来无端,其去无迹。读古人文,于起灭转接之间,觉有不可测识,便是奇气"。他这里说的"奇气",即是因笔法之"变"所带来的文章气韵。这同样契合于新闻写作,例如合众国际社记者罗伯特·克来伯写的《中国导弹之父——钱学森》中的一段文字:

他的名字叫钱学森,今年68岁。在这个名字的背后,有着一段科学幻想小说或侦探小说的作者都无法想象出来的不同寻常的经历。

"我宁可把这个家伙枪毙了,也不让他离开美国。"50年代的美国海军部长丹·金波尔说,"那些对我们至为宝贵的情况,他知道得太多了。无论在哪里,他都值五个师。"

金波尔对钱学森博士才能的高度评价,已被1955年钱获准离开美国回国以来的事实所证实。

这三个层次的内容,记者交替运用了不同的笔法。第一层次是概括性叙述,用的是粗笔;第二层次是引用丹·金波尔的话,点明钱学森身上所蕴藏的巨大"能量",用的是细笔;第三层次承接第一层次的叙述,用的又是粗笔。短短一小段,笔法快速变换,可谓异峰突起,骤然大变。

(2) 叙事、引述、阐释的转换和变化。在解释性报道中,真正优秀的记者总能运用参差、变换的笔法,表达多元而丰富的思想,显示出某种笔力与才情。如2003年9月2日《南风窗》刊载的报道《中国土地忧思录》之第五部分"征地:强化城乡二元化格局?"的叙述形式就显得迅疾多变而富有韵致:

今年7月初,一位北京的部委领导到南方考察,经过一个地级市时,当地市长向部长夸耀说:本市新技术经济开发区没有花财政一分钱,却建成了全市最漂亮、最高档、最绿色、最适合人类居住的社区。

这位曾在地方工作的部长不客气地说:"这件事你蒙不得我,我了解这勾当。从农民手里贱征贵卖,你没花一分钱,也许还赚钱呢。这哪里是征地,分明是吸血嘛!"

近几年来,中央提出加快城镇化进程,城镇化发展很快,但由于国力限制等原因,实际工作中大多是片面强调城市建设,对城乡经济统筹,基本上是心有余而做不到。中国的财力、物力仍然向城市聚集。

特别在中西部地区,60%的农村近十年来反而有凋敝之嫌。在城镇化不断发展的同时,农民景况却依然艰难,从这个意义上说,这是"反城镇化",因为这样的"城镇化"强化或固化了原来不合理的城乡格局。

……

在这段文字中,记者交替使用叙事、引述、阐释、议论等方法,笔法多变老练,富有张力。这种笔法的"转换",使不同的话语功能得以生发,并构成了行文生动、奇崛多变的审美效果。

(3) 叙述和描写的切换。请看美国《读者文摘》刊登的特写《难忘的英格丽·褒曼》:

她不施脂粉出现在银幕上,美国化妆品马上滞销。她在影片中扮演修女,进入修道院的女子顿然增加。一个影迷从瑞典把一头羊一路赶到罗马作为礼物送给她。多少信上只写上"伦敦英格丽·褒曼",便送到她的手中。

英格丽·褒曼是当时最有魅力的女性,但是她始终保持了自己的本色,热衷于舞台,热衷于生活,爱吃冰激凌和爱在雨中散步,在演员生活中喜欢扮演每一种角色,在人生的舞台上也尽量领受生活的情趣。

英格丽曾在斯德哥尔摩、好莱坞、罗马、巴黎和伦敦用5种语言登上舞台、银幕和电视屏幕,无往不胜。她拍摄了47部影片,三次获得奥斯卡奖,一次获德埃米奖。她有子女4人,是位慈爱的母亲。她以狂热的精神献身于工作。

这些文字,记者用的就是叙述与描写交替变换的变笔。记者抓住读者(影迷)的兴趣,一边用精当的笔触描写英格丽·褒曼的生活细节,如她爱吃冰激凌、爱在雨中散步,一边叙述她的成功和不凡之处。文章通过笔触的不断更换,生动地展现了这位著名女演员的无穷魅力。

五、衬笔

衬笔是指在叙述某一事实或人物时,宕开一笔,用相似、相反的事物展开叙述或描写,从侧面、反面对其加以映衬,造成"众星捧月"的效果。所以,衬笔又称衬托法,被衬托的对象,叫"主体",作衬托的对象,叫"衬体"。

在新闻写作中,衬笔的作用不可小觑。俗话说:"牡丹虽好,还得绿叶扶持。"适当地使用衬笔,一方面可以使主次对比分明,主题鲜明、突出;另一方面,借助陪衬,记者所陈述的对象会更加醒目。在新闻报道中,衬笔的运用一般有三种方式:

(1)用次要人物衬托主要人物。就是说,记者在介绍主要人物的同时,也从次要人物的叙述中找到比照,形成"高者自高,矮者自矮"的衬托效果。如《中国青年报》报道,"2004年7月,重庆理念科技产业有限公司招聘了21名大学生。让人始料未及的是,在随后不到4个月的时间里,该公司陆续开除了其中的20名本科生,仅仅留下了一名大专生。据该公司反映,这些大学生被开除的主要原因是他们的自身素质和道德修养不能胜任公司的人才需求。"接着,记者着力对大学生被开除的经历细说端详,或因修养不够、"言多语失"而被开除,或因"喜欢睡懒觉,上班经常迟到,还在工作时间上网聊天,经多次警告仍置若罔闻,最终被公司'开回家'",还有的因在公共场合张嘴吐痰、夸夸其谈、大声喧闹等被除名,等等。最后,记者写道:

而唯一没有被"炒掉"的"幸运儿"是一位女大专生。

"我只是比别人更清楚,自己比别人少了什么东西。我虽然没有很高的文凭,但是我觉得'细微之处见匠心'。"在她看来,作为公司的一员,应该懂得自己的言行必须符合公司的正当利益。对自己的前途负责,首先是对自己所在单位负责、对工作负责。在她的工作记录本封面上写着两个字:用心。

她介绍说,因为刚接触工作,很多东西都需要学习,自己就借公司其他员工的资料看,经常看到深夜。正是这份勤奋和谦逊,让这位女大专生笑到了最后。

这里,记者用的是衬笔,即以一位女大专生完全不同的处世方式和"笑到最后"的结果,显出前者的素质修养之不足。这种对比性衬笔,自有"众星捧月月更明"的效果。

(2) 用场景描写造成反差,以更好地衬托事或人。在新闻写作中,为了更清楚地表现事件和人物,往往插入一些其他场景描写,这些描写成为有力的陪衬。例如,2011 年 5 月 18 日《中国青年报》刊登的《爱抛物线,爱愤怒的小鸟》开头部分:

一群小鸟的版图正在向整个世界扩张。最新的消息是,它们已经渗入了美国白宫。

在今年全美州长的聚会上,当总统奥巴马在主席台上充满激情地发表讲话时,南卡罗来纳州的女州长尼基·哈利却把注意力集中在这群小鸟上。当时,这位政治家在餐桌前偷偷打开 iPad,在游戏界面中努力用弹弓把一只只小鸟弹向对面的大绿猪。

吸引哈利的是目前最为流行的电脑游戏"愤怒的小鸟"。根据开发公司的统计,这个小游戏已经吸引了超过 1.4 亿次的下载。每天,世界各地的人们在这款游戏上耗费的时间累计超过 2 亿分钟。

这段文字,主要的叙述对象是一款最新的电脑游戏,记者却宕开一笔,插入奥巴马总统激情演讲现场的幽默一幕,反衬出"愤怒的小鸟"是如何风靡而深入人心。

(3) 以虚衬实,即用记者主观的感觉来衬托所报道的对象。斯诺在《西行漫记》这篇新闻名著中,常用衬笔来写他所见到的人物。例如当记者写到周恩来时,这样描写:

我一边和周恩来谈话,一边深感兴趣地观察着他,因为在中国,像其他许多红军领袖一样,他是一个传奇式的人物。他个子清瘦,中等身材,骨骼小而结实,尽管胡子又长又黑,外表上仍不脱孩子气,又大又深的眼睛富于热情。他确乎有一种吸引力,似乎是羞怯、个人的魅力和领袖的自信的奇怪混合的产物。他讲英语有点迟缓,但相当准确。他对我说已有五年不讲英语了,这使我感到惊讶……但是从周恩来自己身上,我后来还了解到更多的情况。他使我感到兴趣,还有一个特别原因……他是一个书生出身的造反者。

这段文字,主要是写周恩来给记者的感觉。从周恩来"孩子气"、"羞怯"的外表,到"个人的魅力和领袖的自信"交织在一起的吸引力,都带有斯诺式的感觉色彩。记者的某些感觉与周恩来的实际身份存在反差,然而,这种主观感觉在文本中很有效果,有力地衬托了这位"书生出身的造反者"、一代领袖周恩来的人格魅力。

在运用衬托时应注意:不可过分强调宾体,以免喧宾夺主;对宾体的描写是为了说明、补充、衬托主体的,所以宾体应以突出主体为前提。

第四节 新闻语言的表述

语言是信息的载体。记者通过语言来传播信息,读者也是通过语言来了解新闻,进而受到启迪、接受教育或得到精神享受。

新闻语言与政治、经济、法律等专业语言一样,是作为一种相对独立的范畴存在的。其特质是传播信息、报道事实、快速交流、解释问题的语言,这决定了新闻语言具有自身的一些规范和要求。

一、具体

新闻强调客观报道某一事实,因此新闻语言就必须具体、详实,恰当而清晰地把事实的实况直陈出来。新闻或叙述事件,或建构画面,甚或引述观点,都必须使人抓得住、摸得着,不留疑窦。

1. 把事实中最有价值的要素直陈出来

事实的基本要素是"六何"(5个"W"和1个"H"),其中"何时"(When)、"何地"(Where)、"何人"(Who)、"何事"(What)被称为"自然要素",它们客观存在于事实之中;而"何因"(Why)、"如何"(How)被称为"社会要素",是需要记者观察、分析和阐释的部分。

新闻写作中,不必也不可能把事实的所有要素都写出来,但至少应把事实中的最有价值的要素交代清楚,而不是含糊不清、疑窦百出。目前在国内媒体大量的报道中,很多时候信息以"据知情者介绍"、"从有关方面获悉"、"据权威人士透露"等似是而非、具有模糊性的形式出现。这些模糊、匿名的消息来源,会导致受众接受事实的过程出现"省略、断点"及"疑问"。受众面对这些面目模糊的事实,会对消息的可靠性提出质疑,从而影响整篇报道的确定程度。受众可能会问:"真的存在这样一个人吗?真的发生过这件事吗?这句话会不会是记者自己说的?"可见,如新闻报道埋没了关键的"何人"、"何事"等要素,只会给读者布下重重疑云。

2. 多用直接引语

近年来,许多新闻界有识之士都在不断"呐喊"——记者在写作中应多使用直接引语。而在西方,被认为是经典新闻写作教科书的美国密苏里大学新闻学院教授集体编著的《新闻报道与写作》和哥伦比亚大学新闻学院教授麦尔文·曼切尔编写的《新闻报道与写作》,都把直接引语的使用列为重要的讲授内容。在论及直接引语对于新闻报道的重要意义时,曼切尔教授认为:

> 报道新闻应该进行"展示"而非"陈述"的定律就是:必须把直接引语写入新闻的重要部分。记者在采访时都会留意闪闪发光的言辞、犀利透彻的评说以及新闻人物对新闻事件的简要概括。直接引语能使新闻事件更具戏剧色彩,能使读者直接聆听新闻人物"说话"。此外,它还是一种帮助记者做到真实报道的手段,能使读者直接感受到新闻事件是否真实。总之,如果新闻中使用了直接引语,读者就可这样判断:既然新闻事件的参与者在直接说话,那么这件事必定真实无疑。

密苏里大学新闻学院的学者们则认为:

> 直接引语会使新闻增加色彩,提高可信程度。使用了直接引语,你是在告诉你的读者,你已使他们与说话人建立起了直接联系。就像写信一样,直接引语具有个人的性质。一看见引号,读者马上就会意识到:下面的内容必定非同一般。直接引语还能改变新闻的节奏和韵律,使板着的面孔骤然"多云转晴"。

概括上述观点,我们认为使用直接引语的意义有:① 给人以真实感,堵塞了杜撰新闻的渠道;② 由新闻人物直接说话,能使新闻更有人情味;③ 直接引语通常是重要人物所说的重要的话,往往成为新闻的"点睛之笔";④ 直接引语能使新闻直观、生动,语言更有色彩,行文更富变化;⑤ 使用直接引语,还能借人之口说出媒体想表达却不便公开表达的观点;⑥ 直接引语一般都有出处(消息来源),"一旦因引述内容而陷入诽谤官司之类的麻烦,记者只要引述无误,还可把责任推给说话人,减轻自己在法律上的责任"[1]。

最后,还需作点补充说明。引述作为新闻报道中常采用的方式,也要讲点技巧:一是引语必须忠实于原意。在引用时,记者可以对讲述者有语病或拖沓的话稍作整理,但不能歪曲原意。未作改动的是直接引语,需加引号;已作整理的是间接引语,不能加引号。二是引语应尽可能简明扼要,点明事实,以"警句式"为最佳。三是引语必须生动、精彩,富有个性。四是不能杜撰消息来源,也不能反复引述"一位不愿透露姓名的人士"之类的消息来源。提供消息来源时,应同时提供他的姓名和职务。五是最好能将直接引语和间接引语交替使用,以增加行文的变化,令文章显得错落有致,生动活泼。

3. 多用形象、生动的语言

形象、生动的语言,可以绘形、绘声、绘色,使人如临其境,如见其人,如睹其事,还能把无形的东西有形化,给读者留下深刻印象。如美国记者反映一场马拉松式的"听证会"的枯燥乏味时,这样写道:

当听证会拖到下半夜时,半数听众已经从会议厅里溜走。然而,坐在第一排的那位妇女仍然在打她那件红毛衣以消磨时光。在会议厅的后面,一位中年人一直低垂着头,发出一阵阵匀称的鼾声。市议员史密斯在数着剥落下来的墙皮,而市议会主席桑德斯则把头支在主持会议用的小木槌上小憩。看来,木槌已经派不上用场了。

多么形象、细致、生动的描写!记者仿佛把你带进了现场,历数着每个人的表情、神态,自然也就让你明白这场听证会是多么乏味了。

4. 多用"Show"(呈现),少用"Tell"(诉知)

新闻语言一般是具象描述与抽象概括相结合的语言。"Show"和"Tell"是两种语言风格,在写作中都有作用,应将其巧妙地结合起来。关于多用"Show"(呈现),少用"Tell"(诉知),《美联社日志》告诫记者,不要去说"教堂集会的气氛很热烈",而要那样描写:"大家拍手,脸上发光,人们的衬衫和外衣的胳膊下面和背上的部分由于出汗而颜色变深,脚趾和脚跟轻轻地敲着地板。"不要去说"乔治·华莱士神经紧张",而要换一种方法写:"在一次40分钟的飞行中间,他嚼了21根口香糖,他洗了一副牌,数了数,又洗了一遍,他看了看头上和脚下的云彩,系紧安全带,又把它松开了,数了数牌,嚼嚼口香糖,一边数,一边洗,一边

---

[1] 刘其中.诤语良言.北京:新华出版社,2003:169.

嚼。"[1]西方记者历来讲究新闻写作的专业技巧,特别是故事和细节的运用,认为这有利于获得更好的传播效果,值得我国记者参考借鉴。

当然,新闻语言要求具体、形象,并非事无巨细,一律细加刻画,这必然使大量细节"淹没"真正的新闻,实际上成了另一种意义上的不清晰。以报道我国国庆庆典活动为例,只说"规模空前"当然令人摸不着头脑,细腻地描写全国各地的庆祝情况,也会让人坠入云里雾里,而路透社记者安德鲁·布朗这样报道:"导弹、坦克、低空掠过的战斗机与花团锦簇的少男、少女们一道欢庆新中国诞生50周年。50万人参加了在北京天安门广场举行的庆典,既是为了显示中国人的自豪,也是为了展示中国的强大。"这里,记者先用一个形象的描写,然后概括"庆典"背后的意义,给人以清晰明确的印象。

二、准确

没有准确的语言,就无法准确地报道事实,也无法传递准确无误的新闻信息。新闻报道的真实性,与报道语言是否准确密切相关,有的报道失实,就是因为语言表达不准确造成的。

新闻语言对准确的要求是非常严格的。新闻报道不仅要使人"了解",还要使人避免"误解"。这就要从两方面下工夫:一方面是在深入了解客观事物上下工夫,另一方面是在语言表达上下工夫。记者如果对所报道的事实认识模糊,就会在语言上反映出来。这就对新闻语言提出了"准确"的要求。

1. 要恰如其分地叙事

新闻语言主要是叙事性语言。它要求叙事时掌握好分寸,真实地再现事实,切忌似是而非,给人大而无当的恶感。用夸大的"新闻辞令"写新闻,这在各类媒体时有所见。比如,上级领导来视察,说了几句鼓励的话,报道就说"各方面工作得到领导的充分肯定";某项工程完工,尚未通过质量检查,就忙不迭地报道"已达到国内一流水平";某厂亏空得一塌糊涂,年终报道还是"成绩是主要的";有个小单位14名干部职工有12名贪污,也称"大多数是好的",这类"高度赞扬"、"国内一流"、"一致好评"之类的套话,给受众留下"吹"的印象,导致了媒体公信力的下降。

新闻语言问题,与记者的综合素养有关。语言表达的"得体",既来自于记者对不同报道对象的准确把握,也获益于巧妙、优雅的文辞。著名报人、作家董

---

[1] 章晓芬.感性地表现与理性的陈述.新闻传播,2003(3).

桥曾赞扬下面一则娱乐新闻：

记者陪莎朗·斯通去逛艺廊，她看中一对针绣花边长条地毯。穿一身Armani西装的年轻店员开价560美元，她竖起五只手指还价500。那个高高瘦瘦的店员说："有个条件，你知道我要什么。"她突然散发出一丝妩媚："我不太清楚你要什么。"那个店员满脸通红："你弄得我脸红了。我没那个意思。我只想要一张签名的照片。"她依然带着轻佻的口吻压低声音说："那我想我们做得到。"（"I think we can do that."）她后来对她的女司机说，那人是最讨人喜欢的卖地毯的家伙。

董桥评点说："莎朗·斯通的'本能'没有退化。而记者的语言文字也真的可以这样叫人舒服得脸红。"显然，记者熟悉这位女艺人的个性，而在语言中又能借助"鄙俚的语文"，折射出人的微妙天性。

2. 感受和事实匹配，力求"立言得体"

新闻报道中，事实是客观的，感受是主观的。记者的感受应从事实中自然而然获得，不能差强人意，语言表达也应尽求到位，做到"立言得体"。否则，超出某种限度，读者就会觉得新闻报道失真、失实。例如有一年，一只台湾的信鸽受了点伤，落在天津，被人发现后得到精心治疗、饲养。收养者打算在适当时候，把它放回台湾的主人那里。这本来是一条趣味新闻。但记者在报道时，非要突出什么"思想性"，他在消息中说：这只鸽子"带来了海岛同胞眷恋祖国大陆的信息"，"快过年了，连鸽子都想大陆、想团圆了"。鸽子毕竟不是人，它懂什么过年不过年、团圆不团圆呢？记者把一只迷失方向的鸽子和台湾回归的祖国统一大业联系起来，不仅毫无科学依据，而且宣传气味"呛人"，反而把好新闻糟蹋了。

3. 多用能够量化信息的精确语言

比"准确"更高的要求，是精确。语言的精确，是点化之功，还得借助于"科学"的拓展。美国新闻界自20世纪30年代开始，引进社会科学的研究手段，帮助分析复杂的社会现象，以此进行精确的新闻报道。我国《北京青年报》也从1994年起，以每周一块整版的"精确新闻"，追求新闻"离真实和准确更近些"。如2001年3月1日，国家信息产业部等部门推出的电信资费调整方案开始执行。敏感的记者到各大营业厅去采访，发现很多人前来投诉，反映"话费比调整前增加了"。人们对电信改革议论纷纷。于是，记者在"精确新闻"版设计了电信消费热点大型调查，统计分析出相关结果，结论是：44.8%的被调查者认为话费比以前明显增加，而不是笼统地说"很多人"；用户对电信部门提倡"长话短说"的意见是：65.7%持同意态度，14.7%持无所谓态度，19.6%持不同意看法，而不是简单的"议论纷纷"。[1]

4. 注意用词的准确性

语言文字问题,是一个人的教育和修养熏陶出来的表达艺术。受到良好的教育,自然可以打稳语文基础,环境熏染加上用功观摩,语文的修养也能逐步提高。同样是董桥,曾以亲身经验提示"环境塑造人"的道理:

> 我在传播媒体工作多年,向来克制自己不给传媒工作者泼冷水,也不随随便便红笔一挥大改文字。我一直希望以自己平生对语言文字的一片珍爱之心诱导下一代的传媒工作者,放手让大家自己去摸索,随时跟我讨论遣词用字的难题,或者从我修饰的几个句子里去看看对错,用心斟酌。我宁愿以身作则,点点滴滴在传媒机构内提高专业意识、营造文化气息,让人人在忙乱的工作中慢慢栽培出心中的素养。[2]

他还举例说:香港某报纸报道影视艺人温碧霞停牌开车被捕,日前出庭受审,打扮俏丽,还用太阳眼镜当发夹"箍"住秀发。这样的装饰虽然更见她的姿色,却被"庭警视为不够庄重而喝令除下"。报上还说,温碧霞出庭应讯"引来很大关注",不少法庭书记和庭警纷纷趁机到庭内一睹风采。这里的"关注"一词,显然过火了。大家想看温碧霞真人漂不漂亮是"好奇心"使然,关心她"判监一月缓刑一年"之事,才可以说"关注"。由此可见,要做到文字无一差错、疏漏,非得如此煞费苦心不可。

三、简练

所谓新闻语言的简练,就是在新闻报道中借助简洁的文字、精练的句子,表达新闻丰富的内容,做到言简而意明。

新闻语言要求简明,是由新闻自身的特征决定的。它篇幅短小,行文简明,但又要表达较丰富的社会内容。1968年美国《明星日报》曾创造过报纸评论最短的世界纪录,记者在评论在任总统约翰逊时,写了这样一句话的短论:"约翰逊认输——妙!"译成中文,标题有五个字,正文却只有一个"妙"字。媒体的态度"尽在不言中",行文真是简明。当然,并不是所有的评论都该这样写,但简练却是值得倡导的文风。要做到语言简明,一般有以下几种方法:

---

[1] 郦辛.超越准确的"精确新闻".中国记者,2001(9).
[2] 董桥.文字是肉做的.上海:文汇出版社,1997:79.

1. "把不重要的去掉,剩下的就是重要的了"

这是邓小平同志的文字经验之谈,相当深刻。新闻报道要实现语言简明的要求,最重要的方法,就是剔除可有可无的词句。用语要节俭,要讲究实效,这是新闻写作中应树立的理念。请看下面一则新闻的导语:

朱镕基总理谈百姓评价

本报两会记者组北京(2000 年 3 月)16 日电 中国总理朱镕基希望自己卸任后人们记得他什么?他今天说:"我只希望在卸任后,全国人民能说一句:他是清官,不是贪官。我就很满意了!"

朱镕基在评价自己时,其实还说了很多话,但记者抓住讲话的实质内容,高度凝练地表达出来。我们以为,新闻报道在不影响表意的前提下,能少说一句就少说一句,能省一字就省一字,这样重点自然会突出,语言也会精粹起来。

2. 用好短句

新闻表达多用短句,是由新闻传播的特点决定的。以电视为例,为了尽快地传播社会生活各方面的信息,它是以分、秒的时间单位计算传播速度的。那种长句子只会使报道显得拖沓,从而影响人们的接受心理,缩小新闻的传播范围。

许多通讯社经过大量的研究得出结论:使新闻报道可读的关键之一,就是用好短句。下面是合众国际社提供的一个研究结论,值得我们注意:

句子用词的平均长度

最易读的句子	8 个词以下
易读的句子	11 个词
较易读的句子	14 个词
标准句子	17 个词
较难读的句子	21 个词
难读的句子	25 个词
很难读的句子	29 个词以上

当然,用短句子也不能过头。阅读心理表明,连续的短句会导致上气不接下气的后果,读者会产生像雨点打过来似的紧张感。所以,语言表达的关键是要讲究"语感",做到有变化、有韵律,具体做法如:将长、短句相互搭配,使句子朗朗上口;把长句子化开,使复杂内容分解在几个语句中;注意节奏,有一定的音乐性;等等。

3. "意真则简,理当则简"

语言的简明从根本上说,还是要记者善于概括、提炼,这是意识到位、思路清晰的表现,即所谓"意真则简,理当则简"。如果道理不足,对新闻事实认识不清,在写作中就只好"远水近浪"反复讲,用文字凑篇幅。

四、通俗

新闻传播具有大众性,如果用语艰涩难懂,大量引经据典,就会拉大新闻与受众间的距离,最终失去受众。新闻语言要求通俗,正是基于大众传播的特性。新闻报道沾染上打官腔、耍花腔的恶习,便只会起到拒斥受众的负效果。美联社编辑雷内·卡彭将这种夸夸其谈、装腔作势的语言称之为"新闻腔",他指出:我们是被累赘不堪的语言包围着。政府把空空洞洞的官腔灌输到社会上来。各种公共机构、公司总部、专门职业和社会科学部门,全都为行话的泛滥而大卖力气。新闻记者由于职业关系,不得不同这种使人闷得透不过气来的用语打交道。他们的本职原该把这一切改变为平易的用语,可惜他们自己也染上了爱说唠叨话的坏毛病,因而丢掉了语言的精确性、清晰性和优美性。[1]这段话可谓一针见血,提醒我们不能让"新闻腔"的流毒"感染"新闻报道。新闻语言要做到通俗化,必须注意几点:

1. 多用平常的字词

对语言的表现力,通常有一种偏狭的理解,以为要表现事物的特征,反映事物的本质,用语就得华丽、高雅。其实,字没有高低、贵贱之分,全看用得恰当与否。连用几个"伟大",并不足以使文章伟大。一个很俗的字,正如一个很雅的字,用到恰当的地方就起作用。这是经验之谈,也提醒我们不必故作惊人之语。

在新闻写作中,越是笔头老辣的记者,越追求用字的平常,做到语言平白如话、通俗易懂。在他们看来,新闻中最好的文字,就是与大众至亲的文字,即人们在日常生活中都这么用的文字。

2. 对专业性、技术性的术语作通俗说明

报道财经、科技一类新闻,会涉及科学概念和技术性的问题。如果记者在写作中对专业词语照搬、照抄,就会给一般读者造成语言障碍,影响新闻的传播。这就要求记者对深奥的理论和专业名词,尽量作深入浅出的表达,使之通俗化。

这个工作可以从两方面进行:其一,对报道中涉及的专业术语必须作通俗的

---

[1] 刘海贵,尹德刚.新闻采访与写作新编.上海:复旦大学出版社,1997:179.

解释和说明，使一般读者也易于明白；其二，对有些难以说清的抽象理论，可以借助比喻、拟人等手法予以说明。例如，《科技日报》记者黄勇在报道中国科学院计算机所与外商合资创办联想集团的通讯中，把这一"双赢"举措喻作"瞎子"和"跛子"的组合，这实际上就是运用了比喻的方法。

3．巧用数字

记者的语言表达还会遇到一个特殊问题，即如何运用数字。尤其在财经报道中，数字是构成新闻事实的重要组成部分，不可或缺。那么，记者该怎样运用数字呢？一些有经验的记者摸索出一套方法：

（1）用活数字，使数字具象化。例如，记者报道"靠石头致富的田家镇"，是这样介绍这里的石材资源的："田家镇是个'石头镇'。据勘测，石头蕴藏量足有4亿吨，全镇人均近2万吨。如果将这些石头垒成1米高1米宽的石岸，足足可以绕地球10圈！"这样的表述，把枯燥的数字变为具体的形象，生动而有说服力。

（2）数字要少而精，不宜用得过滥。大量的数字令人应接不暇，很少有读者会耐心地去琢磨"群星"般的数字。有的报道仅数百字，却用了十几个乃至几十个数字，俨然是一份没划表格的统计表，读来往往令人不得要领。

（3）引用真实、权威的数字。在新闻报道中，对数字的使用要慎重、敏感。不要轻易说"创全国最高纪录"、"创世界最好成绩"之类的话。数据的来源要权威，要选择权威部门、权威人士提供的数字，不要随意引用估计的数字，以免出现差错，对社会生活造成严重后果。

第十章

新闻的基本结构

要点提示：

新闻的基本结构包括标题、导语、主体、结尾和背景五个部分。每个部分都有各自的写作要求和原则。新闻写作应找到恰当的结构形式，进而把各种事实、观点、情节和细节等串联起来，构成一篇完整的新闻报道。

新闻报道的结构,是指新闻报道的内部构件及其组合方式。新闻报道的结构是一个多层次、多因素的复合体。从大的方面来讲,它可以分为内部构件要素和行文的组合方式。内部构件,包括标题、导语、主体、结尾、背景等各个"零部件";行文的组合方式是指新闻报道的内容得以展开和体现的整体形态,主要研究怎样把上述"零部件"组装起来,使之形成一个适当的新闻结构形式。

　　需要说明的是,"新闻"是一个较大的概念,包括消息、通讯、深度报道等多种文体,本章所叙述的新闻结构,主要是指消息类文体。通讯和深度报道虽是在消息的基础上发展起来的,但因其篇幅较长,内容丰富,它们的结构就显得复杂多样,需要另辟专门章节(第十二章第一节、第十三章第三节)讲述。

第一节　标题:点睛之笔

　　标题又称题目,一般报刊通常以大号字体排印。标题是新闻内容的精粹,是对新闻事实最精练、最鲜明的概括。它对新闻有画龙点睛的作用,因此也有人称之为新闻的"眼睛"。

　　新闻的标题,是人们阅读新闻时最先接触到的部分,但记者一般是在写完新闻之后,再完成这"点睛之笔"。但也有记者认为,新闻写作应先起标题后写文,以确保行文的周密性。这是不同记者的写作习惯问题,不必强求一律。新闻界人士还认为,制作好标题,记者固然责无旁贷,而编辑也有相当责任。鉴于标题在报纸版面中占据的突出位置,以及对读者阅读新闻的心理影响,记者、编辑都会在标题制作上"煞费苦心"。

　　俗话说"题好一半文",新闻尤其如此。总的来说,标题的作用体现在四个方面:一是揭示新闻的内容,传递新闻的主要信息;二是评点新闻事实,引导受众理解新闻的主题;三是引导读者瞬间作出阅读决策;四是起到美化报纸版面的作用。确实,好的标题能传报道之神,为新闻增添神采,唤起读者的阅读兴趣,甚至使人久久不能忘怀。

一、标题的类型

　　由于新闻传播具有快速传递的特点,这就要求标题一经标出,作品的新闻价值就得到显现,新闻的精粹内容一目了然。因此,新闻标题与其他文体的标题相比，它更具有醒目、生动、别具一格等特点。新闻标题主要有三种类型：多行标题，双行标题，单行标题。

1. 多行标题

此类标题一般由引题、正题、副题组成，有的还可以有提要题。它信息丰富，报道力度强，常用来报道比较重要的时事新闻。例如：

困难挑战前所未有　总理报告八提"信心"　　　　（引题）

9500 亿赤字 60 年最高　　　　（正题）

<small>赤字率虽然接近3％的警戒线但风险可控总体安全</small>　　　　（副题）

（1）引题，又称肩题、眉题，它用来介绍背景、渲染气氛、揭示文意、引出正题。引题的位置在正题之上（横排）或之前（竖排），字号都小于正题，引题不是新闻必具的标题。

（2）正题，是新闻标题的主体，又称主标题、主标、主题。它用于概括和提示新闻最主要的事实和思想，是新闻内容的精华所在。正题是双行或多行标题结构中的主体，字号最大、最醒目，占据位置比例最大，是最受人注意的部分。正题是新闻必具的标题。

（3）副题，又叫子题、辅题。它对正题起补充、说明、印证、注释的作用，位于正题之下（横排）或之后（竖排），字号也小于正题。副题也不是新闻必具的标题。

（4）提要题，又称提示题、纲要题。它将新闻的内容用纲要式的语言加以简括。它位于新闻副题之下，正文之上。它不属于新闻的必具标题。

多行标题有双正一副、一引双正等情况。例如：

珠峰失足，险矣！

坠入我境，幸哉！

<small>法一登山队员被我藏民救出</small>

<small>昨晚郑州发生一起恶性交通事故</small>

白色皇冠拖着被撞伤者狂逃

众出租车怀着满腔义愤猛追

多行标题有时有四行、五行甚至更多行的，即在一行引题、正题、副题之外，根据需要增加一两行副题、正题和引题。这种情况一般在报道全国性重要会议和重大节日活动时采用。

2. 双行标题

双行标题分两种,即一引一正和一正一副。例如:

家中一切全遥控	(引题)
"数字家庭"现身上海	(正题)

天空有可能出现两个太阳	(正题)
不过这是三十亿年以后的事	(副题)

3. 单行标题

单行标题是比较多见的一种标题,例如:

168岁《世界新闻报》死于"窃听"

哈里·波特怎样给我们上赚钱课

另外,标题还有虚实之分。实题是揭示新闻事实的题目,多用精练的一句话概括事实;虚题则为摆观点或渲染气氛的题目。例如:

"酸菜"化作"流星雨"	(引题,虚题)
中戏再搞爆笑剧	(正题,实题)

春天孩儿脸	(正题,虚题)
昨天夜雨送凉　明起阳光重现	(副题,实题)

标题的虚与实,要根据消息的内容来决定。一般而言,单行标题多为实题,两行或两行以上的标题可以有实有虚、虚实并举。引题、正题可实可虚,而副题都是实题。

二、标题的制作要求

新闻标题的总体原则是"高度概括"、"突出焦点"和"讲究修辞",而制作标题的具体要求为:准确、鲜明、生动、精简。

1. 准确——吃透"事实"

所谓准确,有三方面的涵义,即事实准确、观点准确和用词准确。这是衡量标题好坏的基本标准。最关键的一点,就是要点出事件的焦点或矛盾,既便于理解,又避免误解。例如:

> 老师随意缺课　学生回家自修　家长困惑　　　　（引题）
> 　　　上课咋也"缺斤少两"？　　　　　　　　　　（正题）

这个标题，一引一正，前者交代情况，堪谓详尽，后者点出问题，准确而醒目。反之，如果只有正题，虽然也能表达大致意义，但不免空泛，令人摸不着头脑。

2. 鲜明——突现"亮点"

新闻标题是人们阅读新闻的第一"接触点"，是人们阅读新闻和"点击"新闻的主要依据。因此，标题制作就必须做到用词醒目，突显"亮点"，以至"语不惊人死不休"。如一条关于局级干部公费洗脚按摩事件激起公愤，有关部门却不作回应的新闻标题："干部主管部门三玩'躲猫猫'"，鲜明地点出了一些官员"打太极拳"、敷衍群众的消极态度，尤其"躲猫猫"一词，不仅语义明晰、态度明确，且尤为鲜明醒目。

3. 生动——讲究修辞

新闻标题要吸引人，还必须讲究语言修辞。标题的修辞，可以理解为使"事实"更显生动、奇异，"既在情理之中，又出乎意料"的语言策略。例如，《解放日报》有一则新闻标题为：

> 　　冰雹，砸郑州一个措手不及　　　　　　　　　（正题）
> 　10 条生命换来的教训：加紧建立政府预警防灾体系　（副题）

这一标题言简意赅，语言生动。前者点明"后果"，后者引出"教训"，一个生动，一个平实，显得相当平衡工稳。

4. 精简——高度概括

新闻标题要求文字凝练、简洁，用最精简的文字概括出主要事实及其本质。例如，著名作家贾平凹 50 岁生日之际，有记者采写消息《贾平凹：我还要拼上十年》，这个标题可谓精粹、简洁，传达出已入"知天命之年"的作家仍孜孜于文学写作，还在向新的目标迈进的精神状态。

第二节　消息头：标明发布单位

消息头，也称"电头"。记者在发表新闻稿件时，在新闻正文之前以特定方式注明供稿源，发稿的时间、地点，如"本报讯"或"××社××地×月×日"，这就是消息头。消息类稿件的消息头一般放在开头；通讯类稿件的署名多置于末尾。消息头的形式主要有"讯"与"电"两类：

（1）"讯"，是指记者通过邮寄或书面递交给本新闻单位传递的新闻报道。记者或通讯员为新闻单位写稿，在消息开头一般都应冠以"本报讯"三个字，编辑部根据各种消息来源编写的新闻，消息头也用"本报讯"。如果记者的报道是从外埠寄回的，应注明发布新闻的时间、地点，如"本报北京 3 月 15 日专讯（记者×××）"。

（2）"电"，是指记者通过各种电讯手段（如电报、电传、传真、电话等）向新闻单位传递的报道，一般冠以"本报上海 2 月 16 日专电"。我国新华通讯社向国内外媒体提供新闻稿时，多采用这种形式，其电头由播发新闻单位的名称（一般是简称），播发新闻的地点、时间和形式这几个要素组成，如"新华社武汉 5 月 1 日电"，这里"新华社"是新华通讯社的简称，表示这条消息是由新华社发布的；"武汉"是新华社一个分社的所在地，此处表示发布新闻的地点；"5 月 1 日"，是发布新闻的时间；"电"，表明这条消息是通过电传或传真形式传递的。

消息头标明"讯"或"电"，在正规的新闻稿中是不可或缺的。概言之，消息头的作用有：① 表明消息来源，以利受众判断；② 标明独家新闻，提示版权所有；③ 表明消息与其他文体的区别，澄清评价标准。另外，消息头与媒体、记者的声誉也联系在一起，可以增强其责任感。

新闻单位转发其他媒体消息，通常冠以"（据）××报（或××台、××社、××网站）报道"，如："本台消息　据新华社报道"、"美国《纽约时报》网站 3 月 15 日报道"，以示消息来源和版权属某报（台、社、网站）所有。所转发的报道，新闻单位无权任意增补更改，但可以删节或摘编。新闻单位常以转发其他媒体报道的方式，有效补充本新闻媒体采编稿件之不足。

第三节　导语：最神圣的第一句

导语是新闻的开头部分，通常是新闻的第一句话或第一段话。它要求用极其精练的语言，表述新闻中最主要、最核心的内容，揭示新闻的意义，引起受众的兴趣和关注。

在新闻写作的诸要素中，导语的构思具有重要意义。导语是新闻的核心和精华所在，能起到"一锤定音"、"一语定意"的作用，还直接影响新闻主体的展开方向和舒展程度;而且,导语(Lead)有"引导"、"引入"之意,是引导读者读下去的"诱饵"。所以新闻界一般都公认,导语是记者展示其杰作的橱窗,"读者和编辑都会自然地设想,如果记者未能在导语中表现出水平,那么他就是没水平"。鉴于此,绝大多数记者在构思导语时都会殚精竭虑,不遗余力。

回顾整个新闻报道的历史,导语写作并不存在一个刻板模式。在新闻的演进过程中,记者依据新闻传播的特点和读者的阅读心理,努力探求导语足以打动人心的真谛。

第一代导语,也称"全型导语"。肇始于美国南北战争时期。由于电报尚不够普及,技术也不成熟,为了避免电报因故障突然发生中断,记者在撰写新闻时,逐渐学会了将事件发生的时间、地点、人物、事件、原因及结果等读者最关心的新闻事件中的各要素,一概写入新闻的第一段,详情则放到后面各段补充叙述。这成了新闻导语的雏形。伴随着这种写作格式出现的、按事实重要性递减排列的新闻结构,就是所谓"倒金字塔"结构。

第二代导语,也称"部分要素导语"。当信息传播的技术障碍消除后,六要素俱全就不再成为导语必须遵循的原则。一些记者主张,应根据每则新闻的特点,从新闻要素中挑选一两个最重要、最有感染力的要素,突出地写入导语之中,而将其余的要素放到后面的段落中加以叙述。这种突出新闻事实中的"部分要素"的导语,便是第二代导语。

第三代导语,也称"延缓式导语"。20世纪70年代,美国新闻界又提出了直接式导语和延缓式导语。直接式导语主张将新闻事实以直陈的方式表现出来,以便快速传递信息。它基本沿袭了第二代导语的写法。延缓式导语则颇似中国文章写作中的"冒题法",故意将新闻的中心内容不放在导语中推出,而是在后面逐渐引出,从而形成一个悬念,激发读者的好奇心,这便是第三代导语。例如:

某月某日的某市,阳光明媚,人们照常上班,主妇们照常上街买菜购物,学生照常上学,生活一如既往地进行着。

在市政府的会议室里,也像往常那样举行着会议,局外人看不出这座市府大楼有什么异常。

但是会议正在研究一个重大的议题,考虑如何应付正在威胁着该市的一场大灾难。

这个导语中,第一、第二自然段故作轻松,延缓了叙事高潮的来临,而当第三段突然冒出"大灾难"事件时,却给人以阅读的紧张感。

第四代导语被称作"流线型导语",目前在新闻界已颇为流行。它强调的是事件的吸引力和写作的自由性,突出报道事实中最富于吸引力的某个"点",将读者的注意力集中和缩小,并以几个轻松的段落组织成一个戏剧性的开头。应该说,这些探索进一步敞开了新闻文体革命的门户。如:

路透社洛杉矶3月17日电 就连好莱坞也编造不出这样的故事:为了侦破一起神秘的盗窃案,一个联合特别行动组成立了;联邦调查局也被请来了;一条特殊的电话热线开通了,悬赏破案的赏金为5万美元。

什么被偷了?英王皇冠上的珠宝?比尔·盖茨的财产?都不是。被盗的是对洛杉矶市民来说要重要得多的东西:奥斯卡金像奖不见了!

我们以为,每一代导语各有自身的妙处。对记者来说,关键在于依据新闻事实的特点,找到最能表现事实的方式,并照顾到现代人的阅读心理和信息接收的习惯。

一、报纸导语的类型举要

新闻导语有许多种分类,如按新闻要素分类,导语可以分为何事、何人、何时、何地、如何、为何导语;按写作方式分类,导语可以分为摘要式、直接式(称读者为"你")、背景式、对话式、描述式、借喻式、列表式、惊叹式等多种导语。这里,我们着重从表达方式的角度对导语进行分析,并说明该如何写好导语。

1. 直叙式导语

直叙式导语,即以直接叙述的方法,把消息中最具实质性、最吸引人的内容,简明扼要地叙述出来。它的特点是:开门见山,精练浓缩。其写作要旨可归纳为:抓住特点,突出要点;句式简单,段落简短。请看一条消息的导语:

法新社香港4月7日电 新华社今天宣布,中国外科大夫采用新方法,从死人那里把骨组织移植到活人身上来治疗骨肿瘤。

这个导语,据实著文,用叙述笔法如实报道,新闻的要素清楚,要点突出,这正是直叙式导语的特点。

2. 描写式导语

这一类型的导语,对新闻人物、现场或个性化的细节,进行简洁而有特点的描绘,使人有如见其人、身临其境的感觉。描写式导语最常见的有见闻式和特写式两种。见闻式导语多用于记叙、描写特定的事件场景,以叙为主,辅之以形象的描写;特写式导语则以描写为主,着力于对人物神态、表情或现场情景作突出描写,给人以特写式的镜头感。请看下面两则导语:

据目击者说,最高法院的一位法官昨天在米尼奥拉法院审判一宗离婚案件时昏昏睡去,鼾声大作。(《纽约时报》)

吴从林坐在轮椅上被送出病房,他光着脚,腰上缠着绷带,T恤和裤子上沾满血迹。有记者问:"您伤在哪儿了?"他眼神茫然地回答:"我就是想我儿子。"一旁的警察礼貌地阻止了采访,警察压低声音说:"他今天失去了儿子。"(《新世纪周刊》)

前一个导语的描写颇为简洁,仅以"昏昏睡去,鼾声大作"八字,即把美国法官形象漫画出来,属"见闻式"。后一个导语的描写则稍详尽,记者运用有特色的细节、绘声绘色的手法报道人物,给人以完整的镜头感,这便是特写式导语的写法。

3. 述评式导语

述评式导语,即在叙述新闻事实的同时,对报道的人物或事件作出评论,一上来就揭示新闻所蕴涵的社会意义。这一类导语既有简明的叙事,又有精当的评点,在当今新闻界运用比较广泛。例如新华社消息《"天体大十字"宣告破产》的导语:

世界各地的天文学家证实,8月18日没有发生特殊的天文现象,更没有发生地球毁灭这样的大劫难。世界各地的人们像往常那样度过了平静的一天,"天体大十字"这一"末世论"预言宣告破产。

这个导语前一句是对客观事实的陈述,后一句是对"末世论"的评论。两者之间具有因果关系,从而以强有力的事实论证、揭穿了"1999年8月18日地球毁灭"的"末世论"的荒诞无稽。

4. 设问式导语

设问式导语,就是在新闻的导语中,抓住人们"欲知"而"未知"的问题,以设问的方式提出来,然后用事实加以回答,从而引起受众的关注与思考。例如:

中国政府对经济加强宏观调控后,经济界有人担心,中国经济会不会出现1998年那样的急遽滑坡?

国家权威部门认为……

文学给经济让位,文字给图像让位。一系列的变迁之后,纯文学还有立身之地吗?

在人们为文学叹息的时候,贾平凹却以他47岁的年纪,出了五六十种书,90多个著作版本。长篇初版开机印数始终在20万册以上,散文一版再版,连他的书画集也成了销售热点。

这还不构成"贾平凹现象"吗?

这两个导语运用设问句开头,很容易吸引读者的注意力。导语中提出的问题,要么与读者普遍关心的问题有关,要么属于社会、科技、文艺方面的趣闻,读者兴趣较大。记者用提问的方式开篇,并解释"悬疑",便会产生某种启迪和引导的作用。但也须注意,记者用设问开篇,不能给人以故意卖弄的嫌疑。"卖弄是做人的大忌,也是新闻写作中的'禁区',不可等闲视之。"[1]

5. 引语式导语

引语式导语,就是在消息中引用新闻人物的语言来设计的导语。导语中的引语通常有两种写法:一种是把讲话人置前,直接引语置后;一种是直接引语置前,讲话人置后。例如:

今天,全世界都知道了这场严肃的对话。688米深的矿井底下,54岁的智利矿工乌尔苏亚说:"不要丢下我们不管……我希望智利能够表现出自己的力量,把我们从这地狱般的矿井中救出去。"

"如果全世界的制造业都搬到中国来做,那将是中国的大幸。按现在的改革步伐,中国有希望继续20年到30年保持高增长。"这是著名经济学家樊纲近日在深圳对中国经济现状发表的看法。

必须注意的是,使用直接引语作导语也有前提:第一,如果讲话人身份特殊,而他发表的意见又有新闻价值,那么使用直接引语作导语是恰当的;第二,如果讲话的是普通人,而他的见解非同一般,有生活哲理和情趣,那么把直接引语置于开头,也是适当的;第三,如果讲话人(不管其是否有名)所讲的内容平淡无奇,那么最好不用这类"引语"。

6. 故事式导语

故事式导语往往以一个小故事开头,引出要阐发的话题,如《扬子晚报》一则消息的导语:

经济学家樊纲近日谈起这样一件事:前不久他到浙江义乌市的小商品市场考察,发现这里的东西又好又便宜,做工精美的袜子每双只要8毛钱。"8毛钱一双袜子居然还有利润赚,我作为经济学家实在想象不出来!"樊钢笑道。

以一个故事开头,其好处是富有吸引力,并能展开新的内容——"不过,这

---

[1] 刘其中. 诤语良言. 北京:新华出版社,2003:116.

个袜子难题倒是引出了樊钢的另一个话题:要提升产业层次,还是要扩充产业层次?他说,现在不少地方的领导一谈发展战略就是高科技,对传统制造业不感兴趣,其实这是认识上的偏差。'8毛钱的袜子并不耽误生产导弹飞船呀!'"紧接下来的叙述几乎是水到渠成。

7. 对比式导语

新闻事实中含有对立因素,常能够引发读者的兴味,借此构思导语,则可以起到相互衬托作用,耐人寻味,如:

正当鸟语花香的春天到来时,记者在河北山区,看到大约半数荒山都见不到新绿。

读完这个导语,不仅使人想追问"为什么",引发联想,而且,这样的对比还能深化报道主题,即环境保护的重要性。

8. 诗词式导语

诗词式导语,即在消息的开头部分,运用诗词、谚语、民谣等作为导语,使之与报道的事实对接,也为新闻增添情趣。请看获奖新闻《哥哥今日走西口,妹妹欢喜不再留》的导语:

西口,一提起西口,人们就会想起那凄凉悲惨的陕北民谣:"哥哥你走西口,小妹妹实难留;提起你那走西口,两眼泪长流……"

新闻导语除有上述的写法外,还有结论式、比兴式、类比式、数字式、观感式等等,不再一一列举。

二、导语的写作要求

尽管新闻导语的写法千变万化,但也有一些公认的基本要求与准则。

1. 出语不凡,巧于开篇

美国新闻记者赫斯特说过:"千万记住,如果你的第一句话不能打动读者,也就没有必要写第二句了。"他的话提醒我们:在报道中导语的构思不仅要准确反映事实,而且要刻意求新。出语不凡,不落俗套,导语才有创意价值,才能吸引读者的"眼球"。请看下面两则新闻的导语:

从1150点到780点,上半年,创业板痛不欲生,指数暴跌近400点!从845点到950点,下半年一开场,创业板就来了一个"华丽转身",大涨100点,剑指1000点大关。

外表红彤彤的西红柿,捏起来硬邦邦的,切开后籽是绿的,吃起来像是没长熟;黄瓜通身碧绿带刺,"身板"笔直,顶上还有一朵小黄花……这些外表诱人但似乎有些"异常"的蔬菜,在各地菜场并不少见。

这两个导语各有特色,前一个用概括式导语,后一个用描述式导语,显然都经过精心设计,都是刻意求新的佳作。所以对于导语写作来说,不仅要做到"和别人不一样",还要力求"和自己写过的不一样",这种"求新"、"求异"心态是非常重要的。

2. 发掘"黄金点",抓住报道核心

在构思导语时,关键是要把握住新闻事实的核心,将最有新闻价值的"黄金点"准确、简明地表达出来。试比较下面一则导语:

1日上午,一则关于外交部微博招人的消息在网上流传。这则招聘微博由外交部官方微博平台"外交小灵通"发布,采用了时下流行的"淘宝体",在三个多小时内被转载4800多次,引发网友热议。

这则导语,一是突出"何事"(微博招人),二是凸现"如何"(引发热议),都触及了报道的价值点,引人关注,出语不凡。

3. 导语的"最近点原理"

所谓"最近点原理",包含两层意思:一是"点"的认定,即导语中所涉及的时间要素应该是新闻事件发展过程中的"某一时间点",而不是从事件发生、发展直到结束的"时间段";二是"最近"的认定,即导语所选择的那一个"时间点",应尽可能是距离报道时间最近的"点"。[1]

新闻传播的速度越来越快,客观上对记者提出了更高的要求:必须即时跟踪新闻事件的发展,不间断地捕捉新闻的"最近点"。目前,一些国际性大通讯社抢发重大新闻的时差,有时仅有几秒钟。报纸新闻也在努力突破"截稿线"的限制,在导语中特别交代"到凌晨×时×分为止",例如某家早报的消息导语:

本市发生一起因水源污染造成的恶性食物中毒事件。截至昨晚10时半,已有19人被送进医院抢救,其中4人已死亡。

而晚报由于出版时间晚,它的消息导语就不应该照搬照抄,根据"最近点原理"的要求,导语就必须补充新的内容,寻找"最近点":

对于造成4人死亡、15人昏迷的恶性食物中毒事件,本市有关部门今天上

---

[1] 方延明. 新闻写作教程. 北京:高等教育出版社,2005:148.

午开始调查,并已有初步结论。市第二化工厂将有毒污水排放到河中,附近农民使用不洁河水导致中毒。

两篇报道的导语都根据"最近点原理"加以构思,保证了新闻的新鲜度。

4. 交代消息来源

新闻的导语必须交代消息来源,也就是向读者说明记者所报道的新闻是什么人或什么机构提供的。消息来源是新闻的重要组成部分,它是读者判断新闻是否真实、准确、可信的一个重要依据和条件。

一些记者认为,提供消息来源须注意两个问题:一是在介绍消息来源时,应翔实具体(除出于保护消息来源的情形),包括姓名、职务、职业,以提高消息来源的权威性,因之也提高新闻的可信度。提供消息来源时,力戒含糊不清,如使用"他们说"、"与会人员一致表示"、"代表们在发言中说"、"资料表明"等,因为这种表述只会增添许多不必要的怀疑。二是尽量少用匿名消息来源,如"一位大陆外交官说"、"此间观察家认为"、"分析家普遍认为"等。

5. 将导语纳入整体构思

在新闻报道中,导语具有相对独立性,但这个独立性并不是指独立于整体之外。新闻作品的导语部分与其他部分是有着内在联系的,所以不能将导语孤立起来写,而要站在整体的高度作通盘考虑。

最后,新闻导语尚简洁、尚新颖,应尽量除掉"八股腔",如"在……形势下,召开……会议,×××主持,×××出席,×××报告……",这种导语千人一面,毫无新意。

第四节 主体和结尾:事实的逻辑展开

从一篇完整的新闻报道看,如果说导语是布局的中轴,主体便是展开的扇面,结尾则是扇面的收敛。

一、主体的展开

新闻的主体,即消息的主要部分或展开内容。它承接导语,为消息展开的主要段落。可以说,主体是导语内容的具体化,是对导语的解释、说明和补充。

美国新闻学者克尔梯斯·麦克道格尔认为,主体的任务是:第一,对导语里提到的一个或数个事实加以阐述,使它们更加清晰起来;第二,补充导语未提到的其他材料。随着新闻的展开,五个W和一个H变得更加清晰,交代得更加清楚,新闻根据更加扎实可靠。[1]如此看来,新闻主体的展开可概括为"注释导语"和"补充导语"。

1. 主体的展开方式

在常见的新闻报道中,主体的展开方式主要有以下几种:

(1) 以事实的重要性递减有序展开。

这便是所谓"倒金字塔"结构形式。这种结构与第一代导语相伴而生。其特征是:按新闻事实的重要性递减为顺序来安排材料,结构全篇。它要求把最重要、最新鲜的新闻事实或结论放在最前面(即放在导语里叙述),然后按照"重要—次重要—次要"的顺序,安排其他事实材料。它好似一座倒放的金字塔,顶部大、底部小,形成"倒三角"的金字塔形。

"倒金字塔"结构,是消息的主要结构形式之一。它有利于快速写作,迅速传播最重要、最有价值的信息。因此,即便是在传媒业高度发达的今天,世界上大部分新闻报道仍是沿用"倒金字塔"结构写成的。

第一,报道动态性新闻,如国家颁布的关于政事方面的法案、决议、任免和社会生活中的天灾人祸、自然变动等,比较适合于采用这种结构。

第二,报道时效性强、事件单一的新闻,倒金字塔结构特别适宜,它有利于快速报道、快速阅读。其一般写法是:把最重要、最新鲜或最精彩的主要事实置于开头,以吸引受众的注意力,然后对之作进一步的具体化和补充,如:新华社消息《小行星与地球擦肩而过》:

日前,一颗足以摧毁一座中型城市的小行星4天前与地球擦肩而过,但它并未引起天文学家们的注意,直到4天后,他们才惊讶地注意到这颗险些酿成巨祸的庞然大物。

据美国麻省剑桥市小行星国际天文学联盟的加莱斯·威廉姆斯称,这颗小行星的体积相当庞大,直径达165英尺,足可以摧毁一座中等规模的城市。这颗小行星3月8日在距离地球约288000英里(相当于463392千米)的地方划过,险些酿成巨祸,但天文学家3月12日才发现它。

威廉姆斯表示,288000英里对于浩瀚的宇宙来说,简直是微不足道,这个距离在天文学家眼里简直就像是两个人擦肩而过。

---

[1] 董广安.实用新闻写作学.郑州:河南人民出版社,1991:194.

这条消息的导语将最重要的事实"小行星差点酿成巨祸"直接呈现出来,第二段补充交代了小行星的体积、与地球的距离等情况,第三段又进一步说明这个天文距离之短"简直就像是两个人擦肩而过",行文简练,衔接紧凑。

第三,便于编辑选稿和对稿件进行删节和修改。我国媒体获取新闻的一个重要渠道,就是由新华社提供消息。新华社通稿传给某家报社或电台,编辑往往会根据媒体特点、版面需要等进行删改。如此,通讯社如运用倒金字塔的方式来写,就便于报纸、电台编辑和删减,并确保报道的重要内容不至于被删掉。

(2)按时间顺序展开。

按时间顺序展开,即按事件发生、发展的先后次序,在一维性的时间发展的线索上安排层次段落。这种结构多用于报道故事性较强的新闻事件。在这类主体展开中,记者抓住事件发展的变动过程,使每一环节都能反映事件变动的情况,具有浓郁的故事性,对受众有吸引力。

有的记者为把故事写得更精彩,通常还采用设置"悬念"的方法,即在篇首制造一个"疑点"(往往是故事中反常、奇特的元素)或矛盾冲突,稍露端倪,却悬而不决,几经周折,待到篇尾才将原委点出。有则新闻《马下双驹》,将"母马生出两匹幼马"这个反常现象置于篇首,接着介绍双驹的诞生、成长情况,便形成了耐人寻味的悬念式结构。

按时间顺序展开的结构形式,较适用于"实录式报道"。但要注意,所谓"实录"并不是对自然状态的生活事实作刻板的"再现"。它要求记者对捕捉到的新闻事实作出艺术处理,选取最关键、最精彩的"节点",体现在独具特色的章法之中(开头、发展、高潮、结尾)。例如《新民晚报》记者葛爱平采写的体育新闻《花葬足坛"巨无霸"》的展开部分:

这是一个谁也没有想到的开局:仅4分钟,申花队便攻破了"巨无霸"大连万达队的大门!

好戏还没结束:2分钟后,申花的渗透战又卷土重来,祁宏在张恩华紧贴下起外脚背挑射,球在空中划了道弧线,晃晃悠悠从韩文海头上飞过,一头栽入网内——2比0!谁能相信?55场不败的甲A绝对冠军竟然6分钟内连失两球?!

迟尚斌在替补席上没有动弹。万达队向来"热得慢",比赛才过6分钟,还早着呢。当初客场战太阳神,不也是先失两球后扳平的吗?

但是,此时场上出现了"休止符",王燕春先判申花队点球,后将范志毅红牌罚下。万达队在而后的10分钟内连入两球。场上场下情绪激动,比赛被迫中断10分钟,这在甲A联赛中实属罕见。

20分钟内,大喜转为大悲,并只得以10人出战强大对手——申花队面临从未有过的逆境。

然而,就在此时,申花队场上队员却迸发出少有的、高涨的精神状态。他们毫不示弱,以更机智的战术、更敏捷的身手和更凶狠的逼抢,在中场的争抢中没有半点下风,更频频发动穿插、扯边的进攻套路,一次又一次地向万达队的腹地推进:

刘军中场准确的直传,吴兵单刀赴会,面对扑出的韩文海,以极隐蔽的小腿摆动,跑动中突然射远角,球从韩文海的手下钻入球门。

上半场结束前不久,刘军罚前场任意球,6号丹尼斯假装前跑,吸引张恩华突然变向,球正对着他飞来。好个丹尼斯,不慌不忙,瞅准球门死角,用头轻轻一顶,再进1球——4比2!观众们兴奋得难以自制。

下半时,蓝色的浪潮果然汹涌而来,比赛异常激烈。但是,万达队的运气实在太差,20号小王涛打空门竟然中柱,他与郝海东各有一次势在必进的球,也被申花门将瓦列里神奇扑出。而申花队,仍然一有机会就全力反扑,直到最后一分钟,还在试图打入第五个球……万达继续不败的大门,就这样被打破了。

比赛结束了。万达队队长徐弘最后一个下场。他叹着气,嘴里嘟囔着:"本来是一场非常好的比赛,可以打得更漂亮些,却被搅了!"

这则体育新闻基本上按照足球比赛的进程展开,妙在记者善于抓住球场冲突,运用推波、铺垫,渐渐加大冲突的张力,将情节推向高潮。记者还通过绘声绘色的细节描写,使新闻作品的内容更加丰富,充满情趣。《花葬足坛"巨无霸"》堪称是一篇充满新意的佳作。

(3)按空间顺序展开。

这种结构方式是指将发生在一定时间内、不同地点的新闻事实,按空间顺序展开,从容表现事实,就像电视镜头一个画面接着一个画面地扫描过来。例如:

水火帆——广州亚运会开幕式关键词

如果北京奥运会的开幕式该用恢宏壮观来形容,那么广州亚运会的开幕式就是别出心裁。

海心沙岛上水中的舞台以珠江打造开阔的背景,用喷泉与焰火一起喷涌出水火交融的奇景;而八块升起的大LED屏不仅扬起了《启航》的风帆,还成为供空中"飞人"们飞出巨大形体造型的"天幕"。

水:水天开阔

水当然是开幕式的最大亮点。水上搭建的开放式舞台不大,但三面的珠江水苍茫流远，灯光与波光共潋滟，水天一色的自然舞台拓展了人工舞台的纵深感。

环绕舞台的喷泉时时喷发，喷泉矩阵伴着焰火一起喷涌，实现水火交融的奇景。水雾激荡，在灯光的照耀下如蓬莱仙境。

舞台前的一条时隐时现的"小河"也十分抢眼。藏匿在下的演员破水而出，再从高空鱼跃入水，比献唱的章子怡更抢镜。而水上摩托艇回旋斩浪，也引来观众大声尖叫。

在文艺表演中，可蓄水的舞台被演绎成大海，水波无限蔓延，充分体现了因水而兴的海洋文化。

火：礼花点圣火

和北京奥运会一样，古老的四大发明之一再次扮演重要角色。最高潮一刻，舞台中心一个大型礼花燃起，引燃了第16届亚运会的圣火。

焰火在开幕式上从头"烧"到尾。随着开幕倒计时"10，9，8……1"，焰火在舞台侧面矗立的电视塔上节节攀升，到最后万花齐放，引爆了全场激情。

在整个表演中，焰火在每个转折高潮处燃放，极大地串联和烘托了气氛。开幕式共燃放4万余发环保低碳型烟花，再创纪录。

帆：最佳背景墙

高科技的LED屏再造神奇。四组八块巨大的"帆屏"最大限度地凸现了《启航》的表演主题，将整个舞台幻化成一艘大船。

最令人叫绝的还是在"飞人"们的立体表演中。高达80多米的屏幕幻化成峭壁、跑道、天空和大海，而演员们则排出登山、跨栏、跳伞和冲浪的造型，引来掌声无数。

在文艺表演中，"帆屏"也配合表演内容出现不同的画面和形象，变幻的背景墙为表演增色不少。

威亚："飞人"的翅膀

"飞人"的立体表演将观众的目光带到了空中。在这一幕的结尾处，灯光打向地面的舞台，观众才看清地下还有大批演员合力拉着缆绳。原来，空中的180名健儿正是在地面上1320名操作者的拉动下，才得以自由飞出各种造型的。

威亚在整场表演中得到了大量的运用——开场时飞来的芭蕉叶和男孩，在喷泉上踏浪而舞的两名演员……让开幕式演出实现了"海、陆、空"一体。

以短短的篇幅如此完整地报道亚运会开幕式规模宏大、内容丰富、举世瞩目的仪式活动，确实不易。记者抓住"水"、"火"、"帆"、"威亚"的空间变化，挖掘画面背后的"潜台词",生动详实地报道了开幕式实况。

(4)按逻辑顺序展开。

即按事物的内在联系、逻辑关系(主次、因果、点面等)安排层次。报道的逻辑关系,取决于事物内在的逻辑,即事实与事实之间到底是因果关系,还是并列关系,或是递进关系?主体结构便按这种关系展开。

一是因果关系结构。事物的产生总有一定的原因,原因必然导致结果。以因果逻辑顺序展开主体时,往往在导语中先交代"为何"因素,摆出某个令人猜测的问题,然后在主体部分进行解疑释惑,如新华社的消息:

想给被绑架失踪3年多的爱妻带去安慰
丈夫空投5000张子女照片

哥伦比亚前总统候选人英格丽德·贝当古3年前在该国西南卡克塔州丛林中被反政府武装组织"哥伦比亚革命武装力量"绑架,至今下落不明。在寻妻3年未果之后,她的丈夫胡安·卡洛斯·勒孔特在密林和山谷中空投下5000张子女的近照,好让妻子欣慰。

"英格丽德有权看看她自己的孩子,看看我。所以,我把她的孩子的近照带给她看。"勒孔特13日租用小型飞机,在哥伦比亚西南的密林和山谷中空投了5000张他们的一儿一女的近照。照片中,19岁的儿子和16岁的女儿相拥而笑。

照片下面还写着一行字:胡安·卡洛斯送予英格丽德·贝当古。

事实上,空投地点只是勒孔特推测妻子可能所处的位置。3年多来,没有人知道绑架者将她转移到了哪里。但是,"我相信她一定会因孩子们而感到高兴。"勒孔特说。[1]

这篇消息中,导语部分交代核心事实,主体部分则围绕导语留给读者的猜测,细说端详。这种"释疑型"展开方式,导语中的核心事实是有待解释的"果",而主体展开过程则是"因",同时也补充新的事实。

二是并列关系结构。运用这种结构有一个基本前提,即当消息导语中提及两个或两个以上地位相等的并列的事实元素时,主体就要采用并列式的结构来展开。[2]

默多克家族因窃听丑闻内讧 传媒王国面临"瓦解"

据香港《文汇报》18日报道,传媒大亨默多克的新闻集团窃听丑闻经过两

---

[1] 新华社2005年5月14日电.
[2] 沈爱国.消息写作学.杭州:浙江大学出版社,1996:238.

周,受牵连的已不止其在英国的传媒王国,连美国业务也卷入其中,集团可能失去福克斯电视台。默多克眼看毕生心血分崩离析,还要面对儿女关系紧张。

长女爆粗骂弟　家族料被肃清

身为新闻集团副营运总监的詹姆斯,处理丑闻手法备受批评,连家族内也出现不满声音。早前曾有报道指42岁的伊莉萨白曾以粗言责骂布鲁克斯,指对方"毁了集团",虽然前者否认,但据称真有其事,而且被骂者还包括詹姆斯。

默多克传记作家沃尔夫认为,默多克家族成员迟早会遭集团肃清,詹姆斯更会被"放逐"。38岁的詹姆斯内外受压,随着集团收购英国天空广播(BSkyB)计划告吹,天空下周召开独立董事大会,有股东称詹姆斯应卸任主席,委派独立人士继任。

贿英警违美广播法　民主党施压

新闻集团在英"一身蚁",在美情况也不好过。由于被指入侵"911"恐袭受害者的留言信箱,继联邦调查局(FBI)展开非正式调查后,司法部长霍尔德也有意展开正式调查;加上集团涉嫌贿赂英警,或违反美国广播牌照持有人必须有"良好品格"的规定。

美国民主党高层已去信司法部施压,分析指最坏情况下,甚至危及新闻集团的20世纪霍士等超级赚钱机器。霍士立场亲保守派,被民主党人长期视为眼中钉,曾协助总统奥巴马入主白宫的华府智囊波德斯塔形容,默多克传媒王国正在"瓦解"。

该消息采用并列式结构,按照导语中的两个"事实元素"("家庭内讧"和"王国瓦解")分别展开叙述,这样的报道读起来有"三水并流"之感,一气呵成,整体感强。

(5)"华尔街日报体"的展开方式。

"华尔街日报体",是一种比较特殊的展开方式。这种体式是记者运用文学手法叙述新闻事件的尝试,其方法是:从与新闻主题有关的某一有趣的小故事写起,在小故事讲完后再用一个过渡段将小故事与新闻主题联系起来,待新闻事件写完后再把笔锋折回到开篇时讲的小故事。由于这种体例是美国《华尔街日报》记者最先使用的,故称"华尔街日报体"。

"华尔街日报体"有许多优点:一是开头的小故事富有趣味性,能引人入胜,抓住读者。如果说"听故事"是人的天性,那么学会"讲故事"便是记者的天职。二是其过渡用得自然,能在不知不觉中把读者引入新闻的大主题,实现"平稳过渡"。三是文章的结尾又回到了故事开头,使新闻首尾相接,而阅读新闻也变成了一种享受。[1]请看《人民日报》2005年5月13日消息《遗体捐献也讲"户口"?》：

敖国祥的家在湖北省仙桃市,他生下来就是个"病秧子"。1996年,因为病痛的折磨,初中毕业后敖国祥不得不辍学。家里为给他治病,已经债台高筑。懂事的他学了两年的裁缝手艺,来到武汉打工。挣的钱都用来买药了,而他每天主要靠吃面条和馒头充饥。他1.7米多的个头,体重仅40多公斤。

今年4月以来,敖国祥的病情开始加重,时常咯血,痛苦得整夜无法入睡。武汉协和医院心外科多位专家为他作了检查,确诊其患上了"艾森曼格综合征"。大夫还告诉他,此种疾病在我国迄今不到10例,全球仅有200来例,最成功的术后患者仅活了1年多。敖国祥萌生了捐献遗体的念头。(开篇用的小故事)

5月8日,敖国祥和武汉市红十字会联系捐献遗体。对方称赞他的义举,但根据《武汉市遗体捐献条例》的规定,他们只接受武汉本地人的捐献。敖国祥又打通了湖北省红十字会的电话,对方答复说该会尚未接受过遗体捐献的登记,不好办。

据了解,武汉市红十字会此前也曾接到湖北省襄樊市等外地捐献者打来的电话,由于操作困难,他们都婉言谢绝了。而该省其他地区尚未出台相关的遗体捐献条例。(过渡到大主题)

敖国祥失望地回到裁缝店,又忍着病痛默默地干活了。5月12日下午,记者发稿时获悉:武汉市红十字会决定"破例"接受敖国祥的遗体捐献,已开始着手相关准备工作。敖国祥的爱心奉献有望"实现"了。但是,这样的"破例"今后还会有吗?"异地捐献"为何不能实行呢?(回到小故事)

近年来,国内记者采用"华尔街日报体"写作的报道越来越多了,在深度报道和特稿写作中尤为常见。这种以小故事引出大问题,然后补充其他相关事实,征引权威人士、专家的观点和意见,并最终回到小故事的写作方式,必能使新闻深深镌刻在读者的记忆里。

2. 主体的展开要求

(1) 环绕导语,紧扣主题。

主体展开的任务,就是将新闻导语中提出的事实作扩展和解释,或补充其他事实。从整体结构看,不管是扩展、解释,还是补充其他事实,都必须围绕导语、

---

[1] 刘其中.诤语良言.北京:新华出版社,2003:116.

紧扣主题来进行。例如,《三峡大坝经受特大洪水考验》一文,它的导语向全世界宣告:新中国成立以来长江上游的最大洪峰,今天凌晨顺利通过长江三峡大坝工程。我国这座尚在建设中的最大的水利工程成功地承受了考验。主体的展开包括了以下内容:这次洪峰大到什么程度?整体工程中的各个组成部分是如何经受考验的?当时情况如何?现在情况如何?内容紧紧环绕导语提出的事实加以补充和说明,各个事实都与导语相扣,从而周详地解答了读者"欲知"而"未知"的情形。

(2) 变换角度,增补内容。

所谓"变换角度",是指导语中已经表达的意思,主体中就不能用同样的话再说一遍,而要换一个角度。所谓"增补内容",是说主体部分必须补充和丰富导语中已经点到的核心事实,而不是作同义反复。

一些学者指出,目前的消息写作现状,有一种"三位一体"的现象比较普遍。这是指标题、导语和主体三者在内容上重复。从心理学角度看,这是一种机械的紧承式的重复,容易给人以单调、枯燥和呆板的感觉,不能有效刺激读者的大脑,反而会让人产生厌烦情绪,失去阅读的兴趣。[1]

(3) 叙述清楚,层次分明。

一则新闻,不管报道的场面有多纷繁、报道的事件有多复杂,消息主体的展开都要注意点、线的布置,犹如园林布局,散而不乱,层次分明。要达到这个目标,关键在于先有"立意",并对采访获得的材料按照一定的逻辑关系排列,安排展开的层次,在表达时则要叙述清楚,从容不迫。例如,《华商晨报》刊登的消息《众老人坐在烈士墓上打扑克》:

烈士墓上打起扑克? 昨日,多人在北陵公园革命烈士陵园内这种休闲娱乐方式,引起部分参观市民的反感。

27日,在沈阳市北陵公园里散步的张先生,在经过西门附近的革命烈士陵园时,看到八九名老人坐在园区里打麻将,有几名老人甚至坐在烈士墓的水泥台上打扑克!

"这几位烈士都是为解放战争而牺牲的,长眠于此。"烈士陵园的管理员指着树木掩映的七座烈士墓说。(材料1)

然而,与此庄严肃穆的环境不相一致的正是张先生所看到的场面:四个老人在陵园的最中间高自立烈士的墓前支起了麻将桌!

---

[1] 方延明.新闻写作教程.北京:高等教育出版社,2005:158.

另有几个老人围坐在一张简易"桌"旁打扑克。仔细一看,简易"桌"竟是公园里的一个垃圾筒,凳子竟是烈士张希尧的水泥墓基!

记者随后与打扑克的老人"聊"了起来。

记者:怎么坐在烈士陵园里打扑克?

老人:这里的空气好,还有树荫。

记者:坐在烈士墓上玩扑克,似乎不妥吧?

老人:那有什么呢?我们和他亲密接触一下,聊聊天嘛!(材料2)

据老人们说,他们都是住在陵西地区的居民,大部分都是退休在家的人。

记者随后联系到了北陵公园管理处,一位姓赵的负责人介绍:"这种情况他们此前并不了解。老人们的这种休闲方式确是欠考虑的行为,对烈士也是一种不尊重。公园管理处会立即加以制止。"(材料3)

这则消息,文字不长,内容不薄。从事实材料看,有市民"张先生"提供的消息来源,有记者对"老人"的现场采访,还有对公园管理处"姓赵的负责人"的采访,较为立体多面。记者在导语开篇中先点明"烈士墓上打扑克"的主干事实,以及"引起部分参观市民的反感"的态度,接着用三个有力材料围绕"核心"展开叙述,化繁为简,脉络清晰。

二、结尾的写作

扇面打开,还要收拢;主体展开,总要结尾。结尾,是新闻的最后一句话或最后一段话。好的结尾,是主体部分的自然延伸或总结,并与导语遥相呼应。它的作用是,加深读者对新闻的理解,加强主题的表达,并自然地结束全文。

有的新闻教科书认为,除了简讯因篇幅很短无需结尾之外,绝大多数新闻报道需要对全文内容作概括性的总结,以加深受众的印象。但也有人认为,新闻的结尾可有可无,不必"画蛇添足"。本书认为,新闻的结尾应根据行文的需要来定,主体结束便"戛然而止"是一种写法,主体之后还有结尾的"余音缭绕",也未尝不可。

结尾的写法,常见的有以下几种:

1. 首尾呼应式结尾

就是将结尾与导语内容呼应起来,使报道的内容更具有完整性。例如,获奖新闻《短称一两,赔罚一斤》一文,导语中表明:黎家肉摊贴出"安民告示",顾客赞扬这种做法,结尾处写道:"信誉赢得了顾客,黎家肉摊前经常出现顾客排队等购现象,生意好不兴旺。"这是对导语所叙述的内容的呼应,也是对全文内容的总结。

2. 点评式结尾

就是用精练的语言,对新闻事实加以点评,揭示普遍意义。例如,《一位副部长的"酸、甜、苦、辣"》,主体部分叙述交通部一位副部长深入基层调查,在长途汽车公司的一些大站不怕冷遇,亲自督战,将迫在眉睫的几个问题解决了。最后,记者以恰到好处的点评结束全文:"这证明我们工作上的问题之解决不力,归根结底,是'非不能也,不为也',只要为,就可以办到。"这种结尾,不仅总结全文,而且引出了深刻的哲理,令人思索。

3. 引语式结尾

就是引用新闻人物、权威人士或群众说的话作为结尾。这种结尾,目前已很常见。例如,2005年5月30日《广州日报》消息《贫困女学生遭4室友围殴》的结尾:"一位名为'幼儿园'的网友感叹:'老师去哪了?发生这么恶劣的事,校领导竟然一无所知。这完全可以说明管理学校的人太不负责任。'"这种引语式结尾,既表达了群众的态度(实际上也是记者的倾向),而行文也比较干脆利索。

4. 回味式结尾

有的报道内容比较复杂,非一两句话就能说清楚,如果继续调查,那又是另一篇报道的事了。此时,记者不妨用回味式结尾,让读者自己去思考,得出结论,如获奖新闻《革命小酒"醉"倒师生》的结尾:"一些老师反映,这套语文试卷是黄陂一中提供给武汉一中、三中和汉阳一中的'联考试题'。据了解,武汉三中没采用这套语文试卷。不知何故,黄陂一中自己也未用它,并在电话中否认是他们出的题。"为什么黄陂一中没有用它?为什么电话中否认是他们出的题?记者不必明说,读者在回味中便知深意。

此外,结尾的技巧和方法,还有设问式、悬念式、背景式、预见式等。记者在写新闻时,写不写结尾,写什么样的结尾,应根据新闻报道的内容来定。

第五节 背景:延伸读者视界

所谓新闻背景,也称背景材料,它是新闻内容的重要组成部分,是记者在新闻事件之外提供的另外一些事实(如历史条件、政治缘由、地理特征、科学知识等材料)。它或对新闻中的何人、何事、何时、何地等要素作必要的补充,或辅助读者在脑海里构建完整的新闻画面,以便更好地理解新闻的内容和意义。

对于绝大多数新闻来说,背景是不可或缺的要素。美国新闻学者麦尔文·曼切尔认为,写新闻"如果不交代一个事件的来龙去脉,这个事件的意义就不会完整地表达……不使用背景材料,几乎没有什么报道是全面的"[1]。如果把主体比作大树的"躯干",那么新闻背景就是"绿叶",充实的主体只有加上必要的背景介绍,才能枝繁叶茂、丰满充实。在新闻中恰当地运用背景材料,不仅有助于受众了解新闻事件的起因、发生和发展的条件,以及与周围事物的联系,揭示报道对象的深层涵义,增强报道的深度,还能起到烘托主题、传播知识、增添情趣等作用。

一、新闻背景的类型

新闻报道中的背景材料,有多种不同类型,大致可以分为历史背景、政治背景、经济背景、人物背景、地理背景、人文背景、民族背景、国情背景、数字背景、地位背景、名次背景、比照背景等不同类型。具体而言,根据新闻背景在报道中的存在方式,可以分为三种类型:

1. 解释性背景

解释性背景,是有关新闻事实的政治背景、历史演变、地理环境以及新闻人物的说明材料等,它有助于读者理解新闻人物和事件的来龙去脉、因果关系等,是引导读者从"未知"跨向"已知"的桥梁。美国《纽约时报》前副总编罗伯特·加斯特曾说:"过去,新闻报道总是过多地强调表面的事实——即发生了什么事——而很少追溯其原因。实际上,一场种族骚乱、一次监狱暴动、贫民窟的条件恶劣乃至一件谋杀案都有其社会背景,其原因都是深深地扎根于某个地区或社会的风俗、传统和条件之中。这一切正是事件的根源,而且是人们可以认识的根源。在我看来,对其进行追溯,正是报纸的责任。只有了解这一根源,才能对症下药,解决影响我们大家的许多痼疾。"此话如果从方法论高度来认识,就要求记者更多地提供解释性背景材料,说明新闻画面背后的"潜台词",以增强读者对新闻的理解。

报道科技新闻或一般受众感到陌生的事情,由于涉及大量科学术语和科技知识,也需要记者提供解释,细说端详,这时解释性背景是必不可少的。例如,2002年互联网上出现惊人消息:"三峡大坝出现了大裂缝。"《文汇报》记者为了消除人们的担忧,解答读者的疑问,采访了中国长江三峡开发总公司总经理陆佑

---

[1] [美]麦尔文·曼切尔. 新闻报道与写作. 北京:广播出版社,1981:147.

楣,结论是:质量"大裂缝"根本不存在。

针对"三峡大坝开裂了"之说,陆佑楣认为,大坝裂缝在国内外所有水电工程里均不可避免地存在。三峡大坝裂缝是去年底今年初发生的,产生于坝段中间。这些裂缝宽度大都是在0.1至0.2毫米之间,最宽的一条裂缝宽度为1.25毫米,深度为1至2.5米。绝不像某些媒体误导的那样:是人手掌能伸得进去的裂缝。

他说,裂缝产生的原因是由于寒潮冲击引起混凝土内外温差过大造成的。尽管这些裂缝并不对大坝整体结构产生影响,但裂缝出现后,三峡总公司邀请了国内17位著名专家共同会诊。大家一致认为,这是"表面向浅层发展的温度裂痕,不是结构型裂痕","经过处理后,能够满足工程设计和安全运行要求",而且温度条件改善后,这些裂缝不会继续开裂。[1]

在这篇"答疑"式新闻中,记者引述了权威人士的话,提供了许多科学的解释性材料,加深了读者对新闻内容的理解,同时也纠正了谣传,廓清了事实。

2. 对比性背景

对比性背景,即用过去的或反面的有关材料与报道事实作对比映衬,以深化主题,加深受众对新闻事实的认识。例如,2005年6月4日《江南时报》消息《南京摘掉"火炉"帽子》:

昨日,南京市政府正式下发了《关于宣传中不再提南京"火炉"称谓的通知》。南京是继2004年重庆提出取缔"火炉"称号之后,又一个要求摘帽子的城市。

多年来,南京与重庆、武汉并列称为全国三大"火炉"城市。"火炉"仅是一种民间的说法,气象学并没有这一称谓。按照气象科学标准,气温高于35℃的天气称为高温天气,气象部门会发出高温天气预报。

南京市气象台首席预报员韩桂荣介绍,连续几年来,南京"火炉"的称谓已与客观气温状况极不相符。江苏省气象台公布的气温走势数据显示,南京夏天的气温呈逐年下降趋势,平均每10年降幅为0.113℃。2002年至2004年间,全国的高温中心也比较分散。2002年,山西的河套地区曾出现过43℃的高温;2004年夏季,全国高温中心又集中在江西部分地区。

同为火炉城市,重庆夏季气温比南京高得多。50年以来,重庆最高温度为42.3℃,而南京最高温度为40.7℃;出现高温天数最多的一年中,重庆的高温天气有59天,而南京的高温天气仅为35天;高温在35℃以上的天气,重庆达28

---

[1] 姜诚.三峡公司澄清"大裂缝"传言 坝体细微裂缝属正常.文汇报,2002-04-10 A4.

天,南京为15天。

韩桂荣表示,2004年,重庆正式提出摘掉"火炉"帽子。相比之下,南京的"火炉"之称已经名不副实。

在新闻稿中,记者使用了大量的背景作为比照,尤其还征引另一个有"火炉"之称的重庆的气象背景材料,其目的是加深读者对南京摘掉"火炉"帽子的理解。

3. 注释性背景

注释性背景,即有关名词术语、产品性能、科技知识等的注释。科技新闻、经济新闻经常会使用这类背景材料,如2011年5月18日《中国青年报》刊发的《爱抛物线,爱愤怒的小鸟》一文,在报道了目前最为流行的电脑游戏"愤怒的小鸟"后,对这款游戏有这样一个注释:

这个让全球疯狂的游戏内容听起来似乎简单到"弱智"。为了向偷走鸟蛋的绿猪报仇,小鸟们决定以自己为炮弹向敌人发起进攻。玩家唯一的任务,就是在弹弓上把小鸟用最合适的角度投掷出去。

根据开发公司的统计,这个小游戏已经吸引了超过1.4亿次的下载。每天,世界各地的人们在这款游戏上耗费的时间累计超过2亿分钟。

这一背景材料的运用,可以帮助读者了解"愤怒的小鸟"的情况,从而更好地把握新闻的意义。

二、新闻背景的安排方法与要求

背景不是新闻结构的独立部分,而是从属部分,因此背景在新闻中没有固定位置。它可以独立成段,也可以灵活穿插在事实的叙述之中。因此,在谋篇布局时,如何合理安排背景材料,使之与新闻事实融为一体,就得讲究一定的技巧。新闻背景安排的方法,主要有两种:明嵌与隐入。

1. 明嵌

所谓明嵌,就是将背景材料作为一个段落置于不同的结构部分。其主要有三种形式:

(1)置于导语与主体之间。这是一种传统的方式,即在导语概述了新闻事实之后,接着就用一段背景材料,对其加以说明、注释。如《革命小酒"醉"倒师生》一文,导语写道:"昨日,武汉一中高一学生重新考了一遍期末语文,因为上次有道语文题难倒了所有学生和老师。"紧接着,记者对这道语文题作了解释:

这是一道阅读题,选的是一篇关于公款吃喝的杂文。文中提到有"谣谚"云:革命小酒天天醉,喝坏了党风喝坏了胃,喝得老婆背靠背。有人把此谚告知纪委,纪委某公也说了一句"见怪不怪"的顺口溜……这句顺口溜是什么?要求学生写出14个字的答案。

这个背景材料,是记者对导语中埋下的"疑问"的直接说明,堪说是自然过渡。这种写法,在消息类报道中最为常见。

(2)置于结尾。这种安排,背景通常在新闻内容行将结束时才出现,它可以对叙述的事实作进一步补充、说明或烘托。例如,《扬子晚报》刊登的《感受国产"磁悬浮"》,在介绍了我国自行设计建造的中低速磁悬浮列车试验线在长沙建成通车,并通过测试、验收和评审后,最后进一步介绍:"与普通轨道列车相比,磁悬浮列车具有低噪音、低能耗、无污染、安全舒适和高速高效的特点,有着'零高度飞行器'的美誉。"这就对前面的新闻事实作了进一步的补充和说明。

(3)化开分嵌。有的新闻事实比较复杂,读者在阅读中可能会产生不止一个疑问,在这种情形下,记者就需要分析新闻事实的"疑惑点",将背景材料分嵌于适当的位置。背景的"化开分嵌",客观上还能使行文显得流转,富有生气。例如上文《南京摘掉"火炉"帽子》,记者在每个段落都使用了背景,如第二、三、四、五自然段,记者高明地把背景材料化开分解,叙中有嵌,新闻的内容表现出一种动态,给人以充实感。

2. 隐入

所谓隐入,就是对背景材料不作直接、正面的交代和表述,而是把它化开,用一定的方式将其分别隐入合适的部位。其方法有:

(1)隐入标题,即把背景材料化入标题传达的信息之中,通过引题、正题、副题露其端倪。例如标题:中国猿人第一个头盖骨发现者(引题)裴文中追悼会在京举行(正题)。这里,引题就是一个历史背景。

(2)隐入导语,就是将背景材料巧妙地黏附在导语所叙述的新闻事实中。例如《扬子晚报》刊登消息《八成大学生最烦什么?就业!》,导语写道:"眼下正值大学生求职签约的高峰期,由于今年同时是大扩招后首届大学生毕业年,就业压力无形增大。最近一项调查显示,有近八成的大学生将就业压力大列为自己的首要烦恼问题。"导语中将说明性的背景材料黏附在新闻的事实之中,暗示出新闻的题旨。

(3)隐入主体,即主体在展开过程中,自然巧妙地带进对背景的交代。其主要特点是,背景材料融入主体各部分所表达的句子之中,通过一定的句式,润物无声地显示出来。例如,"这几天上海街头积雪不化,春寒料峭,最低温度下降到零下七点四摄氏度。上海人遇到了有气象记载的八十多年来罕见严寒。"这是一个偏正复句。"这几天……下降到……摄氏度"是正句,是新闻事实的主体;"上海人遇到了……严寒"是偏句,为背景的烘托。正句与偏句的有机结合,使新闻事实与背景材料完全相融,指明了"严寒"的程度。

第十一章
各类消息写作

要点提示:

消息是新闻媒体最大量运用的体裁,其特点是有较强的时效性、真实性和精简性。本章主要讲述人物、经济、社会、文艺和体育等各种类型的消息的写作。

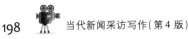

第一节 消息：最精粹的文体

新闻有广义、狭义之分，狭义的新闻即指消息。人们口头上所称的"新闻"，通常也就是指"消息"。在新闻媒体中，采写消息是记者的日常工作。因此，记者必须把写作消息作为自己的首要任务。

消息，历来是新闻报道的正宗，它是一种以简要文字迅速、及时地报道事实的新闻文体。报纸上发表消息时，一般有电头或"本报讯"字样；电台、电视台在播发消息时，一般都注明"本台消息"或"据×××消息"。下面这篇报道就是一则消息：

科学家发现，地球上第一枝花盛开在中国

新华社沈阳11月27日电 国际科学家今天证实，中国科学家在1.45亿年前的火山灰里发掘的8块有漂亮花纹的化石，是地球上最早出现的花。

今天出版的美国《科学》杂志以封面文章的形式向全世界宣布：最新的研究表明，地球上第一枝花盛开在中国。在辽宁西部北票发现的这种原始的花已被科学家命名为"辽宁古果"。

领导这项研究的中国科学院南京地质古生物所研究员孙革说，这些被子植物开花时花瓣呈螺旋状排列，与现今常见的木兰花相似。

国际古植物学会前副主席大卫·迪尔切教授说："这是迄今发现的、有确切证据的地球上最早的花。"

……

消息是通讯社最大量使用的一种新闻文体，也是报纸、电台、电视台和新闻网站中最常见的一种新闻体裁。报纸之所以被人们称为"新闻纸"，就是因为它刊登社会上各种消息。消息是报纸的主角，是构成报纸特质的最主要元素；广播、电视、新闻网站的主要职责也是传播消息，尽管在传播方式上与报纸略有不同。

消息还是一种最基本的新闻文体。一切其他新闻文体（如通讯、深度报道、特稿等）都是在"消息"的基础上发展、演化出来，因此在不同程度上也都具有消息的一般特征，或者可以说是消息的延伸、扩展与补充。比如，最早的通讯被称为"记事消息"，实际上就是较详尽披露事件的长消息。

一、消息的基本特点

消息在新闻媒体中占据的重要地位,是由它的特点所决定的。消息的基本特点可概括为以下几个方面:

1. 时效性

消息对事件的反应十分灵敏,它能迅速、及时地向新闻受众提供最新信息。时效上的及时性是消息区别于其他新闻文体的重要特征,也是新闻媒体竞争的基本要求。

现代社会变动迅速,消息在反映这种变动时,一般事不隔天,有时甚至是事件发生后的几小时、几分钟甚至几秒钟就要报道。日本最大的通讯社共同社认为,迅速地搜集和发布消息,是通讯社的"生命","无论多么好的稿件,如果不在用户急需的时刻及时发出,就如同废纸一般"。现在,西方一些著名通讯社的急稿,只需一两分钟就可以播发。

2. 真实性

消息遵循客观报道的原则,提供切实可信的事实。消息的真实性,表现为记者总是根据权威的消息来源、目击者的叙述或亲自深入现场进行采访,获得真实可靠的信源。所以,消息中引用的材料、数字和语言应准确无误,新闻要素应具体清晰,对事实的说明、解释,应符合事实本身的逻辑。真实是消息的力量所在,失实的消息毫无价值。

3. 精简性

消息是新闻中最为精简的一种文体。它要求用精短的文字报道最重要、最新鲜的事实。消息不精简,就难以在最短的时间内反映变动着的事实。现在报纸上的消息一般只有三五百字,有的只有一句话(一句话新闻)。在广播、电视中,消息的播放时间一般不超过2分钟,消息的精简性是显而易见的。

消息要精简,这符合现代社会发展的要求。唯有精简,才能提高传播效率,并适应日益加快的生活节奏;唯有精简,受众才能在工作生活的闲暇接触新闻,了解天下时事。中国新闻学院曾就中国新闻的长度作过一次专门调查,结果发现:《中国青年报》新闻的平均长度是870字,新华社电讯的平均长度是514字,《北京晚报》新闻的平均长度是300字。由此得出结论:"消息的长度应以500字左右为宜。"

二、消息的文体类别

根据不同的分类标准，可以把消息分成若干类别。现在国内比较通行的一种是按照报道文体的特点分类，通常把消息分为动态消息、综合消息等大类；另一种是按照报道的内容分类，如人物新闻、经济新闻、社会新闻、文体新闻、科教新闻等。

1. 动态消息

动态消息，是对正在发生或新近发生的、具有新闻价值的大小事件和活动的报道，它是消息类型中最基本、最常用的品种。动态消息以变动的事实为报道对象，具有"快"、"短"、"新"、"活"的特点。

动态消息适应面广泛，报道的事件和活动可大可小。大的"动态"，可以成为震惊世界的头条新闻，举凡国内外重大事件和国家领导人的重要活动等就属此类；小的"动态"，一般是记者根据新闻价值判断，迅即抓取社会生活中的事件、现象或问题，反映最新变动事态，具有鲜明的动感。

由于动态消息是报道最新发生或处于变动状态的事实，所以按照运动时态的不同，大致可分为两类：一类是最新发生的单独事件的报道，西方新闻界通常称之为"纯新闻"。这类消息突出"一事一报"，没有连续性，整篇报道已概括了事实的全貌，如消息《中国加紧研制太空机器人》。一类是处于变动中的具有一定连续性的事件报道，即"连续报道"，多用于报道公众关注的较重要的社会事件或人物，是行进式的"一时一报"，集中体现了报道的及时性、连续性和密集性，如我国"神州八号"发射成功以后，新华社在数天中先后发出消息数十条，每一报道都是记者以事态变动的趋向为依据，紧跟事态变化进行的行进式报道。

动态消息中的"简讯"（也称"短讯"、"简明新闻"），是最简明扼要的新闻体裁，通常只有一两百字，甚至只有一句话。有的简讯只有一个新闻标题，又称"标题新闻"。目前，我国不少报纸专门开辟了"标题新闻"或"一句话新闻"的栏目。有些比较重要的简讯内容，报纸还往往集纳数条，加上"要闻简报"或"简明新闻"等栏头，在比较醒目的位置刊出。

报道一些重大的突发性事件，为争取时效，记者通常以"快讯"形式发稿。快讯是内容较为重要的短新闻，常常被安排在报纸的显著位置，甚至可以成为一版头条消息。例如，"9·11"恐怖袭击事件发生后10分钟，新浪网首家发布的快讯：

一架飞机撞上纽约世界贸易中心

当地时间9月11日上午接近9时（北京时间11日晚接近21时），美国一架飞机撞上纽约世界贸易中心大楼。从现场可以看见大楼上部浓烟滚滚，被撞出一个大洞。目前飞机具体型号和伤亡情况不详。

第二架飞机撞上世界贸易中心并引发爆炸

当地时间9月11日9:05（北京时间11日21:05），第二架飞机撞在纽约世界贸易中心大楼，并引发爆炸。20分钟前，第一架飞机撞在大楼上，从现场可见两座大楼上部浓烟滚滚。目前飞机型号、伤亡情况不详。

这两条快讯全文虽仅有三句话，而且因事件突发，语焉不详，但新闻本身却写得丰满而富有声色，又极具简讯短小精悍的特点。

早在1946年5月23日，新华通讯社在给各分社的公开信《电讯要简练》中就曾经指出：电讯（简讯的一种）是传达社会动态的紧急工具，在新闻中是最精悍的形式。它以简洁的文字和较高的速率来报道最重要的新闻。新华社对各分社编辑、记者提出的要求，道出了简讯的写作要旨：短小精悍、传播迅速、言简意赅。

2. 综合消息

综合消息，也称综合报道、新闻综述，它是以综合报道某一事件的全面情况为内容的消息文体。它立足于全局，综合各方面的消息来源，较为全面地报道人们关注的新情况、新动向、新问题等。它不同于动态消息的"一事一报"、"一时一报"，而是提供综合性的资讯。它着眼于宏观，又有"点"上的材料作注解。

综合消息也是报纸、电台、电视台经常使用的一种新闻文体。多数综合消息是记者在某一时期，按照设定的主题观察和分析社会各方面情况，以此展开综合报道。另外，当重大或突发事件发生时，编辑部也往往利用自家各种渠道的消息来源，或综合多家媒体的资讯作客观、详尽的报道。例如，2011年12月2日新华社综合消息《多国承诺加强防治　向"零"艾滋迈进》：

新华社北京12月2日电　综合新华社驻外记者报道：自从30年前人类发现艾滋病，各国政府就采取多种措施加强对这一传染性疾病的防治。今年世界艾滋病日的主题是"实现'零'战略目标——零新发感染、零歧视和零死亡"。为此，多个国家的政府和民间组织都积极响应号召，推动当地社会向这一目标迈进。

欧盟及其成员国在当天发表声明重申"抗艾"承诺，并制定一系列新目标。这包括欧盟将在2015年实现艾滋病病毒的性传播与药物注射传播减半、母婴传播全面消除、艾滋病相关产妇死亡率大幅下降,并确保1500万艾滋病病毒感染者接受有效治疗等。

欧盟还在声明中说,将继续致力于推动取消各种针对艾滋病病毒感染者入境及居住限制、帮助消除对同性恋的歧视并撤销相关惩罚性的法律。

作为世界上艾滋病病毒感染率较高的国家,南非也在当天启动2012年至2016年应对艾滋病国家战略规划,提出要在未来五年内使艾滋病感染率下降50%。

南非总统祖马还在启动仪式上说,未来20年南非将在防治艾滋病领域努力实现四个"零",即零艾滋病新发病例、零艾滋病新母婴传播病例、零艾滋病死亡和零歧视。他还呼吁,南非商界和非政府组织与政府密切配合,共同实现这些目标。

相比世界上多数地区,保加利亚、格鲁吉亚和蒙古国的艾滋病患者和病毒感染者要少很多。格鲁吉亚甚至被世卫组织列为艾滋病低发病国家,发病率仅约0.1%。但要实现联合国提出的目标,这3个国家仍要克服不少困难。

……

除了政府的相关措施,许多发达国家的民间力量也在抗击艾滋病过程中发挥着重要作用。

过去4年里,澳大利亚的艾滋病新增病例达到每年1000例左右。为实现联合国提出的新目标,需要进一步提高当地人对这一传染性疾病的认识。澳大利亚艾滋病协会这样的组织就很好地发挥了作用。比如在今年世界艾滋病日期间,他们举行活动,吸引政治领导人、社区成员、年轻学生和广大公众参加,宣传相关知识,提高人们对防治这一疾病的意识。

正如联合国艾滋病规划署执行主任米歇尔·西迪贝所说,只要世界各国团结一致,共同承担各自责任,随着科学的进步,还是有望在2020年前接近艾滋病"零死亡"的目标。

这篇综合报道着眼于世界各地,报道面广,启发性大,能给人较为完整的印象。从上引的新华社消息,我们不难总结综合报道的特点:

(1) 综合性。综合消息不是一地一事的报道,而是由若干不同的事实侧面构成的全面报道,所以又可称为"组织起来的消息"。这些事实所发生的时间、地点、情况不尽相同,从表面看来像是互不关联,但从报道内容看却又是相互统一的,是多地情况的组合和综合。不同事实的侧面,经记者用报道主题联结起来,加以归纳、概括,就成了具有明确中心指向的综合新闻。

（2）宏观性。所谓宏观性，指综合消息总是立足于反映整体，反映全貌，通过对诸多材料的综合分析，以体现事物的发展和本质特征。例如，新华社发的一条综合消息《中国人餐桌上的"内容"在悄悄变化》，内容综合了我国城乡居民饮食观念和习惯的变化情况，视角着眼于全局和整体，其宏观性十分明显。报道中概括出来的"中国人餐桌上的'内容'由原来的饱餐型向营养型、新鲜型、简便型转变"，就是对这种"变化"的高度概括，反映了"变化"的本质特征。

（3）稳定性。与急剧变化的动态消息相比，综合消息的时间性稍弱（近年来已有改观），具有相对稳定性。综合消息报道的新闻事实通常是到某一时间点为止的情况，是比较沉稳的"过去时"，否则无法"综合"。当然，综合性消息也要求记者、编辑有预见眼光，把握事态的走向，揭示新矛盾、指明新趋势、概括新经验。这也是综合消息的重要特征。

综合上述特征，综合消息的写作要旨可归纳为：① 立足全局，客观报道；② 有点有面，点面结合；③ 以叙为主，以"议"点睛。

第二节　人物新闻：把人物写"活"

一、人物新闻的概念

人物新闻，顾名思义是发生在公众人物身上的新闻或由普通人物引发的新闻。它通过对特定人物的活动、事迹的报道，突出其受关注性和显著性，使受众形成鲜明印象。它时效性强，是运用较为广泛的一种新闻报道形式。

人物新闻作为消息的一个品种，有自己的特点。它既不是缩短了的人物通讯，也不是微型的报告文学。人物性的报告文学因其文学性强的特点，与人物新闻的差异比较明显，这里不必细述，而人物新闻与人物通讯则应注意区分：

（1）报道重点不同。人物新闻着力报道人物最新的情况，人物通讯则注重报道人物多年以来的情况，重视表现人物的精神境界。

（2）新闻价值点不同。人物新闻的时效性较强，而人物通讯的重要性（意义）强，时效性稍弱。

（3）表现方法不同。人物新闻重视简笔叙述和白描细节，人物通讯则重在工笔刻画。

（4）文体篇幅不同。人物新闻属于消息文体，短小精悍；人物通讯则一般篇幅较长,是倾注情感的"饱和渗透"式报道,类似于西方的人物特稿。

二、人物新闻的特点

人物新闻的特点,可以用新、短、深、强四个字来概括。

所谓人物新闻的"新",一是时间新,二是内容新。时间新,即以人物最新发生的事件作为报道依据,无新事,就没有人物新闻;内容新,是指人物身上应具备一定的"亮点",引人关注。

所谓人物新闻的"短",是指它文字简练,运笔集中、突出。人物新闻一般仅有三五百字,最多上千字,所以记者须下一番沙里淘金的工夫,不必贪大求全。

所谓人物新闻的"深",表明人物新闻是一幅高度凝练的肖像画,要求在不长的篇幅内,以富有特色的叙事和细节描写,展示人物的个性色彩。人物新闻不是扁平的,而是立体的。

所谓人物新闻的"强",是指人物新闻的吸引力强,或明星人物,或普通人物,都应体现读者的新闻关注。因此,人物新闻不同于不痛不痒、表彰好人好事的表扬稿。

以下是美联社记者采写的讣闻《现代舞蹈创始人格雷厄姆逝世》,这是一种特殊类型的人物新闻:

美联社纽约1991年4月1日电 现代舞蹈的创始人之一——马莎·格雷厄姆今天在她曼哈顿的家里去世,享年96岁。

格雷厄姆女士在21岁时开始跳舞,直到76岁才结束她的表演生涯。舞蹈界人士认为,她为20世纪现代舞蹈艺术的发展做出了巨大的贡献。

她的学生虽然凭着他们的天才在舞蹈界获得了一席之地,但就对美国摆脱19世纪古典主义桎梏的独特艺术形式所做的贡献而言,没有哪一个能超过她。她的早期作品被比作毕加索的绘画和斯特拉温斯基的音乐;她的后期作品使她赢得了芭蕾舞蹈动作设计家的声誉。

格雷厄姆女士体态娇小,她那弯如新月的眉毛以及紧束的发髻,都使她的外表赋予了她所扮演的舞台形象以很强的艺术效果。她的舞蹈淋漓尽致地表现了人类的肉欲、贪婪、嫉妒、欢乐和爱恋之情。她的表演扣人心弦,入木三分。她的舞蹈吸收了多方面的素材,比如希腊神话、美洲的开拓者,其中还包括了对她自己的清教徒传统的叛逆因素。

在科学和技术主宰的时代里,格雷厄姆女士的处女、女神和疯女人光着脚随着极不和谐的配乐,在几乎没有装饰的舞台上疯狂地旋转,她所释放出来的那种原始的激情,震动了观众,使他们如醉如痴。

格雷厄姆曾经说过:"每一个舞蹈就是一种热度表,一幅情感图。舞蹈用来表达思想的仪器,也就是人类生命赖以存在的那个仪器,即人体。"

……

这则讣闻通篇洋溢着艺术的美感,从视觉、听觉诸多方面打动读者,使人们感受到格雷厄姆现代舞的艺术魅力。记者抓住人物新闻的特点,以简约、精深的笔触描写人物,展现艺术家的舞台风采,并且还以艺术专家的水准,评价格雷厄姆对 20 世纪现代舞蹈艺术做出的巨大贡献。无疑这是一篇富有审美表现力的新闻作品。

三、人物新闻的写作

掌握人物消息的特点,有利于我们更好地运用消息体裁报道人物。一般而言,写作人物新闻要注意以下几点:

1. 巧妙捕捉新闻依据

人物能为媒体所关注,总有一定的新闻依据(也称新闻由头)。有的人物报道,是因报道对象本身乃是公众人物,受到广大公众的长期关注,新闻媒体自然会持续跟踪予以报道,明星报道即是如此;也有的人物报道,是由于发生在人物身上的事件较为"醒目",足以构成报道的"依据",记者据实写来,读者自然明白其新闻价值,如"上海出现第一位'洋菜农'"、"千名美国中学生赴陕当'农民'"等。

但有的人物报道,是在被历史岁月湮没的旧闻中发掘的"新闻",记者不交代新闻依据的话,读者就会感到突兀。在这种情形下,记者首先要对依据作出陈述,然后再展开新闻事实,如 2005 年 6 月 3 日《法制晚报》的消息:

水门事件记者披露与线人秘密接触细节:我与"深喉"凌晨两点见面

从当年亲口否认"我不是深喉"到今日"我就是人称'深喉'的人",美国联邦调查局前副局长马克·费尔特将一个秘密守了 30 余载。

北京时间 3 日出版的《华盛顿邮报》,披露了当年报道水门事件的记者伍德沃德与线人"深喉"秘密接触的细节。伍德沃德发表文章详细讲述了两人见面过程,见面共有 7 次,大多会面安排在凌晨两点,地点选在地下车库。

……

这篇人物消息,是从"旧事"中发掘出来的新闻,新闻依据就在导语部分。

由于记者伍德沃德对于保护消息源的忠诚承诺,竟将一个"伟大的历史秘密"隐藏了整整33年!对于公众来说,即使事件已成云烟,但出于对历史"公案"的好奇心,仍使该篇人物新闻报道后引发了巨大的反响。至于我国的新闻界,由此事件引发的关于记者的职业道德和媒体伦理问题的反思,恐怕不该因"公案"的解密而到此结束。

2. 把人物写"活"

人物新闻有没有写"活",关键看能否把报道人物写"活",能否产生感染力。这里,记者应处理好几个要素:

(1) 人物要素。人物新闻要有感染力,首先要求选准人物,有些人物形象能够长久地留在受众脑海里,乃是因为人物本身的行动有力度。例如2002年4月17日《扬子晚报》刊登的《小士兵救下大总统》,报道了一位在委内瑞拉发生的政变中冒死救助总统的士兵罗德里格斯:

11日午夜时分,陆军总司令埃弗拉因·瓦斯克斯宣布不再支持查韦斯,军队控制了全国。

接下来的48个小时,对于48岁的查韦斯来说显得格外漫长。有关查韦斯的消息不断传出,但是却没有一个是完全准确的。直到查韦斯回到总统府之后,他在对全国发表讲话时才回忆了他在48小时内的故事。

因为担心横生意外,军方带着查韦斯辗转了五处地点,才最终落脚在加勒比海上的小岛奥奇拉岛。虽然查韦斯遭到了拘禁,但他没有受到任何粗暴对待。出身行伍的查韦斯在军界享有崇高的威望。即使他身陷囹圄,还是有很多官兵用不同方式向他表示尊敬。

在负责拘禁查韦斯的人中,有一个名叫胡安·保蒂斯塔·罗德里格斯的普通士兵,他悄悄地上前问查韦斯:"您怎么了,我的长官?您真的已经辞职了吗?"查韦斯对他说:"不,我的孩子,我从来都没有辞职,也永远不会辞职。"罗德里格斯听完后立刻向总统立正敬礼。他说:"我有我的长官,我的长官也还有他的长官,我们都得服从命令;但是您是我们所有人的长官。您最好把您没有辞职的消息写下来,放到纸篓里藏好,一会儿我想办法把它带出去。"这样做对于一个士兵来说无疑要冒极大的风险,但是很快,查韦斯亲笔签署的"总统没有辞职"的声明就由传真传遍了全国,大大地鼓舞了他的支持者们的士气。

在回到总统府后的电视讲话中,查韦斯说到"我祝贺你,罗德里格斯,你成功了"的时候,这位刚刚经历了暴风骤雨的总统几乎哽咽。现在,罗德里格斯的名字在委内瑞拉已是家喻户晓。

这则人物新闻故事性强,读来较有趣味。由于事件本身惊心动魄,人物的形象也就异常鲜明。由此看来,写好人物新闻关键还在于选取有力量的事实,应力求"以事显人"。

(2)细节要素。适当进行场景、外貌、动作、语言、心理活动的描写,便能在较短的篇幅内使人物形象呼之欲出,使人物"站立"起来。例如上文中,罗德里格斯的语言和行动便是最抓人的细节要素。

(3)情感要素。人物新闻也应作客观报道,这里没有异议。但是,由于记者在考察和选择人物时,必然是因为被人物所打动,对人物含有正面的或负面的情感评判,这种情感倾向必然会融入表达中,使人物新闻成为"略带温度"的写作。例如2011年11月21日《扬子晚报》消息:

"撑伞少女"暴雨中演绎最美风景

昨日,一位冒雨为残疾乞丐撑伞的苏州女孩成了"网络红人"。西祠网友无意中记录下女孩的善举。此图现正在微博中热传,网友们正在积极联络发帖者,希望找出这名虽没有露脸却美丽无比的女孩。

这组照片一共有4张,发帖者是西祠网友"林听海安"。他在帖子中说道:"一位残疾人因为突然来袭的暴风雨而在风雨中无助地挣扎,一位美丽的姑娘打着雨伞冲进暴风雨,为残疾人送去关爱,尽管这把伞根本无法为他遮挡,姑娘自己全身都淋湿了,可是她却成为暴风雨中最美的风景!"

记者从照片中看出,当时雨下得特别大,暴雨中有一名腿部残疾的乞丐正依靠木板缓缓移动,见此情景,身穿粉色衬衣的女孩手举一把淡紫色雨伞,冲向雨中为乞丐撑伞。无奈,小小雨伞根本无法遮挡倾盆的大雨,照片中显示女孩手中的雨伞已完全向乞丐倾斜,而她自己的衣衫已被雨水完全浸透。

由于女孩始终关切地低头看着残疾乞丐,跟着他挪动的方位调整撑伞的角度,因此4张照片均未出现女孩的样貌,但网友们纷纷跟帖表示:"她是最美丽的仙女。"网友们对这位好心的女孩大加赞赏。"亚纳海沟之蓝"说,要是我就冲进去给这MM再打一把伞!网友张嘉明坦言:"善良的心都有,真正付出行动的能有几个?小姑娘值得我们尊敬。"网友"原来你也在这里"留言说,希望世界的每个角落到处都充满爱。截至记者发稿前,这篇帖文在短短时间已经被点击约3万余次,网友的留言达498条。

记者注意到,在最后一张照片的背景中,出现了"灵岩农家饭店"和"灵岩酒家"的店招,网友猜测此事应该就发生在苏州木渎灵岩山附近。

这篇消息中,记者使用的是客观报道的手法,但字里行间呈现出来的情感态度却是明显的。这里的情感,既是记者对"最美女孩"的倾情赞美,又何尝不是公众的情感取向呢?

第三节 经济新闻:为公众服务

由于经济与人们生活之间的密切依存度,经济新闻已成为当今消费和大众传媒时代的宠儿,而且其内容越来越多地融入政治、军事、文化等各个报道领域。在我国,据权威杂志对受众与新闻媒介所作的抽样调查显示,在各个层次的读者中,对经济新闻关注程度列各类报道之首的人为68.5%,由此可见,公众对经济报道的兴趣日渐浓厚,需求也呈迅速增长之势。

一、经济新闻的概念

凡是有关国民经济、经济建设和人民日常经济生活的报道,都被统称为"经济新闻"。它包括两大类:一类涉及物质财富的生产和消费,如工业、农业、财贸、交通运输、基本建设、衣食住行等问题的报道;另一类涉及象征性资产(货币、股票、期货等)的流通、专业性的预测、风险评估等。经济新闻具有现实的指导性、较强的专业性、信息的实用性、报道的理性化等显著特点。

近年来,由于社会经济的发展,经济报道的内涵和外延得到不断充实、扩展,表现为:

(1)新闻媒体开拓经济新闻的报道领域,开设专业经济报刊、频道、版面满足社会对经济信息的需求。经济新闻在内容上不断拓展报道面,提供广泛的经济资讯,扩大信息流通量。例如《21世纪经济报道》以"财经"为主打新闻,这份专业报纸的报道触角几乎延伸到宏观、微观经济的所有领域,真正体现出时政"顾问"、经济"管家"、生活"指南"的服务精神。

(2)经济新闻正在建立以"市场"为主体的报道新框架。在我国从计划经济向市场经济转型的过程中,社会各界都必须接受"市场意识"的启蒙教育,进一步认识市场经济必须遵循的规则和规律。经济报道的各个领域,包括经济发展态势、经济热点分析、消费者权益、经济法规、市场行情、金融贸易、文化产业等,都应该渗透文明、有序的市场意识。

(3)经济新闻正逐步树立市场经济是规范经济的新观念,在舆论宣传上保障经济有序运作。市场经济对社会各界,包括政府、企业和社会各行业来说,都是面临的新课题,在此背景下,经济报道就不仅有"报道"的义务,还担当着"阐释"和"引导"的职责。

经济新闻受众面广,这就要求更加重视受众的关切度。经济报道要考虑受众的多种需求,开拓报道领域,普及市场知识,提供各种实用信息,接受受众咨询,等等。

二、经济新闻的功能变革

在传统的新闻观念中,媒体注重的是"宣传"的视角,突出经济报道的"指导性",忽视了经济新闻的其他社会功能。我们以为,经济新闻要体现多功能化,首先要实现观念的更新,即从过去的"以计划为主"转向"以市场为主",从过去的"政治附属"转向"受众中心"。

在新经济时代,中国的经济报道面临着深刻的变革。为适应当前社会主义市场经济的需要,新闻媒体应调整认知方式,重新认识经济报道的功能。

1. 培育功能

经济学家指出:各类市场形态是商品经济的载体,各类市场发育是否健全、是否完善是市场经济成熟与否的重要标志。完整的市场组织体系包括商品市场、生产要素市场和特殊市场。在我国,除了第一类市场发育比较健全外,后两种市场还处于起步阶段,有的还只具备雏形。在此背景下,经济新闻应为市场培育发挥舆论作用,"聚焦"市场、研究市场、追踪市场、反映市场,大力报道、培养这三类市场取得的进展、成果及新鲜经验,揭露、批评经济活动中各种不合理的或违法的现象,以帮助社会建立公平、公开、公正的市场秩序。

2. 透视功能

市场经济条件下的经济新闻,应该具备透视功能。所谓透视功能,就是站在全局的高度和时代的高度对经济现象的因果关系和发展前景做正确的分析和判断,把具体的经济现象放在当前经济的大背景下去审视,从国家的政策高度分析其利弊,善于从宏观把握微观,再从微观体现宏观,避免微观真实而宏观失实。

经济预测应该是经济报道透视功能的有机组成部分,它将过去、现在的有关信息进行加工处理,抓住经济生活中已经出现的倾向性问题,敏锐地反映可能形成潮流的新动向,进行预警式报道。这种报道要求记者把握住事物的来龙去脉,同时要对经济发展的"未知数"保持清醒头脑。

3. 监督功能

现代市场经济应该是规范化、法制化的有序经济,市场经济离开了法制就寸步难行。但由于我们的市场经济还处于起步阶段,法制建设尚不完备,市场经济要受到权、情、钱各方面的挑战,会出现各种不规范、反规范的行为,如:逃税漏税、走私黑市等"地下经济"行为;粗制滥造、以次充好、冒牌假造等"伪劣经济"行为;以权经商、以权谋私的"权力经济"行为;欺行霸市、强买强卖、敲诈勒索的"霸道经济"行为;以邻为壑、设关设卡、保护落后的"诸侯经济"行为。这些不正当经济行为,损害了国家利益,与统一、有序、公正的市场原则背道而驰。经济报道对这些经济行为应进行曝光、揭露,发挥舆论监督功能,为市场经济的健康发展提供有力的舆论支持。

4. 信息功能

在市场经济条件下,信息对政府和企业的决策所起的作用非常明显,因此,采集和传播各种经济和市场的动态信息,是经济新闻的重要功能。为适应市场经济的需要,我们要大力拓展经济报道的领域和渠道,使信息成为联结生产、流通、消费的纽带,成为沟通各国经济活动的桥梁。从宏观的经济政策法规、产业结构、发展计划、人才需求,到微观的市场行情、产品销售、经营管理以及有关资金、证券、外汇市场的变化,都应成为经济报道的重要内容。

5. 服务功能

国外很早就使用"服务性新闻"这个概念,有的报纸专门开辟"可供你使用的新闻"或"供消费者阅读的新闻"等专栏。西方新闻界为吸引读者阅读新闻,明确要求记者对读者要有一种"服务精神"。经济新闻和服务类新闻这两类密切相关的新闻日益受到欢迎,反映了新闻界及读者都已意识到经济报道与人们的日常生活密切相关。西方教科书曾提供这样一个"经济链":"通货膨胀影响税收政策,而税收政策又影响物价与薪水;国际间的贸易保护主义影响关税,而关税又会影响进出口贸易、物价和就业,甚至影响到选举时的选民心理。几乎任何一项新闻最终都会涉及经济问题,同时几乎每条经济新闻都可以成为消费者关切的新闻。"[1]一句话,经济新闻就是服务消费者的报道,服务与被服务的新闻传播关系非常明确。

---

[1] [美]密苏里新闻学院教授群.当代新闻采访与写作.台北:台湾佛光大学、周知文化事业股份有限公司,1995:370.

三、经济新闻的写作

随着市场经济不断向纵深发展,市场的开放使人们成了经济活动的参与者。由于这个大背景,记者更应兼具经济观察家和专家型记者等数项专长,时时以进行式的眼光观察、分析、研究各类经济现象和经济问题,写出有权威性和"适销对路"的经济报道。

1. 围绕"小经济"选题

人们通常所说的经济新闻,不外乎两类:一类属于生产、建设方面的,是所谓"大经济";一类属于流通、消费方面的,是所谓"小经济"。在相当长的一段时间内,经济报道以生产为中心,忽视流通、消费等领域;重视"大经济",忽视"小经济",对市场消费、居民收入等很少触及。市场经济体制的发展,要求经济新闻必须跳出以生产为中心的旧格局,着力从"小经济"方面选择报道角度,从贴近群众的视角切入,以唤起人们对"大经济"的普遍关注。例如2011年《新民周刊》第45期报道:

是谁制造了天价药材?

近年来中药材大幅涨价,让不少病人时时面对如此艰难的选择。是什么让过去一直以"简、便、验、廉"深入人心的中草药,疯狂暴涨,甚至一天一个价?

"大量优质地道的中药材被做成提取物出口,当草一样贱卖!这是导致国内中草药资源短缺、价格暴涨的重要原因。"原国家药监局市场司司长骆诗文痛心疾首地说。"国家批了7156家药厂,很多厂都是投机成立的,根本没有自己的药品,就以原料出口养活自己。"

近年来,中药提取物出口占比大增,年出口额5.3亿美元,占中药出口比重的40%以上。4月30日是欧盟规定的植物药生产企业准入资格认证的最后一天,而我国药企没有一家在此时限内通过注册,这让出口中药提纯物,成为一种"最时髦"的选择。

"1988年的时候,我国中药种植1200万亩,其中耕地580万亩,非耕地620万亩,足够中国人用药,为什么现在不够了呢?一个原因是庸医乱用药,更重要的是出口药物提取物仅提取一种有效成分,造成了我国大量优质药材被浪费!"骆诗文批评道。

更令人尴尬的是,国外大量从我国进口重要提取物,主要是用来开发植物药,大量出口到欧美市场,再被做成制剂高价返销到我国,出现了"中国原产,韩国开花,日本结果,欧美收获"的奇特怪象。

这篇报道由于转换了视角,常见的"大经济"报道,改为从"小经济"角度(药价)来反映,便抓住了人们的关注点,缩短了媒体与受众间的距离。这种从社会公众角度切入的经济新闻,值得提倡。

2. 选择公共视角立意

"所谓公共视角就是用公众的眼光来看待、分析经济现象,鄙弃狭隘的集团利益,更加尊重事物的本质,从尊重经济主体的权利角度来写经济报道。"[1]公共视角的确立,要求记者具备正确的价值判断,否则就可能对公众和社会造成误导。譬如,有一段时间,各种媒体在"消费信贷"问题的报道中几乎众口一词地宣称:老百姓要转变观念,要人们"敢于花明天的钱"。有的媒体甚至还用"敢不敢"来挑战读者。但从实际情况看,由西方信贷危机引发的全球性经济衰退表明,过度的"超前消费"其实是一种误导。

应该看到,在社会转型期,记者思想的"启蒙"和观念的更新,与整个社会发展应该是同步的,甚至应该是具有前瞻性的。在西方媒体,专门从事经济问题报道、评论的大牌记者确实可以达到专家水平,很多记者对经济问题的见解甚至是大学教授或政府官员望尘莫及的。这也提示我国记者,应尽快健全自身的知识结构,提高分析"热点"问题的能力,努力成为具有权威性的专家型记者。

3. 用新闻故事"讲活"深奥理论

经济新闻与受众的现实需要越贴近,它的传播也就越广泛、深远。目前,一些媒体针对单纯的经济报道"见物不见人"的弊端,开始重视挖掘经济生活中的故事,使读者在轻松的阅读中,受到经济学的熏陶,并获得观念上的启示。请看2005年6月13日《新民晚报》的报道:

新沪商听厉以宁"故事新编"

我国著名经济学家厉以宁先生日前在沪参加本报与上海民营经济发展促进中心合办的以"新沪商·新天地·新作为"为主题的"上海·民企沙龙"第二次活动,与杉杉集团、春秋国旅等30余位"新沪商"的掌门人或其代表会面,阐述非公经济36条要点,倾听民企呼声,对如何壮大"新沪商"队伍、加快发展上海民营经济发表了重要见解,并侃了不少"新编老故事",每个故事不离市场经济这个中心话题。

故事一 和尚庙怎样卖梳子

公司考核4个营销员,给出特殊任务:到和尚庙里卖梳子。

---

[1] 方延明.新闻写作教程.北京:高等教育出版社,2005:248.

第一个营销员空手而回,说和尚们都笑他傻:我们连头发都没有,哪用得着梳子?第二个营销员销了十多把。他告诉和尚,没头发也要常梳头,止痒活血、有益健康。一些和尚被说动了,买了梳子。第三个营销员到庙里跟老和尚讲,您看不少女香客,拜佛磕头,把头发都磕乱了。您在庙堂蒲团旁放些梳子,香客磕完头随手可以梳个头、整整容,他们会感到这个庙的关爱,下次就会再来烧香。这一下,就销掉百十把。第四个营销员更有办法,他向老和尚提了个建议,庙里经常接受捐赠,得给人家一些礼品作回报。梳子很便宜,可若是您在梳子正面写上庙名,反面刻上三个字"积善梳",再加个方丈亲笔签名,这样梳子就变成珍贵礼品了,香客来了送一把,庙里香火永续繁荣。老和尚连说有道理,把上千把梳子全买了,而且还订了货!

厉以宁点评:机遇永远存在,但市场要用心寻找,甚至创造。老守着"和尚要梳子干什么用"的思维定势,注定卖不出"梳子"。

故事二　兔龟第 4 次赛跑

骄傲的兔子在路上睡着了,于是乌龟跑了第一。兔子不服气,要求赛第二次。这回它吸取教训,一鼓作气跑到终点,当然赢了。乌龟又不服了,对兔子说,前两次都按你指定的路线跑,第三次该我指定路线了。于是龟、兔就按乌龟指定的路线赛起来。可是当兔子领先快到终点时,一条河挡住了去路。这时,乌龟来到河边,一游就游过去了。兔子输红了眼,还想再赛第四次。乌龟说,咱们这样争下去争到啥时候啊?能不能改个主意,大家都跑得更快些呢?兔子说好啊,那咱们就来个水陆合作吧——陆地上我驮着你跑,到河里你驮着我游!这样各展所长,龟兔都"快"起来了。

厉以宁点评:商场未必都是战场,对手更不必作敌手。合作开拓新空间、谋取双赢多赢,往往是理想结局。

故事三　3 个和尚喝水多

有个老故事,叫"三个和尚没水吃"。如今有三个庙,都有三个和尚,都离河比较远,却都喝上了水。

第一个庙,老和尚立了新庙规:三个小和尚,谁水挑得多,晚上吃饭加道菜;谁水挑得少,没菜,吃干饭。这一来,小和尚们争挑水,一会儿庙里的水缸就满了。第二个庙,三个小和尚自个商量,我们这么每个人一直挑到底,未免太累,不如搞接力挑水:第一个挑了一半路,就交给第二个挑,自己停下来休息。第二个和尚挑到家,让第三个和尚倒进缸,空桶回来接着挑。这么一来,大家都不觉着累,水缸也很快就挑满了。第三个庙,三个小和尚合计,咱们天天挑水太累,山上有那么多竹子,把竹子砍下来、穿透心,一根接一根,一直连到河边高高翘起头。

然后买个辘轳,提水、倒水轮着来。从此,和尚们根本不必再挑水,水照样也会流满缸。

厉以宁点评:"三个小和尚",从过去喝不上水到现在水喝不完,关键是改革老办法,引进新机制。第一个庙叫"管理创新",第二个庙叫"机制创新",第三个庙叫"科技创新"。

故事四　老虎追来怎么办

两人正在山林旅游,忽听几声虎啸。其中一个人赶紧回头跑,另一个人却蹲下身来换跑鞋。前头的人很奇怪:你换了鞋也跑不过老虎啊!换鞋的人说,我是跑不过老虎,可我只要跑得比你快就够了。前头的人一想,"是啊,你跑得比我快,那老虎不就拿我开涮了吗?可是我又没有带跑鞋,那怎么办呢?"他灵机一动,干脆不跑了,瞅着林子中一棵大树,嗖嗖几下爬了上去。老虎追来了,三两下就赶上了尽管已经换了鞋,却仍然只是在跑步的人。

厉以宁点评:对付新的挑战,最好是改变思维方式,采取新的发展战略。只在老思路上搞改良,恐怕仍难逃失利的命运。

该篇经济报道别具一格,通篇以故事引出观点。这种写法,寓深奥理论于故事之中,读了该篇,恐怕连小学生也能懂一点经济方面的学问了。

4. "数字"的妙用

数字的变化通过数量形式表现出来,这在经济学中被称为"定量学科"。随着社会的发展,人们对量化经济信息需求大大增加,因为其中常常蕴藏不少致富的机会。媒体作为人们获取信息的主要平台,理应满足人们的需求,让人们透过"数字"看经济运行的规律和态势,以利于企业、商界和个人制订长远发展计划。

此外,记者还要用活数字。从事经济报道的记者,天天与数字、报表打交道,如果只是做一名记录者,照抄照搬一些文件材料,势必造成内行不爱看、外行看不懂的状况。反之,如果记者能"用活"数字,梳理"数字"的波动规律,就会加深人们对经济活动的理解。譬如,可以对一定时期的政府报表进行画图比较,分析经济抗波动能力是否增强;可以通过K线图来分析股市的涨跌走势,及时予以深入评点;还可以针对彩民的高涨热情,专辟彩经版,通过概率、数统等办法来预测下一期的中奖号码;等等。

第四节　社会新闻:记录平民生活

社会新闻的出现,远在报纸诞生之前。早期的社会新闻,主要是以口头传播形式存在的,如在古代的童谣、民间传说,乃至各种稗官野史之中,常见社会新闻的踪迹,如《诗经·氓》记录一个痴情女子与负心汉的婚姻故事,便是古代的社会新闻。至于《世说新语》、《聊斋志异》、《阅微草堂笔记》等,则已有更成熟、丰富的社会新闻。一般认为,西方的社会新闻始于19世纪30年代"大众化报纸"盛行时期,最初以色情、凶杀的报道为主,后来由于新闻伦理的提倡和新闻报道面的扩大,逐步有所改变。[1]现代传媒中,社会新闻与时政要闻、经济报道、科技新闻、文体新闻等一样,始终为新闻报道的大类。各家地方报纸、晚报、都市报等自不必说,国家级媒体、新闻门户网站也开设"社会新闻"专栏、专版以赢得读者,其中不乏成功的范例,但随之也出现了一些不良倾向。

一、社会新闻的概念

关于社会新闻的概念,历来众说纷纭。下面是几个有代表性的定义:

(1)"社会新闻是以个人的品德行为为重点而具有社会教育意义的新闻。"[2]这个定义,强调了社会新闻的"教化诉求"。

(2)"社会新闻不受行业的局限,是侧重于报道社会上或自然界中与人们的生活密切相关、能够激起读者某种情感或富有情趣的新闻。"[3]这表明社会新闻具有"情感诉求"。

(3)"狭义的社会新闻专指犯罪新闻;广义的社会新闻则指所有富于刺激性的新闻。在通常情况下,其内容包括灾变新闻、犯罪新闻、人情味新闻、社交新闻等。"[4]这是港台新闻界对社会新闻的界定,强调的是新闻的"刺激性"。

(4)"社会新闻就是从人们的日常生活角度出发,报道类似社会学所研究的范围(人口、就业、道德、秩序、婚姻、家庭等)以及人与自然界中奇异现象的新

---

[1] 刘海贵,尹德刚.新闻采访写作新编.上海:复旦大学出版社,1997:270.
[2] 赵超构.关于社会新闻的一些意见.新闻业务,1957(6).
[3] 刘海贵,尹德刚.新闻采访写作新编.上海:复旦大学出版社,1997:270.
[4] 李茂政.当代新闻学.台北:正中书局1987:175.

闻。"〔1〕这个定义界定了社会新闻的报道领域。

综观上述定义不难发现,学界对社会新闻的价值取向持有不同看法。近年来,随着新闻业界、学界对社会新闻的认识不断深化,以及实践的规范化,定义也渐趋科学。我们由此可以对"社会新闻"作出这样的界定:社会新闻是侧重于报道社会生活中有关社会问题、伦理道德、时代风尚、生活情趣的新闻,它是一定时期社会生活和时代特征的集中反映。其特点可以概括为:一是传通性大;二是民间性强;三是人情味浓;四是涉及面广。〔2〕

二、社会新闻的主要类别

社会新闻是一个较大的范畴,涉及面宽广,其内容主要包括以下几个方面:

1. 社会情态类新闻

每个社会都有自身特定的情态。情态是一个时期社会大众的情感态度的指征,或赞扬,或批评,体现了社会集体性的情感指向。例如,2005年5月30日新华社报道:

宁夏干部外出考察在景点扮演土匪引众怒

"宁夏灵武市部分干部不顾领导干部的形象,身着黑褂腰挂盒子枪,有的竟然还身穿当年国民党匪军军服,表演'乌龙山土匪'现代版!"记者根据群众提供的光盘开始了调查。

村镇市三级干部演土匪

最近在宁夏灵武,当地群众反映最强烈的是:乡镇干部外出考察之际,在旅游景点客串"湘西土匪",还将现场表演的"乌龙山土匪"现代版制作成了光盘,人手一份。

近一个小时的"考察留念"光盘里,记录了2004年下半年灵武市东塔镇部分乡镇干部外出考察,旅游张家界、乐山大佛、峨眉山等地的一些剪影和领导的旅游记录。

在该光盘下半段里,不再是湖光山色的考察记录,镜头转换成了乌龙山上的"乌龙寨"。一个袒胸露怀、摇摇晃晃、丑态百出、身着土匪装的男子出现了:他腰里别着枪,挥舞着胳膊,随后陆续出现了两个男"土匪"和两个女"特务"。令很多人没有想到的是,"土匪"、"特务"竟然是宁夏灵武的部分领导干部。

---

〔1〕 康文久. 实用新闻写作. 北京:新华出版社 1996:189.
〔2〕 刘海贵,尹德刚. 新闻采访写作新编. 上海:复旦大学出版社 1997:270.

耀武扬威装"土匪头子"

光盘上是这样记录的:灵武市东塔镇党委书记牛忠,背靠"乌龙寨"大旗,身穿黑褂腰挂盒子枪,威风凛凛地坐在老虎椅上。两边站着的和《乌龙山剿匪记》里女特务一样打扮的是副镇长马丽娟和现任灵武市编办主任王锋,两个村干部也分别身穿黑褂腰挂盒子枪,大黑帽,戴墨镜,作袒胸露怀耀武扬威之势,俨然"黑风寨"的土匪头子扮相。

19日,灵武市东塔镇党委书记牛忠对记者说,这是他们外出考察闲暇之际拍摄的,"这是我们在张家界,转到其中的乌龙寨景点,那里过去拍过《乌龙山剿匪记》电视剧,大家都是出于好奇,最后他们硬把我也拉了上去,说'咱们合个影'。就换了衣服,我当时只觉得是戏剧服装,没有想得太多。当时还花10块钱租了演出土匪的道具"。

回到宁夏后,灵武市电视台记者张铎将官员"外出考察"中的关键镜头,用光盘刻录了下来,凡是去的人,人手一份。

干部"土匪"相引发群众愤怒

从今年1月份开始,光盘流传到了民间。在当地,基本上每家都有一份刻录下来的"外出考察"光盘,只要有生人到村里,当地群众必先拿出光盘给客人看。在群众当中造成了极其恶劣的影响。

灵武市东塔镇党委书记牛忠是这样看待的,"这样的确有些不妥。休闲之余,没有考虑很多。我们自己事后也觉得不应该,尽管是人之常情的事情,应该考虑到我们带去的是这些人,不管大小都是一级干部。这种形象流传到社会上,在群众心中是非常不好的,毕竟是共产党员。"

干部究竟应该不应该扮演土匪,作为一个共产党员和领导干部,想必比普通干部和群众更应该考虑。

这篇报道,反映了一部分干部的"丑态",也集中表达了社会公共的情态。记者应善于体察社会大众的情绪,激浊扬清,发挥新闻媒体的舆论监督和引导功能。

2. 民生新闻

2002年以来,电视新闻节目《南京零距离》受到社会各界关注,该节目内容聚焦于"实用咨询,生活投诉和社会新闻",这类新闻被称为"民生新闻"。其特征是:反映老百姓的真实呼声,展现普通人的生存状态,带有鲜明的平民化特征。

民生新闻一定程度上重塑了媒体亲民有信的形象,构成了一部由"小人物"写成的历史。它试图以大众的价值观、大众的观察、大众的体验、大众的评判、大众的语言,呈现一种"平民创造"模式。如:"广告牌竟写'华人与狗不得入内'"、"奶奶两次跪求小孙女看病"、"女生恋爱信被读 含羞自杀"等,从新闻标题就大致能看出民生新闻的报道取向。请看 2011 年 11 月 18 日《法制日报》刊登的《因身份证重号 居民被"黑名单"》:

今年 5 月份,一直在外经商的茅天缘回到老家浙江省天台县,准备在老家办企业做生意。为了筹资,茅天缘准备用家里的房屋到银行做抵押贷款。可他却被告知,他的名字进入了征信系统的"黑名单",无法办理贷款。

经过查询,茅天缘得知,一个老乡齐某的身份证与他的身份证"重号",由于齐某逾期还款被建行列入"黑名单",导致茅天缘也跟着受累。但齐某在更换二代身份证时已经更改了身份证号码。换句话说,齐某现在已经逃离了"黑名单"的范围,成为了一个拥有良好信用的公民,但茅天缘还对此一无所知。

建设银行的一位工作人员表示,从现实情况来看,像本案中的茅天缘要消除"黑名单"的后遗症可谓是困难重重。即使建行最终通过人民银行消除了茅的"黑名单"记录,但是如果齐某的贷款不良记录还在,也就是说,与茅天缘关联的身份证号的不良记录还在,茅天缘可能还是贷不到款。

据统计,全国身份证重号至少涉及 100 万人。我国第一代居民身份证的登记发放始于 1986 年,大量的重号身份证就是在那时留下的。

身份证重号给当事人带来的麻烦可谓无休无止,而现在解决身份证重号错号问题还没有统一的规范。有鉴于此,公安机关应该出台一个《无错更正号码规定》,让更多的受重号问题困扰的民众尽快走出困境。

此外,由于身份证的特殊性,所有与身份证号码挂钩的业务和证件都会受到影响,而更换身份证号也面临难题:一是"重号"的双方让谁去更改?二是改号的经济损失由谁承担?

从总体上看,民生新闻以反映百姓心声、体现民生关怀为主调,内容驳杂,价值定位也比较模糊。正如新闻传播学学者陈力丹所指出的那样,当下的民生新闻并不是一种成熟且具有独立新闻品质的新闻样式,它是在市场和消费主义意识形态、精英和白领意识形态、百姓和平民意识形态等多重复合的掩护下,经过合成加工的文化"产品",与其说它真实地反映了平民生活,不如说它给大众生活提供了谈资和消费的新选择。

3. 灾难性新闻

灾难性新闻,包括灾害类报道和事故类报道。前者如有关地震、台风、火山爆发、暴雨肆虐、疫病流行等的报道;后者如有关翻车翻船、飞机失事、楼房倒塌、失火、矿难、医疗事故等的报道。这些天灾人祸给人民群众生命财产造成巨大损失,为全社会所关注,具有较高的新闻价值。

灾难性事件大多是突发性的,因而报道的时效性极强。目前,当灾难、事故发生后,新闻媒体通常会以最快的速度在第一时间发布消息,并采用滚动发稿的方式,连续跟踪报道事态。在灾难性新闻中,记者报道的"落脚点"是:一要关注受害者的生命和生活状态,唤起公众的关爱和同情;二是充分反映抗灾救助的进程,突出"灾难无情人有情";三是调查、分析灾难事故发生的原因,引出经验教训。

我国新闻媒体中,有关灾难的报道,特别是事故性灾难报道曾是"禁区",人们一度担心公开传播的副作用。其实,公开报道与社会稳定并没有解不开的疙瘩,更不构成对立关系;相反,许多情况下,两者是相得益彰、相互促进的关系。譬如有关 2003 年"非典"的报道,以 4 月 20 日为分界线,前后期为什么在社会舆论上形成如此大的反差?原因恐怕是:前期因过分担心公众恐慌,采取了"捂盖子"和隐瞒的办法,反而使小道消息满天飞,既因公众不知真情而加剧了"非典"蔓延,也使公共舆论更加失衡;而后期由于"真情实报",反而使受众降低了对传闻的疑虑度,加之政府的强有力控制和舆论引导,社会恐慌心态转变为积极有效的防范和斗争,前后对比非常明显。可以展望,如果新闻媒介与社会公众长此以往良性互动,受众因"知情"而理性,那么对政府的决策和舆论的引导都有好处。在知情权获得尊重的社会中,公众不会因为媒体介入而心态失衡,反而会由于获得的信息是比较对称和平衡的,从而作出合理、有效的应对,这应该成为现代文明社会的一个基本认识。

4. 案件类新闻

案件类新闻通常牵涉到法律,涉及的事件必须通过法律解决。它大致可分两类:一类是重大案件报道,如抢劫凶杀、走私诈骗、贩卖毒品、贪污受贿等,其中情节严重的案件尤为公众所关注;一类是民事案件报道,如家庭纠纷、邻里矛盾、名誉损害等,近年来逐渐增多的"名人官司"案件,由于涉及公众人物,报道的影响力很大。

报道案件类新闻,记者须树立以法律为尺度,尊重公正调查、审判的观念,维护司法的尊严。要严格按照审理程序进行报道,对未审结案件只能依照法院提供的情况报道,不能随意评论案情和审判情况,更不能代替警察、法院来认定事实。例如辽宁某地农村曾发生一起食用干豆腐导致 40 多人中毒、6 人死亡的事件。这一事件的发生,是食物不洁引起还是有人故意投毒引发尚不清楚。当公安机关正在紧锣密鼓地立案侦查时,当地一家新闻媒体却根据道听途说来的信息抢发消息,声称农民是因食用了拌有 1059 农药的大豆做成的干豆腐而中毒的。这一"新闻事实"其实是记者在电话中听一位村干部说的。但是,侦查的结果却表明,做豆腐所用的大豆无毒,问题出在干豆腐的制作过程中,是豆腐匠的情敌乘其不备向水瓢里投的毒。事后,当事人找到这家新闻媒体"问罪",给这家媒体带来了麻烦,也使其在读者中失去了信誉。

5. 奇异性新闻

好奇之心,人皆有之。对于奇闻趣事,人们总显得格外关心,这也构成了社会新闻的一大"看点"。奇异性社会新闻大致有两类:一类是人间趣闻,一类是自然奇闻。例如,在新疆喀纳斯湖游湖观光的北京游客亲眼见到传说中的"湖怪",并拍摄到了有关画面。对此类奇异性的现象,国内外媒体纷纷予以报道,但仅限于此,并没有对"传闻"作出解释。而新华社则不仅报道了消息,而且着眼于科学家的"解读",有利于人们正确认识"湖怪"现象:

喀纳斯"湖怪"是真的吗?
——来自科学家的"解读"

犹如一轮弯月沉睡在阿尔泰山友谊峰南侧群山之中的喀纳斯湖,不仅以景色秀美著称,更因湖中"湖怪"而令世人瞩目。

最近,"湖怪"频现新疆喀纳斯湖,更是引起社会公众的广泛关注。这个高山湖存在"湖怪"的可能性到底有多大?"湖怪"怎样才能确认?为此,新华社记者采访了中国科学院的有关专家。

不太可能有"湖怪"

"我个人认为喀纳斯湖里不太可能有'湖怪',因为湖水的温度非常低,湖里鱼类的生长速度很慢,要长到一丈多长几乎是不可能的。"上世纪 80 年代末曾经"探访"过喀纳斯湖的中科院南京地理与湖泊研究所研究员王洪道斩钉截铁地说。

王洪道介绍,喀纳斯"湖怪"最早是由新疆师范大学生物系一位副教授在上世纪 70 年代后期发现的,当地牧民中也流传着很多关于"湖怪"的传说,说养的牛掉到湖里被"湖怪"吃了。

1988 年,王洪道和其他科学家一起到喀纳斯湖进行过为期 7 天的科学考察。"当时在湖里布了十几米深的网,但是结果只抓到两条 2 公斤重的鱼,也就几十公分长。经分析初步认为,有可能是群众将喀纳斯湖特有的大红鱼当作'湖怪'了。"

黄河源的扎陵湖、鄂陵湖也有过"湖怪"之说。"近看和远看的区别很大。"

王洪道认为,目睹"湖怪"的各种场景要具体分析,"我在扎陵湖就曾经看到一群黑色马鹿在湖里洗澡,远远看去真的很像当地藏民描述的'湖怪'。"

"'湖怪'之说缺乏科学依据,但也没有绝对说法。"王洪道研究员反复强调,"要弄清楚到底有没有'湖怪',还需经过有组织的考察,不能妄下定论。"

如果证实有,就有必要去研究一下

中科院青藏高原研究所朱立平研究员长期从事湖泊环境研究,曾经在西藏、青海等地考察过二三十个湖,其中有的湖深达七八十米。

"从科学角度讲,不能说是'湖怪',可能是一种人类没有特别认识的大型水生生物。"朱立平认为,"由于生活在人迹罕至的深水湖中,加上生存时间长、长期生活在水下环境,就变得特别大。"

"会是鱼吗?"

"不一定是鱼,也可能是豚类,或者其他生物种类。"朱立平解释说,过去,深海中就有很大的生物,竟把小型人工潜水器吞掉,后来研究是一种特殊的章鱼,只是从未被人类所发现,"有一间屋子那么大"。

"'湖怪'有必要进一步探讨和研究吗?"

"如果确实证实有,就有必要去研究一下。"[1]

报道中,记者既不断然否定,也不盲目肯定,以一种客观、平衡的态度陈述专家的观点,而其文字中体现出来的质疑、求证的态度,显示出应有的科学精神,也使读者受到了一次通俗生动的科普教育。

三、社会新闻的写作

社会新闻就其思想内涵来说,具有贴近大众、雅俗共赏、寓教于乐等特点,但不能因此便认为,社会新闻就一定是"软新闻",而不能是发人深省的"硬新闻"。如果理解了这点,社会新闻的报道面就必然扩大,报道的力度也会增强。

1. 街头巷尾找新闻

与时政要闻、会议新闻等作比较,社会新闻散布于社会生活的各个角落。对于记者来说,新闻热线、新闻线人提供消息源,当然可以弥补个人活动区域的不足。即便如此,深入到生活一线采访,仍然是实现新闻"零距离"的首选。

记者到生活中找社会新闻,也有一定的规律可循。许多有经验的记者认为:车站、码头、学校、公园、体育场、科技馆等处,是人群集散之地,往往有社会新闻

---

[1] 新华社 2005 年 6 月 10 日电.

可找;消防队、治安联防队、社区居委会、市场管理所、派出所、拘留所、监狱,也往往是出社会新闻的地方;医院的急诊室、商店、殡仪馆、公共汽车、茶馆酒楼,与人们的衣、食、住、行紧密相关,也是采集社会新闻的好去处。总而言之,只要做有心人,就不难在各个角落发现社会新闻。[1]

2. 用民意"引爆"新闻

社会新闻强调触摸百姓的"诉求",反映大众的意见和呼声。同时,新闻媒体还是上下沟通的渠道,社会新闻在下情上达方面也发挥着突出作用。近几年来,有不少社会问题便是通过新闻媒体的报道,从而引起政府部门的重视而得到解决的。2003年3月17日,一名叫孙志刚的大学生在广州大街上行走时,因未带暂住证被非法收容,3天后竟因大面积软组织损伤休克后死亡。《南方都市报》获悉这一消息后,通过深入调查采访,迅速报道《被收容者孙志刚之死》的新闻,对"收容遣送制度"提出质疑。这篇报道在社会上引起强烈反响,也引起国家领导人和有关部门的高度重视。不久,国务院召开会议,决定废止已实施21年的《城市流浪乞讨人员收容遣送办法》,并通过《城市流浪乞讨人员救助管理办法》。《南方都市报》对"孙志刚案"的报道,改变了国家的一部法规,推动了中国的法制进程,从而成为2003年最具意义的新闻事件。

3. "讲述老百姓自己的故事"

这是中央电视台《生活空间》的片头语,它恰到好处地点明了社会新闻,特别是民生新闻的本意。这里仅举一例,发表于《广州日报》的一篇口述性社会新闻《下辈子,我们还当母子》,新闻的发布者是"一位痛失儿子的母亲",记者仅加了几句话:

> 昨天,在广州市建设六马路小学,该校英语高级教师、广州市优秀教师许美云对记者讲述了一个关于她和她儿子的真实故事。这是记者多年来最动感情的一次采访。许老师的叙述是记者流着眼泪记录下来的。记者觉得有一份责任将它告诉所有读者,告诉普天下身为父母的人们。记者相信,对于这样一个充满人间真情的故事,人们一定会想得很多、很多……

这篇讲述性报道为读者提供了母子情深的最佳范本:虽然面对着死亡,却洒满爱和阳光。在母亲眼里,患有恶性淋巴瘤的儿子虽身患绝症,心理却是健康、明朗的。他不仅懂事明理、顽强乐观,而且懂得人间最重要的东西——爱。在当前许多人把金钱看作生活唯一的追求,忽视、淡漠了亲情体验的时候,那种真挚

---

[1] 刘海贵,尹德刚.新闻采访写作新编.上海:复旦大学出版社,1997:270.

的爱确实具有动人肺腑的力量。在叙述中,作为教师的母亲有一段话,堪称是对全社会的"爱的教育":"现在的家长大都对孩子呵护备至,但有的孩子却根本不珍惜长辈的爱,他们缺乏一种爱的体验,很难指望他们会回敬父母,而一个连父母都不爱的人,又怎么可能真正去爱周围的人,爱自己的祖国?"这位母亲的话非常深刻,使我们在感动之余还多了一些反思:在当前日益冷漠、讲实利的商品经济社会中,我们的家庭、我们的学校、我们的社会是不是有责任,来多加培育植根于人性深处的爱之花,并使之长开不败,永不凋零?

这篇报道具有相当的情感冲击力。由于新闻是亲历者自己敞开心扉叙述出来的,字里行间饱含着她特有的情感、思想和内心活动,且带有浓郁的生活气息,读起来亲切、自然,所以报道发表后感动了无数父母和孩子的心。根据这篇新闻拍摄的电影,同样在广大观众中产生了强烈的感情共鸣。作品以《下辈子,我们还当母子》作标题,也把口述新闻蕴涵的人间真情准确、深刻地揭示了出来。

4. 凸显人情,写出情趣

社会新闻着力于"社会传真",反映寻常百姓生活,写尽人间冷暖和世态炎凉,使读者对它产生心理上的接近性,并引起普遍兴趣。这个特点,要求记者以情动人,凸显人情,唤起读者的某种情感。

第五节 文艺新闻:"可读性"召唤人

随着人们文化消费热情的高涨,近年来我国的文艺新闻也取得了长足的发展。专门报道文艺新闻的娱乐性报纸不断出现,成为新闻媒体的一支生力军;综合类报纸也增加了文艺报道的版面,扩展了新闻报道的范围;并且,这种态势已由纸质媒体扩展到其他媒体,由此出现了一大批以综艺节目和娱乐新闻播报为主的电台、电视台专业频道。可以说,现今的文艺新闻呈蓬勃发展之势。

一、文艺新闻的概念及特点

文艺是文学和艺术的合称。文学是一门语言的艺术,它用语言来塑造形象和表达情感。文学有广义和狭义之分:广义的文学包括一切口头或书面述说性作品,如哲学、历史等均属于"大文学"的范畴;而狭义的文学则指以语言文字为工具,形象化地反映客观现实的作品,包括戏剧、诗歌、小说、散文等。所谓艺术,就是人类心灵与客观现实碰撞交融,而后创造出的具有鲜明形象和审美情感的精神成果和物质成果,它反映现实但比现实更具典型性,其门类包括绘画、雕塑、建筑、音乐、舞蹈等。文艺具有广泛的认识、教育、审美、娱乐等社会功能。

所谓文艺新闻,就是指有关文化艺术领域内发生的有价值的新闻事实的报道。它既包括有关文艺管理体制、文艺理论和流派、文学创作状况与成就的报道,又涵盖了影视艺术、戏剧、音乐、美术等演出、展示活动,以及群众文艺活动、文化市场等报道;既包括了对阳春白雪的精英文化的报道,也包括了对一般流行文化和大众文化的报道。文艺新闻具有观赏性、娱乐性,总体上属于"软新闻"范畴。文艺新闻的特点主要体现在以下几个方面:

1. 趣味性

趣味性是文艺新闻的主要特征,也正因为如此,文艺新闻受到受众广泛欢迎。具体地说,文艺新闻的趣味性主要表现在文艺活动本身的审美趣味。文艺活动所能带来的感官享受和内心体验,是人类生活不可或缺的,因此,文艺活动常常受到万众瞩目。比如,不论人们对春节文艺晚会持有什么意见,在每年的大年三十,春节文艺晚会都仍然是春节乃至全年收视率最高的电视节目。文艺活动的影响力使文艺新闻具有与生俱来的令人愉悦的趣味。文艺新闻的报道范围涉及文艺活动的方方面面,包括文艺作品的新颖内容和离奇情节,文艺表演的热闹场面,文艺作品的有趣创作过程,作家、艺术家们丰富的人生阅历与生活状况……这一切对公众都有巨大的吸引力。

2. 可读性

文艺新闻的可读性主要体现在它对文艺活动的审美品位的发掘。由于文艺活动及艺术家本身具有很强的感召力,因此写作中如能用轻松活泼、充满情趣的语言将人物、事件如实地表现出来,就会有较强的可读性。例如报道《朱德庸:看透了男女关系》就很好地反映出文艺新闻的这一特点:

十五年前,一个在马祖服兵役的台北青年一边忍受着军营生活的折磨,一边不断地把他的四格漫画偷偷寄给一家大报。一年半后他退役回到台北,发现自己已经成了一个足可傲视同侪的名人。他的以婚姻的荒诞可笑为内容的系列漫画《双响炮》成了最受追捧的热门专栏。许多读者私下里以为作者是一个一辈子都在受着婚姻的折磨、内心极度凄惨的六十多岁的老头。媒体蜂拥而至。

那年他25岁,尚未婚配。他叫朱德庸。[1]

---

[1] 杨子.朱德庸:看透了男女关系.南方周末,2011-07-23.

以上是这篇报道的导语部分,短短一百多个字,却写出了一个完整的人物故事,读来富有传奇色彩。由于作者使用的都是事实材料,因此具有文艺报道的客观性,属于严格的纪实写法。这篇报道不落窠臼,它没有按照时间顺序按部就班地介绍人物的经历,而是在报道里综合运用了并置不同时间发生的事实、对比错觉等类似文学性的手法。行文没有夸张、抒情,但效果却富于艺术气息,带有强烈的文艺色彩,能深深地吸引读者。

3. 知识性

文学艺术是人类精神性创造活动的结晶,具有丰富的知识性。而作为报道文学艺术的文艺新闻,为了把所报道的内容介绍清楚,也自然会涉及知识性内容,并在报道中介绍必要的背景。文艺新闻的知识性,主要通过介绍文艺作品的内容,作家、艺术家的有关情况和相关背景知识等体现出来。例如下面一则新闻报道:

中国爱乐乐团显山露水

前天上午,中国爱乐乐团首次进行排练,吸引了众多传媒。

上午10时,有着历史意义的爱乐"第一音":柴可夫斯基的弦乐小夜曲在艺术总监余隆的指挥棒和60名艺术家的琴弦下流淌出来,这个目前国内最大的弦乐队果然出手不凡,音乐的厚度和质量使人有一种久违的兴奋感。三位总首席马晓明、陈允、吴阳全部到位,其中,吴阳所持的是一把价值55万美元的"阿玛蒂"提琴,这把琴是一位不愿透露姓名的外国企业家免费无限期提供给中国爱乐乐团使用的,而陈允和马晓明的琴亦是价值七八万美元的世界名琴。

爱乐艺术总监余隆对记者说,从今年5月"爱乐"组建至今已招聘演奏员109名,为国内交响乐团人数之最。现在可以说强大阵容已经基本确定,在两个月的封闭训练排演之后将于12月16日推出首演音乐会。

在爱乐乐团向记者提供的乐团名单上,可以看到国内众多的优秀演奏员的名字,来自国外一些著名乐团、弦乐的一些骨干演奏员也在爱乐榜上有名。余隆向记者透露了"爱乐"将要合作的艺术家的名单:奥克·卡穆、克劳斯·威瑟、科赫、雪莉·史都德、谭盾等,他说,通过与众多世界知名大师的合作,将使"爱乐"达到第二点:成为一个全能乐团。"这个乐团应当在交响乐、室内乐、歌剧、协奏曲、清唱剧等各种形式上均有所建树,熟练地演奏古典、浪漫和现代的各个时期代表作品。"

身为世界著名的马尔莫交响乐团首席的马晓明在排练完后对记者说,从"爱乐"的人员组合、乐器配置、艺术构思、总监的艺术素质和首席的艺术水平诸多因素上看,这个团具有比较灿烂的前景。[1]

这则文艺新闻报道的是中国爱乐乐团的首次排练。新闻报道基本上采用的是顺序的结构、陈述性的写法。记者除了报道爱乐乐团排练的情况之外,还介绍了乐团的组建、乐器配置、演奏员等方面的许多专业知识,开阔了读者眼界。

二、文艺新闻的功能

文艺新闻涉及文学艺术的方方面面,内容分布也十分广泛。由于文艺新闻具有广泛的阅读和收视率,当今各种媒介都十分重视文艺娱乐类新闻报道,出现了专门的"娱记"、文艺类版面、文艺类频道等,这些都表明文艺新闻在我国新闻传媒中占有显著地位。

文学作品的出版,电影、电视剧、戏剧等的演播,这些都是有关文艺界的重要信息,也是文艺新闻报道的重要内容。文艺新闻对这些信息的及时报道,既满足了公众对文艺界动态信息的了解,也是沟通艺术家和读者、观众的重要桥梁。文艺新闻必须满足受众的求知、情感、理趣、审美等多方面的需求,从而真正使新闻"有益"且"有趣"。

作家、艺术家作为社会的知名人士,是人们关注的公众人物,他们对于大众来说具有很强的召唤力和吸引力。一些青少年仰慕文艺"明星",通过接近媒介、接近有关这些明星人物或机构的消息来形成心理上的满足,这便是所谓"明星效应"。有关明星的"娱乐新闻",无疑是文艺新闻的重要报道领域,但是目前一些"娱乐新闻",过分关注名人隐私、名人官司等,甚至不惜走"黄色路线",这是需要新闻媒体和新闻工作者自觉抵制的一股暗流。

党的十六大报告明确提出发展中国文化产业的战略构想,指出"发展文化事业和文化产业是社会主义文化建设的重要组成部分"。十七届六中全会审议通过的《中共中央关于深化文化体制改革、推动社会主义文化大发展大繁荣若干重大问题的决定》,进一步提出"建设社会主义文化强国",并强调要"加快发展文化产业、推动文化产业成为国民经济支柱性产业"。按照发展中国文化产业的战略构想,新闻工作者就必须根据新形势下社会主义文化建设的特点和规律,积极报道我国文化体制和机制创新,支持和保障文化公益事业,聚焦文化事业和文化产业的最新动态和问题。

---

[1] 白宙伟.中国爱乐乐团显山露水.北京日报,2000-07-15.

三、文艺新闻的类别

文艺新闻的报道内容及题材极其广泛,所以,如将文艺新闻的写作按照体裁形式划分为消息、通讯、访谈等类别,就很难体现文艺新闻区别于其他新闻的特点。这里,我们将按照文艺新闻所涉及的不同报道内容,对各种文艺新闻的写作予以提示。

1. 文艺改革类新闻

文艺界与其他领域一样,也面临着繁重的改革任务。一方面,文艺作为精神产品,必须弘扬主旋律,一定要按照"贴近实际、贴近生活、贴近群众"的要求,以思想性、艺术性、观赏性的统一为标准,坚持创作高质量的主旋律作品;另一方面,文艺又必须遵循市场经济的规律,不断变革文艺管理体制和运作机制,创新艺术表现手法和技术手段,只有这样,才能真正靠文艺自身的魅力吸引大众、赢得市场。

文艺改革,关键是观念和机制的变革。它几乎涉及管理、创作、人事、福利等各个方面。文艺新闻应认识到变革的重要性,以审慎、积极的态度及时地把文艺界的改革措施及进展情况告诉受众。文艺改革类的报道要注重文艺性,而不是用照本宣科的政治腔,忽视精神产品的特质。从这个角度看,文艺记者应懂文艺,敏锐地发现文艺领域的创新与变革,及时报道文艺界的改革举措。

2. 文艺动态类新闻

文学作品的出版、影视戏剧的上演、艺术作品的展出、文学艺术评论等,都属于文艺动态的范畴。这是文艺记者倾力报道的内容,也是人们获得文艺界最新资讯、了解文艺动态的重要窗口。

文学艺术是一种复杂的社会现象,门类繁多。文艺记者应具备行家眼光,并在采写报道中坚持正确的文艺鉴赏原则,把值得传播的文艺作品及其创作过程、艺术价值、社会意义及成败得失等告诉受众,不能带着自己的主观偏见去鉴赏和评价作品。契诃夫曾说:"我们不是要让果戈理降低到人们的水平,而应该把人们引导到果戈理的水平上去。"[1]所以,文艺记者在采写这类新闻时,应具有丰富的文艺知识和扎实的文艺修养,以便对各种文艺动态进行有专业水准的报道。

3. 文艺交流类新闻

艺术家互访、演出交流、学术活动等都属于文艺交流类报道的范畴,文艺交

---

[1] 宇清,信德.外国名作家谈写作.北京:北京出版社,1980:193.

流类新闻报道也往往围绕这些内容展开。此类写作的特点在于：侧重报道国家或地区之间的文艺交往，突出文艺的民族性、异域性和交流性，反映艺术特色、地域风情和人员交往中的精神气质。试举一例进行分析：

上海国际艺术节以踢踏舞王子始以探戈女王终

五百种颜色"探戈女郎"挑战男性舞者

阿根廷人的两只脚，一只用来踢足球，一只用来跳探戈。探戈就是布宜诺斯艾利斯这个城市的灵魂和精神支柱。最新创作，并在欧洲大热的大型音乐舞剧《探戈女郎》将作为本届中国上海国际艺术节的闭幕演出，于11月15日晚在上海大剧院连演8场。[1]

上面是一篇有关阿根廷大型音乐舞剧《探戈女郎》演出情况报道的节选。文章用"阿根廷人的两只脚"开篇，富有趣味性，又形象地引出了"探戈"，颇有新意。之后，开始介绍音乐剧《探戈女郎》的上演时间和地点。

随后，报道用大量的篇幅，分三大部分详细介绍了《探戈女郎》。"激情探戈演绎好莱坞故事"，全面而详尽地介绍了《探戈女郎》跌宕起伏的故事情节、强大优秀的演出阵容、舞剧的创新之处和它所取得的殊荣，便于观众全面地了解该剧的背景；"五百种颜色的探戈女郎"突出展示了《探戈女郎》的艺术亮点，给观众的欣赏以艺术上的点拨和启示；记者还把《探戈女郎》与百老汇音乐剧等进行比较，反映其受欢迎的程度，并指出该剧从阿根廷搬到中国远涉重洋之不易，从侧面说明了该剧的艺术价值之所在。

4. 文艺界人物类新闻

在现代社会中，作家、艺术家等"明星"人物具有特殊的吸引力和召唤力。文艺界人物类新闻主要围绕受关注的作家、艺术家们展开，这通常包括：他们的创作活动和过程，他们的创作成果和事业，他们的个人成长史以及各种生活趣闻、趣事，等等。文艺界人物类报道是广大受众多方面了解作家、艺术家的窗口，也为受众与作家、艺术家之间搭起了一座沟通的桥梁。

从事文艺界人物类报道，特别需要注意的是：要正确地对待名人，切忌"捧杀"或"骂杀"。文艺新闻的报道"主角"是作家、艺术家等，记者便不可避免地要和文艺界名人、新人打交道。文艺记者当然应热情地报道他们的艺术成就、创作经历、生活状况等，但也要注意对文艺界名人、新人及其作品作客观公正的分析、评价，切忌胡吹乱捧或肆意诘责。"顶礼膜拜"或"恶语中伤"的态度都是不可取

---

[1] 徐国源. 当代新闻采访写作. 苏州：苏州大学出版社, 2006：267.

的,记者应坚持正确的新闻立场,在沟通、对话、交流的平台上采访与报道。请看下面一则报道:

周立波称骂教授是本能　承认会为性情付出代价

中新网7月20日电　19日晚,周立波携妻子胡洁做客北京卫视《BTV秀场》,在荧屏上两人尽现夫妻恩爱一面,除了十指紧扣的亮相舞台外,一唱一和的对话也让观众体会到两人生活中的理解与默契。周立波当晚还大方回应各种是非,除了解释曾经备受批评的"咖啡、大蒜论",也谈及了近期因与大学教授微博开骂而涉及的"教养问题"。

周立波近期因任《中国达人秀》评委,被同济大学教授张生撰文批评其点评"思想肤浅、教养低下",而后,周立波就此事件连发多篇微博,引起网友关注。有人力挺,也有人认为周立波言辞过于激烈。针对此事,周立波当晚如此评价自己的言论,"一种可以认为周立波在骂人,一种可以理解为周立波特别有修养,很尊重他的对手,我只是用他的语境在和他沟通。"

而在此事上,胡洁表示自己的想法与丈夫截然相反,"我觉得人家怎么骂你,怎么骂得难听,怎么没口德,你都不能去回应,你作为一个公众人物,你这样去回应是不对了,所以这两天到北京,一直到来之前,我一直没和他说话,希望他能静思一下这个问题。"

周立波随后也承认,近几天心情特别烦躁,"当我面对某些完全不在我的计划当中和我认知范围内的事情的时候,我的即时反应是我的本能,微博就是即时的情绪即时的传达,当时就是我的即时情绪,在被某一人责备时,我觉得很扎眼,我觉得我应该表达我的态度,可能是这样的性情就要付出代价"。

而在谈及早前因"咖啡、大蒜论"引起的争议时,周立波解释称那次不是一种预谋的台词,是台上完全的即兴,"我没有任何一种贬义,我是为更方便地解读南北文化的差异与属性,才以'咖啡和大蒜'这种比较形象的食物予以解释。"周立波还强调,没有认为"咖啡与大蒜"有所谓的高下,而这种话居然会让人产生不悦,只能证明不悦之人内心的不强大。

此外,在当晚的访谈中,周立波还直言自己从不在言语上道歉,他认为,"言语上的道歉,不如行为上的更正。"

毋庸置疑,文艺界人物类新闻要具有趣味性、娱乐性,但也要注意一个"平衡"的问题,不能一味地"炒作",甚至恶意制造名人之间的对立,煽动公众情绪,这样必然使文艺新闻流于庸俗化,有违媒介伦理。文艺记者要把握好文艺性和趣味性之间的平衡,用客观、准确、生动的事实予以报道。

四、文艺新闻的写作要义

文艺新闻的写作既要体现一般新闻报道的写作特点,同时又要表现自己的独特之处。由于文艺新闻报道的范围比较广泛,且具有专业性、思想性、知识性、趣味性等特点,又受到广大受众的关注,因此文艺新闻如何写、怎样写,便成为值得文艺记者深入探讨的问题。根据文艺新闻自身所具有的特点,文艺新闻在写作中应该注意以下几点:

1. 让人感动,给人以美

文艺新闻除了要迅速传递多方面的文艺界动态、出版或上映的作品等信息以外,同时,还要善于选择合适的艺术表现手法,力求用人们喜闻乐见的形式报道出来。这样,既能使人们获知文艺界的新动向,又能使人们在获知的过程中感受和体验到艺术之美:

> 手,拍红了,拍疼了,拍麻木了。随着刘德华踉跄的背影和金城武抱着倒在雪地上的章子怡悲痛欲绝的画面在银幕上的定格,随着凯瑟琳·巴特尔那极具磁性和穿透力的歌声,随着字幕一行行地滚动,全体观众起立鼓掌,掌声如暴风骤雨,似乎要掀翻戛纳艺术中心的穹顶,渐渐地又变成了有节奏的击掌,5分钟,10分钟,20分钟……像是要永远鼓下去。章子怡的脸上淌满泪水,泪水映衬着她那东方式的迷人的微笑;金城武、刘德华第一次经历这样的场面,一时间竟显得有些不知所措;张艺谋是见过大世面的,面对此情此景也不禁为之动容,带着他的三位演员频频地向观众鞠躬致谢,但观众还是"不依不饶",把巴掌拍得更响。这是昨天(20日)发生在戛纳电影节《十面埋伏》展映式上的一幕,组委会主席昆汀·塔伦蒂诺与张艺谋紧紧拥抱……国产影片在这里受到如此的欢迎,作为中国人的那份自豪感,在记者的心里涌动、弥漫、升腾……
>
> 昨天上午,来自世界各地的1000多位媒体记者,提前观看了《十面埋伏》。当一身盛唐装束、尤显雍容华贵的"小妹"章子怡,在牡丹坊内舞动长长的水袖,跳起令人眼花缭乱的"盘鼓舞"时,观众席上第一次响起了自发的掌声和"啧啧"的赞叹声。随着故事情节的发展、人物命运的揭示,特别是"张艺谋智慧"的一个个展现———"四箭封喉"、"竹林追杀"、"绝命飞刀"、"梅姐现身"、"小妹殉情"……掌声又5次在影院里响起。
>
> 记者现场采访了两位外国同行,一位满头灰发的法国老记说:"《十面埋伏》比《英雄》还要好很多,无论是画面、打斗,还是在表现人物、人性方面,都是创新的。"他称自己已经成了张艺谋的影迷。而德国某电影周刊的年轻女记者,认为

《十面埋伏》是张艺谋拍得最好的电影,"如果参加竞赛,可以拿'金棕榈'!"[1]

这篇报道,记者以亲历者的视角迅速报道了2004年戛纳电影节《十面埋伏》展映式上的一幕,同时也把置身其中由衷升起的自豪和兴奋融化在字里行间,使读者获得感动,体验到了一种艺术美。

2. 赋予思想,引领潮流

文学艺术属于意识形态范畴,文艺新闻应该通过报道文艺现象、作品和事件等,赋予正确的见解和思想,起到正本清源、引领潮流的作用。在报道中,文艺记者应根据事实本身的内容和特点,挖掘其思想性,引发社会反思和给读者以启示。例如,新华社北京2004年5月23日电邱红杰报道《中国文艺捍卫"红色经典"》:

中国文联、中国剧协、中国影协、中国视协23日邀集有关学者、艺术工作者在京座谈,反思一段时间以来对"红色经典"的改编,同时纪念《在延安文艺座谈会上的讲话》发表62周年。

一些艺术工作者指出,利用新的艺术形式改编"红色经典",能够起到普及这些优秀作品,弘扬民族优秀文化,培育民族精神的作用。然而,由于改编者的思想准备、艺术准备、生活准备不足,再加上某些趋利思想作怪,在改编过程中存在着歪曲和破坏。

与会者严肃批评了某些改编以"人性化"之名,行消解崇高之实,颠覆了"红色经典"的凛然正气和昂扬激情。有的改编甚至按相反的方向,肆意污辱"红色经典",将其改编成了"桃色经典"甚至"黄色经典"。在漫无边际的扩充与稀释中,"庄严的历史人生思考成为嬉皮笑脸的市井闹剧,侠肝义胆的英雄成为小肚鸡肠利欲熏心的政客,卖国求荣无恶不作的汉奸成为侠骨柔情的义士……"名著被涂改得面目全非,经典只剩下一个被借来赚钱的壳。

北京师范大学教授黄会林说,经典需要传承,也需要改编,其精神内涵需要加以发扬、提升,形式也可以更丰富,正常的改编有很广阔的开拓空间。但有些改编,把原著中的正义、勇敢、人道主义等内涵推翻掉是极不正常的。如果只是借"原来之名"行"不原来之实",倒不如另起炉灶。

电影导演、艺术家谢铁骊说,改编"红色经典",必须要尊重原著的思想内涵,尊重原著的时代背景,尊重原著的主要人物塑造,尊重原著的艺术风格。

文艺评论家李准认为,改编经典在尊重原著的同时,还要打通原著基本精神

---

[1] 北青网 YNET.Com,2004-05-21.

和时代精神需要之间的关系,还要注重不同艺术形式之间的转换。

针对某些对经典的改编只是一味迎合市场上的低俗趣味,北京大学教授张颐武说,"红色经典"包含着一个时期的纯洁的人民记忆,蕴藏着一种高尚的伦理标准,改编要注重对人民记忆的守护。艺术家虽然有创作的自由,但与其去迎合公众,倒不如运用经典向现实发问,刺激现代的人们思考,反而更能让人们感受到"红色经典"的力量。

一些青年学者不无担心地指出,肆意庸俗化"红色经典",反映了过去一段时间艺术观念上出现的偏差没有得到及时纠正,同时也反映出一些创作者创造力的衰竭。一些"红色经典"改编的粗制滥造,说明他们的才能不仅无法理解原著的精神并加以提升,反而只能把原著本来的精神矮化。

郭汉城、胡可、于兰等老艺术家则认为,现代人要改编经典,就要努力理解经典中的人物在当时历史条件下的生活和心理,在强调所谓的人性时,不能否认自我牺牲、追求真理也是一种人性,而一味地把人性卑污化,长此以往我们只会自毁精神长城。

文艺新闻要有思想性,当然并不是说要流于说教。文艺新闻中的思想,既来源于"先进文化"观念,也须符合时代潮流。真正的优秀的文艺新闻应该具有这样的效力:对尚未关注、观看的人们,能够吸引他们去看,并给予思想与艺术上的提示;对已经关注、观看过的人们,能够加深他们对艺术或现象的理解,并引起不尽的反思和回味。

3. 穿插必要的背景知识

文艺新闻涉及文艺界的方方面面,具有知识性强的特点。记者在写文艺新闻时,应根据这一特点,提供背景知识和相关链接,努力揭示其所蕴涵的专业内容,力求把报道写得具体生动,富有知识性。

文艺新闻的知识性,主要表现为:① 与文艺创作相关的专业知识,如文学创作中的意识流手法、电影艺术中的蒙太奇手法;② 与作家、艺术家相关的背景知识,如艺术家的生活、艺术简历等;③ 与文艺相关的历史知识,如文化史、文学史知识等。

4. 要有"趣味",但要有"度"

受众观看、阅读文艺作品,最直接和最主要的目的是消遣和娱乐。这便是文学艺术的审美娱乐功能。作为报道文艺的文艺新闻,也相应地具有娱乐功能,它不仅使受众获知信息,而且使受众的身心获得放松和愉悦,而这一切,主要是通过文艺新闻的趣味性体现出来的。

文艺新闻的趣味性主要体现在：引人入胜的新闻内容、生动曲折的故事情节、出人意料的故事结局……这些无不体现出文艺新闻的趣味性，激发受众的阅读和观赏兴趣。但文艺新闻的趣味性存在一个"度"的问题。文艺新闻追求趣味性，但应该在尊重客观事实的基础上去追求，不能不顾事实真相去获得。有些文艺记者为了吸引受众的目光，一味地追求趣味性，将文艺新闻拼命地娱乐化，甚至不惜歪曲事实真相，无中生有，造谣生事，这种态度是不可取的。可以这样说，趣味性是文艺新闻"锦上添花"的手段，但不是文艺新闻的最终目的。所以，一定要在尊重真相、实事求是的基础上，追求趣味性。

第六节 体育新闻：把读者带进赛场

体育，是人类业余生活的重要组成部分。随着社会、经济的全面发展，人民生活水平的日益提高，广大人民群众对体育新闻的信息需求也越来越强烈，有关体育的新闻报道也日益成为广大受众关注的热点。据调查显示，60%的读者打开报纸会先看体育报道，体育新闻的重要性由此可见一斑。

一、体育新闻的概念及特点

体育活动的历史，几乎与人类的历史一样悠久。由于文化传统、社会背景、民族习俗、地区差别，不同国家和民族对"体育"赋予了不同的内涵，人们对体育新闻的认识也显得莫衷一是。根据我国体育活动和新闻事业发展的规律和特征，考虑到我国社会的实际情况，我们将体育新闻定义为：与体育运动有关的各类新闻。

体育报道范围非常广阔，大致概括为以下两类：一是各类体育赛事报道，它是体育新闻最重要的报道内容，也是受众最关心的报道内容。二是有关体育的报道，涉及工商企业赞助比赛、私人基金投资球队、体育科研取得突破、体育政策的制定和颁布、球员转会、球员日常行为中的失范行为、赌马赌球等依附体育赛事的赌博行为、体育赛事背后的政治纠葛和经济腐败等。

体育新闻的特点，可以从以下几方面加以认识：

1. 即时性

首先，体育赛事本身就是一项时间性、竞争性较强的活动，赛场情况时时刻刻处于变化之中,具有不确定性。尤其在国际性田径比赛中,悬念迭起,往往十几秒、数十秒中就能出现轰动世界的爆炸性新闻,给人意料之外的惊喜。其次,体育爱好者们尤其是一些体育迷们,密切注视赛场的动态,关注赛场风云,急切渴望了解比赛的态势和结果,他们都把热切的目光投向了媒体,要求记者及时、迅速地传播赛场动态。再次,体育竞赛,万众瞩目,各媒介都会派出强大的采写阵容,谁的报道最迅速、及时,谁就会在新闻竞争中取得主动,就能赢得受众市场。体育新闻的即时性,要求体育记者必须具备强烈的时间观念和快速高效的工作作风,有强烈的竞争意识。记者一进入赛场,就必须投入全部身心,以快制快,争分夺秒采制新闻。

2. 专业性

体育活动门类繁多,不胜枚举,并且每项体育活动又都有自身独特的运动规则和专业术语。如果记者对诸如此类的规则和术语不甚了解,便难以正常欣赏比赛,更谈不上做到准确报道。仅以篮球比赛为例,记者只有对全场总分、三分球及命中率、罚球及罚球数、犯规、助攻、篮板等竞赛规则和术语了如指掌,对谁进球、谁投进制胜一球、投篮类型以及得分时间等情况了如指掌,才能做到准确再现赛场动态,把翔实、可靠的比赛信息全面、生动地传播给受众。此外,体育新闻的受众一般都是体育爱好者和体育迷,他们往往非常熟悉甚至精通自己所喜爱的体育活动,具有较高的专业水平和欣赏水平。这就要求记者必须精通自己负责的报道领域,甚至能称得上这个领域的行家里手,这样记者的报道和分析才能赢得读者的尊重和喜爱。

体育新闻的专业性在对体育记者提出严格要求的同时,也极大地激发了体育记者的潜力,为他们展现自己的风采提供了宽广的舞台。一些出色的体育记者在长期的报道实践中不断积累和总结经验,摸索其负责报道的领域内的体育运动规律,能够采写出预测准确、科学的体育新闻。如新华社记者许基仁、曲北林在预测世界杯足球赛结果时就屡获成功。他们的经验就是,注意从实力水平和临场发挥方面统筹考虑,并运用数学方法进行预测。例如,甲队的实力可打70分,而乙队仅为60分,但乙队的临场发挥度可达30分,而甲队只有15分,他们就推测乙队会赢,这种方法有一定的科学性。

3. 可读性

强调鲜明的休闲和娱乐色彩是体育新闻的特色之一。当读者把目光从严肃的政治新闻和严谨的经济新闻转向体育报道时,他们殷切渴望在体育新闻的阅读中找到快乐,如紧张刺激的体育比赛、鲜为人知的明星故事、令人开怀的体坛花絮等。须知,在视像传媒空前繁盛的今天,没有读者再会有耐心从一篇写得干涩、枯燥、乏味的体育报道中去获取信息了。报纸要留住读者,就要依靠生动活泼、极富可读性的报道。

二、体育新闻的传播功能

体育除了具有健身、竞技的本质功能外,同时还具有教育、娱乐、政治、经济和陶冶情感、促进社会交往等派生功能。体育活动每项功能的延伸和拓展,都为体育报道开辟了新的报道空间。概括地说,体育新闻的传播功能主要有以下几点:

一是彰显体育精神,激发民族自豪感。2008年北京奥运会上,中国运动员挑战自我、勇于夺金,在体育健儿身上所表现出来的爱国精神和拼搏精神,对于受众无疑具有强大的激励、鼓舞和教育作用,也大大激发了海内外中华儿女的民族自豪感。

二是提供各种赛事、体育明星的相关资讯,使受众及时、深入了解自己所关注的项目和明星的动态。在现代社会中,体育爱好者也逐渐出现"分化"倾向,如"球迷"、"赛车迷"、"泳迷"等,这些"体育迷"往往都有自己的关注点,而媒体也往往量身裁衣,根据体育受众的偏好,及时提供各种有深度的相关资讯。

三是激浊扬清,评点赛场内外,呼唤体制改革。随着体育活动的复杂化和扩大化,体育活动和其他社会活动日益互动、互融。在此过程中,体育比赛也出现了诸多不健康的因素,如球员转会、球员日常行为中的失范行为、赌马赌球等依附体育赛事的赌博行为、体育赛事背后的政治纠葛和经济腐败等。对于这类有悖体育精神、有害体育生态的现象,新闻媒体和体育报道有责任予以披露和批评,并在更高层次上透视"病症",提出对策,汇集各种社会意见探讨体制改革,从而更好地发挥体育报道的"舆论发动"功能。

鉴于体育与体育新闻已构成社会的共同关注领域,目前我国各级各类报刊纷纷开辟体育专栏、专版,增加体育报道的数量和频率。许多体育类报纸、杂志刚一创刊,就能迅速赢得市场,体育报道也呈现出向深度细化和专业化方向不断发展的态势。今天体育新闻的传播范围、内容和数量的扩大,深刻诠释了体育报道在今日传媒时空中的地位和价值。

三、体育新闻的写作要求

1. 充分占有翔实可靠的资料

据许多记者的经验,采访前的资料准备工作做得是否充分,将直接影响到体育报道能否成功。在时间允许的情况下,记者应尽力查阅和分析翔实可靠的相关资料。首先是阅读相关项目的文献资料,如比赛规则,其他媒介记者采写的相关和相似报道,或是有关运动组织所发行的业务通讯。通过这些资料,记者可以了解比赛项目的程序和要求,了解参赛双方的实力状况,熟悉双方主要运动员的基本情况和以往的参赛成绩。其次记者可以通过网络来了解某些球队和球员以往的表现。网络上的一些专业论坛和网站里藏龙卧虎,有的体育迷对赛场情况了如指掌,如球队的纪录、首发阵容、球员在队里位置的变化等。一些网上体育迷的分析与预测也相当地道和准确,有时甚至不亚于相关的专家。

如果没有足够的时间和资料,记者可以在赛前与赛事组织者、裁判、助理裁判、记分员、统计员等赛场工作人员交流,赛后也可以请他们详细解释某些问题。这些专家可以解答大部分有关比赛规则及比赛细节等方面的详细问题。

充分占有翔实可靠的相关资料可以有助于记者全面掌握赛事情况,使记者能够准确判断和分析赛事的发展和变化,抓住比赛中的热点和焦点。此外,这些资料还可以用作新闻写作中的背景材料,它们对于丰富体育新闻内容、交代相关事实的来龙去脉,都有着重要作用。

2. 深入观察,捕捉细节

体育记者的工作在很大程度上依赖于他们的观察能力。一个记者观察得越仔细、越系统,那么他所获得的信息就越多。首先,专注细致的观察是真实性的保证,毫无疑问,第一手观察能使报道更加真实可信。观察不仅为记者注意赛场上的重要情况提供保证,也能使记者注意到一些可能影响裁判判决或比赛结果的细节问题。记者正是通过观察来挑选正确信息,为读者传送正确信息的。其次,体育比赛的刺激往往反映在比赛中的那些精彩纷呈、稍纵即逝的瞬间,细致的观察是记者捕捉这些瞬间细节的保证。美国记者米切尔和布莱尔·钱尼曾指出,把观察所获得的细节在报道中加以描述的话,会使报道更生动。"生动的目的是让读者能有身临其境之感,让他们感觉到记者听到的、看到的、闻到的、触摸到的东西,甚至是呼吸到的东西。"[1]下面的报道就是一例:

年龄最小、个子最矮的龚智超,与蒋国良教练对阵,她前后奔跑,灵活矫健,简直像一只可爱的小鹿。别看她个矮人小,可后场杀球威力极大,常常杀得蒋国良扑救不及,嘴里发出"哇哇"的叫声。她一次有力的扣杀竟将一只好端端的球拍打断,拍圈不但折断,而且整个变了形,可见这一记扣杀力量有多大。[2]

---

[1] 转引自方延明. 新闻写作教程. 北京:高等教育出版社,2005:281.
[2] 徐国源. 当代新闻采访写作. 苏州:苏州大学出版社,2006:273.

第十一章 各类消息写作

读者通过记者的眼睛捕捉到龚智超的矫健身手——"前后奔跑"、有力的扣杀、打断的球拍、变形的拍圈以及听到蒋国良扑救不及的"哇哇"叫,这些细节烘托了可视可听的赛场,紧张激烈的气氛陡然而起,扑面而来。让读者感受到小将龚智超娴熟的技艺,勇猛的斗志,矫健的身手。记者能否在新闻报道中融入一些精彩的细节,很大程度上会影响报道的精彩度。

记者在体育报道中的观察一般分为两种:一种是参与性观察,即记者参与到运动员的训练、学习、生活中去,同他们一起参加严格训练,同他们一起生活,一起感受他们的喜怒哀乐、酸甜苦辣,以期能从运动员的切身感受和独特视角来看待问题。我国著名记者郭超人报道我国运动员攀登珠峰时便采用了这种参与式观察方式。他与登山运动员同行、同住、同训练,甚至同登山运动员一起攀登至7500米高度。剧烈的高山反应使他头痛欲裂,眼睛肿胀得睁不开,呕吐不断。高山极寒使圆珠笔写不出字来,铅笔笔芯轻触即断。正是有这深切的体验,郭超人才真正感受和体会到登山运动的艰辛和登山运动员的顽强、勇气和毅力,也才有了中国新闻史上的不朽名篇《英雄登上地球之巅》。还有一种是非参与性观察,即作为旁观者观察,它要求:首先要聚精会神,随时捕捉有价值的或动人的细节;其次要选择最佳的观察位置,不同的比赛项目有不同的最佳报道位置。迈阿密大学新闻学教授布鲁斯·加里森认为,最好的观察点包括:① 带着采访工具到新闻记者席;② 在记者席中与教练待在一起;③ 在球场的边线、球员休息区、内场或者任何接近比赛的地方;④ 在看台上或其他地方与观众在一起。

3. 使用准确、清晰、具有动感的语言

"优秀写作的基本原则:要展现,不要讲述。给我看你所看到的一切,用文字来描绘一幅画面,然后,我就跟随你的脚步。"[1]这是《纽约时报》的里克·布拉格初为记者时得到的一条忠告。这一技巧也是体育新闻写作的圭臬之言。让我们看看优秀的体育报道是如何"让事情发生,而不是讲它是如何发生的"[2]:

以猛攻著称的三木在回击张燮林削过来的又旋又低的球时,削球不是应声落网就是飞得不知去向。三木翻来覆去察看手中的球拍,脸上露出茫然不知所措的神情,看台上的观众见此情景不禁哄堂大笑。

在文中读者看到了张燮林迅驰诡异的削球,看到了三木措手不及、招架不住时的迷茫和焦躁,听到了被精彩比赛、戏剧化的场面所打动的现场观众的哄堂笑

---

[1] 转引自方延明.新闻写作教程.高等教育出版社,2005:50.
[2] [美]约翰·西亚迪.采访技巧.北京:中国新闻出版社,1985:176.

声。活的新闻就是能让读者去看、去听、去闻甚至去触摸的新闻,这就要求记者用视觉化的语言去描绘现场所发生的一切,让读者如见其人,如临其境。

体育新闻贵在"展现",而不是讲述。首先,要求记者能抓到新闻现场的鲜活生动的画面和具有视觉化效果的细节。其次,记者必须能够用语言绘声绘色、生动形象地再现出这些画面和细节,这要求记者使用贴切、清晰、具有动感的语言。正如美国知名新闻学教授麦尔文·曼切尔所说,多使用动词、名词,少使用形容词。只有具有动感的语言才能准确、生动、形象地表现运动本身的韵味和魅力,才能把读者带到充满人类精神张力的体育运动中去。

四、体育新闻的分类写作

体育新闻的类别很多,各个类别中又能派生出众多的分支。这里,我们把体育新闻分为几个大类,以说明写作的注意点。

1. 竞技体育新闻

在竞技体育中,运动员高超的技艺、敏捷的身手,参赛双方激烈的竞争、奋勇的角逐以及现场观众热烈激昂的情绪,使竞技体育比赛充满动感和张力,极富观赏价值。

在报道竞技类体育新闻时,除了要交代参赛双方的基本情况和比赛结果等赛事报道的基本信息外,还应注意这样一些内容。首先,记者应敏锐地捕捉到那些耐人寻味的细节和极富价值的"决定性瞬间",这些细微的细节和闪逝的瞬间或预示了胜负的归属,或印证了人类对自身体能极限的突破,抑或耐人寻味,令人难以释怀。这些细节和瞬间是读者想看而未能看到、应注意而被忽略掉的细节和瞬间。记者应使这些细节在笔底凸显,应使这些瞬间在笔底永恒,让读者能够细细地咀嚼和反复地回味。其次,记者还必须写出紧张激烈的赛场争夺状况和气氛,使读者读来仿佛置身其境,身历其事,有真切的现场感。再次,记者应注意在报道中穿插一些有关选手和赛事的背景信息,以便给读者提供更广阔的视野和更全面翔实的讯息。让我们来看一篇精彩的竞技体育新闻报道《爱德华兹创造跨世纪纪录》:

新华社歌德堡8月7日电 爱德华兹大笑,爱德华兹大叫,爱德华兹兴奋得乱喊乱跳。

这位大器晚成的英国选手今天在第五届世界田径锦标赛男子三级跳远决赛中,以18米29的辉煌腾越创造了一项属于21世纪的纪录。

他那如同脱离了地心引力的三级腾越打破了他10分钟前第一次试跳时创

造的 18 米 16 的世界纪录,更超过了他赛前保持的 17 米 98 的全球最好成绩。随着新纪录的诞生,这位两个儿子的父亲成为人类历史上第一个突破三级跳 18 米大关的传奇人物,被这里的记者形容为"跨世纪的飞鸟"。

由于爱德华兹被视为本届大赛最有希望破世界纪录的选手,瑞典国王、王后和国际奥委会主席萨马兰奇今天也到场观看比赛。

当这位看上去身材并不健壮的选手第一次文静地站在助跑道上时,许多人怀疑这个牧师的儿子能否创造奇迹。

爱德华兹飞快地助跑,有力地腾越……

奇迹诞生了!

巨大的显示牌上亮出"18 米 16"。看台上爆发出疯狂的欢呼声。爱德华兹自己也吃惊地抱住头。梦想终于变成现实。

今年,29 岁的爱德华兹曾 4 次跳出 18 米以上的成绩,但由于超风速全都不能列为世界纪录。今天,连风神似乎也格外关照他,仅以每秒 1.3 米的顺风成全了他非凡的跳跃。

爱德华兹第二次站在跑道上,开始创造新的奇迹。

完美的助跑,完美的起跳,三道优美的弧线使他几乎飞跃到沙坑的尽头。

"18 米 29",一段不可思议的距离,一项跨世纪的辉煌纪录出现在观众眼前。

爱德华兹摇着头,捂着脸。连他自己似乎也不敢相信眼前发生的一切。

14 年前便开始练三级跳的这位老将过去并没有取得过显赫的成绩。他在 1988 年和 1992 年的奥运会上都没有进入决赛,只是在上届世界锦标赛上获得过铜牌。今年,他突然惊人地崛起,成绩几乎提高了一米。

赛后,曾当过物理研究员的爱德华兹对记者说:"我破世界纪录的秘密是什么?就是保持最快的助跑和起跳,不达目的绝不罢休。"

这篇报道,可谓把读者带到了赛场,使读者仿佛看到了爱德华兹的"惊世一跳",以及他的欢乐和情感搏动。竞技类体育新闻写作的诸多要素,在这篇几乎是神来之笔的报道中都得到了呈现。

2. 体育人物新闻

人在体育运动中的奋斗与拼搏是人类与自然、人类与社会的斗争和拼搏的一个缩影,是人的意志力量和精神风貌的展现,体现了人对自身的超越与扬弃。所以,体育报道尤其是体育人物报道往往最容易打动读者,引起读者共鸣。

记者在撰写体育人物新闻时,首先,应善于发现人物的鲜明特点和个性特征,这就要求从人物众多的事迹材料中,抓住那些最具特色、最能反映人物性格的事件来写。其次,注重细节,细节是金。在体育人物报道中,如能处理好有趣味、有价值的细节,必然能把人物形象描绘得更生动,使报道更富情趣和感染力。再次,用人物的行动来写人,记者不应告诉读者这是一个什么样的人,而应让读者通过人物的言行看出这是个什么样的人。最后,记者应巧妙使用引语,尤其是直接引语。[1] 请看下面的例子:

姚明微笑面对退役时刻:生活在继续 我还是姚明

中新网 7 月 20 日电 今日下午两点,著名篮球中锋姚明在上海召开新闻媒体发布会,亲口宣布了自己退役的决定。

姚明带着微笑表示:"作为篮球运动员,我将结束自己的运动生涯,正式退役。"

在不长的致辞中,姚明依次感谢了自己的家人、队友和领导,并简要回顾了自己在休斯敦火箭队度过的美好时光。他深情地说道:"今天提到的和没提到的,你们每个人都在我心里。总而言之,我感谢所有的亲人和朋友多年来的陪伴,我会继续做好我自己,不会离开大家!姚明和朋友们永远在一起。"

在发言最后,姚明仍然面带微笑做出了告别:"最后要感谢这个伟大进步的时代,使我有机会去实现自己的梦想和价值。我曾经说过有一天我的职业篮球生涯结束了,我希望它只是逗号,不是句号,今天这一天终于到来了,但是我没有离开心爱的篮球,我的生活还在继续,我还是姚明!"

著名篮球运动员姚明退役,是 2011 年体育界重大新闻事件。在新闻发布会上,姚明的告别话语,极为鲜明地表现了人物的性格。正如汤姆·沃尔夫所说:逼真的对话(可作为直接引语)比其他任何东西都更能吸引读者。它也比其他任何东西都能更快更有效地表现角色的特色。

3. 关涉体育派生功能的新闻

随着体育活动的外延不断扩大,体育活动与政治、经济、文化、科技、娱乐、社会交往等其他社会活动日益互渗、互融,这使体育的社会功能日趋强化和多元化:

——我国选手在奥运会上的卓越表现和辉煌成绩,不仅展示了我国体育运动的实力和体育发展水平,而且还凝聚人心,激发民族自豪感,促进社会的稳定,树立中国在世界上的形象,这是体育与政治的交会;

---

[1] 葛昀.评议"新新闻主义的复活".新闻大学,1999(秋).

——中国成功申办2008年奥运会后,带动了我国交通、通讯、旅游、房产、城建、传媒等数百个经济领域的发展,这是体育与经济的交会;

——全国各地举办的风筝节、少林武术节、龙舟节等,将体育活动与传统文化融合为一体,这是体育与文化的交会;

——在体育运动中,将数学、心理学、生理学等科学运用到运动员的训练中,将新技术、新材料、新工艺运用到体育器材和体育装备中,则是体育与科技的交会。

从事关涉体育派生功能的新闻报道活动,要求记者:① 必须具备较开阔的视野、广博的知识储备,这样才能从经济、政治、文化诸视角来审视体育活动,并从体育活动中发掘有关经济、政治、文化的内容。② 必须学会"深采浅写"。"深采",即采访调查要深入,记者应尽可能充分占有翔实的资料,从跨学科、多侧面的视点,观察体育与其他领域之间的内在联系,从具体的体育事件中探究更广泛的社会意义。"浅写",是指尽管派生类体育新闻的报道"面"有所扩大,内涵有所丰富,但记者的表述仍应清晰无误,而不是使人摸不着头脑。

4. 群众体育新闻写作

随着人们物质生活水平的提高,我国群众体育活动得到了蓬勃发展。近年来,群众体育活动日趋普及,这为我国体育新闻报道提供了丰富多彩的内容。

在报道群众体育活动时,记者首先要开拓自己的视野,认识到群众体育活动的多样性:一是人们自发开展和组织的各类群众体育活动,如每天清晨和黄昏,人们在城市街头和公园里跳舞、扭秧歌、打拳、练气功等;二是各类民间体育协会以及各级机关单位、工商企业等组织主办的丰富多样的体育活动;三是城乡新兴起和流行的运动休闲活动,如时下流行的野营、远足、速降、攀岩等户外运动,这些都应纳入记者的报道范围。

其次,记者在报道中要注意运用生动活泼的语言,多采用一些来自民间的、老百姓口头的、充满生活气息的语言,使读者能够感受到他们在运动中体现出来的生命朝气和活力,如下面这则新闻就极具"京味":

<h3 style="text-align:center">生活富足奔健康</h3>

9月的北京龙潭湖畔,一位姓王的老大妈正抢抢胳膊踢踢腿,为每天雷打不动的晨练作准备。

看着她矍铄的精神头,人们实在难以想象到,两年前她还被死神的阴影所笼罩。"要不是常和老姐妹们一起锻炼,给自己的身子骨充足了电,也许我根本活不到今天。当时医生对人说,像我这样的晚期癌症病人,能活一年就是奇迹。可你看,都已经两年了,我不是还活得好好的吗?"

像王大妈这样从体育锻炼中得到实惠的例子不胜枚举。"到户外健身去",已经成为社会时尚。

新中国成立50年来,群众体育就像一面镜子,逼真地映照出人民群众思维模式和生活理念的巨大变迁。

……

再次,记者还需认真观察和总结各地群众体育活动中涌现出的新经验、新方法和新成果,使之得以宣传和推广,从而更好地推动和促进各地群体活动的开展。

第十二章

各类通讯写作

要点提示：

通讯也是新闻媒体常用的一种新闻体裁。与一般消息比较，它是一种较详尽的新闻。通讯可分为人物通讯、事件通讯、工作通讯、风貌通讯以及人物专访等。学习本章，要深入理解通讯的特点、主题的提炼、结构的安排，掌握通讯写作的基本技巧，学会各类通讯的写作。

第一节　通讯：详尽的新闻

通讯，是一种综合运用多种表达技巧，比较翔实、形象地报道新闻典型（事件、人物等）的新闻体裁。它和消息一样，是媒体使用频率较高的新闻文体。

"通讯"这一名词首见于我国。1870年，著名报人王韬出游西方时发表《普法观战记》，开人眼界，深受读者欢迎。此后，许多报纸纷纷开辟"某地通讯"、"某国通讯"专栏，刊登某地或某事的详细报道，由此通讯逐渐演化为一种独立的新闻文体。

从传播功能看，通讯的作用不可替代。它是适应于我国舆论传播特点的自创文体，是具有强倾向性的"宣传报道"。它突出新闻的重要性、指导性和典型性，声势强、容量大、写法活，被誉为"报纸的明珠"、"新闻的重武器"。在当今社会变革越来越迅疾的年代，通讯在报道典型、反映问题、指导现实方面仍在发挥自身的作用。

在西方新闻界，一般不以"通讯"冠名，而称之为"特稿"、"专稿"，但其特点和表现手法与通讯相似。美国新闻学教授詹姆斯·阿伦森在《特稿写作与报刊》中有如下说明："特稿，通常指报刊上篇幅较长的某类稿件，这类稿件没有正规的新闻导语，写的是有关某人、某个机构的一桩新闻事件，或某一政治事件或社会事件。"[1]显然，这里的"特稿"涵义与通讯十分相似。

一、通讯的特点

与消息一样，通讯也有真实性、客观性、时效性等要求。除此之外，通讯又有自身的特点。为准确把握通讯的文体特征，我们不妨将它与消息作一比较：

第一，从报道内容看，消息报道的事实比较概括、简要，大多是一事一报，甚至报道事件的某一片断，通讯在报道事实方面则详细、深入得多，通常报道事情的"全过程"，所以有人称之为"详尽的新闻"；消息偏重于用客观的事实说话，通讯除此之外，还直接抒发记者的观感和情感，以帮助读者加深对新闻意义的理解。

---

[1] 张惠仁.现代新闻写作学.成都：四川人民出版社,2001：448-449.

我国著名记者范长江以擅长写作通讯而闻名。他在回顾抗战初期的新闻报道状况时,曾这样说:"抗战十一个月来,新闻报道上,比较受读者欢迎的,还是各报的战地通讯……大家虽忍受了时间上稍迟的痛苦,然而这些战地通讯,还比较能报告读者以系统的具体东西。"[1]范长江的话虽然是针对当时战地通讯的一种评价,却也点出了通讯报道详细、深入的特点。

第二,从报道的时效性看,消息通常反映动态,因而偏重"抢新闻",讲求时效性;通讯虽重视时效,但更强调事态的发展过程及思想内涵,因此它在"时效"的要求上不如消息那么严格,而更注重把握报道的"时机"。近年来,也有不少通讯与相同题材的消息同时发表,时效性也有所增强。

第三,从报道的结构看,消息一般有其特有的、稳定的结构形式;而通讯的文体结构则"大体须有,定体则无",形式多样,比较灵活。

第四,从报道的表现方式看,虽然消息和通讯都应客观报道事实,但消息一般以叙事为主,辅之以必要的描写和议论;而通讯则把描写、叙述、议论、抒情融于一体,甚至还借鉴文学艺术的表现手法,因而通讯更能发挥记者的写作个性。

第五,从表达口吻(称谓)看,消息一般只用第三人称,多用客观报道的口吻,记者像隐身人似的躲在事实背后不出场,即使出场也只用"记者",而不用"我"、"我们";通讯则比较灵活,可以采用第三人称客观报道的口吻,也可以采用第一人称的口吻进行表述。

二、通讯的表达特点

通讯具有容量大、挖掘深、写法活的特点,这就决定了它与一般消息写作具有不同的着力点。从总体上看,通讯写作除了应掌握客观报道的基本手法以外,还应在主题开拓、结构布局、表现手法三方面有所开拓。

1. 主题的开拓

通讯主题是决定整篇通讯成败的关键。列宁在做编辑工作时特别重视选择那些"政治上重要的、为大众所注意的、涉及最迫切问题的主题"[2],也就是那些受众最关注、最感兴趣和最亟待解决的问题,那些具有较大社会意义和教育意义的问题,那些新鲜而又切中时弊的问题。

---

[1] 范长江.怎样发战事通讯与写战地通讯//通讯与论文.北京:新华出版社,1981:279.
[2] 娜·康·克鲁普斯卡娅.列宁的编辑工作//娜·康·克鲁普斯卡娅.列宁怎样写作学习的.北京:人民出版社,1973:23.

（1）开拓"共名"的主题。

什么是"共名"的主题？著名文艺批评家陈思和先生在《共名与无名》论文中对"共名"作过如下描述：

当时代含有重大而统一的主题时，知识分子思考问题和探索问题的材料都来自时代的主题，个人的独立性被掩盖在时代主题下。我们不妨把这样的状态称作为共名，在这样状态下的文化工作和文学创作都成了共名的派生。[1]

通讯的主题一般都有强烈的现实共鸣性，是记者认识时代的必然结果。因此记者只有站在时代和政策的高度，才能敏锐、准确地发现时代的"典型"，开掘出具有时代"共名"性的主题，体现时代的主旋律，从而使报道产生重大的启迪意义。例如，获第二十届中国新闻奖一等奖的通讯作品《栾城草农敢闹海——听栾城农民种草者说》，许多高校新闻专业均把此文作为通讯体范文。此文立意宏大，凸现当代农民夸父追日般的求富精神，具有给农民立传的标本意义。此稿看似写小草，实质上是对中国农村经济转变增长方式大胆实践的精妙刻画，是反映中国农民在改革开放中脱胎换骨巨变的里程碑式佳作，洋溢着浓厚的时代气息。

（2）开拓"观察性"主题。

人们通常说，记者是社会观察家。其涵义是，记者不同于常人对生活的日常观察，而总是立足于一定的背景、形势、任务，对社会事件和问题等展开体验、观察、研究，其意义和价值就有了"超越性"。记者的社会观察，对于通讯来说尤其重要，因为通讯要开拓主题，就必须从全局看"个别"（一般为典型），并把"个别"放到全局中来衡量，充分估价其社会影响和思想意义。例如处于抗日战争的大背景下，著名记者杨刚笔下的从安福去吉安的大路：

一堆堆横断路腰的土石，一洼洼盘踞路心的黄水，小风吹过，起着碎波，正像一个完整的池塘；几尺长的小河横路漂流，从左边田里，流进右边田里。一片片带土的新草和小树枝遮盖了路面，使人无从认识。轿子在水面上移动，在田沟上爬，在池塘边沿摇摇晃晃。当它们滞挂在土堆上的时候，人就不得不从轿子里钻出来，在水泥里走过去。[2]

这段文字似乎是记者对所见所闻的实写，但如果联系到记者所表达的主题："这是中国的道路，修筑起来又被粉碎，粉碎了又再被修筑起来，为了要得到那

---

[1] 陈思和.写在子夜.上海：上海人民出版社,1996:11.
[2] 徐国源,江涌.新闻采访与写作.苏州：苏州大学出版社,2002:292.

最平安、宽大、适合于永久的福祉的道路。正为此,这条道路和其他的千百条一样,是在被破坏的熬炼之中。"那么这条"大路"的意义就充分显示出来了。杨刚对"抗日战争"的体验性开拓,与黄远生对民初政治主题的开掘、范长江对中国西北部的社会世情洞察、彭子冈对中国妇女问题的关注一样,让人感奋不已。

(3) 在横向、纵向的比较中开拓主题。

通讯写作,总是通过个别反映一般,因此个别选择得越典型、越具有鲜明个性,就越能显示出普遍的共性(通常即主题)。要把握事物的个性,抓住事物的"特殊点",就要运用比较的方法。一是"纵"的比较,就是进行历史的纵向比较;二是"横"的比较,即将一类事物与周围同类或相近的事物作比较,通过比较,寻找特殊之处,建构主题。

2. 结构的创新

如果说主题是通讯的"灵魂",材料是通讯的"血肉",那么结构便是通讯的"骨架"。通讯的结构,就是指材料的组织方式和内部构造。它依据主题的需要,将丰富的事实材料合乎逻辑地组织起来。

通讯是一种最自由、最具有创造性的新闻文体,记者尽可以扬其所长,发挥自己的聪明才智,在结构形式方面大胆创新。目前常见的通讯结构形式主要有三种:

(1) 纵式结构。

按时间的顺序、事件发展的顺序或者记者认识过程来组织材料、安排层次的布局方式,叫纵式结构。在这种结构中,时间发展的顺序、情节展开的顺序或记者对事物认识的逻辑顺序成了全文的线索。

这种结构的好处是便于读者了解事物发展的全貌,条理清晰,一目了然。例如美国新闻院系普遍使用的"特稿"类范文《福特总统遇刺幸而无恙》这篇报道,就是自由、灵活运用这种结构的典范。作品以宁静平和的描写开头:"今天晴空万里,阳光明媚。那个娇小玲珑的红衣女郎同群众一道等待着福特总统从他们面前经过。"但随着报道的展开,读者了解到这位女郎是恐怖主义团体成员,额上刻着"X"记号,还携带着一支枪。这就给阅读增加了悬念:她究竟想干什么?这时,读者猜测中的事件发生了,"她挤到离总统只有两英尺的地方时,突然拔枪瞄准总统"。报道进入高潮,然后记者抓住读者兴趣,一句话一个自然段地描述事件发生的紧张过程,快节奏的叙述给人以急迫感,给读者以冲击力。这篇特稿基本上是按时间顺序来安排内容的,但记者还巧妙地设置了悬念,引导读者寻因探果,很富有戏剧性。

（2）横式结构。

按横向空间顺序展开或分述事实的不同侧面来安排层次、组织材料的布局方式，叫横式结构。这种结构形式的好处在于概括面广，能合理安排不同空间的事件，或分别叙述事实的各个方面的问题。

并列式结构也是横式结构的一种表现形式，它一般围绕通讯主题，并列地写出几个不同的侧面，形成众星托月的效果。例如2000年12月30日《新民晚报》发表的策划式通讯《难忘本世纪——上海新老"移民"的百年见证》，首先以"导读"开篇：

100年来，上海这座城市从当年长江口的小渔村，一跃而变为太平洋西岸的国际大都市，离不开来自五湖四海的新老"移民"。100年来，这些"移民"或谋生落户上海，或解放进驻上海，或建设振兴上海，为这座城市的开埠、繁荣、巨变，献出了难以估量的智慧、辛劳甚至宝贵的生命。在20世纪末的今天，本报特稿部记者分别采访了生活在上海的不同籍贯、不同职业的几位新老"移民"，并记录下他们目睹上海百年巨变的真实见证。

接着，通讯分别通过对不同类型"移民"的采访，以"上海滩响起宁波口音"、"一位老战士的上海情怀"、"'文化将军'陈沂到上海"、"'阿拉'东北造船专家"、"科技精英落户申城"、"拾荒人的上海情结"、"彩票赢了'上海梦'"为侧面，让每一单独报道都注意到以点显面，人、事交融，叙议结合，着力写"变"，再经编辑提炼、组合，这篇长篇通讯便形成了多层次、多侧面、多体裁的统一，犹如三水并流，均衡匀称，最终构成了背景深远、内涵丰富的"五色长廊"。

（3）纵横式结构。

这种结构往往以时间为经、以空间为纬，采用时间与空间纵横交叉的方式来组织材料、安排层次，具有纵式和横式的双重优势。例如通讯名篇《为了六十一个阶级弟兄》，采用的就是这种结构形式：时间由1960年2月2日写到2月5日，显示出时间上的连续性；空间则在北京王府井国营特种药品商店、山西平陆县委扩大会会议室、平陆医院等地往返交错，记者还将两条线索相互渗透、相互穿插，构成了动感十足的立体报道。

采用纵横式结构，需要记者具备较强的驾驭材料的能力。它必须有一个周密的"立意"，由此将一系列情节、场面、特写镜头紧紧围绕一条"意脉"展开。一般来说，当通讯涉及的事件头绪较多，时、空跨度较大时，便必须使用这种复杂性结构形式。否则，必然给人以眼花缭乱、漫无头绪的感觉。

3. 表达的技巧

通讯写作的技法比消息要丰富、灵活。除常用的手法外,在严格遵守新闻客观性、真实性原则的前提下,通讯的写作还可以适当地借鉴文学、政论、影视、绘画艺术的许多技巧,为描写人物、叙述事件和表现主题服务。现就通讯写作的基本技巧作一些介绍。

(1) 叙述的技巧。

叙述是指记者对人物、事件和环境所作的概括性的说明和交代,是陈述人物经历和事件发展变化过程的一种表达方式。其基本特征在于叙事,以形成新闻的整体性框架。

尽管通讯篇幅较长,但这个篇幅之"长",并非以繁琐的记叙凑篇幅,而是以挖掘事实的内涵为前提的。所以,通讯中的叙述应以"直叙"为要,而不必拐弯抹角兜圈子。例如邓拓的《访"葡萄常"》一文,作者一开头就采用了直接叙述的方法:

北京崇文门外花市大街有一条胡同,名叫下塘刀,胡同里住着一家姓常的手艺人,外号"葡萄常"。

常家本是做料器玩具的家庭作坊,有一百年左右的历史。什么葫芦、果子都能做一些,而最拿手的是软枝葡萄,做得像真的一样。"葡萄常"的名声就由此而来。

这样写,类似于中国传统话本中的故事起头,轻易地把读者直接带入叙事的情景中,很符合读者的思路、习惯,以及读者阅读中的心理状态。

通讯写作中叙述的直接性,主要表现在三个方面:一是开门见山,直陈事实,为表现通讯的主题服务;二是借助叙述,勾连事实,用适当的串联语句连结上下文,建构完整的篇章;三是简要穿插,对比衬托,即用直接叙述的方法,穿插必要的对比、衬托性背景材料,作简明的交代。

(2) 描写的技巧。

通讯写作的叙述,能使人了解来龙去脉,但不能给人以画面的实感,而描写则弥补了这一不足。描写,就是用生动形象的语言,对人物、细节、景物和环境作具体的描绘和刻画。其基本特点是形象性。

通讯写作中的描写具有直观性的特点。它着力描摹现实生活中的一些典型、生动的场景,传神地刻画人物的形象和有特色的细节,以此达到扣人心弦、引人入胜的效果。直观性的描写应注意:

第一,所见所闻,如实写来。运用直观性的描写方法,要求记者抓住现场目击到的情景,借助语言的音响和色彩,作有现场动感的描写。例如,《福特总统遇刺幸而无恙》在写了代号为"雏鸽"的红衣女郎拔枪瞄准总统后,紧接着就采用了快节奏的情景描述的方法:

说时迟,那时快,特工人员莱瑞·布恩道夫立即采取措施保卫总统生命安全。他冒着生命危险,冲到"雏鸽"和福特中间。

接着他把"雏鸽"摔在地上,同警察一道缴了她的枪。

"雏鸽"尖声叫道:"他不是你们的公仆!"

她还对警察说:"别激动,伙计们,别打我,枪不是没响吗?"

四五名特工人员同时围了上来,把福特与群众隔开,旋即簇拥着他离开。

福特的膝部一向有毛病,这次在惊吓中几乎支持不住自己,但他很快就站稳了。

当警察给"雏鸽"戴手铐时,她喊道:"美国乱透了!那家伙不是你们的总统!"

过了一会儿,警车把她送走,这时,她的脸上浮现出一丝微笑,神情似乎很镇定。[1]

这里,记者采用直观性的描写方法,对刺激的现场场面作了精细的刻画。有些细节和语言,稍有疏忽,就观察不到。

第二,事后采访,重现情景。新闻事件的发生具有"一次性",记者很难进行"现场复原"。这就要靠事后深入采访,通过当事人、知情者的回忆,把当时的情景再现出来。一般来说,设若记者采访深入,并能生动地建构画面,仍然能使读者如临其境,如见其人。

第三,记者出场,成为"角色"。记者出场,可以增加报道的真实可信度,也可以把见闻写得更具体生动。例如,埃得加·斯诺采写的《西行漫记》,开头部分就见记者出场,直接进入与毛泽东、周恩来等人的交往中。记者以自己的亲见亲闻,描写眼中的中共领导人,使人物更加生动,也使新闻更令人信服。

(3) 议论和抒情的技巧。

通讯文体是"默认"报道的倾向性的。这种倾向性,既表现在思想观点上,也反映于情感态度方面。因此,仅仅对客观事实加以描述,还不足以充分表达公众的心声,也不能满足读者感情上的需要。因此在必要时,就需要用抒情和议论的手法。

---

[1] 合众国际社 1975 年 9 月 6 日电。

通讯中的议论和抒情往往是结合在一起的。有不少通讯,既有议论又有抒情,既是议论也是抒情。这种议论,是在叙述事实的基础上,记者所作的画龙点睛的发挥;这种抒情,是紧密结合事实,情不自禁地抒发个人的感情。这两个方面形成了通讯写作中的叙述、议论和抒情相交融的特点,请看《栾城草农敢闹海——听栾城农民种草者说》的开头部分:

站在栾城农民的草地上,就像站在绿茵场上,就像置身绿色的海洋。如果此时再吹来一阵清风,或者再冉冉升起一轮朝阳,最好是昨夜曾飘洒过一场毛毛细雨,你能闻到草香,你能看到草尖上的露珠,你能捕捉到忙碌着的农民那心底的微笑和从黑红的脸膛上迸发的光芒。

自1999年河北栾城农民调整产业结构,试种绿化草以来,已经走过了十年里程。十年磨一剑,当初别别扭扭、忐忑不安种下的小草产业如今茁壮长成大块文章,成为河北省会石家庄一道独特风景,成为新中国农民脱胎换骨的标本。端午时节,记者来到这里,听他们有关种草的心得体会。[1]

这段文字中,记者运用了文学写作中的一些手法,叙事中带情,议论中含情,但仍不失客观报道的尺度。

(4)运用细节的技巧。

细节,不是完整的事件叙述,但却是"以小见大"的神来之笔,是报道中必不可少的丰富和补充。细节可以说是通讯中"血肉"的一部分。例如,同是《栾城草农敢闹海——听栾城农民种草者说》写到一个人物武素英:

武素英也是南柴村人,因本村没地可租了,也跑到北五里铺租种了100亩地。武素英见到记者的时候,误以为来了买草的,又递名片,又问联系方式,捕捉商机的举止落落大方、分寸得体。在武素英的地头,围坐了一堆妇女,她们没活儿的时候或做做针线或甩甩扑克,一旦来了拉草的,大家就扑上去争活儿干。

这里,有两个细节描写,一是"又递名片又问联系方式";二是"扑上去争活儿干"。两个细节,把当代农民"抢商机"、"抢活干"的特征刻画得异常鲜明,增添了"草农敢闹海"的信服力。

通讯写作要特别注意细节描写。用好了,可以产生出神入化的效果。有的记者认为:一个人物只需两三个生动的细节,读起来就会呼之欲出。确实,个性化的细节描写可以起到"窥一斑而知全豹"的作用。

---

[1] 赵俊芳,郝斌生.栾城草农敢闹海.石家庄日报,2009-06-09头版.

第二节 人物通讯：标示人物的"精神高度"

人物通讯是一种以报道人物的典型事迹、展示人物的精神境界为主的通讯。它所报道的人物必须有一定的典型意义，可以是一个人，也可以是一个群体。它是最常见且影响深远的一种通讯体裁。

人物通讯在新闻报道中占有相当重要的地位。报纸、电台历来十分重视报道先进人物。新民主主义革命时期，延安媒体就曾报道过不少"英雄模范"人物。新中国成立后，"老黄牛"式的人物典型是我国新闻媒体的主角，曾先后报道过雷锋、焦裕禄、王进喜、蒋筑英、朱伯儒等为数众多的先进人物。改革开放以后，人们的思想观念发生了很大变化，新闻传媒中的先进典型也出现了新的"亮点"，"知识型"、"创造型"、"亲民型"、"服务型"先进典型，成了大众关注、媒体青睐的"明星"。总之，人物通讯广采博记时代楷模，以人物的感人事迹和高尚情操激励人们，起到了特殊的"典型示范"作用。

一、人物通讯应注意的几个问题

1. 报道先进人物，反映时代精神

人物通讯当然要报道人物，但这并不是终极目的。人物通讯最终是要通过典型人物，反映时代风貌，彰显时代精神。换言之，通讯中的人物是一面"镜子"，从中折射的是时代性主题。新华社记者穆青曾说："一篇好的人物通讯，往往会起到人物的某一段传记、时代的某种记录的作用。"[1]因此，能否立足于时代的高度，并且从这个高度来展现人物的精神风貌，便成为决定人物通讯成败、优劣的关键。

2. 抓住人物特点，发掘人物个性

人物通讯应着力写人物的鲜明特点。一般来说，先进人物既有共同的品格和境界，同时，由于各人的社会经历、性格特点、事迹表现各不相同，因而又具有鲜明、独特的精神闪光点。人物特点愈鲜明，人物形象愈生动，人物的典型性就

---

[1] 穆青. 谈谈人物通讯采写中的几个问题//蓝鸿文等. 中外记者经验谈. 北京：中国人民大学出版社，1983：157.

愈充分。如果抹去了人物的个性,而随意唱高调、贴标签,人物通讯的价值反而降低。

因此,那种贪"大"求"全"、把人物"神化"的方式是不可取的。"人物通讯是个筐,什么都往筐里装",只会使人物显得虚假,损害其典型价值。穆青笔下的几个人物,如焦裕禄、"老坚决"、吴吉昌等,个个都是先进典型,但个个都有自己的光彩,性格、个性异常鲜明。

3. 坚持实事求是,力求客观真实

采写人物通讯,记者应具高度的政治责任感,因为先进人物的报道,会起到舆论引导和社会示范的作用,所以更应慎重。在人物通讯报道中,坚持实事求是,力求客观真实,是必须遵循的一个原则。只有实事求是地报道先进人物,做到有选择、有分寸地报道,先进人物才真实可信,"典型"的力量才有坚实基础。

4. 在报道好先进人物的同时,扩大人物通讯的报道面

人物通讯以报道先进人物为主,它反映我们时代的潮流,预示社会前进的方向。但在报道先进人物的同时,新闻传媒还应扩大报道面,及时报道对读者有教育意义或启示价值的其他典型人物,如普通人物、争议性人物、"反面人物"等。通过对这些人物的报道,使读者从思想上得到启示和教益。

二、人物通讯的表现手法

1. 昭示人格的力量

人物通讯能否成功,最关键的是看通讯能否占领人物的"精神高地",昭示其非同寻常的人格力量。请看新华社记者黄明撰写的特稿《谢罪之旅的幕后新闻》:

5月24日,91岁的日本侵华老兵本多立太郎完成了他在中国的"谢罪之旅",然而,他留下的故事却并没有因为他的离去而结束。

在本多谢罪期间,作为对他进行全程跟踪采访的记者,我和他的翻译、日本记者朱弘曾试图要帮助他完成一个心愿——寻找一个曾经震撼本多并使他放下屠刀的中国女孩。遗憾的是,虽四处查找,他的这个心愿也许永远都无法实现了。但是,那个发生在一个日本士兵和一名中国女孩之间的故事,却深深地印在了我的心里。

"1939年8月,我被派驻江苏金坛。入伍前,我在东京《朝日新闻》工作。

同年10月,作为新兵,我在训练中亲手杀死了一名中国战俘,这是我一生都不能忘却的噩梦。

但,自那以后,我绝对没有再有意杀过人。使我下决心永不杀人的,是一位美丽而刚强的金坛女孩。

我是基督徒,我父亲经常给我寄书。每逢周日,别的士兵去慰安所,我就去一个小公园(现在的金坛市华罗庚公园,当时叫中山公园)看书。一次,我正在看书,一个小男孩的球滚到了我脚下。我把球捡起来递给他,他对我说了声'谢谢'。这时,男孩的身后传来一声怒斥:'不许和日本人在一起!'是一个十七八岁的女孩。小男孩跟着她走了。

后来,我常去看书,男孩也常去玩球,我们就熟了。从他那里得知,那女孩是他姐姐,父亲在卫生系统工作,姓'吴'(音,或伍)。这个女孩实在是漂亮,但她每次见了我就闪身躲开。

在那个时候,我和中国百姓交往,是违反军规的。

再后来,我和小男孩的父亲也渐渐熟了。大概是1940年3月的一个周日,男孩的家人邀请我一同到郊外顾龙山塔游玩。女孩也去了。她父亲让她为大家唱一首歌,女孩勃然大怒:'我会唱歌献给殉国的勇士,但我绝不会给日本人唱。'

说完,女孩向山间的桃林跑去。

当时,正是桃花开放的时候。在一棵开满桃花的树下,我追上了女孩。她背靠着桃树,身体因发怒而仍然在颤抖。我对她说:'我相信,你唱起祖国光复之歌的日子一定会到来,而且,我也希望这一天更早地到来。'说完,我给女孩深深地鞠了一躬……

后来,我所在的部队接到了出征的命令。我们全副武装,穿着皮靴,列着长队,踏着金坛的石板路前进,金坛的许多老百姓在两边观看。

忽然,男孩的身影闪了进来,塞给我一张纸条,然后迅速离开。纸条上写着:愿君,不事杀戮;愿君,不战死疆场。我猛地全身一热,抬头寻找,终于发现了人群中女孩的身影。

当时,我恨不得扔下所有的装备扑上去对她说:'难道我还会去杀人吗?'但是,我不能,只能远远地对女孩点点头。

我当时心想:不战死疆场,我不敢保证;但不事杀戮,我绝对可以做到。在以后战场上远距离的对射中,有没有打中过中国军人我不知道,但我确实没有再有意识地去伤害任何人,我总是乘人不注意的时候放空枪。

我以后再也没有见过这个女孩。但,在我的心目中,她是我认识的最美丽、最值得尊敬的女孩。"

……[1]

---

[1] 新华社 2005 年 5 月 27 日电。

这篇特稿因其人物故事的时效性不足,能不能归为"人物通讯"可能会有争议。但特稿中刻画的"中国女孩",她所呈现出来的精神力量却超越了时间限定,而显示出永恒价值。她的人格魅力对于日本老兵历久弥新,而对于读者来说也永远是一种精神激励。

2."典型人物"的个性化

中央电视台副台长、原新闻中心主任孙玉胜曾探讨过一个问题:在新闻报道中,为什么那些正面报道和典型人物、先进典型的报道收视率普遍要比监督类、曝光类节目低?是这样的选题天然优势不足?观众不喜欢看美好的人和事物?他得出的结论是:"一些很好的典型为什么在报道后形成不了'典型效应'和'典型力量'?这在很大程度上取决于记者的叙述方式,传统的方式经常把典型类型化。典型应该是有个性的,是具体而生动的,而一旦将其类型化,就会使报道陷于概念,流于套路和口号。这是一些典型报道不具感召力和吸引力的重要原因。"[1]这个见解,对于人物通讯写作有很大启示。人物通讯要让典型生动、真实起来,关键还是要避免"类型化",讲究"个性化"。我们还可以继续探讨一个问题,如何才能使人物典型个性化?不妨从以下几方面入手:

(1)用人物的行动写人。人物通讯应立足于人物个性化的行动和语言来展示人物的精神世界,这比记者用概念式的表述更有说服力。在写人物的行动方面,还要善于在矛盾冲突中写人,包括人和自然环境的矛盾、人与人之间的矛盾、人物自身思想上的矛盾。

(2)"由说话看出人来"。写人物通讯,应"使读者由说话看出人来"(鲁迅语)。如何写好人物语言,有几个办法:一要抓富有特征的人物语言,即那些能反映人物的思想、精神、感情、性格、心情和态度的语言来表现人物;二要写好特定情境中人物之间的对话。人物通讯中人物的语言,有时是以对话的形式出现的。写好人物对话,也能表达人物的个性和思想。

(3)"于细微处见精神"。精彩的细节总是散发着动人的魅力。例如,中新社2009年11月11日发表的人物通讯《魂系小岗——追记安徽省小岗村书记沈浩》有这样一个细节:"就这样的一位'引路人'(沈浩),在去世时,案头还摆放着一张《小岗村近期重点工作责任分解及完成时限表》:小岗村敬老院工程、GLG用地遗留问题的处理、从玉菜业奠基仪式筹备及遗留问题处理、村庄整治等年前完成以及长期坚持常抓不懈的十一项工作……"俗话说:"于细微处见精神"、"于细微处见真情",就是这个道理。

---

[1] 孙玉胜.十年——从改变电视的语态开始.北京:三联书店,2003:101.

3. 借议论"画龙点睛"

人物通讯以叙述、描写为主,也可适当采用一些议论。议论在通讯中的运用,常见的有夹叙夹议式和先叙后议式。例如,通讯《北京有个李素丽》反映的是北京公交售票员李素丽,记者以讲故事的方式,在每一则小故事中都寓含一种精神、气质、风貌,最后又引述乘客的"表扬信",作了这样一段抒情性议论:

> 车子一进站,我就感觉到有股莫名其妙的暖流迎面而来,烦躁的心情顿时清爽了许多。整洁的车辆给人一种欲乘之而后快的愿望。一路上乘务员小姐的服务更是春风拂面,一言一行,一颦一笑,显然是一位春天的使者。与此同时,我们乘客也仿佛走进了神圣高雅的殿堂,每个人都有了绅士的风度,礼貌待人,尊老爱幼,以身作则,有问必答,急他人所急,想他人所想。这不就是人们这些年所期盼却很难得到的人与人之间的沟通与理解吗?有幸的是我们在 21 路 1333 公交车上目睹体会了这一切。回到驻地,心情久久难以平静。感慨之余,情感的思绪迫使我坐下来记下自己的所想所感,记下这难忘的一天。

这段议论可谓水到渠成,恰到好处。它不但是乘客之所思,也是记者之所想,足以引起读者的共鸣。而且,这一议论富有哲理,极其形象,成为该通讯中画龙点睛的一笔。

第三节　事件通讯:有意义的故事性文本

事件通讯,是以社会生活中具有典型意义的新闻事件为报道对象的一种通讯。它要求记者选择典型的新闻事件,记述其始末,揭示其意义和影响。事件通讯是记事类消息的补充和发展,在社会上能引发较大的反响。

事件通讯题材广泛,涉及政治、军事、经济、公安、司法、外事、体育等社会生活的各个方面。事件通讯因报道"事件"的大小、性质的不同,而包括多种类型:

一是文献性大事记,如:记录 1992 年邓小平南方谈话的通讯《东方风来满眼春》、记录 1997 年 7 月香港回归祖国怀抱的政权交接仪式的通讯,这类通讯已伴随历史事件进入文献档案。

二是重大事件纪实,如:记录三峡截流、中国 2008 年北京成功举办奥运会、抗"非典"战役的通讯。

三是重大活动场面纪实,如:报道历届奥运会、足球世界杯、中国召开 APEC

会议等开幕式的通讯。

四是重大事故纪实。这类通讯带有较强的调查、曝光性质,发人深省,提供经验教训,如对2004年小浪底库区游船翻沉事故,以及发生在广西、陕西、山西、吉林等地的各种矿难事故的报道。

五是一般新闻事件纪实。这类通讯,通常选择有一定典型性、故事性和可读性的事件进入此列。这类通讯,也称为新闻小故事,如《买缸记》《抢菜记》等。[1]

一、事件通讯的特点

事件通讯的特点,可以从以下三方面认知:

1. 典型性

事件通讯报道的是现实生活中有典型意义的、具有较强新闻价值的事件,而不是一般的社会性故事,更不是虚构的"传闻"。事件通讯以事件的"新闻性"和"代表性"为前提,普通事件一般只能列入动态消息报道。

2. 故事性

事件通讯以报道事件为基础,客观、具体、详尽地记录事件的来龙去脉,有情节和细节,具有明显的故事性。叙述事件是事件通讯的核心,而较强的"故事性"是其引人入胜的必备要素。因此,注重"叙事"技巧,成为事件通讯写作的高超艺术。

3. 重要性

许多新闻事件具有公共突发性,如大地震、龙卷风、飞机失事、战争爆发、"非典"、禽流感流行等天灾人祸,但并不是每个突发事件都能进入事件通讯的报道视域。也就是说,事件通讯不仅关注事件的吸引力,还必须考量其重要性,即它对政治、经济、军事、社会生活等多方面的意义和影响。普通的生活事件写成消息足矣,而那些兼备吸引力和重要性的大事,才能成为事件通讯的最佳题材。

二、事件通讯的写作

1. 选准事件,引出主题

写事件通讯,首先要选准事件,要注意选择有典型意义和新闻价值的事件,然后进行深入报道。另外,还要善于从典型事件中引出一定的社会性主题。请看下面一则事件通讯(已作删节):

---

[1] 方延明.新闻写作教程.北京:高等教育出版社,2005:171.

6月7日凌晨，郑州市荥阳王村镇丁村王丽的父亲王某因为怀疑妻子与别人有染，用铁锤将熟睡中的妻子砸死，并将"假想情敌"砍成重伤。

先期赶到丁村的公安干警紧张地勘察案发现场的时候，正在搜查现场的干警忽然在死者的床头发现了一封长达4页，密密麻麻写了万余字的长信……

逐字逐句读完这封长信的张武清局长，被这个孝顺、懂事的女儿那一句句充盈着亲情的话语感动得无法自己。他明白过来，天亮以后就是王丽（写信的女儿）走上有可能改变她一生命运的高考考场的第一天时，立即下意识地说道："绝对不能让她知道家里出了塌天大祸！要不然，这闺女一辈子就有可能毁掉了！"

而当天上午王丽就要步入高考现场，为让王丽安心高考，警方封锁了一切消息，包括闻讯而至的《郑州晚报》独家责任记者也被"困"在公安局两天。

母亲去世，父亲不见踪影，谁能够将这个"巧合"的现象编撰得天衣无缝？经过商议，荥阳警方制定了一套"案外布控措施"：寻找王丽所有的亲戚，寻找王丽平时所有的闺中好友，拦截所有通往该村的公共汽车，与村民协商不在孩子们面前谈论案情，控制所有在王丽考试间隙有可能打来的电话，严防死守，采取一切措施把消息封锁在最小范围内，杜绝了哪怕是一点点有可能外泄案情的可能。

……

6月13日上午12时15分，正常的开饭时间，荥阳市公安局长张武清坐在办公室，等待着王丽。张武清对记者说："那封给妈妈的信感动了我，一个孩子不应该承受她年龄范围外的压力，我们在办案的过程中，将继续关注案件后无辜的孩子。"几天来，张武清一直想见到王丽，告诉她公安的拳拳关切之心……

见到王丽的一刻，张武清作出了一个欢迎回家的姿势。王丽告诉张武清自己的高考情况以及初步决定报考院校情况。张武清说，你给妈妈的一封信，市委很多领导看后，深受感动。为了家庭，一个18岁的女孩承受了本不应该承受的痛苦，令人钦佩。

张武清说："荥阳公安局就是你第二个家，随时欢迎你回到这个家，如果有任何方面的难题，都可以和'家人'沟通，考上大学后，公安局就是上街募捐，也要提供你上学的费用！不能让你因为家庭里失去了父母，就失学，在学习方面存在问题，公安局也有很多叔叔阿姨愿意给你提供辅导。"

王丽的眼圈有些红，说自己一定好好学习，回报社会的关爱。王丽告诉记者，虽然自己的家庭出现重大变故，但是她却感受到了更多人的关爱，"我有两个家，其中一个是公安局。"

这篇名为《一座城市六天六夜善意欺骗高考女生》的事件通讯,由 2005 年 6 月 15 日《郑州晚报》刊登、新浪网第一时间转发,在全国引起强烈反响,各大网站上的网友评论达数千条之多。许多网友对荥阳警方的做法叫好,认为"什么叫正义?什么叫良知?什么叫感动?什么叫人性关怀?人心向善,这样的事例反映了社会成员对他人的关爱,是人心善良的表现。我们要建立一切激励人们美好愿望、积极向善的机制"。这篇事件通讯的影响力,其实就来自于事件题材本身,也来自于呼唤人心向善的主题。

2. 脉络清楚,叙事清晰

事件通讯是一种名副其实的叙事文体。一般事件都有一个发生、发展、终结的过程,因此,事件通讯大多采用纵式结构记叙事件。其主要形式有两种:一是顺序结构,即按事情发生、发展的时间顺序来写;二是倒序结构,先写结果,给人一种悬念,然后再倒叙事件的发生过程。

无论是顺序结构,还是倒序结构,都要抓住事件发展的脉络,写好典型情节。例如,新华社播发的通讯《击毙"二王"纪实》采用的是倒叙结构,一开头就把事件的结局即广大群众关注的最新事态,摆在读者眼前。由于设置了悬念,又富有现场感,立即把读者吸引住了。然后记者开始扼要介绍"二王"是什么人,他们是如何在沈阳作案后逃窜到江西的。接着详细叙述"二王"被高度警觉的广昌县人民群众发现,终于被军警击毙的全过程。整篇通讯基本按照"结局—开端—发展—高潮"的叙事线索来写,对事件纵深叙述,脉络十分清晰。

写事件通讯还要注意穿插、切换场景,写出立体、形象、丰富的事件来。如《为了六十一个阶级弟兄》,就选择了类似电影分镜头那样跳动灵活的表现手法。每一小段前面,记者运用抒情的旁白和时针进展的标记,使同一时刻发生的不同空间场面组合在一起,层次分明,紧扣读者的心弦。

3. 刻意写人,以事带人

事件通讯以写事为主,但也不能孤立地写事,因为任何事件都与人有关联。所以,报道事件通讯,同时要写好与事件有关的人物。事件通讯写人与人物通讯写人的不同之处在于,事件通讯突出的是"事件",它要写的是与事件有关的人或人物"群像"。

大部分事件通讯中都有几个着力刻画的典型人物,要让读者觉得这些人物真实可信,有血有肉,就需要记者采用直接引语和细节的描写,增加内容的真实性,突出人物的性格。例如,在著名特稿《凯利太太的妖怪》中,记者为了表现美国医生如何攻克医疗难题的新闻事件,以人为"视点"写道:

接下来的手术进行得更为艰难,也更加血淋淋。镊子冒着危险一毫米一毫米地在凯利太太的大脑中挖开一条通道。血在不停地流,镊子"呲呲"作响,吸血泵汩汩地往外抽血。推进、再探索。更多的血涌了出来。然后,镊子突然静止不动了。

记者对手术事件细致的观察以及扎实的文字功底令人惊叹,而那些"血淋淋"的细节更让人如见其事,如闻其声,"镊子突然静止不动了"则几乎使人窒息。这种文字"特技"功夫真正使特稿阅读成了语言享受。

第四节 工作通讯:直面问题,示范社会

工作通讯是指直接报道实际工作中带有普遍性的问题、经验的通讯。它是以全局或局部的典型事例为报道对象,剖析问题,探讨课题,引导社会借鉴经验和解决问题的一种通讯体裁。工作通讯是具有中国特色的新闻体裁,西方新闻报道鲜见这种类型。

工作通讯吸引读者的最主要"亮点"是析"例"(现象)明"理"(问题)。优秀的工作通讯一般都具备两个特点:以信息量很足的消息内核吸引人,用紧贴实际工作的理性思考启发人。假若工作通讯既缺少信息要素,又没有深刻的理性思考,而只是罗列材料,虚张声势,便缺少实际价值。

工作通讯的特点可概括为:一是针对性强,它介绍新经验,揭示新问题,探讨新趋势,能引起强烈的新闻关注;二是理性色彩浓,工作通讯尽管也以报道事实为主,但更以分析和评论见长;三是传播面广,工作通讯不同于工作总结,前者是面向社会大众的新闻传播文体(新闻体),后者则是面向上下级的组织传播文体(公文体)。

一、工作通讯的主要形式

1. 工作研究

工作研究,即针对实际工作中出现的重要问题进行探讨和研究,并提出建议的一种新闻文体。在这类写作中,报道新情况是基础,研究新问题是目标。

2. 采访札记

采访札记是记者根据采访中所见、所闻、所感,摘要整理发表的一种新闻体

裁。记者活跃于社会生活的第一线,对于实际情况有比较明确的感知,因此除了报道新闻以外,还可以借助采访札记的形式表达思考,为社会提供恳切意见。

3. 批注新闻

近年来报刊经常出现的"批注新闻",可以看作是"采访札记"的活用。批注新闻,也有人称之为"记录加旁白报道",通常由采访记录和记者批注两个部分组成:采访记录提供事实材料,记者批注则仿佛戏剧中的旁白,表达记者对新闻事实的感言和思考。换言之,批注新闻是在对事实作客观真实的记录和陈述的基础上,又加上了记者的感受、思考和评价等,因而更具有立体感和说服力。

批注新闻的报道部分是采访记录,不必多说,但批注部分值得一议。以获得中国新闻奖的报道《我们离市场还有多远——关于一桩鲜花礼仪电报业务的追访与思考》[1]为例,它的批注承续前面采访实录内容,进而有感而发,对新闻事实进行了深度思考,拓展了新闻的视野空间。批注的写作形式多样,别具一格,有追访性内容:"经过进一步了解,记者得知,目前北京地区的邮政、电信部门都在办理鲜花礼仪电报服务,但邮政部门只能办理京、津、哈等十几个城市,电信部门可办450个城市,但只覆盖全国19个省区。"有评述性话语:"目前鲜花礼仪市场虽说前景看好,但毕竟还只是初始阶段,需求市场远还没有形成规模。面对这样一个尚未成熟的市场,我们邮电内部却是一家三国,各起炉灶,一箩筐饺子三锅煮,谁也吃不饱,更何谈规模效益?"还有记者自己的感想:"我们整天说全程全网是邮电的最大优势,可是一份鲜花礼仪电报,却是你吃喝你的,我卖我的各自为战,还怎么发挥整体优势?"由此看来,批注新闻的批注完全可以有多种形式,不必拘泥于俗套。

二、工作通讯的写作要求

工作通讯的出发点是记者深入实际,进行扎实、细致的调查研究,最终目的则是解决实际问题。这个特点,决定在采写中要注意以下几点:

1. 直面现实,抓准问题

工作通讯要反映实际,直面现实,这是它的基本特点。引人关注的工作通讯,总能触及当前实际工作中主要的、带有社会"焦点"性的问题。对问题抓得准不准,取决于记者对形势、政策和对实际工作进展情况的了解程度,取决于对某个问题判断是否正确,认识是否深刻。例如,《安德鲁一个"意念"就赚走几个

---

[1] 张英.我们离市场还有多远? 人民邮电报,1996-04-25.

亿——当前建筑领域弊端剖析》[1]，这篇揭露建筑领域的"报忧"工作通讯，抓住社会公众普遍关注的问题，尖锐地批评了城市建设中的弊端：

不少建筑专家指出，现在不少领导者和评委在选择方案时，不顾国家的现有实力和经济水平，不是考虑建筑的当地特色、有效的使用功能、合理的造价、建成后的运行成本等，而是出于虚荣和面子光鲜，甚至还为了私下的幕后交易，把许多大工程都包给了外国人。北京、上海和其他地方最重大的建筑设计项目，几乎都被外国人囊括一空。

招标中的中外不公平还表现在，外国设计师的设计费用常常是中国设计师的几倍甚至十几倍。安德鲁设计北京国家大剧院，竟然得了总造价的11%，完全冲破了我国建筑设计业关于大型建筑的设计费不能超过总造价3%至4%的行规。而实际上，安德鲁只是提供了一个设计概念，所有的结构设计、施工图设计都是由北京市建筑设计院完成的。一个意念、草图就轻易赚得几亿元。

不仅是设计费用，更要害的还是这些中标的洋建筑的建造费用往往昂贵得惊人。国家大剧院造价30亿元，目前尚缺少2亿多元资金，况且还没有建完。奥运会体育场"鸟巢"最初设计总投资也是30多亿元人民币，奥运会国家游泳中心"水立方"造价也十分高昂，一个电视台的大楼投资甚至高达80亿至100亿。而北京的示范效应又立即被各地仿效，为追求什么"一滴水"、"一块冰"等虚无缥缈的所谓主题效果。广东省的博物馆搞成"百宝箱"，广州体育馆搞成"三片叶子"。

许多学者及专家指出，中国急需一个"建筑文化的启蒙"，现在太需要提高整个社会、大众，尤其是领导对建筑的欣赏水平。无论是哪级领导（尤其是管城建的领导需要补课），还是众多开发商、业主，还包括社会大众，都需要对城市建设，对建筑文化、建筑的创作规律有所了解，建立基本的、正确的概念。（有删节）

记者还建议，在请专家给中央领导讲课的内容中，加入建筑学和城市建设这一课很有必要，这样可以使各级领导深化对建筑问题的了解，起到很好的示范作用。"中国的建设量如此之大，领导的权力和作用又很大，他们对建筑文化有所了解确实非常必要。"这篇通讯中，记者直面问题的胆识，抓准问题的水准是令人称道的。

2. 要有前瞻意识，敢开第一腔

工作通讯是用来指导工作，起引导全局作用的，因此记者应善于思人所未

---

[1] 从亚平.安德鲁一个"意念"就赚走几个亿——当前建筑领域弊端剖析.经济参考报,2005-04-26.

思、见人所未见,提出社会尚未注意到的隐忧、问题和倾向,或者介绍人们迫切期盼的典型经验。著名记者穆青对此有一番见解:事实上,许多问题当它真正形成为一个问题的时候,往往孕育着许多新的萌芽和推动事物前进的一些积极因素。新闻记者如果能抓住这些萌芽,把问题及时提出来,他就能够站在新事物的面前,用新闻报道来推进工作,指导实际。反言之,一个记者如果只能跟着别人已经提出的问题跑,重复别人的见解,不敢开第一腔,那么工作通讯的作用也就难以发挥。

21世纪的世界,社会生活已发生诸多趋势性变化。工作通讯要适应这个变化,尽快切入新的报道领域,解剖新的社会课题,对其中蕴含的具有启迪意义的信息给以适当的组合与强化,对其中隐含着的发展趋势与重要机遇给以必要的分析。通过这种努力,工作通讯就能使受众和社会形成新的共识。

3. 生动具体,用事实说话

总结经验、探讨问题,本质上是一个论理的过程。工作通讯中的论理不是脱离事实的逻辑推论或演绎,而是在掌握了大量具体事实的基础上,对生动切实的第一手材料所进行的归纳和总结,以使深刻的见解更直接、更充分地为广大读者所理解和分享。

第五节 风貌通讯:打开见闻窗

风貌通讯,也称概貌通讯、旅行通讯,是记述社会风貌,描绘地域风情,或介绍旅途见闻的通讯。它如同悠扬悦耳的牧歌,为读者展现一幅幅壮丽或神奇的"风貌画"、"风俗画"、"风情画";它开人眼界,诱人兴趣,增添知识。

风貌通讯的题材广泛多样。它可以反映某个地区发展变化的新气象、新面貌;可以报道建设成就,如重要的建筑工程、展览会、陈列馆;可以报道自然风光、人情物况、风俗习惯,使读者开阔眼界,增长知识;也可以反映异国的社会现状和风土人情,以促进国际间的交往活动。

一、风貌通讯的主要类型

风貌通讯形式自由,文体不拘一格。在报刊的标题样式中,常见的有"巡礼"、"纪行"、"掠影"、"散记"、"随记"、"拾零"、"拾趣"、"记游"、"剪影"、"一瞥"、"见闻录"、"访问记"等数十种之多。这些标题形式,大致点明了风貌通讯因表现内容的不同,而在写作中各有侧重。这里主要介绍三种报纸上出现频率较高的类型:

1. 见闻

见闻是记者借助描述所见所闻,反映沧桑变迁或鲜珍异闻的一种概貌通讯。它有较强的新闻性和现场感,也有多种表现手法,如叙述、描写、议论和抒情。见闻式通讯,一般以"见"为主,以"闻"为补充。

2. 巡礼

巡礼是以反映现场观察到的新情况、新事物为主的概貌通讯。记者边走边看,巡游浏览,报道新情况、新变化,常用"移步换形"的手法。它以叙、描为主,也有较多的议论和抒情。巡礼写作要抓住典型画面,突出"特"和"新",体现现场感、亲切感。

3. 游记

按传统观点,游记是散文文体之一种,但它实际上是新闻与文学的杂交文体。它的新闻性表现在:① 记述的地域风情鲜为人知;② 它是记者"最近"的旅行观感。这种特殊类型的概貌通讯,通过对亲身游历的记述,对所见所闻的描摹,表达记者的感受和思索。游记适合于抒写山川名胜、风俗民情,多以第一人称展开写作。

二、风貌通讯的写作要求

从风貌通讯的特点出发,记者采写这类通讯一般应注意几点:

1. 鸟瞰全貌,抓准特点

风貌通讯是一种"概貌"式报道,或是从片断入手以窥全貌,一般不作"全貌"介绍。当然,"概貌"不是抽象化、概念化,更不是旅游景点的说明书,它要求记者通过观察和体验,从中获得真情实感,进而抓住最具特点的活生生的材料,进行立体式的描绘。

如何抓准特点?著名记者彭子冈在《漫谈游记》一文中,曾对"游记"写作提出独特的见解,似乎也可供风貌通讯写作参考:"写出该地独有的风貌,是旅游文章成败的关键。举例说要写峨眉,至少可以从三方面去分别把握文章的准确性。峨眉地处四川,从地域角度要区别于天府其他风景名胜。不是有这样的说法——'峨眉天下秀,青城天下幽,剑阁天下雄,夔门天下险'吗?所以首先要设法体现这个'秀'字。其次,峨眉是我国一座著名的观赏名山,从性质角度也要写出它与黄山、庐山和五岳的区别。再次,峨眉和五台、九华、普陀为我国佛教四大名山,从宗教角度去写其联系及区别,文章则又会别具一格。"这位名记者的写作经验启示人们,写风貌通讯关键是要鸟瞰全貌,在比较中抓住特点。

2. 抓住"新"字,突出"变"字

事物的变化都是可感可见的。斗转星移、世事沧桑之"变",给人的感受尤其深刻。风貌通讯既然属于新闻范畴,就不是静态表现,而是动态追踪,所以应善于抓住"新"字核心,突出一个"变"字。例如《中国青年报》2003 年 5 月 10 日《民勤会不会成为第二个罗布泊》:

甘肃省民勤县二年级女生谢小田,每天上学前有一件事是必做的,那便是从自家的水缸里舀水灌满手中的小塑料壶,提到学校将它倒入老师的水缸,供老师食用和学校其他急需用水。水是爸妈从很远的地方拉来的,因为不苦,所以叫甜水。

作为西渠镇致祥小学的一门"必修课",全校 52 名同学人人备有一个小塑料壶,做着和谢小田一样的"功课"。校长王雄武叹道:缺水啊!老师无处取水,又要生活,只好靠学生。在这里,往教室地上撒点水,是极为奢侈的事情。

在民勤,西渠镇还不是最缺水的地方。从此往东往北,进入靠近内蒙古地界的中渠乡,你会看到大批枯死的树木、搁荒的土地、废弃的院落。发酥返碱的土地毫无遮拦地暴晒在太阳底下,折射着刺眼的白光。一脚踩下去,满是冒着白烟的干土。荒地上唯一可以生长的碱柴,枯黄衰败,没有一丁点儿绿色。

同行司机师傅刚刚进入知天命之年,就已目睹了这里从良田到荒漠的变迁。他说,这里原是民勤有名的青土湖,曾经芦苇摇曳、野鸭成群。自己年轻的时候来这里,仍可看到茂密的树木、成群的野鸽、奔跑的兔子,带个铁锹在身边,用不了多久,就会挖出捧之能喝的甜水。可如今,300 米以下也难见可以饮用的"甜水"了。

站在原中渠乡字云十三社废弃的村落间,闻不见一声鸡鸣,听不到一声羊叫,整个村庄了无一人。民勤县委宣传部副部长阎德伦是见证人:3 年前他第一次来这里时,还有十几口人,去年第二次来时,剩下六七口人,今天第三次来,已是人去屋空。他感叹说,最终消亡的字云十三社,是民勤生态恶化的活化石,但绝不是唯一的化石。

走进另一村落,我们看到不忍看到的又一幕:60 岁的老光棍和几只羊同居一屋,炕上除了一床被褥、一点粮食、21 个罐头瓶是他全部的家当。和丁老汉一样一辈子没有讨到老婆的,全村老老少少有 9 人。发生在他们中间的一个让人

笑不出来的笑话是：村里来一落难寡妇，9个光棍都想要，但都有心无力。寡妇最终离去。

村里的姑娘大多远走他乡。记者到村里的当天，有人家正在嫁姑娘。新娘要去的地方是内蒙古阿拉善左旗。父母满心喜悦。

在煌辉村的残垣断壁上，有这样一首打油诗：碱大水苦尘土扬，沙进人退耕地亡。强男倩女早走光，妇幼老弱别农庄。

民勤以治沙闻名于世。一代代国人从中学课本里认识了民勤这个西北小县，感佩民勤人创造的"人进沙退"的壮举。可如今，因为缺水，民勤绿洲沙漠化加剧，不少沙丘重新复活，"沙进人退"的悲剧又开始上演。这恰恰是本篇通讯最有价值的新闻"点"，足以引起社会共鸣和思索，这个视角无疑比一般"唱赞歌"的新貌报道更有警世意义。

风貌通讯中要能体现"变"，就要善于作纵向和横向的比较。比如一个地方，以前怎样，现在怎样，这叫纵向比较。这个地方与那个地方有何不同之处，有何相同之处，这叫横向比较。有了比较才能看出不同，使人们从中受到启发。

3. 叙事绘景，缘物寄情

风貌通讯以叙事绘景为主，也可以发表议论和抒情。记者应尽量进入角色，做到缘物寄情抒心怀，知识、情趣两相融。

2010年8月13日《内蒙古日报》刊载的《最后的那达慕——牧民进城》是风貌通讯中的佳作，其开篇即用散文式的语言，描写了记者来到牧民草场的"第一印象"：

6月21日，在鄂托克前旗上海庙镇特布德嘎查牧民阿尔彬贺喜格家草场上有人摔跤、有人射箭、又见赛马，好不热闹。虽然烈日高照、热浪袭人，人们热情不减，在呼喊着，快乐着，一片"那达慕"（"那达慕"是蒙古语，意为"娱乐、游戏"，以表示丰收的喜悦之情）的景象。举办那达慕的牧民阿尔彬贺喜格来来回回忙碌着，热情地招呼着远近赶来的人们。我刚有机会提问两句，又有人喊他去拉回作为头等奖的骆驼。

在这里，记者笔下的草原色彩明丽，活脱脱地将一幅和谐美妙、充满生机的图画呈现于读者面前。接着，记者用简练的笔触介绍了当地政府为了恢复草原生态、促进城镇化而实施的"围封转移政策"，洋溢着赞美的感情，具有很强的可读性和感染力。

要强调的一点是，风貌通讯在缘物寄情时所抒发的情，不是个人孤芳自赏的幽情，也不是文人骚客式的闲情，更不是消极低沉、无所事事的哀情，而是要抒发催人奋进的真情。

4. 传播知识,增添情趣

风貌通讯的特点和功用,要求记者在写作中体现一个"识"字。"识"者,知识、见识、洞识之谓也,即为读者打开见闻窗,增加知识量,提供新的视野。例如《别具个性城市人》这篇通讯,不仅概貌性地写了我国七大城市的特点,还揭示了不同城市的文化内涵,其中"上海人的'国际性'"为:

据说,洋买办最早诞生于上海,所以上海就成为我国最早受到西方影响的城市。北京流行"出国热"时,上海人则不动声色往日本挤,形成了一股"赴日打工热",与京城遥相呼应。

有人说,城市人格最具体、最细致地体现在女人身上。这话很精辟,上海人的"国际性"就体现在女人身上。比如,上海女人的国际名牌消费率居全国之首,数百元一支的CD口红在其他城市少有人问津,而上海的白领丽人阶层中已较为普遍了。当然,上海的男人也不例外,每5个土生土长的上海男人中,就有一个拥有一套世界名牌西装。

长期受海派文化的影响,上海人形成了细润、精致、灵秀、干练的特点。尤其是女性,见多识广,在具体的事物细节上样样精益求精,绰约婉转。比方,与上海女子约会,电话里请一次,便罢休,那你就大错特错了,须知,不三请四邀,大抵人家是不会轻易出动的,一副十足的"千呼万唤始出来"的大家闺秀模样。上海女子自觉不自觉地向男人展示出朦胧的女性魅力,心理玩多了,倒磨炼出细腻的心理,令人不得不琢磨。

上海人算计周全,反复权衡利弊,经济比较看重,日子过得仔细。上海人的攀比与虚荣心理颇微妙。有个上海女孩在银行租了个保险箱的空位,但她那几张存单,几件金首饰,跟周围租箱的先生、小姐、太太的大叠大叠的钞票相比,总觉寒酸。于是把家中财富搜刮一番,将几瓶不知名的法国香水、几件镀金饰品全搬到保险箱中,使箱子彻底"充实"起来,这位女孩子才在脸上泛起自信,出入银行的身躯也随之挺傲起来。

在攀比心理的驱动下,上海人结婚也非常讲排场,大摆婚宴。上海的《解放日报》曾就婚礼费用做了一次调查,发现1998年上海人的结婚费用为9.39万元,高一点的就上15万元。其消费水准直逼发达国家,实现了与"国际惯例"接轨。[1]

---

[1] 徐国源,江涌.新闻采访与写作.苏州:苏州大学出版社,2002:322-323.

这段文字将知识性、趣味性融于一体,同时也反映出作者入木三分看"上海人"的眼光。它概括了上海城市的特点,并加以比较、浓缩,使读者在了解城市风貌的同时,也熟悉了该城市的文化个性。

第六节　人物专访:专题性访谈实录

人物专访,又称"访问记",是对新闻人物进行专题访问的一种纪实性报道。它和一般意义上的通讯有共同之处,但贵在一个"专"字。它的新闻性、时效性、专题性都很强,是一种特殊的通讯。

人物专访之"专",表现为:记者在特定的时间,围绕特定的目的,就特定的问题,在特定的场合访问特定的对象,而且常常是供特定的报纸专用的。例如《光明日报》就经常选择知识分子为"专访"人物,《中国青年报》则选择青年干部、学生等为"专访"人物,而《体育报》选择的"专访"人物又往往是体坛名将或新秀。

在"专访"中,少不了人物、现场、谈话这三个要素。因此,人物专访通常以记者与受访者的谈话为主,并有机地穿插必要的背景材料和现场情景,包括记者对现场的观察,对人物的神态、性格、言行的描写等,表现出较强的现场感。

人物专访集通讯、消息的长处于一体,可以灵活自由地表达内容。它既可以像通讯那样写得形象生动,也可以像消息那样简洁明快;既可以用新闻笔法作客观报道,又可以用散文笔法叙事抒情;既可以用第一人称叙述,又可以用对话形式表现。总之,写作上具有较大的灵活性。

一、人物专访的类型

人物专访大致可以分为三种类型:

1. 人物型专访

这类专访重在报道某一新闻人物,侧重于介绍人物的成功之道,也包括公众关注的许多东西。这类对象包括政界人物、社会名流、先进人物和文艺、体育明星等。

2. 事件型专访

这类专访侧重于披露某一新闻事件或历史事件,即通过访问某一事件的当事人、参与者或知情者,以深入介绍某一事件。这类专访,其重点在于广为受众关注的新闻事件本身。

3. 问题型专访

记者带着社会生活和实际工作中人们共同关心和迫切需要解决的问题,向有关领导、学者或权威人士作专题采访,报道人们关注的问题,为读者解疑释惑。如2011年,教育部对南方科技大学的考试改革正式表态,随即,南科大学生在网上发表了致所有关心南科大发展的人们的一封公开信,45名学生作出决定不参加高考,引起很大反响。带着众多疑问,中国之声记者独家专访朱清时校长,请这位备受关注的焦点人物回应:让朱校长如履薄冰的教改之路还会继续吗?45名学生究竟该何去何从?是选择继续前行还是悄然放弃?通过专访,解答了公众疑问,也澄清了许多认识问题。

二、人物专访的写作

人物专访有自己的特点,在采写方式上自然也有独特的要求。

1. 要选好专题

一般来说,记者专访都有明确的意图,或围绕近期内公众关注的人物、事件与问题,或满足大众的新闻兴趣,总之,有新闻价值是展开人物专访的前提。

2. 注重谈话实录

专访的中心就是一个"访"字。访问的主要内容就是谈话,主要表现方法就是纪实。因此,人物专访应注重谈话实录,而不必有过多的叙述、描写、议论和抒情。

人物专访的访谈大体有三种方式:一是漫谈式,气氛活泼,请对方谈观点或想法;二是直指式,目标明确,问题具体、尖锐,要对方正面回答问题;三是商讨式,围绕某个问题自由讨论,口气比较和缓。如何运用这三种方式应根据访问的问题和对象而定,也可以在一次专访中结合使用。

记者在专访中要善于沟通人物、读者之间的思想和感情。谈话的内容是最主要的要素,也是能否吸引读者兴趣的关键要素。请看2003年3月7日《北京日报》刊登的专访(已作删节):

"北京大学要创建世界一流大学,要为二十一世纪的祖国建设培养大批合格人才,必须有一支高素质的教师队伍,有一批大师级的学者。"在昨天北京代表团全团讨论会后,北京大学校长许智宏代表对记者侃侃而谈。

许智宏代表担任这所中国最高学府的校长已历三年,他对"名校要有大师级的学者"深有感触。他说:"牛津、剑桥、哈佛……这些世界名牌大学有多少诺贝尔奖获得者,每个学校不是一个两个,而是一批。而我们中国到现在还没有。

我认为中国肯定会有诺贝尔奖获得者，但不能急于求成，水到渠成时必然会产生。"

许代表笑了笑，话锋一转："当然，也不要把诺贝尔奖看得过重，但它毕竟是一个国际公认的重要奖项。中国要有诺贝尔奖得主，名校要有一批大师级的学者，学校才有广泛的影响力。这就需要有一个适合人才成长的环境。"

谈起眼下学术界的一些风气，许代表面露几丝忧郁之情，他说，"社会上急功近利的浮躁之风还很有市场，很多事儿都想着短平快、一蹴而就，幻想几年，甚至几个月就拿出一项震惊世界的学术成果，恐怕没那么简单。纵观历史，居里夫人、爱因斯坦这些诺贝尔奖得主，哪一个不是历经多年的潜心研究与探索，不断在实践中积累经验，从一次次失败最终走向成功的？"

……

专访报道中，"北京大学要创建世界一流大学"、"名校要有大师级的学者"、"社会上急功近利的浮躁之风"影响学术生态等内容，是谈话的要点，也是实录的重点，当然也是读者关注的兴趣点。

3. 写好人物和现场

人物专访应把人物神态和现场气氛反映到作品中，增添感染力。它要求记者具有敏锐的洞察力和深厚的文字功底，寥寥数语就把自己的所见所闻鲜活地勾勒出来，从而使读者在脑海中形成完整的人物形象。例如2004年2月16日《中国青年报》刊登的《专访〈时代〉周刊前总编》的开头部分：

在牛津期间，他和宿舍室友建立了良好的友谊。这个室友就是后来邀请他担任副国务卿的美国总统比尔·克林顿。

身穿灰色长风衣、头戴圆顶礼帽、鼻子上架着宽大眼镜——上周，当这位高个子美国男子出现在中国青年报社大门前的时候，许多人觉得他更像一位侦探。他轻轻地吐了口气，抻了抻自己的衣服，然后俯身对身边的翻译说："这是我第一次参观中国的新闻媒体，我觉得自己非常幸运。"难以掩饰的兴奋在他的笑容中展开。

这位男子名叫斯特罗布·塔尔伯特，美国《时代》周刊前总编、克林顿政府时期的美国副国务卿、美国著名综合性政策研究机构——布鲁金斯学会主席。

在这段文字中，记者的视觉观察是深入的，不仅将专访对象的外貌、声音描绘出来，还从极微小的地方看到了被访者的个性，如此传神的人物描写很见水平。

进行人物专访，记者必须思想专注，反应敏锐。有时，一个话头、一件实物往往可以引出一段故事,采访对象睹物思人、见物忆事、触景生情,这种形象的实物可能构成故事的"小插曲"。同时,记者要写好有特色的环境,使人物与背景相融。当记者用"我"的视角把读者带进谈话氛围时,无疑会增强专访的真实性和可读性。

近年来,人物专访出现了一些新变化。由于媒体处理新闻稿的速率加快,以及电视媒体的普及,报纸类专访体已逐渐淡化"现场"、"表情"等视觉要素,而只注重谈话实录了。这样,谈话本身的质量就更显突出。

第七节　特写:记录精彩瞬间

一、特写的概念

所谓特写,本是摄影、电视、电影的一种常用艺术手法,指拍摄人或物的某一部分,使之放大,占据整个画面,形成强烈的视觉效果,以增强艺术表现力。新闻中的"特写",是指用类似于摄影特写的手法,截取人物或事物富有特征的片段和瞬间动态予以放大,鲜明地再现典型人物、事件、场景的一种新闻体裁。它是记者深入新闻事件现场,采写制作的一种新闻价值高、现场感强、篇幅短小精粹的新闻文体。由于其画面感强烈的特点,有人把新闻速写、侧记或视觉新闻也都归在此列。

需要指出的是,特写兼有新闻和文学的特点,是两者"杂交"后的文体种类。但由于它强调新闻性、时效性和真实性,所以更接近于通讯体裁。近年来,有的学者提出应该把特写单列出来,以利其发展。这里,暂时将"特写"放在通讯里介绍,似乎也有点牵强。

与其他通讯相比,特写写作特别要求记者与新闻人物"面对面",或亲临事件现场,展现特定时刻的现场情景。特写一般不详写新闻事实的纵断面,而展示横断面;不写事件始末,而写精彩"瞬间"。打个比方,就像节日里的焰火,只写爆开得最美的一刹那,至于怎么飞上夜空,又怎么熄灭落地,则避而不谈。还可以作一比较,通常新闻报道较多地使用"记叙"手法,借助叙事技巧报道新闻人物或事件,使读者了解新闻的全貌。而特写则侧重于"再现",它往往采用文学手法,集中、突出地描述某一典型人物的神貌和重大事件的某些重要而精彩的场面,从而给读者如临其境、如见其人、如闻其声的真实感受。

特写的类型可以分许多种,主要有三类:一类是以报道新闻人物为主的特写,即人物特写;一类是以报道新闻事件(通常是事件片段或一个典型现场)为主的特写,即事件特写;还有一类是以报道生活趣事、趣闻为主的特写,即趣闻特写。趣闻特写是西方新闻媒体常用的报道形式,它能使严肃的报纸版面增加一点活泼的气氛。

二、特写的特点

特写首先应该是真正意义上的新闻,即报道新近发生、正在发生的事实。它新闻价值高,时效性强,是保鲜度很强的新闻。在这一前提之下,许多消息文体(如动态消息、综合消息)难以容纳的新闻场面、片断、镜头等,就可以构成特写的题材。

那么,特写之"特"表现在哪些方面呢?

1. 特在形象

记者用眼睛来采访,并通过对人物或现场的描写,把生动感人的情景画面栩栩如生地呈现在读者面前,这构成了特写的一个重要特色。这里的描写,是对事件、人物、现场、环境、气氛、感情等,作有力的刻画、渲染和烘托,从而使读者产生身临其境、如见其人的实感。例如,2004年6月18日《中国青年报》发表的、由崔丽采写的人物特写《行刑前的马加爵说:有信念的人才快乐》:

脚上趿着拖鞋,盘着粗重的镣铐。他坐在一把胸前有挡板的椅子上,没有戴手铐,看上去很瘦小,气色不错。

6月15日下午,在云南省昆明市第一看守所,我对行刑前的马加爵进行了独家专访。

知道我是《中国青年报》的记者,专程从北京赶来,他对我笑了一下,涩涩地,然后快速地收敛起笑容,拘谨地陷进椅子里,不再作声。

面对马加爵,我的第一个直观感觉是,他根本不像此前媒体披露的照片中显示的那样一脸凶相,甚至有几分温雅,笑起来,显得很单纯。

与许多人一样,我是带着浓重的谜团来到看守所的。面对马加爵,我心里仍翻腾着无数的问号:他的痛点?他的心结?

与此前媒体刻画的"凶暴"、"狂躁"、"自卑",甚至有些"变态"不同,马加爵显得很平和,认为自己的成长历程中并没有遭受什么重大挫折,相反,他对自己挺满意,挺自信,不自卑,不想封闭自己,还挺真诚。

但随着采访的深入,我还是能感觉到他强烈的自我意识,以自我为中心的价值取向。比如他非常在意自己,从不去想别人的感受,与同学闹矛盾时总是指责对方。从事心理咨询的专业人士称之为"同感性差",即感知别人情感的能力差。

这个认识后来在朱彬彬那里得到印证。朱彬彬是昆明市检察院公诉一处处长,马加爵案的主诉检察官。

她说,"马加爵很聪明,智商很高,但情商非常低。这样的人不知道如何与别人打交道。"

整个采访过程中,马加爵一直保持同一个姿势,双手肘在椅子挡板上,两只手的指甲不停地搓。双腿抖动时,套在脚上的镣铐,会发出脆响。但他会迅速加以克制,让这种声音停止。

马加爵很少与我对视,回答问题时,眼神总是在飘,一会儿看门口,一会儿看窗外。只有在认真想问题时,他会把头沉沉地低下去。

同样,他的语言准确,思维灵敏,但表达有障碍,有些话,埋头憋很久,却找不出恰当的词。如果你与他交流时道出他的心里话,他会显得很兴奋,如释重负。

采访中,最多的场景是沉默。这时,我要做的就是,看着他,等着他慢慢把话说出来。但有些话,他还是说到一半就不说了,会用"不知道"来掩饰。

朱彬彬说,马加爵外表冷漠并不代表他内心冷酷,他只是不知道应该用一种什么表达方式让人们了解他的内心。

据说,马加爵曾与他的姐姐探讨过如何与别人沟通、如何与人打交道,但姐姐也没有说出什么来。案发后,他还曾拨打一个心理咨询热线,但一直没有拨通。正如他自己承认的,如果当时有人能听他说说话,疏导疏导,也许这血腥的一幕真的不会开启。

事实上,马加爵试图用行动来表达什么。采访中,他对受害人的关心越来越主动。几次提到对不起他们的家属,表示谢罪。能感觉到,他是在内心里向这些受害的同学及亲属忏悔。

在看守所的生活,使他开始对自己的大学生活有了反思,令他感悟到人生观、价值观迷失的痛苦。当他说出"有信念的人是快乐的"时,我深感震惊。

只不过,这一切都太迟了。

采访结束,马加爵移开扣在胸前的木椅挡板,起身拖着脚铐向门口走去。这时,他停下,对我说了句"再见"。

今天,马加爵被执行死刑。但追问与反思,不该就此结束。

这篇报道中,最大的"亮点"还在于记者为我们刻画了一个真实的马加爵形象。文中,记者用一种近乎冷峻的观察,准确、客观地描写人物的言行,并试图解开内心翻腾着的无数的疑问:他的痛点?他的心结?记者的心情无疑是沉重的,但提出的问题"有信念的人才快乐"更发人深省、令人深思。

2. 特在精粹

特写兼有文学和新闻之长,又避两者之短,具有短小精粹的特点。它能准确、迅速地抓取某一人物或事件的典型侧面,或最激动人心的"一瞬间",着墨不多,文字简洁,却足以把受众引进新闻现场去看、去听、去思索,可谓简练得当、形象传神、富有情趣。

3. 特别手法

高潮在前的"倒金字塔"式结构是一般新闻文体的基本形式,而特写则打破限制,记者完全可以从报道的需要和报道效果出发,灵活安排文章的结构。其次,特写在语言方面也往往调动各种文学表现手法,再现其境、再现其人、再现其声,或叙述、或描写、或议论、或抒情,交叉并用,从而准确地展现真切、生动的画面。再次,特写能给人以美感,富有修辞之美。例如,享誉西方的《美国新闻佳作集》收录的《光荣属于死难英雄》一文,是美国军方《大兵》周刊记者马里昂·哈格罗夫采写的一篇特写,它描写这样一个事件:一位美国"飞虎队"飞行员的座机被击落,身负重伤,后受到中国农民无微不至的照料。他死后,中国农民按传统方式收殓其遗体,送他"上路"。事情虽简单,却有着震撼人心的力量。在文中,读者可以欣赏到拟人化手法之美,"那架小巧玲珑的美国飞机也负了重伤,它发出阵阵怒吼……它在竭力挣扎,但终于栽到地面上,机身碎裂,机翼和尾翼也都扭曲了。"这一手法的运用,仿佛使人看到"死难英雄"在危难时仍在作努力挣扎,飞机似乎是英雄的化身,它的"顽强"给文章平添了几分悲壮的色彩。

三、特写的写作要义

特写是新闻文体这座"百花园"里的一朵奇葩。我们必须把握它的核心,并相应地调动写作技巧。

1. 随物赋形,适得其所

特写固然感染力强,能吸引读者,但并不是任何题材都适合于它。特写对于报道题材有严格的要求。只有新闻价值高、现场感强的新闻事实才适于运用特写这种报道形式。反之,缺乏时效性和信息量、没有现场感和画面感的事实就不宜使用。即使勉强用了,效果也不一定佳。这就提示我们,运用特写要随物赋形,适得其所,否则就会弄巧成拙。

2. 再现事实，力求生动

记者采写特写，面对的是动态的现场，有意义的精彩镜头，动人的情绪气氛，人物活动的声貌、姿态等，这些都是稍纵即逝的。这就要求记者，一方面应具备敏锐的观察力，善于捕捉有意义的"瞬间"；另一方面，还应具备用语言文字"再现"事实的驾驭能力。

首先，要善抓画面，做到"叙事如画"。在写作中要通过那些有意义、富有表现力的场面和活生生的形象来说话，显示事件的情景和意义。请看新华社北京2008年8月8日奥运特写《中国长卷　世界惊艳》：

今夜，世界聚焦点，是一幅铺陈在中国国家体育场中心的中国写意长卷。

水墨洇开，日月山川，或汪洋恣肆，或灵动轻盈……世界，看到了一个充满文化自信的中国。

历届奥运会开幕式文艺表演，无不淋漓尽致地展现主办国深厚的文化积累。面对有着五千年辉煌灿烂文明的中国，张艺谋和他的团队将如何驾驭？——这一直是全世界的疑问。

依然有长城，依然有兵俑，还有"飞天"、京剧、昆曲、太极……但是，北京奥运会开幕式文艺表演，并不是单纯地堆积中国元素，张艺谋和他的团队，选择了一张巨大的"纸"，向世界呈现一幅中国的长卷、历史的长卷、文明的长卷。

……

《义勇军进行曲》犹自回荡耳畔，古筝悠扬之声响彻全场，一幅巨大纸轴徐徐打开，北京奥运会开幕式文艺表演此时正式开始。画卷流动着历史进程的符号，演员形体仿佛中国的水墨，在白纸上留下优美的图画，墨韵酣畅，洒脱写意。

钢琴家郎朗和一个5岁女孩的钢琴演奏，将人们从文艺表演上篇《灿烂文明》带出，进入下篇《辉煌时代》。古老的画卷在无垠的星光中延展，寓意中国的今天道路更加美丽宽广。

演员们搭成一个"鸟巢"，放飞一只美丽的风筝。寓意天圆地方的太极表演，向世界展示着东方人的哲学理念——人和自然和谐共生。此刻，正在画画的来自五大洲的儿童，将黑白画染成了彩色。

地下的舞台里升起一个巨大的立体"地球"，"鸟巢"碗边屏上，上万张儿童的笑容可亲可爱。场内2008柄小伞上，展露出孩子们的微笑。"同一个世界、同一个梦想"，在此得到完美的展示。

"我和你，心连心，同住地球村。为梦想，千里行，相会在北京。来吧，朋友！伸出你的手，我和你，心连心，永远是一家人！"站在"地球"之巅，刘欢和莎拉·

布莱曼放声高歌,北京奥运会主题歌《我和你》响起来。

演出并未到此结束。当来自奥林匹克运动的发源地希腊的奥运代表团入场时,世界惊奇地发现:运动员把彩色的足迹留在了"纸"上!

在北京奥运会上,无数运动员把自己的足迹留在中国的长卷上。随着越来越多的运动员入场,长卷变成了色彩斑斓的大地。

来自全球的运动员和现场的艺术家以及儿童们共同完成的这幅画,超越了绘画、超越了体育,成为2008年最盛大最感人的行为艺术!

烟花漫天,欢声鼎沸。在这个不眠之夜,中国文化,面向世界完成了五千年来最自信的一次展示!

这篇特写将历史性场面写得有声有色、有情有景,富有立体感、现场感,以至给读者一种看新闻纪录短片般的阅读感受。

其次,要写出人物、事件的特色,做到"特写重点"。没有重点,也就无所谓特写。所以,特写应围绕事物的特征运笔,对那些能反映事物特征的场景要突出地描写,而不能事无巨细、面面俱到地加以描述。

再次,要有细节描写,做到"细中传神"。特写要有声有色地再现现场情景和气氛,主要应通过传神的细节来表现。有特色的细节,能使新闻画面有声有色、情景交融,增强感染力,突出主题表达。例如特写名篇《延安庆祝日本无条件投降》中,有个出色的细节描写:"一个卖瓜果的小贩欢喜得跳起来,把筐子里的桃梨,一枚一枚地向空中抛掷,高呼:'不要钱的胜利果,请大家自由吃呀!'群众报以热烈的掌声。"这一"跳"一"抛"一"呼"一"报"串联起来的细节,顿使新闻神采飞扬,色、香、声、味呼之欲出。反之,如果抽去这一情真意笃的细节描写,新闻将大为逊色。

3. 抓住重点,用笔省俭

特写通常短小精粹,关键是要把特写镜头放在特定的新闻画面上,凸显精彩瞬间,力透一点。反之,描写过于细腻,反成冗笔。这就要求特写的描写务必朴实、简练,多采用白描手法,"留真意,去粉饰,少做作,勿卖弄",用精当的笔墨表达事物的精髓、人物的神采。

第十三章 深度报道写作

要点提示：

深度报道是当今最具活力的报道方式，业已成为新闻媒体新一代主流新闻体裁。本章立足于当代政治、经济和文化发展，阐释深度报道的理念，分析"深度"如何形成，探讨深度报道的叙事结构，并对独立文体和组合文体深度报道的写作技巧予以提示。

第一节 深度报道：新一代主流新闻

一、什么是深度报道

深度报道，在西方新闻学中被称为 In-depth Reporting。我国最初引入"深度报道"一词的新闻学工具书，是 1984 年 3 月浙江人民出版社出版的《新闻学简明词典》，该词典在"西方新闻学术语"类中，对"深度报道"就有比较详尽、系统的阐述：

深度报道(In-depth Reporting)：一种阐明事件因果关系、预测事件发展趋向的报道形式，诞生于本世纪四十年代，是新闻的五个"W"和一个"H"的进一步深入的报道方式。它的主要特点，要在"why"(为什么)和"how"(怎么样)中进一步深化，要求"以今日的事态核对昨日的背景，从而说出明日的意义来"。在"时间"(when)上，不仅要说明现在，还要追溯既往，推测未来；在"地点"(where)上，不仅要报道现场，还要注意到地点的延伸和波及；在"人物"(who)上不仅要采访当事人，凡直接间接有关人员都应采访；在"新闻事实"(what)上，与新闻事实有关的情形与细节都要尽量搜索；在"原因"(why)和"经过"(how)上，不仅说明新闻发生的来龙去脉、前因后果，而且还要分析它的意义，预见事件的发展和影响。

这是一种为对抗电子新闻竞争而发展起来的报道模式。西方记者认为，报纸只有充实版面内容，开拓报道的深度和广度，才有可能胜过广播、电视新闻传播。

这个定义或许还没能充分表达西方"深度报道"的全部内涵，但对于当时我国理论界和新闻业界来说，却是新鲜而富有启发意义的。

相对于客观报道的平面性、片段性和孤立性而言，显然，深度报道具有自身的鲜明特色。随着深度报道实践的探索和总结，人们对它的理解也越来越透辟而深入。我们以为，在诸多关于"深度报道"的定义中，以下几个值得关注：

(1) 杜骏飞、胡翼青在《深度报道原理》中指出：深度报道是"新闻执着于深刻性的一种写作旨趣"。他们还指明，深度报道并不是一种具体的文体，而是一种"思想方法"、"新闻理念"。

(2) 孙玉胜基于电视深度类节目,特别是调查类节目的探索性实践,在《十年》一书中对"深度"理念作了探讨,认为:"深度来源于事实本身。"深度报道是对事实真相的探寻过程。"所谓深度就是对事实的占有,作为记者,你获得的事实越多,你离深度越近。"

(3) 台湾学者沈征郎基于海外媒体较早涉及深度报道的丰富经验,在《实用新闻编采写作》一书中指明,深度报道在传媒运作中体现出整合报道的特征:"基本构架为新闻,再配合记者分头探访的相关新闻,专家与学者的看法,又有列表图片的辅助……这就是即时的深度报道形态。"

(4) 美国哥伦比亚新闻研究生院的教程中,曾提出新闻报道的"三层次"划分理论:第一层报道,是事实性的直截了当的报道。此时,记者会直接援用新闻发布会、新闻公报、声明、法令和各种社会意见等。第二层报道,是发掘事实真相的调查性报道。这里,记者不仅采集事实,还寻找旁证,核实材料,增补事实,并且在报道中渗透记者的见解和思想。第三层报道,是在事实性和调查性报道的基础上所作的解释性和分析性报道。记者将会对事实进行多方面解释和阐明,提供原因、结果、观点、分析、说明诸要素,引导受众深入到事实的本质中去。所谓深度报道,正是在上述第二层、第三层报道基础上形成的,它力图揭示新闻事实要素之间的内在关联,帮助受众在一种"背景化的状态"中更为全面地了解事物的由来与意义。深度报道具有明显的新闻性、调查性、解释性和分析性特点。

(5) 美国哈钦斯委员会在其报告《自由而负责的新闻界》中为"深度报道"所下的定义,我们认为最接近它的本质:"所谓深度报道就是围绕社会发展的现实问题,把新闻事件呈现在一种可以表现其意义的脉络中。"如何理解这个定义,喻国明教授曾作过较为深入的阐发:"深度报道'深'就深在以现实问题的解释分析为核心,为呈'点'状分布的有关新闻事实编织出一个正确地确定其社会位置的经纬度坐标系来。如果说,客观报道的基本要求是'实事',那么,深度报道的本质要求就是'求是'。"〔1〕

二、深度报道的主要特点

与常见的客观报道(主要指消息)比较,深度报道具有自身的鲜明特点,其报道特征可归纳为以下几个方面:

---

〔1〕 喻国明.深度报道:一种结构化的新闻操作方式. // 喻国明.媒介的市场定位.北京:北京广播学院出版社,2000:332 – 337.

1. 深刻的含意

深度报道以挖掘新闻事件的深层原因,揭示社会现象的内在本质,探寻各种现象之间的相互联系,并对现实问题作出深度解析为特色,这就决定了它以"深刻"见长的主要特质。深刻的涵义,总体上体现在两个方面:

一是认识的拓展性。深度报道往往由"点"及"面"、由简单到复杂,拓展着人们的感知和认识。"优秀的深度报道在文本上的深刻往往体现为表现事实的层层深入:从表层拓展向深层;从事件拓展向认知;从事件本身拓展向事件之间的联系、事件与人的联系。这种拓展能够帮助读者在类比、演绎和归纳中获知新闻价值。"[1]

二是思维的开拓性。深度报道之所以不同于一般的消息报道,在于它对"为什么"和"怎么样"这两个社会性要素的深刻挖掘。它往往透过社会问题、现象和事件的表象,力图进行立体的、全方位的深入剖析,展示社会生活中的深层次问题,从而真正达到引导受众思考判断之目的。因此,从新闻思维角度看,深度报道呈现出很强的"追问"色彩,其每一次追问都意味着思维层次和意蕴层次的深化。

2. 开阔的视界

深度报道之"深度",其实是与"广度"相辅相成的,两者互为前提,具有高度的辩证统一性。正如一些研究者指出:没有广度,深度报道就无法基于充分的事实通过层层深入而达到深度;没有深度,广度也就成了泛泛而谈的信息的无用堆砌。深度报道的广度与深度是互为前提的。

在传统新闻学中,所谓新闻报道的主旨深刻,只要发掘出事物的本质意义,在"线性"上反映出认识的深度就可以了,但在深度报道中,这个"深"字,却要放在一个坐标系中来把握。换言之,深度报道之"深",不仅是"点"上的深刻,而且是带有全局性、整体性认识的深刻,具有视野的开阔性和开拓性。

3. 整合的功能

深度报道不同于"一事一报"、"一人一报"、"一时一报",使报道局限于一个比较小的范围和比较浅的层次上;深度报道有着立体和综合的特点,这就要求它是多时、多地、多人、多事的综合展示。同时,深度报道的"构件"要素很多,如事件、背景、图表、照片、说明、意义、分析、前景、时态和各种意见等,要把众多的要素组织起来,仅靠单一的线状结构显然是捉襟见肘了。一般来说,深度报道通常运用统摄性思维,将许多线索整合起来,其结构显得交错复杂,它犹如散而不乱、

---

[1] 杜骏飞,胡翼青.深度报道原理.北京:新华出版社,2001:11.

错落有致的园林布局,最终指向一定的意义。

网络传播将报纸、广播、电视等优势融于一体,以即时性、集束性、互动性、参与性和个性化的新颖方式,开辟了深度报道的新的报道形式。这种媒介整合带来的报道方式的转变,已经给各种传媒提供了许多有益经验,某种程度上还引发了新闻观念的剧烈变化。

4. 延展的时态

深度报道在空间意义上呈现出开阔性,而在时间线索上则体现出一种过程性,或者说延展性。这种延展,应该说是必然的,因为深度报道"以今日的事态核对昨日的背景,从而说出明日的意义来",就必然要求以"现在"为原点,追溯既往,推测未来,时间上的过程性十分明显;如果从新闻事件发展看,它一般也具有时间上的延展性:或则数天、数周,或则数年之久,在事态变化发展过程中,新闻事实都可能因本身的嬗变和外力影响,构成追踪报道的契机,从而使系列报道、连续报道成为可能。因此,无论从深度报道的本体特征,还是报道对象的动态发展看,延展性无疑都构成了深度报道的重要特点。

第二节 "深度"是怎样形成的

讨论深度报道的写作要旨,必须从如何开掘"深度"开始。本节将主要以调查性深度报道为例,着重从操作层面切入,进一步解析新闻如何挖掘深度的技术问题。

一、发掘事实的深度

在所有关于"深度"的认识中,有一个表述最具有实践指导意义:深度主要来源于事实本身。对这句话,原央视新闻中心主任、多年参与策划电视深度报道节目的孙玉胜有着深切认识:"挖掘深度的方向不是唯一的,但无论节目制作者选择了什么样的方向来寻求节目所要达到的目标深度,都必须首先寻求支撑这个深度的事实与证据。所谓深度就是对事实的占有,作为记者,你获得事实越多,你离深度越近。"[1]

---

[1] 孙玉胜.十年——从改变电视的语态开始.北京:三联书店,2003:93.

深度来源于事实,这个见解似乎有违许多人对深度报道的看法:深度难道不是来自于记者的评论吗?如何认识"述"与"评"的关系?孙玉胜的一个基本理解是:"深度不是艰深的话语和生涩的表达,而是最终由观众来感受的深刻。"也就是说,所谓深度,不是或不主要是因为记者所发表的对事实的深刻见解,而是深在以事实的讲述和事实中疑问的解开为核心,并由此引导受众进入到一种深度中去。

"深度来源于事实",可以从两方面解读:首先,需要准确理解"事实"。事实具有不同的分量品位,有的事实简朴而单一,因而一般仅可作资讯报道(纯新闻)。但另一类事实意义重大、影响深远,具有历时性和延展度,具有开掘和拓展的潜力,本身就呈现出意犹未尽的"深度",有深入报道的可能。其次,需要正确理解"事实"与"报道"的关系。报道是对事实的涵化,"新闻事实一旦被报道,其表现形式不再是生活原型的事实,把关人把某些因素加工到新闻中去,使新闻被涵化了。"[1]深度报道的涵化方式有多种类型,如深刻的评论、为事实建构背景、多向性的解释、巧妙的叙事等等,但所有这些涵化方式与报道手段,都取决于"事实"本身的意态。有丰富内蕴和意态的"事实"是深度报道赖以展开的基础,是构成"深度"的本源,因而具有决定性意义。

这里不妨以一个舆论监督类节目为例,说明事实本身所能呈现的深度。1998年国家出台粮食流通体制改革的重要举措,党中央、国务院对此非常重视。5月22日,朱镕基总理前往安徽省南陵县视察时,在鹅岭粮站看到了粮食满仓的情景。但朱总理离开不久,就有群众来信反映,朱总理在鹅岭粮站看到的满仓粮食是当地政府从其他地方临时调到鹅岭粮站,专门给总理看的。显然,这是严重的欺上瞒下、弄虚作假行为。

面对这一"事实",不同的记者会有不同的处理方式,譬如,把记者的观点加进事实中,用理性的语言直白地作出结论。但是,新闻客观性的法则告诉我们,这不是理想的方式,因为"新闻涵化的实质是指记者如何表现新闻的客观存在并客观地表现记者对事实的理解,运用话语、编排、摄录技巧或事实的取舍来达到这一目的"[2]。1998年11月12日《焦点访谈》披露这一事件,就避开了传统的电视评论从概念到概念的论证,而是通过事实的演绎过程(即记者的深入调查过程),用事实涵化事实,最后得出符合事实本质的结论,使观众获得了深刻认知。不妨看一遍《粮食"满仓"的真相》是怎样用一组"事实链"的展示来完成论证的:

---

[1] 刘建明.当代新闻学原理.北京:清华大学出版社,2003:153.
[2] 刘建明.当代新闻学原理.北京:清华大学出版社,2003:160.

（1）鹅岭粮站拥有2000吨库容，那么，在没有从其他粮站调粮之前，这家粮站到底存有多少粮食呢？他们又从其他粮库调了多少粮食到鹅岭粮站呢？（答案：6号仓有652吨散装粮食，从外面共调粮1031吨。）

（2）1000多吨粮食是在上级领导来到南陵的前五天之内紧急调运的。这些粮食在鹅岭粮库放了多长时间呢？（答案：20天。）

（3）南陵为何劳神费力调粮充库？（答案：南陵粮食局副局长杨赤峰的说法是，既然来看粮食，仓里的粮食应该是满的。因为南陵是个产粮大县，如果没有粮食，觉得丢人。）

（4）仅仅为了顾全脸面吗？作为产粮大县，如果把该收的粮收上来，是不会出现空仓的情况的，南陵县的粮食收购工作做得怎样呢？（答案：南陵粮食局局长张厚发的回答，定购粮数量比较少，去年的定购粮只完成50%。）

（5）责任人如何看待问题？（答案：鹅岭粮站的粮食欠缺一点，做了一点小包装，在名誉上、经济上也没有给国家造成什么损失，也不存在欺上瞒下的问题。）

（6）真的没有造成任何损失吗？（答案：调粮的费用共十几万元。同时，群众认为，把其他粮库的粮集中到一个粮库，让国家领导人看，产生国家粮食库存很多的错觉，也影响市场的宏观调控等。）

节目中6个环节丝丝相扣，记者通过层层剥笋般的调查，将一道道黑幕揭开。这种顺藤摸瓜、由表及里的事实演绎过程本身就是缜密的论证。用《焦点访谈》总制片人袁正明的话说，这种演绎性论证已完成三个过程："记者发现采访事实的过程，记者梳理展现事实的过程和观众认知读解事实的过程。"[1]显然，由于记者的认识与有力的事实结合起来，监督类节目的力量得到了充分展现。

从新闻传播的规律看，利用事实表达来达到理性深度，是实现有效传播的高境界。深度来源于事实以及对它的开掘，应该被看作是追求深度的基本操作理念。

二、追问事实的本质

"事实"是一种客观的社会存在，或明或暗地摆在人们的面前。当记者通过艰苦的采访，获得了比较丰厚的材料后，如何陈述事实就成为一种考验。一般来说，平面地罗列事实，并不能获得"深度"，只能给人以浮泛的印象，反之如果在"问题意识"的牵引下，不断地追问事实的本质，那么那种理性的力量就会叩开

---

[1] 袁正明,梁建增.用事实说话——中国电视焦点节目透视.上海:上海人民出版社,2000:156.

"深度"之门。

什么是"问题意识"？不同学科背景的研究者可能会给出不同的答案。从认识论角度看，问题意识是构成一切创造性思维活动的开端，是对事物的本来面目或本真意义的不断追问。在思维方式上，问题意识一般由一连串"为什么"牵引，引导人们深入发问、质疑、辩驳、探寻，最终找到问题的答案或予以证伪。

我们知道，深度报道的题材，通常来自于社会生活中的"非常"事件、现象或问题。大致搜寻过程是，记者因敏感于生活中的现象，在新闻价值判断的前提下而触发采访动机；因深入发现，而不断质疑和发问；因"问题"的牵引，而步步逼近最终结论。也许没有结论，那么这个过程也为探寻掩藏巨大悬念的"金字塔"之门作出了努力。

由此不难看出，深度报道的思维过程，始终回旋着"问题意识"，或者说"是从疑问进入，从质疑的态度进入的"[1]。对此，杜骏飞、胡翼青在《深度报道原理》中认为，新闻事实不仅仅是具体的新闻事件本身，更重要的是新闻事件与社会、新闻事件与人的关系，"深度报道的指向是社会关系的总和"。他们在书中提出了一个新的新闻接近事实的基础追问：

发生了什么事件？（What happened?）

谁对这件事负责？（Who was responsible?）

他们为什么做这件事？（Why did they do it?）

是什么促使他们做这件事？（What impelled them?）

在这些基础性追问中，当涉及的问题从事件发生发展到原因追寻的时候，报道已经在走向深刻。而当记者对原因的追寻不仅仅停留在当事人的个体原因（他们为什么这样做），而且更关注导致当事人动机的动因和环境因素（是什么使他们这么做），追问已经不仅仅是在追究单体的事件，而是在追究关系，追究这一事件与其他事件的关联——至此，"背景"这个因素便被引入了报道中。应该认识到，"事实"、"原因"、"关系"、"背景"这些元素与报道的深度是不可分割的。

我们可以继续探寻一个问题：如何通过"质疑"、"追问"来获得深度？又如何表现深度？《焦点访谈》的新闻人已经在实践中触及了这个方法论层面上的问题，以央视《焦点访谈》播出的节目《追踪矿难瞒报真相》为例：2002年12月上旬以来，《焦点访谈》不断接到观众来电，反映12月2日上午，山西临汾尧都区的阳泉沟煤矿发生了一起很严重的瓦斯爆炸。事故发生后，当地一些人没有如实向社会公布死亡人数，而且既不让新闻单位介入，也不让死者家属相互接触，其

---

[1] 孙玉胜.十年——从改变电视的语态开始.北京：三联书店 2003：101.

中也许存在严重的瞒报现象。记者曲长缨找到当地安监部门的负责人,了解到这次事故发生的原因是矿主违反规定,没有安排专人监测瓦斯和打开井下风扇。至此似乎结论已经形成了,然而曲长缨没有轻信表面的证据,没有让那些显而易见的表面事实给轻而易举地糊弄过去,而是更加深入、细致地进行调查和挖掘,一直在四处搜寻和打听,终于一桩触目惊心的矿难瞒报事件逐渐由模糊走向清晰。

需要交代的是,深度报道的问题意识贯穿于报道的全过程,并非仅从写作或编辑阶段发端,而是在采访过程中就开始了,但应该说,所有"问题"得到最终落实和解答,并且通过表达而定型,则只能在最后的写作(制作)、编辑阶段。因此,深度报道的写作(制作)和编辑,首要的工作是让采访阶段形成的一连串"问题"得以重新盘点,通过提供翔实的"事实"、"原因"、"关系"、"背景"等要素,逐渐组成一个建构性的话语系统。

仍以上述例子来分析,就需要进一步设问:如何在"问题意识"引导下,建构深度报道表述系统?

(1)提供"问题"菜单。这里分"浅表问题"和"深度问题"。浅表问题:矿难中到底死亡多少人?谁在瞒报和撒谎?如果那些报告结论中有人作假,证据是什么?为什么那么多的人为谎言做注解、为矿主打掩护?由此进而思考"深度问题":到底是谁策划了这起瞒报事件?是谁为这起矿难的瞒报出钱消灾?是谁偷偷安排了遇难矿工的火化?为什么层层的监管部门视而不见?为什么一个漏洞百出的死亡名单会得到有关部门的认可和采用?为什么矿主对矿工生命敷衍和轻率的行为会失去监管?为什么矿主的"恶性牟利"能为所欲为、一路绿灯?等等。

(2)展现追问过程。展现过程,就是围绕"问题"菜单进行更为深入的采访,提供翔实的证据和细节,把一个个生动、有力的画面展示出来。在上例中,记者曲长缨带着对死亡者"名字"的关注,在矿难现场找到"血证":在一个破旧的工棚里的杂物堆中捡到了一个身份证,名字不在名单上;在黑乎乎的矿工宿舍的床下捡到了一个破破烂烂的通讯录,通讯录主人的名字不在死亡名单上;还有路过矿区时一个过路人念叨出来的几个死难矿工的名字,也是死亡名单上所没有的。记者还顺藤摸瓜,找到了通讯录的主人家中,看到了一位死难者的哀伤的父母,死者父母亲口证实:他们的儿子死于"12·2"矿难。记者还找到了另一名不在死亡名单上的矿工的家人,了解到矿主恐吓死者家属,连哄带吓最后"私了"的全过程,等等。

(3)给出问题答案。质疑与追问,归根到底是为了呈现出事实真相,解开受众心中的疑窦,从而完成论证,得出令人信服的结论。上述最后一个问题:为什么矿主的"恶性牟利"会为所欲为、一路绿灯?节目以强有力的证据表明:矿主的为所欲为、"恶性牟利",其背后原来还有监管部门的责任——不仅仅是失职,而是官商勾结、权钱交易。[1]

三、建构事实的背景

说起"背景",人们通常以为:背景能够解惑释疑,开人眼界,从而引导报道的深度和方向。对此似乎没有什么异议。但是在以往的理解中,人们通常把"背景"与"事实"看作两回事,是有着不同性质和功能的报道"元素"。例如喻国明在《深度报道:一种结构化的新闻操作方式》一文中,是明确把"事实"与"背景"加以区分的,认为:"提供有关的历史背景资料,用来解释正在发生的新闻事实的来龙去脉,交代与它有关的事实之间的因果关系,有助于受众更清楚地认识事物的真相和本质,把握事态发展的基本走向。"显然,他是将"背景"看作用来"解释"事实的一种历史性资料。从事深度报道的媒体记者则更明确地提出:"背景是事实的一个组成部分,它是事实间的关系,是事实存在的那个环境,是粘在事实后面的东西,是更多的事实。"[2]这里不难看出,深度报道对"新闻背景"的理解,与客观报道的解释是存在差别的。

因此,在深度报道中,人们不妨把"背景"看作是更深层次上的事实,或者说是从四面八方粘贴在事实上的那些相关事实,如一份简历、一些知识性说明、一串数据、一种社会反应等。这里以央视 2003 年 11 月 10 日《经济半小时》播出的《衡阳大火"烧"出违章楼》为例说明,节目中有这样一段话:湖南省消防总队一位不愿透露姓名的指挥官曾经在火灾现场对记者说,凭他 30 多年消防工作经验来判断,这栋大楼一定存在严重质量问题,否则不会在这么短的时间内坍塌。那么,这幢夺去消防官兵生命的大楼到底是一栋什么样的建筑呢?节目提供了这样两个"背景":

在衡阳,永兴集团是一家知名度很高的民营房地产企业,董事长李文革是湖南省人大代表。永兴集团曾经开发过包括家具城、酒楼、商住楼在内的多种房地产项目。11 月 3 日清晨,大楼坍塌的时候,永兴集团副董事长戴健平就在事故现场……

在衡州大厦的项目申报材料中,这座大楼申报的建筑面积是 5809.56 平方米,高度是 6 层,但是在 1998 年 3 月 4 日的商品房预售许可证当中,这个大厦的

---

[1] 孙玉胜.十年——从改变电视的语态开始.北京:三联书店,2003:94-99.
[2] 孙玉胜.十年——从改变电视的语态开始.北京:三联书店,2003:103.

面积成了9300平方米,至于高度,我们在这栋大厦的残缺部分,仍然可以数清楚,一共是8层。建筑面积多了3500平方米,高度增加了2层,永兴集团副董事长戴健平向我们透露了其中的秘密……

上述介绍,确实是背景,但在整个节目中又是不可缺少的关键事实:前者引出的是,这样一家实力雄厚的房地产企业却在大厦施工时"还没有取得建筑的资质";后者则更是直接引发衡州大厦坍塌的重要证据。而且,这两个背景都粘连着一串新的事实,引导了报道往深度方向拓展。

为什么背景的阐述会把报道引向深度方向?我们认为,"背景"在深度报道中,往往是构成"浅表事实"和"深度事实"的交接界面,它相当于考古作业中用于鉴定"断代层"的一个层面,透过它的挖掘,可以进入更深的信息层次。而且,深度报道作为一种结构性思维,不是抛开其原有的关于事物的整体认识去简单地"就事论事",而总是将个别事物置于事物整体的认识结构和认识框架之下进行定位、"释义"和理解的。因此,背景实质上构成了深度报道中"上下文联系"的焊接"节点"。

第三节 深度报道的叙事结构

叙事学认为,结构即信息,是一种"召唤性的呈示"。对于叙事的新闻文本来说,文本的结构就是叙述方式的综合。

荷兰著名学者梵·迪克(Van Dijk)是当今话语分析学的代表人物,他在分析了以解释性报道为代表的新闻文本之后,总结出了一种树形的"新闻图式结构":

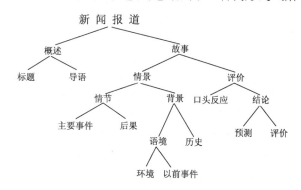

假设性新闻图式结构图

这个"假设性新闻图式结构图",指明了深度报道文本中新闻话语的各种形式,以及各叙述要素的等级顺序。至于如何展开叙事,记者则应在统摄性思维指导下,根据新闻内容和报道策略,相应地组织、调度各要素,形成一种召唤性的文本结构。《南方周末》一位资深记者在总结其报道经验时,指出深度报道的叙事结构是一种"菱形结构",即两头小中间大的报道结构。这种文本结构一般以如下方式展开:

1. 新闻的开头

深度报道文本的开头,有一套独特的陈述法。这里以《南方周末》(2003年8月14日)发表的深度报道《司法酝酿重大变革》为例加以说明,其开头写道:

7月,北京的正义路除了最高人民法院正在进行修缮施工,一切看上去还是老样子……

7月22日,最高人民法院邀请众多知名法学者前来商讨改革,"气氛坦然"。一位与会者说,谈到一些关键改革时,"我甚至忍不住站起来,面对三位副院长说,这个问题如果不改,将愧对国家,愧对人民!"

在深度报道中,记者通常以新闻故事、情节、细节、对话、当事人的直接引语为引子,尽量避免以事件的大框架、总体描述为开始,其目的是为了吸引受众进入事件之中。

2. 新闻的展开

这里是新闻的主体部分,是陈述的重点,将详细报道记者的调查过程、嵌入背景资料、描述总体状况、阐发意义等,引导读者进入到问题的实质中去。这里还是"事实论证"的中心,将全面报道当事人的完整叙述、矛盾双方观点陈述、中立者评价、旁观者见闻、专家学者意见、文件资料征引等。

(1) 背景的引用。

结构主义叙事学非常重视"语境"的功能,认为任何事件只有被置于一定的语境之中,才能生成意义,从而为读者所接受和领悟。深度报道经常提供背景,不仅使人们清楚现实事件的历史缘由,而且扩大了叙述的语境,由此一些事件的重要性或严重性就显示出来。叙事过程中,语境是由叙事者创造出来的,而背景的运用恰恰是有效扩展语境的方式之一。深度报道强调"把新闻事件置于一定意义的脉络之中",因此它对于新闻背景的依赖是远远超过其他任何新闻文体的。仍以《司法酝酿重大变革》为例,为说明司法体制改革必须进行,报道引用了大量背景资料,如"杨志杰被超期关押12年案"、"仅有小学文化的山西某县'三盲'姚小红当法院院长"、"同样只有小学文化的陕西某县'舞女法官'王爱茹当法官"、"日本的司法改革经验"等,都增加了人们对"变革"必要性的全面认识,并且也扩展了文本的意义。

(2)话语的引述。

引语的运用是新闻报道的基本手法之一。它不仅可以增强报道的客观性,揭示意义,而且对于叙述来讲,还显示了"在直接引用和大意转述之间建立一种巧妙的节奏,从而增加全文的变化"的功能。采访对象的话语引用既是"变笔"的开始,也是叙述节奏转换的"节点":

实务部门在司法改革中表现出了极大的热情,但学界对此普遍表现出适度的担忧。他们认为,司法机关自己拿方案搞司法改革,不可能做到超然和中立。

中国人民大学教授陈卫东认为这样的改革必须检讨,他说,迄今为止,我们所看到的司法改革仍然是司法机关"自身内部"的事情。

他认为,"囿于自身的地位和权力,对于涉及其他国家机关的组织体制、权力配置等全局性的司法制度问题,法检两家在各自制定的改革目标中则根本没有涉及。"

中国人民大学法学教授杨立新也认为以往的司法改革"缺少一个统一的灵魂","法院搞一套,检察院也搞一套,司法行政部门又搞一套。各项改革措施各不衔接,相互矛盾。"

这段文字,记者陈述和直接引述相互搭配,互文穿插,是"变笔"的妙用;同时,专家的评论强有力地支撑着记者的观点,并更为权威地点明了问题危害的实质。

(3)多层面透视。

在文本结构中,"语义"在不同叙述层面是可以逐层分析的,原因是叙事本身是从一个事件的多层面切入,已经布下了每一层次的"意蕴"。我们知道,深度报道之"深",其一个特征是深在把事实置于不同的背景层面上,进行步步深入的主题开掘,从而在满足人们"事实信息"、"意见信息"和"情感信息"的同时,获得一种总体性的认知。一般来说,多层面的透视会形成多个"次主题",这些"次主题"构成逻辑性的"意义脉络",最终指向全文的总主题。例如《司法酝酿重大变革》,记者首先以"不平静的北京正义路"(即"有关司法体制改革的讨论")作为引子,然后展开逐层透析,引出以下几个意义群落:① 不改行不行? ② 改革如何进行? ③ 日本经验;④ 改革指向。这里,每一个层面都构成一个独立的部分,并呈现出很明显的逻辑关系。

3. 新闻的结尾

有力的或意味深长的结尾,对于深度报道来说十分重要。深度报道特别讲求首尾的连贯性,"它要求如果报道从某位人物写起,就一定要以这个人物收尾,如果报道以一个戏剧性的场景开场,结尾也一定要回到这段场景中,使受众在对一个具体的人物或场景的感受中,再次回味大问题。"[1]《司法酝酿重大变革》的结尾是这样完成的:

据透露,以上的部分建议已经被有关部门吸纳,"一些已经铁板钉钉,一些已经开始筹备"。乐观者认为,司法改革注定是一个漫长的过程,它必然是有计划、有节奏的渐进过程。一位学者用圣经上的话表达他对司法改革的耐心——"那门是窄的,那路是长的。"

这个结尾,一方面再次对报道事实给予说明,另一方面又饶有意味地"点"出了司法改革的艰难。我们说这样的结尾照顾到了叙述的完整性,是一个有力而得体的结尾。

第四节 独立文体的深度报道写作

独立文体的深度报道主要包括调查性报道、解释性报道和预测性报道。这里按照这三种深度报道的不同特征,着力探讨其思维方式和文本结构模式。

一、调查性报道的写作

何谓调查性报道?许多学者曾经从不同的角度作过不同的解释。日本新闻学者武市英雄着眼于"本体"研究,比较周详地指出:调查性报道的题材,是今天、当下的,是在日常生活中被遮蔽、被忽略的事实真相,即使它被片段地报道过,也还没有从正面深入地发掘。调查性报道是彻底地调查或探查,同时又是地道、科学、详细而公正地调查。调查性报道的表现手法与传统的客观报道不同,它一开始就亮出报道者的态度。一般认为,作为满足媒介职能和公众权利的一种重要新闻样式,调查性报道的主要职责是进行舆论监督,行使所谓"第四种权力"。

---

[1] 喻国明. 深度报道:一种结构化的新闻操作方式. // 喻国明. 媒介的市场定位. 北京:北京广播学院出版社,2000:332-337.

概括地说,与一般新闻报道比较,调查性报道具有以下几个特征:首先,从报道的诉求看,一般报道主要关心的是孤立的、公开的事件或资讯,而调查性报道则注重揭露和挖掘潜藏在公众日常谈论中的新闻事件,并且深入追问被各种社会和认识因素遮蔽着的真相。因此,我国学者甘惜分先生在《新闻学大辞典》中,将调查性报道定义为"一种以较为系统、深入地揭露问题为主旨的报道形式",这是不无道理的。其次,从报道业态看,一般新闻报道往往受制和听命于突发性新闻事件,强调记者应在第一时间赶赴现场,以最快的速度公之于众,而调查性报道则侧重揭开鲜为人知的内幕,记者的主体性更强,难度更大,而对时效的要求相对宽松。再次,从思维方式看,一般报道的思维状态比较简单,是具体、微观的,而调查性报道却需要调动宏观的、联系的、立体的思维方法,内在机制更为复杂。

历史地看,调查性报道发端于美国新闻史上的两次"揭丑浪潮":一次是 19 世纪末 20 世纪初,另一次是 20 世纪 60—70 年代。[1]最初的"揭丑"报道,通常是针对某人某事进行的"单项揭丑式",也称"传统揭丑式"报道,后来许多记者已认识到,对于腐败和不法行为的产生,不能仅从个人品行、操守方面分析,许多问题与社会体制存在的弊端有关,也就是说应该从宏观层面加以分析和批判。由此调查性报道又裂变出另一类针对某一方面存在的问题而进行的"综合分析式",也称"新型调查式"报道。但不管哪一类,"揭露丑闻"和"揭示真相"仍是调查性报道的基本品格,这业已构成人们认识它的一种标识。

调查性报道是对新闻事件的"本真"揭示,也是一种叙事。按照麦茨的看法,叙事的功能之一在于根据时间架构(即故事时间)创造另一种时间架构(叙事时间),从故事时间开始,经叙事时间的转化,最终完成于阅读时间。调查性报道的构图就像一张图画凝聚了叙事的内容,时间减缩了,叙事时间就成了故事时间的纯粹压缩版。这个观点说明,调查性报道最终呈现的时间,是实际调查时间的遵循,同时又是它的精华压缩,读者按照叙事时间中凝聚的内容,最终完成自己的阅读。

一般来说,调查性报道的叙事时间按照记者调查的过程展开,而且这个调查过程还构成了节目或文本的"现在进行时态"。这种现在进行时态的表现,形成了节目或文本的结构主线,往往使人们忽略了阅读时态与故事时态的界限。以《新闻调查》中的《公交能否优先》为例,记者白岩松通过对北京市 103 路电车的沿线调查采访,把涉及"公交优先"方方面面的问题逐一展现开来。103 路电车

---

[1] 刘明华.西方新闻采访与写作.北京:中国人民大学出版社,1993:103.

所经路线好比是一条长长的"藤",记者顺"藤"摸"瓜",把大大小小的"瓜"一一摸了出来。通过双机拍摄把事实本身的过程、记者亲历调查的过程和观众感受的过程统一起来,形成了清晰的"进行时态",产生了近似直播的观看效果。

调查性报道的"着力点"在于追查和破解,即通过调查,揭开层层内幕,洞穿被权力、社会关系乃至集体无意识遮蔽的"本真",把一个真实、真相和真理还原给人们。在这个"追查"和"破解"过程中,一种追问式的逻辑推理结构也就逐渐呈现出来了。最典型的莫过于《华盛顿邮报》两位记者于1972年6月18日开始,历时22个月的关于"水门事件"的报道,这个历尽艰难的调查过程如同侦探破案,打破层层阻挠,最终巧释玄机,呈现出一种西方侦探小说般的叙事结构和阅读神会。不妨说,调查性报道的结构模式本质上就是一种强有力的逻辑推理(追问)结构。

调查性报道的写作要旨是:① 从疑问进入,从质疑的态度进入,展现追问过程,给出问题答案,并完成论证;② 把关键性追问作为"子标题";③ 提供强有力的证据和细节。

二、解释性报道的写作

什么是解释性报道?中外学者有着众多的说法。美国新闻学者卡尔·林兹特诺姆认为:"所谓解释性报道,就是在报道新闻事件中补充新的事实,即'历史性的、环境性的、简历性的、数据性的、反映性的'事实,这样就能使正在发生的新闻事件更加明白易懂。"[1]我国新闻学者李良荣在《西方新闻事业概论》一书中则认为:"所谓解释性报道,就是运用背景材料来分析一个新闻事件发生的原因与意义,或影响,或预示发展趋势的一种新闻报道。"概括起来,大致可以这样理解:解释性报道是一种有深度的报道,它通过大量使用背景材料,揭示引发新闻事件的各种因素和深层意义,主要是一种分析性报道。

翻开美国的报纸,从体裁上看,解释性报道占了大部分报纸版面。一些著名的大报,像《纽约时报》、《华盛顿邮报》、《洛杉矶时报》等,解释性报道几乎占了70%以上的版面。1978年版《世界大百科》把解释性报道的增加列为20世纪美国新闻事业发展的一大趋势。而在西方其他国家,如英国、法国、日本,解释性报道一般也占据50%左右的报纸版面。日本学者新井直之曾经预言:"今后的报纸,解说的重要性将日益增加。如果说,报业史的第一阶段是'政论报纸'的时

---

[1] 刘明华.西方新闻采访与写作.北京:中国人民大学出版社,1993:81.

代,第二阶段是'报道报纸'的时代,那么,今后即将到来的第三个阶段就可能是'解说报纸'的时代。"[1]因此,西方一些新闻学者把解释性报道的崛起看作是新闻写作的"第三次革命"。

在我国,解释性报道也以"新闻述评"、"新闻综述"、"新闻分析"、"观察与思考"等名称与栏目出现。这本身无可厚非。但问题是我们的一些媒介或记者经常将"解释"与"评论"混为一谈,这就有悖于解释性报道的本质了。确实,任何报道都会表达记者对问题或事件的看法,"纯客观"是没有的。解释性报道既然要对事实作出分析解释,无疑会带有主观评论色彩。但是作为一种报道方式,严格地说,它应该把议论隐藏于叙事之中,尽量把意见贯穿于背景和事实中,而不直接站出来说话,也就是说应该把"解释"与"评论"划清界限。对此,《纽约时报》前星期刊主编马凯有一个形象说法:"事实是看到的,解释是已知的,而意见则是感到的。"他还引用三个句子表达了新闻(客观报道)、解释与评论之间的区别:

报道苏俄正在发动一次和平攻势,这是新闻;
说明苏俄为什么在这个时候让和平之鸽唧唧咕咕地叫,这是解释;
表示对任何苏俄的和平试探都应加以拒绝,这是意见。[2]

因此,解释性报道属于深度新闻范畴,而非主观解释性的评论。其真正涵义是对事件作出合乎情理的解释——把每一项重大事件放在特定的社会背景、各种事物的关联中去分析其产生的原因、社会影响、后果。这才是对"解释性报道"的最好诠释。

解释性报道很典型地具有一种结构化的思维方式。其图示结构可以表达为:事实层次(发生的事件)→背景层次(历史材料、数据、社会意见等)→意义层次(主客观统一的认识)。也就是在事实的牵引下,提供各种注释性材料,由此引导受众进入更深入的思考中。

喻国明教授总结了西方以解释性报道为代表的深度报道实践,认为"聚焦法"是一种特别适合于深度报道的叙述结构方式。这种结构模式的写作要旨是:① 设计导语:运用一个与报道主题相关的最为典型的人物或事件的"白描"作为开头。它可以是一段感人的情节,也可以是某人的独白或引语。其任务是提供一个生动的人物或场景,激发受众的阅读兴趣。② 过渡到主题。首先,设

---
[1] 和田洋一. 新闻学概论. 北京: 中国新闻出版社,1985:70.
[2] 李茂政. 当代新闻学. 台北: 正中书局,1987: 241.

法将个人的遭遇或经历与一个宏观或中观性的社会问题之间建立起某种联系,然后点出报道的主旨,使报道顺畅地由个人问题的描述转换到对大问题的考察分析上去。③ 发展主题。即对大问题展开报道和分析,多层面地观照和透视主题,使主题得以全方位地展现。④ 有力的或意味深长的结尾。这是采用聚焦法进行报道的一个特色。聚焦法特别讲求首尾的连贯性,它要求如果报道从某位人物写起,就一定要以这个人物收尾,如果报道以一个戏剧性的场景开场,结尾也一定要回到这段场景中,使受众在对一个具体的人物或场景的感受中,再次回味大问题。[1]

"聚焦法"从一个角度揭示:以解释性报道为代表的深度报道,其"深"就深在"聚焦点"在意义层次上有深度,以及透析的面有立体纵深感。它透过事实层次,进入宏观或中观性的社会问题,由此转换到大问题的透视和分析上去,从而呈现出"以现实问题的解释分析为核心,为呈'点'状分布的有关新闻事实编织出一个正确地确定其社会位置的经纬度坐标系来"的深度理念。它站在全局高度,聚焦主题,用透视的方法,形象、立体并完整地反映现实,而不是支离破碎地描述社会;它用多角度的透视,全方位切入重大问题,使受众对报道内容获得全面、深入的认知和把握。这从理论上说明,解释性报道本质上是一种结构化的透视性思维模式。

三、预测性报道的写作

预测是人类的一种古老活动。伴随人类的智力觉醒,人们很早就对自然界的变动、国家大事、战争胜负以及人生命运等,进行着多方面的预测,乐此不疲。新闻传播作为社会生活的反映,也同预测结下不解之缘,例如两次海湾战争爆发、"9·11"事件和恐怖主义活动、世界经济盛衰走向……对这些有关人类生存、和平与发展的重大问题,新闻媒介都作过大量预测。可以说,预测性报道正在对人们的未来生活产生重要影响。

美国《预测原理》一书称:"预测是指对不确定的或不知道的事件作出叙述。在多数情况下,这些事件都是未来事件。"[2] 据此,"预测性报道"可以定义为:是对将会发生而尚未发生的事实所作的前瞻性报道,它着重对新闻事实的发展变化趋势或前景进行科学预测,其价值取向表现为准确性、科学性和权威性。

---

[1] 喻国明.深度报道:一种结构化的新闻操作方式.//喻国明.媒介的市场定位.北京:北京广播学院出版社,2000:332-337.
[2] 威廉·格·沙里文.预测未来.北京:中国展望出版社,1984:1.

预测性报道和预告性报道有联系也有区别,两者的共同点是"预先报道",区别在于:前者是"测",即通过对新闻"生长点"的分析、推理,以前瞻性思维预测事物发展的动向和前景;后者是"告",即预先报道即将发生的新闻。预测性新闻和预告性新闻有许多交叉的领域,比如有些报道往往是预告中有预测,预测后即预告,很难将两者截然分开。

预测性报道以理性、前瞻的眼光,向读者或受众提示、分析"明日生活",不仅强化了新闻的时效性,而且对社会舆论和社会心态能起到导向作用。同时我们还看到,在当今社会"个体生存"因素越来越受到关注的情况下,人们对社会生活的未来走向、事物发展的"将来态"有更多的期待,因此以"明日生活提示"为自身特色的预测性新闻自然会赢得更多读者的青睐。据中国未来研究会提供的情况,近30年来未来研究的主要领域集中在以下几个方面:① 社会预测,② 经济预测,③ 科学技术预测,④ 军事预测,⑤ 政治预测,⑥ 生态环境预测。此外,体育赛事分析、时尚流行趋势提示、天气预报等,也是深受欢迎的预测。现代新闻发展的趋向表明:媒介对那些未来可能成为大问题的潜在性主题,尽早接近,与受众共同思考,这种预见性姿态对报道来说是不可或缺的。

预测性报道属于未来学,但它不能割裂与"昨天"和"今天"的联系,同时又面向"未来"。因此在预测过程中,有三种意识是不可忽略的:

首先是历史意识,主要表现为对历史递嬗规律的把握。以经济预测报道为例,就不能不告诉人们:经济增长是波浪式的,从一个波峰到下一个波峰不断循环,每个周期都经历衰退、大量投资、繁荣、建设过剩到混乱,再到衰退,每次循环大约需20~25年时间。新闻传媒应认识到这样一个周期,反映并预告经济循环中每个阶段的状况和发展方向。

其次,提供价值判断的意识。任何预测,本质上都有一个理论预设,也就是判断未来的理论依据,如果没有这种价值判断,那么所谓预测在很大程度上只是臆测或信口开河。同样以经济预测报道为例,就必须确立一个基本判断:世界正处于结构性的变革之中,这是一场新的社会转型。它主要包括两个层次,一是社会生产力的质变,形成一场新的技术革命和产业革命;二是利益格局和生活方式的演进,以及社会管理方式的改变。新闻传媒分析这一变革,要看到它不仅局限于生产领域,仅是一场技术革命,而且是一场由生产力质变牵动的整个社会形态的演变。[1]

再次,提供独到见解的意识。今天的媒介竞争,不仅是资讯的竞争。资讯的

---

[1] 丹尼尔·贝尔. 后工业社会的来临. 北京:商务印书馆,1984:20-42.

"易得性"使人们可以通过各种各样的渠道获得讯息,但是见识和卓见是其他媒介很难分享的,因此也是在传媒市场的竞争中最能体现自身价值的方面。设若预测性报道能凭依它独到的见解和预瞻,在报道中做到开阔视野,独排众议,料事如神,那么其社会或人生的"参谋"、"指南"作用也就体现出来了。

预测性报道同样含有一种结构模式。按照传统预测学的"推背图"的思路,它主要反映为由"前知"、"已知"推演"未知"或"后知",实际上表现为一种智能性的推演思维模式。这个过程中,知识结构、资讯来源、智能判断和灵感闪耀合力地成为助推器,使预测的结论臻于"神奇"。

预测性报道的写作要旨是:① 征引权威部门、权威人士的预测行为和预测结果,强化预测的准确度;② 多用预测性词汇,如"将"、"据估计"、"据测算"、"可能"、"也许会"、"如果……那么"等;③ 尽量将预测的时间跨度拉开一些,以便于在事物发展过程中调整预测内容,减少预测失实。

第五节 组合文体的深度报道写作

组合文体深度报道主要包括连续报道、系列报道和整合报道。这里,将对这三种报道模式的操作予以提示。

一、连续报道的写作

连续报道是指新闻媒介在某一时段内,围绕受众关注的某一重大新闻事件或重要人物所采写的分段持续报道。它的特点是,声势大、报道面广、时效性强、持续时间长,因而也容易产生广泛深刻的社会反响。连续报道也称追踪报道,它追踪事态的发展轨迹,并不断地及时进行报道,每一次报道的递进,都构成连续报道的片段,直至最终完整地呈现事件。例如,杭州《都市快报》1999 年的"圆圆事件",从走失的孩子圆圆出现,到圆圆找到新家,期间长达几个月,报纸全程跟踪报道,在版面上采用连载的形式,使一个无人认领的孩子引起杭州市民极大的关注,也成为这一时期《都市快报》最大的卖点。

连续报道的对象通常是引人关注并且是正在进行中的事件。它一般以事件或人物为中心,严格按照事件的推进而叙事。因而连续报道的间隔时间是没有规律的,情况需要时,可以在短期内连续发表,如果报道对象没有明显变动,报道就处于静止状态。因此判断事件在媒介中可持续的程度,主要依据事件本身蕴蓄的足以构成公众关注的"能量"及其延续的精彩程度,公众注意力转移了,也就意味着连续报道的结束。

就媒介的实际工作状态而言,是不是需要对事件或人物作连续报道起初未必十分清楚。从理论上讲,当某个社会事件引起了公众关注,或某家报刊已经刊登有关报道,但事件的新闻价值仍然可作深度挖掘时,通常称为"后续报道"的操作方式就仍可进行。一般情况下,后续报道可以是一种"倒叙"式连续报道,其特质是要求提供新角度,吸引读者对已经知道的事情追根究底。这些新角度包括:① 提供已有报道所没有涉及的资讯;② 充分挖掘已有报道未包括的新内容;③ 追述事件过程,提供更生动的细节和背景;④ 对报道过的事加以分析,推测可能发展的前景以及有关人物的反应,从而展现出超越原先报道的深度;⑤ 搜集最新的多侧面的反应,以增加新闻的接近性等。显然后续报道是连续报道的特殊形态,正常的连续报道是以"发生"为起点,而后续报道则以"结果"或足以引人瞩目的"高潮"为起点,但最终仍然构成报道的"连续"。

连续报道不是媒介塑造的"神话",而是更符合新闻特性的同步记录。如美国前几年著名的"辛普森案"的连续报道,便是对发生在一位公众人物身上的新闻"强力出击":美国电视机构为了提高收视率,甚至动用了直升机,对辛普森杀妻案的追捕过程和审理过程进行了几乎是现场化的全程的连续报道,公众坐在电视机前如同观看了一部超级电视连续剧。

新闻媒体中的连续报道还意味着主体(记者)受客体(新闻事实)的支配,主体按照客体的变化过程"随动"。这种"随动"当然不是绝对的被动,而是在不变更事件主线的前提下,发挥主动性。比如,使整个采写、传播过程更富有条理和节奏;设置必要的悬念,分割出时间的片段,以吸引受众的关注;引入相关的信息、背景,丰富对故事的想象力等。从总体上讲,连续报道的叙事节奏应该是与受众的心理期待的脉搏同步的,反之,公众的注意力就会转移。

现代受众心理学研究表明:受众的需求是随着社会生活的发展不断变化和丰富的,并且其变化的速率和丰富的扩张正在现实中有不断加快的趋势。(因此在这种情况下,固守传统的精耕细作固然也有效益,但归根结底是有限的。)这个结论预示着,连续报道并非无限期的拖沓,而是应符合受众周期性的心理节奏。因此可以认为,连续报道的结构模式总体上是一种"体验——满足"结构模式,媒介的"随动",主要应按照满足受众需求的原则,形成组构的敏感和到位的操作。

二、系列报道的写作

系列报道是指在同一个大主题的统帅下,选择组织多个相互独立而在性质意义上又相互关联的视角,在一个时段内对引人关注的问题进行分篇、持续的新闻报道。系列报道适合于对非事件性新闻或隐含着社会深层矛盾的重大、重要题材作深度性的报道。在西方报界,一般称之为"计划性连载"。

在中国新闻奖和各省市自治区好新闻奖的评奖中,我国通常对系列报道奖和连续报道奖不作区分,只设"系列报道奖"。其实这两者之间还是有差别的。与连续报道比较,系列报道有自己的个性:

一是"定期性"。连续报道的一般对象是"人"或"事",因而受制于新闻人物的活动或事件的发展过程的影响,间隔的时间没有规律,情况需要时,可以在短期内连续发表,如报道对象没有明显变动,则会处于停顿状态。如克林顿"绯闻"报道,美国媒介连续报道了多年,但其中也多有间隔,只是当有了新的证据、证人或线索时,媒介才会连篇累牍地报道。而系列报道的题材是相对静态的"问题",是对处于盘根错节的矛盾胶着状态的社会问题的分析和认识,因而可以在一个大的主题框架下,划分若干个独立篇章,定期发表,呈现出规律性的持续。

二是"计划性"。连续报道一般是无法计划的,而系列报道直接来源于记者或编辑的主观设计——通过策划、选择,决定报道主题和采写方案。这里的主观设计,建立在充分研究社会、形势、受众需要等基础上,具有明显的预期效果和目标。所以在连载特征上,系列报道一般都有三个固定:版面位置固定、文体字数固定、间隔时间固定。

三是"文体的统一性"。连续报道是对事件的"随动",因而在表达上也要根据事实本身的变动情况,比较灵活地报道,如采用消息、通讯等体裁。而系列报道则要求在一种统一的文本架构中运作,文体一致,长短相近,并且有统一的写作风格。

系列报道从选题开始,就体现着记者干预社会生活、为公众服务的巨大热情,这种新闻"介入"的抱负,使它带有浓郁的分析型、思辨型的色彩。它一般站在时代和历史的高度,从较高层次上透视探讨社会问题。系列报道的观照对象一般有两类:一类是课题型的,主要反映一个时期社会面临的亟待解决的重大问题;一类是话题型的,多为公众感兴趣的日常问题,类似于《新闻会客厅》中的谈论。前者要求记者具有见识和眼力,有高度的历史责任感,其选题应达到相当的高度,同时,因为这种报道方式允许跨越时空选择事例,推崇记者、采访对象借事实发表议论,因而它可以将潜在的问题显泛化,将分散的问题集中化,使高深的问题具体化。[1] 后者则需要记者敏于回馈生活,并且善于从日常感性的材料中,触及百姓痛痒,并以幽默、轻松、善解人意的态度,写适合寻常百姓的新颖别致的"读物"。所谓"读物",在西方有着特定的涵义,通常是指报纸、杂志等刊登的富有趣味性的报道和文章。它是商业新闻不可缺少的构成部分。按西方新闻学理论,报纸具有报道、言论、娱乐、教育等几个方面的功能,读物是达到娱乐和教育目的的手段之一。

系列报道也存在着一种模式化的操作思路,其主要特征是运用"分解"式思维,对一个症结性问题或记者预设的议题予以"破题",从而分解成若干个子题。如日本共同社20世纪80年代连载的《日本的幸福》,就是一个典型的范例:它由三个部分组成:《妻子们的思秋期》、《当妻子抛弃丈夫的时候》、《老年之路·女人之路》。记者从女性主义视角,反映了日本社会的真实图景,展示了高速增长、经济繁荣的背后,日本女性内心的苦闷和空虚。这里揭示日本现代商品经济社会中重经济而忽视人性,反映女性生存状态,可以说是一个框架性的宏观命题,由此"破题",把宏观问题分解成一个个具体的子题,从而多侧面、全方位地揭示日本女性人生的"细部"。这种"分解"式思维模式,也形成了系列报道的"解读"性阅读结构,受众的兴奋往往也来自于探寻性的"思维乐趣"。

三、整合报道的策划与写作

整合报道,也称板块式报道、组合式报道或结构式报道,即整合媒介信息资源,对某个重要问题、事件或人物进行全方位、多角度、立体化报道。它一般用于报道重大事件或重要新闻主题。

整合报道突出的特点是强化了新闻的规模性和冲击力,足以使受众对新闻事件、人物的方方面面、前因后果,以及表面的、深层的、纵向的、横面的资讯都有整体系统的了解。比如电视新闻的整合报道,它可以集纳口播新闻、图片新闻、短消息、字幕新闻、现场报道、新闻背景、专家评述、记者现场报道、编前编后语、本台评论等。整合报道被称为深度报道的"集团军"。中央电视台新闻频道2011年对利比亚战争进行的全程报道,充分发挥了电视现代化传播的"共时空"优势,把播报时档延展到24小时,使中国观众感受到了"一场直播的战争",整

---

[1] 刘明华. 西方采访与写作. 北京:中国人民大学出版社,1993:181.

合报道堪称深度报道的鸿篇巨制。

网络新闻由于技术优势,足以整合媒介的各种资源,因此更显示出整合报道的各种特征。网络本身的资讯多样性、新闻链接、互动特征,甚至可以使一条常规新闻组合成整合报道。而当重大事件来临时,网络新闻的整合效应更为明显,可以在真正意义上实现"汇天下之精华"。但它也有一个缺陷,就是在"海量"的资讯面前,受众也因量大而感到无所适从,而信息噪音的融入,则使这种整合显得智能不足,"把关"也成了幻影。

网络新闻的缺憾从反面提示人们,整合报道不是各种信息的简单撮合,而是按一定规律组合成的有机结构。每种报道形式在整合报道内都必须有组织地调遣,必须围绕一定的"意义"展开。理想的状态是:每篇报道融入整合报道便成统一体,拆开又是独立成篇的个体。如发表于2000年12月7日《南方周末》的《银行尴尬面对贫困生》就是一篇典型的整合报道,它由《全国12个省市国家助学贷款发放情况概述》、《一些银行为何不愿发放助学贷款?》、《"亏本生意"为什么,怎么做?》、《上海助学贷款为何红火?》、《专家谈国家助学贷款》、《农行的"金钥匙"贷款》等6篇报道组成。它以联动配合、相得益彰的"立体报道"形式,把综合性、全方位的信息提供给受众。这组整合报道的每一篇报道各就其位,各司其职,"合力"地显示了整合性新闻的规模效应,多种报道形式、报道角度又反映出媒体多角度、周全的思考和服务精神。

总体上看,整合报道是一种勾连式的网状结构。每一篇报道构成了网状结构的一个环节,是一个独特的篇章,同时又呼应着其他报道。因此整合报道特别要注重组织策划和宏观调度,报道的每一个"点",都要经过"主脑"的统一构思,然后富有活力地展开运作。现代传媒的发展表明:重大事件的整合报道,其关键不在于"点"的精致和讲究,而在于一种智能高效运转的创造结构、机制和体制。

第十四章 记者与编辑

要点提示：

采编是一个整体,新闻工作具有"个体创造,整体完成"的特点。新闻生产的最后工序是编辑。记者在处理与编辑的关系时,须确立供需意识、点面意识和版面意识,并做到尊重编辑,共同面向广大新闻受众。

新闻稿件从记者获得线索到最终定稿，似乎走完了它的生产流程，其实不然。媒体运作的特殊性在于，每篇新闻作品在采写完成后，还须经编辑、部门主任、主编、总编辑等层层"把关"，经检验合格后才能刊登。"媒介组构世界，是个极为广泛的概念。每条新闻只是完成了宏观叙事中的一个小的图画，多个相互连缀的不同时空的事实，被整合为宏观事物的全貌，完成了新闻的拼图。"[1]换言之，每一篇新闻稿通常只是"新闻拼图"中的一个图画，它与其他众多新闻组织成一个整体（最常见的是一个专栏、一个版面、一套节目等形式）后，才能相互配合地发挥作用。

媒体运作的特点，要求记者认识到新闻工作具有"个体创造，整体完成"的特征。记者应在整个传播系统的坐标系中找到自己的位置。

第一节　编辑也是新闻生产者

一篇新闻稿从策划、采访到写作，经历了一个复杂的孕育成型过程。一旦画上句号，从单篇新闻来说，至此应该算基本完成了。但是，从新闻运作的全过程来看，它还没有到达"终点"。一篇新闻报道在传播出去之前，只是一篇"稿件"而已。它必须与其他许多稿件一起，汇集到一个新闻编辑中心，又经过层层把关处理后，才能有组织地传播出去，成为现实的新闻。

新闻编辑中心，通常叫新闻编辑部。每一个报社、通讯社、广播电台、电视台都有这样的新闻编辑部，也有的称新闻编辑室或编辑组。当新闻稿件汇集到新闻编辑中心后，有关编辑人员便会抓紧处理来稿：核对事实，审定标题或提要，编排版面（或节目），以最快的时效完成新闻制作的最后一道工序。

编辑首先要选稿，把可用的新闻稿件选出来，按轻重缓急作相应处理。在选稿过程中，有些稿件可能落选。落选的稿件将退出编辑流程。所以，一篇新闻稿件在变成现实的新闻之前，仍然有被"枪毙"的可能。

选稿是有标准的，这个标准就是新闻稿件本身的报道价值和质量，以及当前的报道重点和总体要求。在采写过程中，记者是按一定的价值标准进行选择性报道的，但稿件到了编辑中心之后，还应按更高的标准经受一次严格的检验。有

---

[1] 刘建民.当代新闻学原理.北京：清华大学出版社，2003：132.

些稿件在记者看来是有价值的,但如果不符合媒体的总体意图,或者受版面篇幅和节目播出时间的限制,还有可能被淘汰。

编辑的基本职责,是对来稿进行去粗取精、去伪存真、调整充实、润色修饰的加工工作,这就是所谓"精编"。精编工作不可小视,它把未经核实的材料加以审核修正,把"毛坯"加工成为合乎新闻标准的产品,把不具新闻价值的内容剔除而保留其精华,把文章理顺,使之可读,等等。精编是一种创造性工作,不仅从更高的立足点检验各类稿件,而且带有"后整理"和"精加工"的性质,以使稿件潜在的新闻价值最大限度地发挥、体现出来。

有些记者把编辑工作概括为"刮脸修面,剪枝去蔓",这是不全面、不完整的,或者说是没有充分认识编辑工作的价值。一篇新闻作品不仅有记者的艰辛努力,也包含了编辑人员的心血智慧。一篇新闻传到编辑手中,他总要反复掂量其价值,并且要比记者想得更全面、更广、更远:

——稿件中的事实是不是确凿?消息来源是否可靠?

——原稿中有没有未被记者发现,却更具有报道价值的内容?

——稿件的报道角度是不是最佳?标题、表述、报道形式是不是合适?

——能不能结合具体的事实报道,配发评论,以引起社会关注、公众讨论,以推进问题的解决?

……

同时,新闻编辑在编发稿件的同时,还会预想到新闻发布之后可能引起的社会反应,如媒体的"社会责任"、舆论监督带来的压力等,以争取最大的正面反响,减少负面作用。所有这一切,都要求编辑立足全局,严格把关每一稿件。由此看来,编辑工作并非只是"剪剪贴贴"、"修修改改"而已,他们守土有责,也在参与新闻生产活动。

当今,增加新闻报道的附加值,已经成为媒体追求效益最大化的重要手段。对新闻的再加工、深加工,就是增加新闻社会价值的主要手段。媒体编辑对新闻稿件的加工,目的就是为了增加它的"附加值"和社会效益。

第二节 "没有好编辑,就没有好记者"

记者以笔写作,但记者要处理的绝不只是"人和笔"的关系。譬如在采访中,记者要正确处理与被采访者的关系,而在报道过程中,记者还要很好地处理与编辑的关系。

乍看起来,媒体记者和编辑处在彼此的岗位上独立工作:记者采访,编辑编稿,其实,记者与编辑联系紧密。某资深记者曾告诫青年记者说:"要知道,记者工作,永远会受到版面和时间的制约。越早认识这点,就越能获得自由。"也有媒体人士说:"没有好编辑,就没有好记者。"由此可见,新闻报道既是人和笔(或摄影机)的关系的产物,又是人和人的关系的见证,所以正确处理好记者和编辑之间的关系具有重要意义。

记者和编辑的依存关系,需要记者确立三种意识,即供需意识、点面意识和版面意识。

一、供需意识

记者和编辑的关系,从版面来说首先是供需关系。理想的供需关系可以这样描述:① 记者供给的正是编辑需要的;② 记者供给的时候,也正是编辑需要的时候;③ 记者供给的量,正是编辑需要的量;④ 记者供给的质量有保证,编辑处理的质量也有保证。

在版面的市场上,总会存在供需矛盾。对于编辑来说,报纸的版面需求总是客观的,如果版面、栏目需要,一篇新闻稿件就会及时刊发出来;反之,也有些稿件不是急需的,或者写作质量不高,该作品就会被压下来,须延后或经过修改后才能发表。

由于现实中供求矛盾的存在,从事新闻报道的记者与新闻编辑之间也会发生矛盾。譬如,记者工作有它的复杂性,有时由于各种原因,会出现一些"人情稿"、"关系稿",而编辑为了保证版面质量,往往杜绝这类稿件,等等。我们以为,解决版面的供求矛盾,需要记者和编辑确立共同的意识,那就是把版面办好,并把个人利益和整体利益很好地协调起来。只有编辑和记者共同努力,才能理顺关系,解决好两者之间的矛盾。

二、点面意识

记者和编辑的关系还存在局部和全局、点和面的矛盾。记者活跃在新闻的第一线,直接面对的是具体的"点"(人或事件),是站在局部看问题;而编辑面对的是整体性的版面,是立足于全局("面")思考问题的。

岗位决定脑袋,也决定人的思维方式。尽管我们提倡记者应从全局的高度研究问题,但这种研究主要是用"面"的精神来解剖"点"的问题。相反,尽管我们也认为编辑要多掌握"点"的动态,但他的着眼点毕竟不是事实本身,而是这个事实在"面"上的价值和意义。对编辑来说,最重要的是全局意识,他所经营的版面则是全局的体现。

记者和编辑、点和面之间,有时和谐协调,有时也会出现矛盾。在媒体环境中,记者和编辑的矛盾,通常是"点"、"面"矛盾的人格化。"点"和"面"的矛盾,经常表现在以下几个方面:① 全局报道需要和局部报道可能之间的矛盾;② 全局与局部的不平衡性之间的矛盾;③ 观察角度的差异形成的矛盾。

记者和编辑的点面关系、局部和全局的关系,包含着丰富的内涵,如政策和实际、理论和实践、个别和普遍、宏观和微观的各种关系。我们认为,记者和编辑,应在不平衡的矛盾中,通过沟通、协商和交流,找到解决矛盾的方案。那么在新闻媒体运作的环境中,处在某个"点"上的记者,究竟应如何处理与编辑的关系呢?

首先,记者要不断开拓视野,从全局高度做好新闻报道的工作。一般来说,记者的"点"要符合编辑的"面"的精神。因此,记者要讲政治、懂政策,树立全局观点和全面观点,注意从宏观角度研究、报道具体问题。

其次,记者应与编辑加强联系,善于积极沟通。局部和全局、点和面既矛盾又统一,有区别也有联系。记者和编辑及时沟通,一方面可以使自己迅速掌握全局精神,使"点"和"面"更好地结合起来,另一方面也可以提高报道效率,减少不必要的劳动。因此记者应把与编辑的沟通环节,看作是整个报道过程中不可或缺的程序。

记者和编辑的沟通应该注意几点:① 沟通应该贯穿于采访和写作的全过程,尤其在报道前要共同参与策划。② 记者要善于向编辑反馈信息,用"点"去影响"面"。比如记者在深入采访过程中,如发现某些普遍性问题,应及时向编辑部反映。③ 记者要善于为编辑服务,并在服务中积极影响编辑,如向编辑提供实际情况、献计献策和主动改进报道等。

三、版面意识

记者为公众写作,但直接表现是为版面写作。记者必须有很强的版面意识,包括:① 记者应该明确报纸(或其他传媒)的定位和总的指导思想;② 记者应明确报纸每个版面或栏目的要求和编辑方针;③ 记者应重视版面需求的四要素,即数量、质量、品种、时机;④ 记者还要关注版面的新变化和新动向,以适应改版要求。

版面就像市场,记者的新闻稿件在版面市场上要"适销对路",就必须有完整的操作理念。

第一,精品意识。记者必须以最好的作品供给版面。以质取胜是记者应重点考虑的最基本的指导思想。在实际工作中,许多编辑都有烦恼,即花费了太多的时间和精力,去处理来稿中起码的文字性、技术性问题,如遇到事实交代不清、新闻要素不全的地方,要反复打电话、查资料核实;遇到逻辑混乱的地方,要重新梳理;遇到统计数字不确切,要重新计算;甚至还有语法、修辞失当和错别字等现象。这种来稿,从记者讲或许是为了"抢"新闻时效,但这种稿件至多只是"半成品",不能直接供给版面。

第二,文体意识。一个版面、节目或栏目需要多种文体类型的搭配,而且应相互配套,最终构成多文体、多类型报道的艺术组合。在组版、编排过程中,文体问题始终是版面工作中的一个难题。设若记者呈送的新闻报道文体单一、品种不配套,就不可能组成内涵丰富、多姿多彩的版面。

因此,记者的版面意识还具体表现为品种意识。记者应注意研究版面之需,及时提供急需的稿件。一般而言,版面经常缺少以下一些品种:① 头条新闻,即具有重大影响的最吸引人的"重头产品",如深度报道、通讯等;② 特色新闻,如现场新闻、读者来信、一事一议式的署名文章以及一些生活气息浓厚的趣闻等;③ 新颖作品,即在内容和形式上都有创新的报道。

第三节 采、编是一个整体

有人说:新闻记者是"无冕之王"、"自由职业者",但从整个传媒系统看,记者工作又不自由,必须受到两方面的约束:一是新闻机构的纪律和社会法律的约束,二是新闻工作程序和规则的约束。在新闻程序和规则的约束中,编辑对记者的制约非常明显。鉴于此,记者应摆正位置,遵循处理关系的若干准则。

一、尊重编辑

从传播程序看,编辑工作是不可缺少的重要环节。记者和编辑最终都是为公众服务,但编辑的服务更直接地表现是为记者服务,如为记者出题、为记者改稿、为记者的稿件设计版面等。编辑最可贵的就是那种"为他人作嫁衣裳"的伯乐精神和甘当"人梯"、"铺路石"的精神。

编辑人员像细心的"理发师"和"泥瓦匠"。凡涉及事实本身不确切、不清楚的地方需改动时,编辑总要找到记者本人或根据准确的资料核准后才改正。有的记者来稿不符合要求,编辑又要拿起"理发推子"和"泥瓦刀"来,逐字逐句推敲修改,有的几乎等于重写。编辑为新闻加了好标题,为通讯想了好题目,使全篇顿然生辉,但获奖记功的时候,往往记在记者的名下,而编辑处理来稿中的"起死回生"之术、"妙手回春"之功却容易被忽略。面对编辑表现出的奉献、服务精神,记者没有理由不尊重他们。具体来说,记者要尊重编辑,应该体现在以下几方面:

首先,记者要对自己提出更严格的要求。拿不出手的稿件决不送到编辑部,送去的稿件一定是成品甚至精品,做到编辑部不需改动或不作大改就可采用。如果能普遍做到这一点,就可以提高新闻报道的时效,减少编辑在文字、技术处理方面的劳动。

其次,记者要信任编辑,要相信编辑的责任心及素养,要相信编辑和记者利益的一致性。一位美国报人深有感触地说,编辑每天伏在桌上八小时,在脑力和体力上都是很疲乏的,因此编辑总是从工作中找到兴趣和吸引力,否则不会把工作做好。最好的编辑,当他改写一条新闻,把陈词滥调改成漂亮的短句,为整条新闻概括出一条吸引人的标题时,他感到骄傲。编辑在具体稿件中一般是不署名的,他唯一的满足就是把新闻做好。

再次,记者要理解、体谅编辑,正确对待工作中出现的矛盾。记者对"不合己意"的情况,应该作客观的分析。例如,由于版面本身的制约,使编辑不得不"狠心"砍掉记者来稿中的某些部分;编辑可能因不了解实际情况,在文字或技术处理上出现错误;等等。如果遇到类似情形,记者就应该以理解的态度与编辑交换意见,以讨论、商量的方式修正。设若记者把握住了"尊重编辑"的基本态度,就能够正确处理好与编辑的关系。

二、采、编是一个整体

在新闻传播系统中,传播者是从事采访活动的记者和从事编辑工作的编辑,也可以说是全体新闻工作者。新闻工作的重要特点是,"个人创造,整体完成",仅靠记者或编辑,都不可能完成传播任务。记者和编辑的关系,也要根据新闻工作的这一特点正确看待。

记者通常靠近采访对象,却不直接面对服务对象。相反,负责版面的编辑则更接近服务对象,更容易成为广大新闻受众的代表。因此,记者和编辑各有分工,并作为一个合作整体共同完成传播任务。

记者和编辑共同作为传播者的统一性,主要表现在三个方面:① 社会责任的统一。记者和编辑共同对新闻报道的社会效果负责,而不是单独地承担社会责任。因此,两者必须对不符合社会利益的意愿和要求进行共同抵制,而不应该为了满足采访对象或新闻受众的某些不合理要求,而相互间发生矛盾。② 整体需要的统一。记者离不开编辑的支持,编辑也离不开记者的支持。两者是岗位协作、优势互补的统一。③ 采访对象和新闻受众的统一。只有记者和编辑达到高度统一,才能最终解决被传播者(采访对象)和接受传播者(新闻受众)之间的矛盾,使新闻舆论的社会功能达到最佳。

三、接受社会检验

记者和编辑工作性质不一样,但最终的落脚点都是为了新闻受众。任何新闻报道都要受到广大受众的检验。因此,经常听取受众的意见,对记者和编辑来说都是十分重要的。

一般来说,传播者听取受众意见有四种途径:一是直接到受众中听取意见;二是定期进行受众调查;三是经常研究受众来信;四是组织受众评估。传播者通过这四种途径,可以了解受众对新闻报道的评价、要求和建议,可以看到自己工作的实际效果,反思工作中存在的问题和不足,在受众的信息反馈中,找到改进新闻报道的依据。

记者和编辑应当把听取受众意见变成一种职业习惯。应共同意识到,新闻传媒是社会"公器"、"耳目喉舌",既要满足公众的知情权,实行舆论监督,同时自身也要接受社会公众的监督,以体现更好地服务于社会大众的永恒追求。

附 录
案例评析

法警背起生病的被告

本报记者杨永辉、实习记者王雪莲、通讯员吴怡报道 前天,西城法院正常开庭。法警11083号把一个行动不便的女被告背上了三楼的法庭。当旁听的市民见到法警背上来一个戴着手铐的被告时,大厅立刻安静下来。

据目击者吴小姐介绍,她在11月29日去西城法院办事时就看到过这一幕,当时女被告深埋着头,不时地发出啜泣声,背进三楼休息室时,法警的额头已渗出了汗水,女被告则流出了眼泪。

昨天,女被告告诉记者,今年6月她被确诊患有椎管狭窄病,两腿走路十分困难,被法警背起时,她问过法警的姓名,可法警没回答。

11083号法警叫贾文家,今年26岁,在西城法院已工作6年。昨天,记者采访了他。"我没觉得这个举动有啥大不了,她一个老太太,得了病走路很困难,虽然是被告人,但作为法警帮她这个忙是我的职责。"据他介绍,那天背着老太太从楼下上来时,正赶上大厅里有50多个等候旁听的市民。见他背着个戴手铐的,本来乱哄哄的大厅顿时安静下来。"那会儿我听见背上的老太太哭了,我能感觉到她低下头,把脸靠在我肩膀上。"

目前,该妇女已被宣判犯有贪污罪,判处有期徒刑11年。宣判结束后,已成犯人的中年妇女仍由法警一步步地背下楼梯。

记者注意到,在此之前,我国司法界连续出现了一些意义深远的变化。诸如:罪犯在未受到法院判决前,一律改称犯罪嫌疑人;抚顺推出了"零口供";有些地方刷有"坦白从宽,抗拒从严"字样的墙壁被画上了山水画等。这从一个侧面昭示了我国司法制度正在进行着一场前所未有的变革。

为此,本报记者采访了最高人民检察院民事行政检察厅杨立新厅长。杨厅长认为,从罪犯到犯罪嫌疑人称谓的改变以及法警背着行动不便的被告人到庭,反映了我国司法体制改革的进程,更重要的是体现了对人的人格的尊重。

(2000年6月23日《北京青年报》)

【评析】

在传统新闻学中,新闻之"新",通常是指第一时间发出的稿件和"人无我有"的内容。但是,由于新闻信息的海量增大,仅仅这样理解新闻之"新"是不够的。当今社会新出现的事物层出不穷,读者的"解惑"需求也在增加,他们不仅想了解"有什么"、"是什么",更想了解"为什么",并进一步想了解"说明了什么"。满足读者后两个要求,新闻就应做到意义出新、视角出新、形式出新。

《法警背起生病的被告》是一则典型的以小见大的消息。记者通过对具体的现场描述和事后补充采访,不仅让人们看到了我国司法制度的进步与变化,更体现了依法治国的基本方略正在贯彻落实。法警背着生病的被告上法庭,再次以生动的实例表明我国司法对人权的尊重,也说明司法文明已经从文字走向实践。

本篇消息发稿时,还配发了大幅照片,以视觉图片强化了文字稿的吸引力、感染力和说服力,基本做到了"外行看热闹"与"内行看门道"的统一。

家长举报:语文题不考语文

革命小酒"醉"倒师生

李利民

本报讯 昨日,武汉一中高一学生重新考了一遍期末语文,因为上次有道语文题难倒了所有学生和老师。

这是一道阅读题,选的是一篇关于公款吃喝的杂文。文中提到有"谣谚"云:革命小酒天天醉,喝坏了党风喝坏了胃,喝得老婆背靠背。有人把此谚告知纪委,纪委某公也说了一句"见怪不怪"的顺口溜……这句顺口溜是什么?要求学生写出14个字的答案。

相信大多数读者答不出或答不全这道题,十六七岁的高一学生更是丈二和尚摸不着头脑。19日,一家长向本报热线电话反映,孩子考完语文回家后一脸沮丧:"有道题不会做,丢了分",家长一问是这么道题,又好气又好笑。

武汉一中语文教研室负责人甘德炎老师说,没有一个同学答对这道题,许多人连边也沾不到,蛮多老师都说搞不懂。

蔡甸区"汉阳一中",同样采用了这份"联考"语文试卷。该校李老师称,全校高一400多个学生无一人答对。

倒是一位做公务员的学生家长向记者提供了"正确答案":(纪委说)该喝不喝也不对,我们也是天天醉!

江汉区纪委一位副书记对此事表示气愤:这句"顺口溜"完全歪曲了我们党的纪检工作人员的形象,把它作为"标准答案"教给学生,其社会影响可想而知。这几年,我们区里狠抓了廉政建设,公安、工商等执法部门都颁布了"禁酒令",我们纪委更不可能"天天醉"。

这位副书记说,他一个同事的女儿答的是:(纪委说)马上严肃查处,绝对不能姑息迁就。也是14个字,但其思想性强得多,这才应该是"标准答案"。

武汉一中的老师认为这道考题出得不合适:中学生涉世不深,不可能了解这样的"顺口溜",再说也不该向学生强化这种消极的东西。从专业角度来说,这道题也出得不规范,所以我们要重考一次。也有人猜测,出题人可能是愤世嫉俗,借题发泄罢了,不必大惊小怪。

一些老师反映,这套语文试卷是黄陂一中提供给武汉一中、三中和汉阳一中的"联考试题"。据了解,武汉三中没采用这套语文试卷。不知何故,黄陂一中自己也未用它,并在电话中否认是他们出的题。

(选自《中国优秀新闻作品》,福建人民出版社2001年版)

【评析】

这是一则趣味浓郁、发人深省的消息。标题就很"跳",把新闻中最好看的顺口溜,拎出一个"醉"字嵌进正题,调动了读者的阅读兴味。

消息的导语是一个最新事实,但只是新闻的由头,它暗含着一个悬念:是一道怎样的语文题,居然难倒了所有的学生和家长?接下来的解题,让人明白了原委,也使人忍俊不禁。

在消息的展开部分,记者主要采用征引话语的方式展开叙述,客观、全面地反映多方意见,如学生家长的来电,武汉一中、汉阳一中老师的说法,江汉区纪委副书记的表态,以及其他老师的专业性评价等,使读者对于有关此事的各种态度有了比较全面的了解。记者虽不作评论,但通过引述多方观点,强化了新闻的客观性、平衡性,读完新闻后也自然会形成自己的看法。

昨晚郑州发生一起恶性交通事故

白色皇冠拖着被撞伤者狂逃
众出租车怀着满腔义愤猛追

江 华

本报今日凌晨1时讯 昨天晚上,郑州市街头发生了一起令人发指的恶性交通肇事案。至凌晨1时,受害者一死一伤。

昨晚9时40分许,在经一路与金水路交叉口,一辆牌号为豫A54010的皇冠2.0白色轿车,撞着了各自骑车行走的苏东海、苏雷父子。11岁的苏雷被当场撞翻在地,被撞飞的小苏雷将皇冠车的挡风玻璃撞了一个破碎的大窝;他的父亲苏东海以及两辆自行车则被卡在汽车左侧的前后轮之间,逃跑的汽车拖着苏东海狂驰几百米远。目击人谭杰说,在夜幕之下,汽车不停地飞跑,自行车在马路上摩擦出一路火花。

9时45分,准备在10时接班上岗的特巡一分队两位警察驾驶警车正在东明路电院加油站加油,看到了狂奔而来的皇冠车,立即追赶。此时,发现此情的行人、3辆出租车、1辆工具车在义愤之下,几乎一起加速对皇冠车围追堵截,终于在距商城路不远处将其逼停。

在警察的帮助下,苏东海被立即送上刚赶到的120急救车,旋即被送往郑州市120急救中心急救。小苏雷也被送往人民医院急救中心进行急救。司机立即被警察控制。

10时37分,120值班调度田志梅在电话中告诉记者:苏东海伤势严重,医护人员正在抢救。

11时,记者在急救中心看到,苏东海被皇冠车拖拉得几乎体无完肤,从头到脚,伤痕深深。头发被鲜血浸透,右臂皮肤被摩擦殆尽。

12时,在省人民医院急救中心抢救现场,记者看到,被用上呼吸器的小苏雷心跳次数在一点点地下降,他的呼吸已经完全停止。医生说,他的内脏已经破碎,颅内严重受创,这两种伤都是致命的。事实上,小苏雷已经死亡。孩子的亲属在抢救现场悲痛欲绝!

近凌晨1时,记者在事故处理部门被告知,肇事车司机已经接受询问。

(选自《中国优秀新闻作品》,福建人民出版社2001年版)

【评析】

这是一则报道交通肇事案的社会新闻。事故发生于晚上9点40分左右,20分钟后,《大河报》记者就赶到现场,进行了3个多小时的跟踪采访,并很快写出了时效性极强的报道。

这篇报道真实、客观、准确。因事件突发,记者虽不能亲眼目睹事发全过程,但当记者20分钟内赶到现场时,便很快找到了目击者进行事后采访,接近于"第一时间"。由于采访及时,目击者对事发情景仍历历在目,如目击人谭杰提供的细节:"在夜幕下,汽车不停地飞跑,自行车在马路上摩擦出一路火花",给人强烈地现场感、真实感。文中还有记者对几个地点的追踪采访,使读者真切、全面地了解了事件的后续状况。

这篇报道在写作上也很有特色。由于事发突然,现场复杂,头绪众多,可是记者却抓住几个关键的"时间点",写得有条不紊,详略得当,脉络清晰;而大量短句、短小段落的运用,又加快了文字的节奏,使气氛更加急切、紧张,充分调动了读者的情绪。

一个谦和而乐观的读书人
——记中国社科院外文所研究员吴岳添

韩沪麟

与吴岳添一起参加过几次法国文学年会,没说上几句话,倒是不知不觉喜欢多看他几眼,其原因不仅仅是他长得帅,而是他虽年过半百,但朝气蓬勃,身手敏捷,永远笑眯眯的。可以想象他不仅身体健康,而且心理健康,是个达观和气,从不与谁过不去的人。

他是南大毕业生,师从柳鸣九,在社科院外文所完成硕士学业,现在是中国法国文学研究会常务副会长,该所研究员。他能文能译,为文从不矫揉造作、无病呻吟、拼拼凑凑,或是故作高深状,而是老老实实以己所长,介绍法国文学、文坛现状,作家剪影什么的。我想广大读者多是从他在《读书》杂志上连续发表的"远眺巴黎"系列书评和他在诸多报纸的读书栏目上的文章中认识他的。

多年来,我一直想写写这个人物,但苦于没有"活"的感觉,把他烘托出来似欠一把火,不能成形。

前不久在北京举办的第三届外国文学获奖作品颁奖大会上,有一个内容就是邀请社科院外文所各文种的专家开讲座。法国文学由吴岳添主讲。

我猜,他大概至今认为他的那次讲座讲得很糟糕而为此恨恨不已吧,可他怎会知道在他的众多听众中,至少有一个人——我,可从未听过内容如此紧凑简练,又如此生动有趣的发言呢?

只见他脱掉风衣架在椅背上,脸泛红晕,满脸羞色地开始讲话了:"我实在不好意思,不会讲。刚才看见几个同行,真吓了我一跳。我讲不了一个小时的,没那么多话好讲……"

于是他像放连珠炮似的把法国文学史概要、流派、现状,以及近年来相继故世的几位大作家等等介绍了一番,说话时目光游移不定,或看着窗外,总之从不正视台下,时不时地朝写在纸上的提纲扫一眼,速度之快,令台下的听众得十二分的专心才能记下个大概。

说实话,我没有笔记,尽听他说话,看他的表情来着。他仅讲了45分钟,但确实言简意赅,脉络清晰,一句废话也没有;一个对法国文学完全陌生的听者,听了他这堂课并且记住了,在这方面可以"摘盲"了。他说话时,发自内心的谦逊、诚恳溢于言表,看了真令人不忍。发言后,他看见尚有刻把钟时间,便从皮包里拿出一些资料,介绍港台翻译出版法国文学的现状,其中有一个细节值得一记:台湾一家出版社请吴岳添译几本书,给一千字12美元,老吴了解了类似情况后,要15美元,他坦诚地说:"依国内标准,12美元千字也不低了,图实惠是可以接受的,但我不是为个人,而是要维护尊严,大陆的翻译水平决不低……"他方才说话如此腼腆,眼下又柔中见刚,真有点"虚怀若谷,品峻于山"的味道了。这笔交易是否谈成我不知道,但他说的"尊严",倒是"十文九丐"的文人该坚持住的最后一道防线了。

他讲完后,掌声尚未结束,就一溜烟走了,急得讲座主持人拿着红信封奔出去给付讲课费。等到下一个专家主讲时,不料他又悄悄溜进来:原来忘了拿他的风衣了。

会后,大家在闲聊中,都说老吴开的讲座十分精彩,实在,"一点虚头也没有"。

我觉得老吴的可爱之处是保持了书生本色;当今并非学问中人都能完好地保持书生本色的;他还有一个特色,是开朗达观,除了凭我的直觉而外,还有例可援:每次他上班之前,必早早出门,顺道在广场上跳一小时舞,平时他不跳,因为舍不得时间。

(2000年10月18日《文汇报》)

【评析】

这是一则特殊类型的人物特写。作者借一次讲座,生动地写出著名学者吴岳添——"一个谦和而乐观的读书人"。这篇特写,作者虽然没有进行正儿八经的采访,但他以自己的观察和聆听,准确、生动地描画了一位具有鲜明个性的"读书人"形象,同时也启示人们该坚守的品格。

这篇特写的妙处,是写出了"活"的人。这个人保持了当今社会难得的书生本色,虽是名人,却腼腆羞涩,而在原则问题上,又绝不含糊,真有点"虚怀若谷,品峻于山"的味道了。写人,记者也没有"空"写,而是有情景、有言语、有细节,能让读者感觉得到,例如"脸泛红晕,满脸羞色地讲话"、"说话时目光游移不定"、溜进来拿风衣等,都写得"一点虚头也没有"。

记者写吴岳添,实际上是寄托了理想的。这种理想,就是"完好地保持书生本色"。所以,记者写得很投入,有真感情,而由此引出的议论也是入情入理,是高品位的。由此不难看出,做记者,不仅业务素质要高,而且要有自己的价值追求,有自己的社会理想。

挪威首相有个"编外秘书"

16岁就出来"工作",而且身居"首相秘书"的要职,听起来有些不可思议。不过,对于挪威小姑娘瑞尔斯库德来说,这根本不算什么,她只申请了一个手机号码就轻松过了大半年的"首相秘书"瘾。要不是日前她向挪威媒体自己暴露身份的话,恐怕挪威举国上下都不会知道首相还有这样一位低龄"秘书"。

事情要从去年圣诞节说起。家住挪威霍克森德市的小姑娘卡米拉·瑞尔斯库德获赠一部作为圣诞礼物的新手机,随后,她去挪威一家电信公司申请了一个号码。不过,自从手机开通之后,瑞尔斯库德就经常莫名其妙地接到找挪威首相邦德维克的电话。原来,挪威电信公司的手机号码可以循环使用,瑞尔斯库德拿到的号码碰巧是首相以前的手机号码。如同买彩票中了大奖一样,在挪威全国约450万人口中,这一号码恰恰被小姑娘抽中。

据瑞尔斯库德回忆,平均每两天左右,她就会接到打给首相的电话,电话那头听到接电话的不是首相,而是个年轻女孩的声音时通常都很诧异。这些电话渐渐激起了她的好奇心,于是,有时候她干脆称自己是首相的秘书,打算听听人们到底会和首相大人说些什么。不过,不知是"工作经验"不够老到,还是打电话的人不愿意跟秘书多交代,总之,瑞尔斯库德日前在接受挪威媒体采访时说,大半年来,她没有从手机中听到任何有意思的事情。

拥有首相手机号码的瑞尔斯库德还接到过很多记者打来的电话,都是那些不知情的记者打给首相的。不过,他们想和首相通话的想法都被"秘书"一一婉拒。那些记者当时要是知道跟自己通话的是一个和首相不沾边的小丫头,不知会作何感想。少了记者的"骚扰",想必邦德维克首相那段时间一定过得轻松了不少。

不过有得就有失,因为瑞尔斯库德,首相也错失了一次与挪威国家足球队主帅见面的机会。邀请首相与挪威国家队主教练聚会的短信息发到了瑞尔斯库德的手机上,而她自然不会尽到秘书的职责将消息转达给首相,这对于身为球迷的首相来说,的确是个不小的损失。

不知是不堪电话之扰,还是当够了不拿工资的"影子秘书",总之,日前小瑞尔斯库德决定不当"首相秘书"了。她主动找到挪威的媒体,"供述"了自己半年多的"秘书生涯"。

对于瑞尔斯库德冒充"首相秘书"的行为,挪威人基本抱着付之一笑的态度,媒体在报道时也只看作是小孩子的恶作剧。不过,也有人据此对循环使用手机号码的管理状况表示担心,毕竟这不仅事关个人隐私的问题,万一首相大人的号码落到别有用心的人手里,就不只是恶作剧这么简单了。

(中国国际广播电台 2004 年 8 月 4 日播出)

【评析】

本文以故事为中心,通过讲述生活中的趣事,反映比较重要的社会问题。西方新闻界历来有以讲故事来反映问题的传统,所谓"华尔街日报体"(从故事开头,过渡到主题,再回到故事的"菱形结构"),便强调通过讲述人物的某段经历、故事给人以启发。这种报道模式,也为近年来我国记者所常用。

这篇故事性新闻,也有严肃重大的主题,就是"对循环使用手机号码的管理状况表示担心"。但媒体在报道时,只把它看作是"小孩子的恶作剧"。但谁又能否认,在轻松、幽默而人情味十足的故事新闻中,不也可以寄寓诸多社会启示?

"人畜不宜"——寒流袭击美国东北部

美联社记者乔纳森·尤因 1 月 18 日电 人们鼻涕稀啦。汽车不能发动。狗狂叫着不肯出门。在纽约州的一个地方,天冷得简直连冰的跑道都冻不成。

两个星期前在摄氏 16 度的温度里穿着 T 恤衫打高尔夫球的美国东北部的人们,本周一开始就受到了严酷现实的考验。

冬天,这个曾几何时成为人们遥远记忆的季节,又杀了回来。天气预报人员说,寒冷天气已经来到美国并将一直逗留到本星期末,在波士顿、普罗维登斯和罗德岛气温将达到创纪录的最低点。

连设在纽约普拉西德湖的奥林匹克地区发展局都不得不暂停其浇制冰橇比赛 1.6 公里的赛道的工作,因为天冷,活简直没法干。

"水浇到地上都成了一条条冰线,我们没法把整个跑道浇湿。"发展局的通讯部主任散迪·卡里格尔抱怨说。

离普拉西德湖不远的怀特菲斯山山顶的一个滑雪场上,气温达到零下 36 度,寒风刮起来时温度能达到零下 73 度(原文如此)。

大风迫使他们将滑雪场中 11 个缆车中 6 个关闭,但卡里格尔发现还是有 512 人上了山。

在纽约的阿尔巴尼,原定进行的纪念马丁·路德·金游行被迫取消,而那些硬撑着到场的人也不得不跑到帝国大厦的地下层暖和一下。

在托灵顿,星期一的寒风使气温降到零下 45 度。波拉加油站经理霍斯特说,人们索性加点油凑合着够走就行。

霍斯特说:"我发现平时要加满油箱的人今天扔下几个美元加点油就走,他们实在不能在车外待太长时间。"

在纽约的锡拉丘兹,救援小组不得不派工作人员到大街上把那些无家可归的人带到救援中心。到中午,这个中心的67张床已经满了65张,这里的官员说准备再增加90张床。

中心的发言人拉默说:"我们很忙,我们的目标是确保没有人冻着。"

国家气象中心发布了大风警报,北缅因州和纽约州东南的一些组织也劝告人们尽量不要将皮肤裸露在外,以免冻伤并保证孩子和老人加上足够的衣服。

零度以下的温度在马萨诸塞、佛蒙特、康涅狄格、新罕布什尔、缅因和纽约州很常见。纽约的萨兰纳克星期一最低温度达到了零下20度。

讨厌的天气星期一也袭击了美国中西部,厚达5厘米的大雪和雨夹雪造成交通事故和航班晚点。但交通不便给一些旅店带来了好生意。

在巴尔的摩—华盛顿国际机场,星期六气温还是15度,星期一下午突然降到零下2度。在马里兰州的劳伦公园,人们一致投票决定取消当日的7场赛马活动,因为按照该赛事的发言人泰勒的话说,天气对"人畜不宜"。

"在这种天气骑在马背上蹦跶,"泰勒说,"就像乘一辆没有挡风玻璃的敞篷汽车去兜风。穿着几乎像内衣一样的比赛服装,以每小时60公里的速度在马背上飞奔,你可以想象是一个什么样的感觉。"

(选自《通讯名作100篇》,马建国译,新华出版社2000年版)

【评析】

这是一篇让人"冷得发抖"的气象报道,但全文只有两处用了形容词"冷"字。记者借助大量的名词、动词和其他简约的画面,特写了寒流袭来后的美国东北部情景及美国人的感受,真使人"不寒而栗"。

本文的导语堪称是精简的典范,短短27个字(英文)勾勒了让人顿觉寒冷刺骨的感受。尤其是开头两个句子:"人们鼻涕稀啦。汽车不能发动。"仅用"Nose dripped. Cars won't start"寥寥5个单词,便干练利索地提炼了全文意思。恰如美国新闻写作教科书上写的:"简练。能用一个字的地方,千万不要用两个字。"

西方新闻教科书推崇"show, not tell"("多一些描述,少一些叙述")。消息的展开部分便是如此。一个个情景,犹如一系列连续不断的镜头剪辑;一连串表现"冷"的镜头又好像是电影语言中的闪现、叠加、推拉。"show"的意味发挥到了极致。

"要有人情味,让读者自己通过文字感受新闻事件。"西方新闻教科书如是说。这则新闻,可以说通篇能够唤起读者的感同身受和阅读兴趣,人情味十分浓郁。标题"人畜不宜"已见人情蕴藉,接下来的每一处描写都闪烁着社会冷暖的关怀。这些方面都值得我国记者学习。

夜探"虎"穴

顾伟连

日来,不少读者向本报反映,我市已明令禁止的有奖电子游戏机最近在一些娱乐场所竞相上马。11月18日晚,记者暗访了部分电子游戏机娱乐场所。

18日21:10,记者首先来到五四路成龙大酒店。二楼游戏厅铁门紧闭,经过询问,记者穿过三楼红苹果自酿啤酒城,拐了好几个弯,才找到游戏厅另一个门。厅内"魔术帽机"、"跑马机"、"数字机"、"滚球机"等生意兴隆,聚集了不少"赌"客,除了少数人外,多数人的"赌"资在500元以上。记者问服务员:"假使游戏赢了能不能换现金?"服务员答道:"可以换钱,不换钱傻瓜才到这儿来。"

21:40,记者来到永德信游戏机厅,厅内玩的人不是很多,记者穿过用衣柜围成的挡板,发现厅内烟雾缭绕,人满为患。记者向一位中年人询问:"'魔术帽机'怎么玩?"这位中年人一脸愁容,他从衣袋里掏出几张代用券说:"你千万别再介入,我在这儿已输了六七万元,我现在是为了还钱翻本才到这儿来,每次下注我手都会抖。"

22:00,记者来到海山宾馆地下层游戏机厅,看到一些有奖机上贴着"本机纯属娱乐,每台机每小时收费15元"的字条。记者假装天真,拿出15元请服务小姐开机,小姐直言道:"15元想玩一小时?想得美!我们这儿对客人免费送茶水和快餐,假使每小时15元,我们吃啥?这字条是为了应付那些不懂行情的人的检查。"

22:25,记者登上东街口百货大厦6楼,这儿没电梯,走台阶走了5分钟。这儿的有奖游戏机是记者当晚见到数量最多、机种最全的,包括"不倒翁"、"快乐小丑"、"仙桃乐园"、"猫女郎香烟坊"等。一服务员介绍,这儿大厅小赌,小厅大赌。记者走进小厅,看到一年轻人正碰上"炸机",一下子赢了16000分(8000元人民币)。记者上前"道喜",他说:"我是输了十几万元才遇上一次好运,喜从何来?"

22:50,记者来到双福楼娱乐厅,服务员对记者说:"这几天我们被有关部门点名了,赌机全收起来了,要避避风头。"

23:10,记者来到长冠娱乐厅,这儿有十几台电脑在赌数字,每次下注最少20元,最高3000元,几十秒间定胜负。查访中,有的游戏厅正遇上有关部门检查或点名,昔日生意红火的赌博机为避风头已经关机或暂时收起来了。

两个多小时的暗访,记者虽不能走完榕城所有有赌博行为的电子游戏机场所,但可以看出,福州的"赌"风已盛,到坚决查禁的时候了!

(选自《中国优秀新闻作品》,福建人民出版社 2001 年版)

【评析】

《夜探"虎"穴》是通过隐性采访写成的实录报道。一般来说,隐性采访是在公开采访无法获得真实信息的情况下,不得已而为之的一种采访手段。这篇新闻就采用了这种方法,通过暗访部分电子游戏机娱乐场所,获得了许多生动而有价值的素材。

本篇采用了实录式报道的方式,按时间顺序记录了记者采访的全过程,既有记者亲眼所见,又有暗访"口供";既有游戏厅服务员的说法,又有"赌客"的心声。由于是"实录",使读者有身临其境的现场感,也增强了新闻的真实性;也由于是"实录",记者与采访对象展开的"斗智斗勇",就显得刺激、曲折,极具故事性,并强化了新闻的可读性。

隐性采访在社会上曾引起过争议,争论的焦点是有关隐性采访的道德和法律问题。这从一个角度提醒我们,记者应严格把握好尺度,在法律、道德允许的范围内进行隐性采访。像《夜探"虎"穴》,记者以普通消费者身份,采写普通消费者都能获得的信息,并没有超出这类采访的"底线"。

栾城草农敢闹海——听栾城农民种草者说

赵俊芳、郝斌生

站在栾城农民的草地上,就像站在绿茵场上,就像置身绿色的海洋。如果此时再吹来一阵清风,或者再冉冉升起一轮朝阳,最好是昨夜曾飘洒过一场毛毛细雨,你能闻到草香,你能看到草尖上的露珠,你能捕捉到忙碌着的农民那心底的微笑和从黑红的脸膛上迸发的光芒。

自1999年河北栾城农民调整产业结构,试种绿化草以来,已经走过了十年里程。十年磨一剑,当初别别扭扭、忐忑不安种下的小草产业如今茁壮长成大块文章,成为河北省会石家庄一道独特风景,成为新中国农民脱胎换骨的标本。端午时节,记者来到这里,听他们有关种草的心得体会。

"刚种草时,一离了救生圈就呛水"

"刚种草时,一离开救生圈就呛水。"见到西董铺村村民李书贤的时候,他正在地头修路,他放学回家的儿子前来帮工,在绿油油的草地里开着修草机纵横驰骋。他说的那个"救生圈"，既是指政府的优惠政策也是指县里的草业公司。种草的第一年，李书贤地里家里寸步不离技术员，喷灌、灭虫等一招一式都虚心请教。由于悟性好，技术学得快，第二年就把门市部和房产全部抵押上，承包下乡亲们118亩地。"那时候，谁相信种草能旱涝保收呀？如今西董铺村成为种草专业村，村里327户有200多户种草，种粮的收入显然干不过种草的。"

"我们是全国的产粮大县，祖祖辈辈都是斩草除根的好把式。种草是个新鲜玩意，头一年很多人看西洋景，也有人等着瞧笑话。好在县里率先成立了草业公司，先培训技术员，再培训村干部，教给农民看，带着农民干。"说这番话的是南柴村党支部副书记张连续。这个村今年种了1500亩草，他本人种着86亩草。去年每股分红利25万元，他比喻种草就是掘金，就是开矿办企业。

南李村农民吴玉芳也说自己当初是被赶下水的旱鸭子，第一茬草籽是政府帮着撒下的，前几年的50%、30%都是县乡干部帮助吆喝推销的。和吴玉芳说话间，有一辆挂着山西牌照的36吨半挂车隆隆开来，十几个妇女忙不迭地往车上搬草卷。大腹便便的吴玉芳拿起电子计算器给商户结算。他说今天共卖出6000平方米，每平方米四元，四六两万四。"去年草贵，每平方米下不来6元，高时卖到七八元，一亩地666平方米，亩出产三茬儿，我租着180亩土地，这个账是不难算的。"

吴玉芳与藏富怕富的祖辈截然相反，他主动告诉我们，眼前这片地没有多少，村北还有60亩，村南还有70亩，他给土地转租者的交换条件是"双700"，即夏季700斤小麦，秋季700斤玉米。也有超过这个数的，因人而异，因地而异。把土地转租给他的人也有在他这里打工的，挣日工一天30元，帮他拔杂草或开修草机；也有挣计件工资的，每往车上搬一平方米草卷挣2角5分钱。记者看到，一位叫李美英的妇女，除了挣计件工资，就是在吴玉芳的草地里收拾剪下来的嫩草尖——她喂着25只羊，她的羊是嘴上抹石灰——白吃。

和吴玉芳相比，吴书训种着10亩地，用他自己的话说是草行情把不准，有时高有时低，不敢大干，他是蛤蟆吃蚊子——小打小闹型，尽管小打小闹，每年也能收入六七万元。

"风里浪里长见识"

"凡是种草的都有过曲折，都走过麦城。那一年草在地里疯长，都急着销售，孟建国接到客户一个电话就上了青岛，到那里管了人家几顿饭就回来了，连一棵小草也没有卖出去。"

"德州一个客户拿着一万元的汇票给了李书贤，李书贤的家人把汇票当人民币锁进匣子里，等用钱时再取出来，汇票上的钱早不翼而飞了。"

"一个翻译的几句洋话就骗走草业公司33万元"。如今听着这些流着喜泪带着苦涩的诉说,不难想象当初草农闯市场的尴尬。

"经过市场上十年摔打,我们该承受的也承受了,现在都成了种草能手,成了市场主体。不经风雨,难见彩虹。"地头上挂着"国庆草坪苗木"大幅招牌的刘固庄的马国庆,正兜着一布袋皮尺给山东的客户丈量草平方,他只能见缝插针地应答记者的采访。地里的人忙乱得成了一团麻,有开起草机的,有举着铲刀一段一段分割草卷的,有装车的男人一不小心踩了妇女的脚而招致惊叫或嬉骂的。

"我的体会是三年一个周期,去年草价高,今年价格低迷。凡是能坚持下来的都挣钱了,盖了洋楼,买了轿车。种得多挣得多,因为这是个朝阳产业。种赔的也有,但总是少数,我也有赔的年份,在我们这里挣少了就算赔。既要学会种草,更要学会卖草。在十年卖草过程中我也被皮包商骗过几次,把草倒腾走以后就找不见人影了。有些单位和部门用了草以后迟迟不付款,逼着我学会了依法讨债,学会了诉讼打官司。"说完这些话后,老马就坐上小车陪客户吃饭去了,他给我们留下一个活脱脱的草皮大亨的背影。

西董铺村李计身种70亩草,记者见到他的时候,他刚喝酒回来,问他种的什么草。他说美国草,早熟禾系列橄榄球午夜2号。问他从哪里弄来的草籽。他说是从加拿大用编织袋背来的,一句话把在场的人逗笑了。"从加拿大到栾城走几天?"有人开始绊他的马腿出他的洋相。"这个你去交通局问张瑞海去,我不给你犯嚼古。"李计身说的张瑞海是现任县交通局长,当年的草业公司总经理。栾城的第一袋草种就是他从加拿大背着飞到美国,又从美国飞日本,再从日本飞北京,同机请来的还有外国的师傅、翻译。

"风里浪里长见识。"栾城镇农技站站长于学森一句话道出当地农民十年种草的肺腑之言。于学森1999年来到春源草业公司当技术员,2006年调回农技站。之所以离开春源,"当年的徒弟都出息成种草把式了。所以我也光荣下岗了。"

"俺现在光想往深水里游"

"我在正定国家乒乓球训练基地铺草时见过邓亚萍。""我在北京四环铺草时,正赶上北京市长去视察。""我去上海虹桥机场铺草的那一年,你的老婆因为你犁了小麦改种草生气回娘家了。"我们来到五里铺的时候,一堆人正在那里吹牛侃大山呢。

"我现在光想往深水里游",发这番感慨的是张还计,他是南柴村人,在五里铺投资租下110亩地。他的经验是,打猎就要打狮子,游泳就要下长江。草越往高级场所铺越金贵。你想想,上海虹桥机场和北京的鸟巢什么地价?但没有勾勾嘴吃不了瓢瓢食,同样种草不同样收入,有同行没同利,这就跟平常侍弄庄稼一样。现年55岁的张还计,现在正学着儿子退下来的课本。

武素英也是南柴村人,因本村没地可租了,也跑到北五里铺租种了100亩地。武素英见到记者的时候,误以为来了买草的,又递名片又问联系方式,捕捉商机的举止落落大方分寸得体。在武素英的地头,围坐了一堆妇女,她们没活儿的时候或做做针线或甩甩扑克,一旦来了拉草的,大家就扑上去争活儿干。前表中村妇女袁英早7点就骑着自行车来这里打工,如果来晚了,只能开剪草车,挣30元。如果抢到抢铲草的大铁铲,就能挣到40元。

杜吉元是栾城春源草业有限公司的第四任经理,刚从张家口卖草回来。说到种草,他就像打开了话匣子:"现在这个产业能够活下来,兴起来,真该给几任县领导敲锣打鼓送金匾。不管是毛书记还是王县长,都是护草使者,都是栾城草皮、栾城草莓的宣传员、推销员。"

"全县目前以种草为生和参与种草的农户达到2238户,其中经营20亩草业以上的农户达到180户;全年围绕草业投入劳力45000人,农民草业年收益接近亿元。同时带动了苗木业、运输业和其他相关产业的崛起,这几年又兴起专门做工程的绿化设计公司,有12支绿化专业队,施工技术也不断改进,有人研制起草机,有人试种彩色草,腐殖草,体现出农民的创造力,栾城草业发育成了真正的市场草、富民草。"

"农民闯市场的风姿俨然与十年前不能同日而语了。当初去上海卖草时回程舍不得坐飞机,施工的农民搭货车周转了一星期才回来。现在出门做工程,该住宾馆住宾馆,该坐飞机坐飞机。栾城草农敢闯海,十年前见水就发怵,现在就嫌市场的海不宽、浪不高。"

(2009年6月9日《石家庄日报》)

【评析】

这是一篇反映中国农民在改革开放中脱胎换骨巨变的里程碑式佳作。中国人民大学新闻学教授蓝鸿文说,此稿与30年前范敬宜的《莫把开头当过头》有异曲同工之妙。河北大学新闻学教授杨秀国评价:"看似小报写小草,实质上是对中国农村经济转变增长方式大胆实践的精妙刻画。"此文立意宏大,凸现当代农民夸父追日般的求富精神,具有给农民立传的标本意义。

从写作角度看,本文采用了大处着眼、小处落笔的方法。现代新闻学认为,用事实说话一定不能忽视细节。在《栾城草农敢闯海》这篇通讯中,有大量生动的细节描写,如文中写道:"西董铺村李计身种70亩草,记者见到他的时候,他刚喝酒回来,问他种的什么草。他说美国草,早熟禾系列橄榄球午夜2号。问他从哪里弄来的草籽。他说是从加拿大用编织袋背来的，一句话把在场的人逗笑了。"美国的修·马利根说过："生动的细节描写可以使纸面上的文章留在人们的心灵上，渗透到人们的情感中去。"这篇通讯有许多出彩的细节，把当代农民的憨厚、淳朴但又敢闯敢干的面貌写得十分传神。

通讯的另一个特点是，语言生动朴实，不仅用文采斐然的语言描绘出一幅鲜活的农村新貌，还用活了当地老百姓的"土话"，仿佛让人置身于当地群众中，清新泥土气息迎面而至。稿件涉及有名有姓的人物12个，他们说的话虽只是只言片语，但一个人有一个人的语气、性格，透过他们语言，甚至能想象到他们属于哪一种人，长什么模样。

"天价医疗费案"幕后细节

陈安庆

哈尔滨，人称"东方莫斯科"。许多人是因为电影《夜幕下的哈尔滨》和一首老歌《太阳岛》而记住了这个遥远的城市。但是，2005年冬天这里却并不平静，全城停水事件刚刚结束，中央电视台《新闻调查》一则哈市市民住院67天花费550万元天价医疗费用的报道，让这座冰城再次成为国人瞩目的焦点。12月1日，记者来到哈尔滨市，开始对这起"国内最昂贵医疗案"进行调查，发现了一些鲜为人知的幕后细节。

住院67天花了550万

这是一项"中国之最"：一位老人在哈尔滨某医院住院67天，住院费用139.7万元，平均每天2万多元。而病人家属又在医生建议下，自己花钱买了400多万元的药品交给医院，作为抢救急用，合计耗资达550万元。

但几百万元的花费没能挽回老人的生命。今年8月6日，老人因抢救无效在医院病逝。

这位花费了巨额医疗费用的老人翁文辉，生前是哈尔滨市一所中学的离休教师。一年前，诊断患上了恶性淋巴瘤。因为化疗引起多脏器功能衰竭，今年6月1日，他被送进了哈尔滨医科大学第二附属医院（下称"二附院"）的心外科重症监护室。

出于对巨额费用的不解，患者家属先后写了100多封举报信投递给相关部门。11月下旬，卫生部派出调查组，赴哈尔滨对此事进行调查。

病历有13处明显修改痕迹

在记者获得的一份医院内部会议纪要上，医院在"最昂贵死亡案"中存在六大问题:一是病历和医疗信息的涂改,尤其是病历的 2—8 页出现较严重的病历伪造现象;二是血库出血单与医嘱单不符,多出的血到哪里去了?病历、收费单、化验单不符;三是过度治疗、过度开支,这些问题都是通过院方提供的材料反映出来的;四是 ICU(危重病监护室)值班医生有两次无证上岗,且两人替别人下医嘱;五是自购药品事宜比患者家属反映的情况严重,药品去向不明;六是科主任管理混乱,会议纪要多次举了同一个例子,即患者病危时,值班医生给家属发短信叫其回来,心外科 ICU 主任于玲范教授却让家属去买节目单。

此外,医院存在的问题还包括:病历有 13 处修改,明显存在伪造痕迹,却互相推卸责任;病历中竟然出现 1180 次会诊,属于明显造假;病历出现化验过度、收费过度、重复收费问题,病房管理存在严重问题;收费方面甚至出现了 10 万次分析等。

知情人士告诉记者,该医院还存在将药品销售的多少与奖金进行挂钩的做法,这是不符合卫生部相关规定的。

据了解,卫生部调查组发现,"调查情况比中央电视台《新闻调查》公布的情况还要严重",ICU 管理混乱,相关科室(主要是血库)与 ICU 伪造一致用药量,血库的取血量和取血单对不上,要查清是否配合造假。另外,还存在自购药的问题,信息中心的权限太大,信息中心是否造假也有待查清。检验科存在违规打包收费问题,串通造假的可能依然不能排除。

ICU 病室主任已被停职

早在 11 月 22 日,哈尔滨医科大学李玉昆副校长就认为,该医院主要问题出现在 ICU 病房,主要在于玲范对翁文辉的治疗上。

黑龙江省卫生厅要求对当事人于玲范进行停职检查,以配合调查。

关于翁文辉主治医师王雪原失踪的问题,早在 11 月 22 日下午 2 时,该院召开全院中层干部大会,医院强调要"所有人对当事人王雪原不要歧视,要保护",并将组织专人寻找王雪原。12 月 1 日,记者赶往该医院 ICU 病室,发现病室大门紧闭。经过等待,终于见到了该病室一工作人员,记者表明身份询问王雪原医生的近况,他们都表示好久没有见到他了,并告诉记者采访必须征得医院宣传科同意,婉言谢绝了进一步的采访。

一不愿意透露姓名的医生对记者说,在对待王雪原的问题上,态度还算不错,张院长曾嘱咐大家要继续寻找王雪原,要对他进行安抚,必要时要对他采取人身保护。

在对待于玲范的问题上,医院高层的意见是:于虽已停职,但是希望其他人不要对其歧视和采取任何措施。

医院开始采取补救措施

对于翁家花费了 550 万元天价医疗费用一说，医院认为是不准确的，他们统一认定的医疗费用是 1388527.36 元。

医疗档案多处有组织、有计划改动的事实暴露，让医院陷入极其尴尬的境地。购买渠道、贩卖渠道、病程记录改动，这些问题已经让医院承受着巨大的压力。医院方面希望可以"亡羊补牢"。

事发后，二附院的王书记认为，ICU 财务的问题，特别是药品的种类、总数、价钱医院需要搞清，关于购药问题是专家建议还是家属同意的，需要搞清。此外他还说，"我们这样的过度医疗，从长远来看是无任何利益和好处的"。

对于血库的问题，医院将安排专人进行谈话。对于病历的问题，经记者调查发现，现在医院的所有病历，都要求必须加上页码。该院一医护人员告诉记者，"这是医院姜书记要求的"。

医院一名负责人曾在中层干部会议上说，"关于翁的病历中有错误的地方我们要承认，没错的地方我们要拿出事实，请专家定性"。

(2005 年 12 月 6 日《法制周报》)

【评析】

自中央电视台《新闻调查》播出哈尔滨"天价住院费"事件之后，立即在社会上引起了极其强烈的反响，让全社会感到在现有的医疗体制下患者和医院之间这种极度不平衡的关系，已经严重危及医疗机构在人民大众心目中的地位，导致人们对医院的信任危机。同时，我们还看到了我国医疗体制上的漏洞，例如，病人在消费过程中的不透明、收费制度上的不规范，最重要的是医院部分医务人员良心的缺失。

本文是一篇调查性报道。其特殊性是，由于该报道是继中央电视台节目播出之后的后续调查或补充调查，因此就不能重复报道公众已知的真相，而应主动展开对未知细节的调查，本文做到了这一点，并且还提供了有关该问题的最新情况。

温家宝访美的国家意志：让美国继续"发现"中国

李文凯

发现他，发现这个国家

12 月 8 日，中国新总理的第一次访美之行首站纽约。在那里与华侨相聚的温家宝言及台湾，感慨不已：这一湾浅浅的海峡，确实是最大的国殇，最深的乡愁。沉重的话题在这诗般的言语中一如有了月光的笼洒，溢满柔情。

一位看电视直播的华侨老人难耐这被撩起的激动，用英文向不解这一"homesick"的美国记者念诵着：

小时候/乡愁是一枚小小的邮票……而现在/乡愁是一湾浅浅的海峡/我在这头/大陆在那头

这是余光中的一首《乡愁》，在这样的时节，这样的场合，中国总理在这样的一声应和中，拉开了他首次正式访美的帷幕。

在赶往华盛顿抵达安德鲁空军基地的9日傍晚，温家宝在仪式之后未依常规回车，而是踏雪走向前来迎接他的华侨华人，施以"突然袭击"式的握手道谢，在场华侨华人喜出望外。一位网友将出身于农民家庭的温家宝比作美国的林肯总统，留下这样的留言："我爱我们的温总理，因为他是个诚实的人……而且他打心底里热爱人民，尤其是穷人。"

朴素、坦率、真诚、亲民，温家宝的气质，不仅感染了华人世界，在初到美国的两天，还激起了奉仰平民政治的美国人的加倍好感。"这是一个充满人情味的中国人，"在纽约一家电台工作的罗伯特·曼德斯在他的稿件中这样写道，"同我们想象中的不一样。"

虽然对于许多美国人来说，温家宝还是张新面孔。但对于美国媒体来说，这个名字早就不陌生了。1998年中国大洪水、2003年非典疫情、艾滋病日同艾滋病病人的握手，"温家宝"这个名字的涵义渐渐在美国的媒体中从技术官僚变成了英雄。

让美国媒体有机会进一步欣赏这位中国新总理的，是温家宝在访美之前接受《华盛顿邮报》主编唐尼采访的举动。唐尼在采访之后给出的评语是：风度翩翩、言辞得体。

"风度翩翩、言辞得体"八字评语，其实正化解了不少评论者对于温家宝访美的这样一个担忧：以内政挂帅、长于经济工作的温家宝，是否能够胜任这次局面复杂的对美访问呢？

对于这样一个问题，美国政府则是从另一个角度来寻求答案的。还在温家宝来访之前的一周，美国政府便召集诸如传统基金会这样的智库"严阵以待"，最重要的议题之一，便是温家宝的从政经历与领导风格。

结论是这样一个褒扬之辞：一位有智慧而且个性温和的改革者。这也意味着白宫认为，这是一位他们乐意与之打交道的中国领导人。

4年前，美国人对于来访的温家宝前任——朱镕基表达了同样的敬意。在当时弥漫全美的反华氛围下，美国人惊讶地坦言：我们发现这个人物，也发现这个国家。

在地理大发现500年后,依然还有国家等待"发现",这就是中美两国关系无与伦比的个性。

2003年,新的中国总理来到美国,在纽约证券交易所主持开盘,高兴地竖起右手拇指预祝吉市;在世贸遗址敬献花圈,沉默地寄托哀思;谈及中美贸易关系,寓语"会当凌绝顶,一览众山小";对鲍威尔说,我们都学地质专业,我们也都有一个苦难的童年;对布什讲,我们一定会谈得很好,因为我也是一个坦诚的人。

在这个岁末的冬季里,温家宝用一种温暖的心态和方式来演绎自己的对美首访;他并不掩饰自己对美国的好感,称这是一个"伟大的民族"。在这短短的4天时间里,他必须让这个伟大的民族"发现"他,更要让美国人"发现"另一个他背后的伟大民族。

又到总理访美时

"此去多艰,重任在肩。"这是国内外媒体对温家宝此次美国之行的预评。

有别于倾向于传递两国关系基调的中美元首访问,中国总理的对美访问务实风格明显。一如当年朱镕基前往美国是要消除美中诸多分歧中的误解,并争取对方支持中国加入世贸组织,温家宝此去,同样是要碰触到那些屡屡让中美关系"烦心"的事。

日程安排未见特别,会见华侨与美国商务人士,参观美国大公司,与美方谈中美贸易、台湾问题与朝核问题,在大学发表演讲……这些都是中国领导人访美的传统项目。

例外的是温家宝此次访美的时机。2003年的年底,其实已到了美国4年一度大选年的关键时刻,这个时候的美国,热闹而微妙,两个坐跷跷板的美国政党,很是需要寻些家伙来招呼对方。而中国问题,往往正是怎样拿都趁手的利器。

1992年,在对台军售上大搞动作的,是跟中国领导人私交颇深的老布什;1996年,出动航母向中国的对台军演施压的,是曾一度被认为"对中国最友好"的克林顿;4年后,轮到布什抨击克林顿的对华政策了,"保卫台湾"、"中国是美国的战略竞争对手"等言词立刻让人感觉大有山雨欲来风满楼的味道。

美国大选年,最高权位被争夺得死去活来,而美国的对华政策,在这节骨眼上也便最容易地摇摆起来。每一次从摇摆再到稳定,中国付出的成本实在不菲。

抢在2004年上半年美国大选前夕,中国总理前往美国,这在中国对美外交历史上是第一次,其中化被动为主动的意图非常明显。在这个意义上,温家宝的访美在这个时节成行,本质上便是一次危机公关的外交,而时下因为美中贸易逆差导致的中美摩擦,与陈水扁的"公投冲线"举动,更增强了这一访问的危机公关色彩。

正如有评论指出的,不在这个敏感的时刻去做工作,原本只有一分杀伤力的贸易摩擦和台湾局势,便极有可能伤到中美关系三分,损及中国利益五分。所以在得到布什关于明确反对台湾"公投"的表态之后,温家宝的这次危机公关算是功成一半了。

这是中国对美外交的一次革新。革新的背后,是中共十六大报告的一个基本判断:未来20年对于中国来说,是一个重要的战略机遇期。既然是机遇,就应该起而行之。观照自"9·11"以来中国在反恐、伊拉克战争、朝核问题上的姿态,温家宝的访美,其实一脉相承。

这样一个中美新局,显然不是某些观点认为的,是继朝战、越战之后的中美第三次对抗;也不像另一派所认为的,是继二战、抗苏之后的第三次联盟——美国国务卿鲍威尔所言的"中美关系正处于历史上最好的时期",显然有外交辞令的成分。

(2003年12月11日《南方周末》)

【评析】

本文是一篇优秀的解释性报道。全文分四个部分,后两节"现实背后的历史逻辑"、"逻辑背后的国家意志",因篇幅稍长,已作删节。

解释性报道的本质是,以现实问题的解释、分析为核心,为呈"点"状分布的有关新闻事实编织出一个能正确地确定其位置的坐标系来。本文着眼于此,深入到中美关系的全局解读"温家宝访美"这一重大活动的意义。在写作中,作者站在历史的高度,运用透视法把"温家宝访美"分别置于"现实问题"、"历史逻辑"和"国家意志"的不同界面展开分析,破解中美关系的博弈"棋局",从而使读者真正把握访美活动的多重意义。

主要参考书目

1. 张国良. 20 世纪传播学经典文本. 上海:复旦大学出版社,2003.
2. 孙旭培. 新闻学新论. 北京:当代中国出版社,1994.
3. 陈力丹. 新闻理论十讲. 上海:复旦大学出版社,2008.
4. 刘建民. 当代新闻学原理. 北京:清华大学出版社,2003.
5. 杨保军. 新闻事实论. 北京:新华出版社,2001.
6. 李良荣. 西方新闻事业概论. 上海:复旦大学出版社,1997.
7. 喻国民. 传媒影响力. 广州:南方日报出版社,2003.
8. 黄旦. 传者图像:新闻专业主义的建构与消解. 上海:复旦大学出版社,2005.
9. [荷]梵·迪克. 作为话语的新闻. 北京:华夏出版社,2003.
10. [美]盖伊·塔奇曼. 做新闻. 北京:华夏出版社,2008.
11. [日]中马清福. 报业的活路. 北京:清华大学出版社,2005.
12. [美]麦尔文·曼切尔. 新闻报道与写作. 北京:广播出版社,1981.
13. [美]约翰·布雷迪. 采访技巧. 北京:中国新闻出版社,1985.
14. [美]布鲁克斯等. 当代新闻采访与写作. 台北:台湾佛光大学周知文化事业股份有限公司,1995.
15. 沃尔特·福克斯. 新闻写作——报刊记者指南. 北京:新华出版社,1999.
16. 杰里·施瓦茨. 如何成为顶级记者——美联社新闻报道手册. 北京:中央编译出版社,2003.
17. 方延明. 新闻写作教程. 北京:高等教育出版社,2005.
18. 刘海贵. 中国现当代新闻业务史. 上海:复旦大学出版社,2002.
19. 李希光. 新闻学核心. 广州:南方日报出版社,2002.
20. 刘明华. 西方新闻采访与写作. 北京:中国人民大学出版社,1993.
21. 陆地. 广播电视导论. 北京:清华大学出版社,2003.
22. 熊澄宇. 网络传播教程. 北京:清华大学出版社,2003.

23. 袁正明.用事实说话——中国电视焦点节目透视.上海:上海人民出版社,2000.
24. 徐国源.深度报道:理念与操作.苏州:苏州大学出版社,2010.
25. 陈作平.新闻报道新思想.北京:中国广播电视出版社,2000.
26. 沈征郎.实用新闻编采写作.台北:台湾联经出版实业公司,1992.
27. 孙克文.焦点外的时空.北京:三联书店,1997.
28. 余仁山.解密"新闻调查".福州:福建人民出版社,2008.
29. 叶子.中国电视名记者谈采访.北京:长城出版社,1999.
30. 刘海贵,尹德刚.新闻采访写作新编.上海:复旦大学出版社,1997.
31. 蓝鸿文.新闻采访学.北京:中国人民大学出版社,2000.
32. 艾丰.新闻采访方法论.北京:人民日报出版社,1982.
33. 艾丰.新闻写作方法论.北京:人民日报出版社,1994.
34. 刘其中.诤语良言.北京:新华出版社,2003.
35. 孙玉胜.十年——从改变电视的语态开始.北京:生活·读书·新知三联书店,2003.

后 记

数年前,我与江涌教授曾合作撰写《新闻采访与写作》一书。该书在1998年由苏州大学出版社出版后,受到读者欢迎,很快在2002年又出了修订版。目前,该教材已成为国内许多高校新闻院系的专业教材和研究生入学考试参考书,也是江苏省高等教育自学考试新闻学专业的指定使用教材。

近十年来,新闻传媒业发展迅猛,记者的新闻观念、思维方式、采访活动和报道文体等都出现了积极的变化。这就要求,新闻采访写作课程必须适应传媒实践与学科发展的需要。为此,2006年我对原教材又做了较大的修订,增补了许多新的内容;该教材定名为《当代新闻采访写作》,就含有跟踪传媒业界动态,适应新闻专业人才培养之意。2012年,再次对2006年版教材进行修订,除了部分篇章由于出版社要求,只能忍痛割爱外,内容上也有所调整。此次修订的出发点是,立足于新闻学前沿,把握新闻的价值观、方法论、新闻改革、新媒体发展等现实问题,力图为新闻专业学生建立起对于"新闻采写"的认知体系,并且为从事新闻报道的记者提供切实有用的业务指导。本书之目的是否达到,当然还有待实践去验证。

本书在写作过程中,汲取了许多记者、专家的观点和意见(须作出说明的是,文中所引部分新闻作品因篇幅稍长等原因,只能对文字等作技术处理),他们的探索实践和思想创意为本书的写作提供了有益的启示。另外,在本版的修订过程中,2008级新闻专业的丁亦佳、韩旭、许恬甜、郭苏妍、宋骁、朱艳文等同学,为本书的资料搜集做了许多工作,在此一并表示感谢!

恳请读者批评、指正,以使本书不断臻于完善。

徐国源
2013年1月10日于苏州大学独墅湖校区